南京大学
中华民国史研究中心

学术前沿系列　················　朱庆葆　主编
城乡研究辑

第三领域

近代江苏地方自治研究
（1905—1937）

陈明胜　著

江苏人民出版社

图书在版编目(CIP)数据

第三领域：近代江苏地方自治研究：1905—1937 / 陈明胜著. —南京：江苏人民出版社，2020.12
(南京大学中华民国史研究中心学术前沿系列 / 朱庆葆主编. 城乡研究辑)
ISBN 978-7-214-25387-3

Ⅰ.①第… Ⅱ.①陈… Ⅲ.①地方自治—研究—江苏—1905-1937 Ⅳ.①D693.62

中国版本图书馆 CIP 数据核字(2020)第 153754 号

书　　名	第三领域：近代江苏地方自治研究(1905—1937)
著　　者	陈明胜
责 任 编 辑	史雪莲
装 帧 设 计	刘葶葶
出 版 发 行	江苏人民出版社
出版社地址	南京市湖南路 1 号 A 楼,邮编：210009
出版社网址	http://www.jspph.com
照　　排	南京紫藤制版印务中心
印　　刷	苏州市越洋印刷有限公司
开　　本	652 毫米×960 毫米　1/16
印　　张	25.5　插页 2
字　　数	323 千字
版　　次	2020 年 12 月第 1 版　2020 年 12 月第 1 次印刷
标 准 书 号	978-7-214-25387-3
定　　价	78.00 元

(江苏人民出版社图书凡印装错误可向承印厂调换)

序　言

在中国历史上,民国时期是一个独特的存在。存续时间虽不长,却给现代中国带来剧烈长远的变化。这种变化,既有中华传统文明在欧风美雨和内忧外患中的深层次文明危机,同时中华民族也为挽救民族危亡、寻求国家富强进行了不懈奋斗。在此过程中,中国历史在近代的惊涛骇浪中艰难转型,其势如洪峰激流,奔腾而下,既有转型间的坎坷,也有历史性的成功。民国时期的城市建设和乡村转型,正是中国近代转型中至关重要的一部分,不仅建树颇多,也独树一帜,体现出多样性、开放性、国际化和具有鲜明意识形态色彩的多重特征。虽然各地区的自然环境、资源禀赋、经济水平、制度环境、人文历史、发展机遇千差万别,但境外知识的外在影响、政治机构的宣传动员、经济组织的分工协作、社会成员的文化心理都发生了适应"现代化"进程的巨大改变。不过,鉴于各地城市和乡村的组织主体、建设思路,乃至社会各阶层对社会建设的判断和认识各不相同,要想对整个民国时期的城乡建设进行深入探讨是很难的,需要通过具体个案来进行实证研究,这样才看得更深入更清楚。

南京大学中华民国史研究中心推出的学术前沿系列"城乡研究辑"所收录的这九种书就是基于上述理解所展开的区域专题研究。

从选题看,这九种书研究的对象分别是民国时期的地方自治、根据地农村社会秩序的移异、民众教育运动、城市下层社会变迁、城市下层社会调控、城市下层社会物质生活、民国乡村实验区建设,以及长江三角洲地区中等经济城市发展路径等主题。其选题既有微观的城市地方自治、城市下层社会,也有区域乡村社会改造、民众教育运动,还有相对宏观的区域城市发展转型分析。尽管主题不尽相同,但都体现出人文关怀的社会眼光。应该说,这种从人文思入社会的视角,无疑使大家把研究的焦点对准社会,绝不是头痛医头脚痛医脚的小题小作,而是从"大处着眼、小处着手"的精雕细琢。之所以这么说,是因为这九种书并非简单的历史描述和勾勒,而是内容具有一定的思想性。其最大特点在于,它是一套基于理念而开展研究的书系,真实记录了民国以来中国社会不断新陈代谢、革故鼎新的历史发展进程,特别底层城乡民众在"现代化"这一历史巨像下的艰难转身。虽然学界已问世的近代中国城乡转型论著不少,但是探寻城乡社会转型特别是底层社会变迁的并不多。这九种书的背后都蕴含着一种价值追求,"改变中国""富强中国"正是这其所体现的精神灵魂和思想关怀。

思想取决于眼光。这九种书的另一个特点是有历史眼光、国际眼光、现代眼光。所谓历史眼光指的是,近代中国城乡社会的变迁并不是凭空启动的,而是在近代中国整体嬗变的大背景下和先进中国人的前后接续中进行的。在一定意义上,其所涉及的各地城乡变化,就是一部中国近代社会史,就是一个近代中国转型的缩影。这就需要我们把城乡社会的变化放到百年中国发展转型的背景中去理解把握,讲清楚百年中国城乡嬗变的历史轨迹,而且社会变迁的影响是长期的,对后来新中国也有着长远影响。第二,所谓国际眼光就是这七部书虽然主题都围绕中国近代城市或乡村社会的发展变迁,但研究方法和研究视野却是国际化的,汲取了国际学术研究前沿的数理统计方法。同时,近代中国城乡社会变化的本质之一是告别传统、拥抱现代、融入世界,外部的国际影响和国内的世界眼光遥相呼应,共同构成了理解这一时期开启中国变革的重要切入点。第三,所谓现代眼光就是将近代中国城乡变化置于中国现代化进程的大趋势之中,并以社会现代化、文明化、组织化、制度化推动中国社会进步。

近代中国城乡的转型发展,也离不开"思想""激情"和"行动"的结合,三者缺一不可。思想是目标导向,激情是为实现理想而勇于投入,而最终思想和激情都要落实到国民党、共产党及其他各政治派别、社会团体的行动上。既然是社会的变革就离不开近代中国现实条件的约束。因此,这九种书的第三个特点,还在于展示了如何在外敌入侵、内战频仍、社会分裂的剧烈变动下探索实现中国现代化的变革路径。在这些探索中,既有自上而下的,也有自下而上的;既有政党引领的革命方式,也有社会推动的改良方法。各种路线方案中都有大量的历史细节,提供了从传统到现代,从思想到行动,从政党到社会,从沿海到内陆等各个环节的各种细节,从中既可以看出历史之"应然",也可见得历史之"必然",最终经各种思想、各种方案的现实筛选,历史最终选择了既有思想,又有行动,思行合一,具有思想力、组织力和行动力的中国共产党领导的社会改革模式。

这九种书虽然是讲历史,但对当前的社会改革也有重要的借鉴价值。虽然这九种书的作者主要是历史学专业研究者,但他们在思考近代中国城乡社会变革上却有一些不同于传统历史学家的特点,具体表现在以下三方面:一是分析的思路既有历史学的,也有政治学的,还有经济学、教育学、统计学的,特别是有了社会学的理论分析框架,我们对近代中国社会的变革路径及其分析就有了比较系统和严谨的思维方法,包括近代中国城乡发展的思路、社会对政策方针的反应的分析等。二是历史研究的结果对当下的社会改革有参考价值,很多过去的历史经验在现代值得人们吸收借鉴。特别是如何在社会变革中,较好地处理政治稳定、经济发展、社会进步、思想开放,而民众又有较强的幸福感、满足感和收获感。这些压力和制约既是近代中国社会转型变革面临的历史使命,也是目前我们进一步推进社会治理体系和提高国家治理能力建设的现实要求。三是因为近代中国的城市和乡村发展虽涉及范围极广,但最终落脚点还是人和社会,在这方面这九种书在研究分析过程中也积极引入了经济学、统计学、教育学、社会学、政治学、行政学、城市学等各学科的理论方法。

近代中国城乡转型的主题是"现代化",而变革的两项内容是"人的思想观念的变革"和"社会的组织化"。基于这样的思路,这九种书既真实再现了近代中国社会"为何而变",又深刻勾勒了中国社会"如何改变"。我认为这正是其出版的意义所在。

学术贵于创获,而创获的途径各有不同。作为国内最早开辟民国史研究的学术重镇之一,南京大学中华民国史研究中心始终坚持学术上的"双轮驱动"。一方面,围绕国家发展战略需求,对关系国家民族利益和人类社会进步的重大历史问题开展研究,形成面向国家目标的系统性成果;另一方面,鼓励在国际学术前沿领域开展自由探索和学术创新,推动多学科的交叉融合,引领学术方向,形成新的学术生长点。近年来,中心先后推出《南京大屠杀史料集》(72卷,4 000万字)、《南京大屠杀全史》(三卷本),组织两岸四地70位知名学者联袂打造了《中华民国专题史》(18卷)等力作,在海内外产生了强烈的社会反响和学术效应。同时,中心也不断加大学术交流及人才培养的力度,长期致力于培养更多具有前沿意识和创新精神的学术新人和学术新作。此次推出的学术前沿系列"城乡研究辑",就是基于这样思考的一个尝试。我们希望借此推动更多具有学术影响力的年轻学者尽快成长,也为学界奉献更多有关近代中国城乡研究的新作!

朱庆葆

南京大学中华民国史研究中心主任

2020年4月

目 录

第一章 导论 1
  第一节 选题缘由 1
  第二节 研究现状 5
  第三节 资料来源、研究方法与创新之处 21

第二章 大变局下的近代江苏社会 27
  第一节 江苏传统社会之概述 27
  第二节 近代江苏社会的新生因素 40

第三章 君主专制政体的没落与江苏地方自治的起步 65
  第一节 新政：清廷自救与自灭的矛盾 65
  第二节 江苏民间地方自治的创办 84
  第三节 政府主导下江苏地方自治的筹办 96
  第四节 江苏地方自治的官治化趋势 136

第四章 共和旗帜下江苏地方自治的徘徊 151
  第一节 民初江苏地方自治的延续与发展 151
  第二节 江苏地方自治的沉浮与地方精英的应对 168
  第三节 联省自治下的江苏省自治 220

第四节 军事强权下的国家与地方精英 244

第五章 党国体制下江苏地方自治的嬗变 252
第一节 大革命时期江苏基层社会秩序的重建 252
第二节 训政纲领与江苏地方自治的推行 272
第三节 江苏地方自治与保甲制的融合 302
第四节 地方自治的质变与第三领域的萎缩 327

第六章 地方自治与近代中国政制转型关系之检讨 361
第一节 近代中国政制转型的动力因素分析 362
第二节 国家与社会关系良性互动的条件 370

参考文献 379

后记 395

第一章 导 论

第一节 选题缘由

从自由散漫的原始社会到秩序井然的文明社会,制度文明经历了一个从无到有、从简单到复杂的漫长过程。地方自治就是这一过程中的重要创举。在西方,较早的地方自治形态可以追溯到古希腊罗马的城邦治理;至中世纪,地方自治的制度与理念更加成熟,欧洲不少大城市都拥有较高的自治权。近代以来,因受民族国家集权体制影响,西方自治传统一度被削弱,但很快又在启蒙运动、资产阶级大革命和工业革命的基础上复兴,形成近代意义上的地方自治,这一制度对近代中国产生了重要影响,有必要对其概念作进一步的探讨。

从词汇学上讲,地方自治是"地方"与"自治"两个概念的复合。自治,简单言之,即自我治理。近代意义上的自治有着更为丰富的内涵,英美法系国家认为,"自治权是人权的一部分,是与生俱有的天赋人权,自治相对于国家权力而言,国家权力是后来的、派生的"。大陆法系国家则强调,"自治权是国家与法律赋予的,自治与官治一起,共同组成了国家的管理制度"①。亦有学者把自治分为三种流派:英美学派、大陆学派、折中学派,②实际上,折中学派是综合英美学派和大陆学派两派之长的产物,主张"人民自治的思想为自治的指导原理,乃自治之理想;团体自治思想,为产生自治制度之形态"③。地方,是一定区域的泛称。与自治结合之后,亦有两种解释:从法学意义上讲,地域性特点是地方自治团体与社团法人、财团法人的主要区别之一。作为地方自治最基本的因素之一,它与区域内之人民,选举产生之自治机关、自治权限等共同构成地方自治这一法人团体。从政治学上看,地方自治是一个与中央相对的概念。由此一概念出发,地方自治有与中央分权的意思,是"相对于中央集权而言、基于分权原理而设计的一种地方政治制度"④。由此可见,地方自治其实有民主主义与自由主义两个理论根源,民主主义强调,"地方自治是当地居民的一种自我管理方式";自由主义强调,地方自治"作为国家纵向结构的制度设计,目的是分权与制衡"⑤。总之,地方自治可简单概括为:在一定区域范围内,在国家监督之下,由该地方人民自订规约,通过选举产生自治机关,管理本地方的公共事务。

考诸史实,近代中国所引介的地方自治主要是以德日为代表的大陆法系国家的自治制度,其决定了近代中国基层社会秩序整合过程中自治与官治的双重系统。这也就导致一系列问题产生:当大陆法系国家的自治制度被引进中国后,能否与近代中国社会有机融合?既然是双重系

---

① 王圣育:《近代乡村自治研究——户政法文化诠释》,中国政法大学 2005 年博士毕业论文,第 3 页。
② 英美学派强调人民的自治,其自治权包括地方行政、立法、司法等各个方面,含义较为广泛;大陆学派则强调团体的自治,自治权限制在地方行政领域,范围较小;折中学派则既关注个人自治,又关注团体的自治,将两者有机整合。参考陈绍方:《地方自治的概念、流派与体系》,《求索》2005 年第 7 期,第 46 页。
③ 沈清泉:《地方自治观念与系统》,(上海)地方自治月刊编辑委员会编《地方自治》第一卷第一期,1947 年 1 月。
④ 陈绍方:《地方自治的概念、流派与体系》,《求索》2005 年第 7 期,第 47 页。
⑤ 田芳:《地方自治:法律制度研究》,法律出版社 2008 年版,第 10 页。

统,自治与官治之边界如何划定？近代中国从君主专制走向一党专政,这一结果与地方政制的变革是否存在内在逻辑？在新时代中国特色社会主义基层社会治理的过程中,应该如何汲取历史的经验教训？对于这一系列问题的追问进一步彰显近代中国地方自治研究的学术价值与现实意义。

第一,近代地方自治研究的学术价值。在以往的研究中,学界已取得丰硕的成果(见研究现状部分),但仍存在诸多不足。从研究视角看,人们往往关注地方自治之民主主义的一面,把民众参与、民主选举等作为研究的重点;而忽略地方自治之自由主义的内涵,而此一点对于解读近代中国国家与社会、中央与地方的互动过程有着十分重要的指导意义。因此,从分权与制衡的角度对近代中国地方自治进行深入分析,很有必要。

就研究方法而言,以往学者多把地方自治置于国家与社会之二元分析的框架中,而这一研究框架忽略了近代中国国家与社会之间的中间阶层的存在,由此导致人们对地方自治认知上的模糊与偏颇。美国著名中国学者黄宗智针对中国提出"第三领域"的概念,此一概念有利于人们打破二元分析框架,建构更加适合中国实际的解释体系,把地方自治研究继续向前推进。总之,无论是研究视角的选择,还是研究方法的借鉴,地方自治的研究还存在进一步开拓的空间。

第二,近代地方自治的现实意义。通过近代地方自治的研究可以进一步透视近代中国政制转型的问题。20世纪初是近代中国重要的政制转型期,王朝体制在内忧外患中走到尽头,国人期望通过移植西方先进的政治制度挽救民族危亡,民主宪政之建设成为时代的最强音。最终,辛亥革命推翻了封建君主专制,在中国确立民主共和政体,但历经民初十余年的艰难蜕变,民主宪政之理想被一党专政的现实打破。缘何如此？主要原因之一就在于中央体制变革的同时,却没有形成与之匹配的地方政治制度。因此,作为宪政之始基的地方自治,理应纳入考察范围。

通过近代地方自治的研究还可以为新时代中国特色社会主义基层社会治理提供经验教训。当前中国正处于改革的深水区,在经济改革取得重大成就的同时,社会改革、政治改革也被提上日程。就政治而言,如何正确处理中央与地方的关系,如何通过适度分权推动民主改革?在民主政治不可能一蹴而就的情况下,通过推进地方自治,培养广大基层民众的民主意识和参与精神,仍是不可逾越的重要环节。而如何推行地方自治,通过历史的借鉴,可以避免走更多的弯路。

另外,本书是以江苏省为个案展开研究的,之所以选择江苏作为样本,主要基于以下几点考虑:

首先,江苏省具有典型性。近代以降,西学东渐不断加剧,江苏省作为前沿阵地,首当其冲。受西方自治思潮的影响,江苏地方自治起步较早,清末之上海就成为全国的楷模。南京国民政府时期,江苏作为国民政府首都所在地,往往成为国民政府自治法令的实验区,经济的、文化的、地理的、政治的特殊地位决定其有很强的典型性。

其次,江苏省有其代表性。江苏向有苏南、苏北之约定俗成,苏南开化、人文荟萃、经济发达,苏北则相形见绌,因此造成近代苏南、苏北在地方自治推行过程中明显的差异。同一个省份,却属于不同的世界,这些状况更加适合于做比较研究。另外,近代江苏创办的自治类型可谓丰富多彩,有政府主导的,有地方士绅创办的,有商人创办的,有学生创办的,有社会团体创办的等,基本囊括全国各地所有的类型。总之,通过江苏省内不同区域的比较研究,可以进一步透视不同文化、经济背景下地方自治推行的动力问题,亦可以推知当时全国范围内的大体情形。

再次,以中国幅员之辽阔,欲做一全面研究恐失之过粗,为避免因宽泛而产生肤浅的弊病,把江苏一省作为研究对象有其必要性与可行性;同时,笔者也没有把视野锁定在更小的范围,是恐因典型性而丧失代表性之故。本书研究时段从1905年一直延续到抗战前,主要考虑其有利于清末、南京临时政府时期、北洋北京政府时期、南京国民政府时期四个时段的比较；而止于1937年则基于南京国民政府在前十年建设时期，地方自治形态已经基本定形。全面抗战爆发后，江苏省很快沦陷，省政府在流亡中办公，地方自治事业已经无从谈起。至1945年江苏省政府迁回镇江，内战阴霾已然密布，此后地方自治亦无质的发展，因此暂不做延伸考察。

第二节 研究现状

针对近代中国地方自治的研究，学界已经产生丰硕的成果。人们从不同角度对不同区域、不同时间段所推行的地方自治进行或微观或宏观的研究，这些成果为人们进一步深入探讨提供了借鉴，也提出挑战。为了突出重点，下面首先介绍近代江苏省地方自治的研究状况，然后再以时间为主线对其他相关学术成果加以梳理。

一、近代江苏地方自治的研究

清末民初之际，相关成果主要以一般性介绍为主。除了苏属地方自治筹办处发行的专刊《江苏自治公报》详细介绍清末江苏地方自治的筹办进程，《申报》《东方杂志》等大型报刊也经常刊载关于江苏地方自治的现状及时评。南京国民政府时期，对江苏省地方自治的研究明显增加，其中又以官办刊物为主，如《江苏保甲》，此刊物虽然是以介绍保甲制为主，但国民政府把保甲融入地方自治，使其变成研究与鼓吹地方自治的阵地。再如《江苏月刊》《江苏民政》等刊物也不乏对江苏地方自治的介绍与研究。总体来看，这些刊物多注重实用性，学理性并不明显。

中华人民共和国成立之后，对江苏省地方自治的研究逐渐增多，并以清末民初这一阶段的研究为主，一般可以分为通论、个案与专题研究三大类。

第一,通论性质的文章并不多,①其中《清末江苏地方自治述论》从清末江苏地方自治的背景、萌动、推行、困厄及原因分析等方面入手,对江苏地方自治做了一个全景式的梳理。该文把清末江苏地方自治的实施分为两个阶段:江苏地方自治的萌动阶段和清政府筹办下的江苏地方自治阶段。作者认为,两个阶段的自治实施取得了一定成绩,但也存在一定问题。②台湾学者王树槐先生的《中国现代化的区域研究:江苏省,1860—1916》是研究江苏地方自治的必读著作,这部综论性的作品展现了江苏省近代化过程中的整体面貌。③

第二,个案研究主要集中于上海、苏州、南通三个地方。

上海地方自治的研究最为成熟,从史学到政治学,从公共领域到市民社会,从个案分析到比较研究,不断得以深化。如周松青的专著《上海地方自治研究(1905—1927)》是关于清末民初上海地方自治研究的经典之作,该书运用西方民主理论、政治学的方法来考察上海二十多年的地方自治史。④同时,以上海地方自治为主题,周松青还相继发表几篇较为重要的论文。⑤朱英则通过湖南保卫局和上海总工程局的比较研究指出晚清地方自治发展的内在理路。⑥伊懋可则通过"The Gentry Democracy in Shanghai,1905—1914"和"The Administration of Shanghai,1905—1914"两文对清末上海地方自治兴起的原因、过程,自治政府结构、运作

---

① 相关研究:杨涛《浅论晚清江苏地方自治中的官办模式》,《殷都学刊》2004年第4期;《晚清江苏地方自治的推行背景探析》,《天中学刊》2004年第3期等。
② 崔道峰:《清末江苏地方自治述论》,扬州大学2005年硕士学位论文。
③ 王树槐:《中国现代化的区域研究:江苏省,1860—1916》,"中央研究院"近代史研究所1984年版。
④ 周松青:《上海地方自治研究(1905—1927)》,上海社会科学院出版社2005年版。
⑤ 如《公共领域与上海地方自治的起源》,《档案与史学》1998年第1期;《清末上海地方自治与合法性》,《华东师范大学学报(哲学社会科学版)》2003年第1期;《地方自治与清末民初的上海平安城市建设》,《法治论丛(上海政法学院学报)》2007年第3期;《异化、国家和记忆:清末民初地方自治的两难》,《史林》2007年第2期等。
⑥ 朱英:《戊戌至辛亥地方自治的发展——湖南保卫局与上海总工程局之比较》,《近代史研究》1999年第4期。

机制,以及地方自治领导人的身份、职业,地方自治政府组成与租界的影响等进行了研究分析。作者指出:上海城厢内外总工程局是近代中国第一个正式的民主政治机构;上海地方士绅在地方当局默许的前提下,积极从事城市的事务,进行自治实验,削弱了王朝的专制统治;如果能在清朝统治的前提下进行民主建设,可能会比民国政府取得更好的成绩。①日本学者笠原十九司一反过去对北伐时期上海三次暴动的研究思路,把上海暴动纳入上海自治运动中进行分析,认为上海市民是以上海自治的形式参与上海革命的,上海特别市政府的成立正是这一目的的实现。②黄冬兰的《国家、地方社会与地方自治——清末川沙自治个案研究》,选取清末发生在川沙县的一起大规模的民众反对地方自治的事件为个案,探讨了清末地方自治在县以下基层社会的具体实施情况,分析了包括士绅、书吏、民间宗教结社的首领及其信徒,以及一般民众对地方自治的态度和反应。其认为,清末地方自治并未改变传统的官民关系,地方精英最大限度地利用地方自治所赋予的合法地位,获得了较以前更大的活动空间,地方社会形成了以地方精英为中心的新的权力秩序。而地方精英在推行地方自治的过程中损害了部分人的利益、增加了一般民众的经济负担,这是本次风潮出现的主要原因。③

对苏州地方自治进行概括性研究的以《晚清苏州地方自治略论》为代表,作者认为,地方自治的出台固然包含着清政府消解革命的潜在用心,却也体现了中国资产阶级要求分享政治权力的愿望。由于 20 世纪初的苏州具备特殊的政治经济与人文条件,其地方自治活动领先于同一

---

① 伊懋可:"The Gentry Democracy in Shanghai,1905—1914"(In *Modern China's Search for a Political Form*,edited by Jack Gray,London,1969.);"The Administration of Shanghai,1905—1914"(伊懋可著,马骏译:《上海市政(1905—1914)》,上海社会科学院历史研究所、上海史志研究会:《上海史研究通讯》1982 年第 1 辑。
② 〔日〕笠原十九司:《北伐时期的上海自治运动》,《民国档案》1995 年第 1 期。
③ 黄冬兰:《国家、地方社会与地方自治——清末川沙自治个案研究》,《学术月刊》2009 年第 9 期。

时期的其他中国城市,它虽然还达不到当时西方国家民主政治的水平,但毕竟向民权基本建设方面迈出了可贵的第一步,在中国地方政治史上具有划时代的意义。① 与全面论述相比,人们更多地把目光集中于民间的自治团体——苏州市民公社——的研究,②最近的研究成果当属《社会结构变迁视野下的苏州市民公社考论》一文,文章认为,辛亥革命前后,随着地方自治思潮和活动的兴起,苏州市民公社诞生于社会转折性变迁中。此后,这一国内仅见形态的基层自治组织,始终与地方政府保持着既平行合作又矛盾冲突的关系。它的一系列实践,拓宽了社会公共领域。作为一种社会秩序自我调节、社会能量自我集聚的现代社会组织力量,市民公社在中国社会由传统走向现代的过程中扮演了重要角色。③ 作者大量借助西方的政治理论,对市民公社进行全新的阐释,是对前人研究的进一步深化。

在南通地方自治的研究中,张謇独树一帜。因为张謇在南通自治中的巨大贡献,南通地方自治与张謇的研究往往是同时进行的。在一般性研究中,大部分作者能采取一分为二的观点,在肯定张謇贡献的同时,也指出其自治完全靠个人的力量推行,并未脱离传统的绅治,这种保守性不免带来人亡政息的悲剧。如《张謇地方自治思想探究》一文以张謇自治思想的产生与演变为线索,对张謇的地方自治思想进行了梳理,肯定了它的积极意义,同时也指出其存在的不足,即强烈的精英主义色彩。由于受当时政治环境和个人思想的局限,张謇的地方自治最终未能摆脱

---

① 张海林:《晚清苏州地方自治略论》,《江苏社会科学》2000年第3期。
② 较早论述该主题的还有屠雪华的《试论苏州市民公社的性质》(《江海学刊》1995年第3期)和《关于苏州市民公社几个问题的探讨》(《民国档案》1995年第4期);李明的《苏州市民公社解体的缘由——清末民初苏州民间社团组织个案研究》(《学术月刊》2001年第12期)和《苏州市民公社的衍变及现代意义》(《史林》2003年第1期);李跃的《苏民市民公社研究》,苏州大学2008年硕士学位论文等。
③ 李明:《社会结构变迁视野下的苏州市民公社考论》,《上海师范大学学报(哲学社会科学版)》2009年第3期。

个人自治的悲剧。① 也有人对张謇在南通所推行的地方自治进行了过度的否定,如在《张謇及其南通现代化模式的失败原因》一文中,作者从圣王之道与器用之学的矛盾、不切实际的德治幻想、乌托邦式的自我封闭等方面分析张謇所推行的南通地方自治的内在矛盾,认为南通模式的失败,张謇要负重大责任。② 当然,大部分文章持论是公允的。③

第三,专题性研究别具特色。④ 以自治纠纷为对象的研究为例,杨涛认为,反自治民变不仅是民反官,还体现为民众与新旧士绅(主要是新士绅)、新旧士绅之间,乃至新旧士绅与官府之间的矛盾,是社会矛盾的整体发作。通过这一研究,可以看到地方自治推行过程中,国家—社会关系在政治、经济、文化教育资源调整中的总体失序状态。⑤

相比较而言,以南京国民政府时期江苏地方自治为研究对象的文章较少,比较经典的是王奇生的《战前中国的区乡行政:以江苏省为中心》,文章指出,国民党执掌全国政权后,自上而下构筑了一条党政并行的政治双轨。但在战前,党的组织触角基本上止于县城,而行政轨道则逐渐延伸到县以下乡村社会。国家政权的下延,与20世纪乡村政治文化生

---

① 马珺:《张謇地方自治思想探究》,《中州学刊》2008年第2期。
② 刘远柱:《张謇及其南通现代化模式的失败原因》,《中国矿业大学学报(社会科学版)》2004年第3期。
③ 此类研究成果还有,蔡苏龙、牛秋实:《张謇与晚清地方自治》,《益阳师专学报》2001年第5期;蒋国宏:《张謇与南通早期现代化》,《南通工学院学报(社会科学版)》2003年第3期;高鹏程、蒋国宏:《浅析张謇兴办南通慈善事业的动机》,《南通职业大学学报》2005年第3期;马敏:《营造一个和谐发展的地方社会——张謇经营南通的启迪》,《华中师范大学学报(人文社会科学版)》2006年第2期;陶燕辉:《张謇地方自治思想探析》,《南通职业大学学报》2007年第4期;张荣生:《张謇经营南通地方自治的理念与实践》,《南通大学学报(社会科学版)》2008年第2期等。
④ 相关研究成果:杨文娟的《清末地方自治中自治区域的划分问题——以苏州地区为例》(复旦大学2008年硕士论文),以自治区域的划分为视角解读清末地方自治问题,是一篇很具特色的论文。李奇的《清末江苏地方自治中的县乡选举(1909—1911)》(华中师范大学2003年硕士学位论文),则以清末江苏地方自治中的县乡选举为研究对象,进行了较为细致的分析,作者认为,作为中国历史上首次实行的选举,虽然它还有许多不完善的地方,但还是产生了深远的影响。
⑤ 杨涛:《晚清江苏民变中的反地方自治现象探析》,《史学月刊》2007年第6期。

态的衰颓相激荡。自治名义下的区乡组织实际成为国家政权的行政末梢;原本偏重政治控制的保甲,最终沦为社会征取的重要工具。区乡保甲体制的相继建立,恰逢其会地为土豪劣绅提供了一个纵横驰骋的舞台。国家政权的深化与地方精英的恶化相伴随,乡村社会日益沦为贫穷与动荡交错的深渊。①该文虽不是以自治为主题,但却是以自治的官治化为伏笔的。

总之,就中华人民共和国成立后江苏省地方自治的研究现状来看,其存在以下特点:第一,就研究时段来看,主要侧重于清末民初这一阶段,对于南京国民政府时期的研究则明显不足。第二,就研究地域来看,主要侧重于苏南,苏北除南通外,很少涉及。第三,就研究方法上看,除了历史的研究方法,也有不少学者开始借鉴政治学、社会学以及法学等学科的方法,新方法、新视角的运用使该领域的研究向纵深发展。由此也引申出几点需要进一步努力的方向,即需要加强南京国民政府时期江苏省地方自治的研究,注重对江苏省整体史的考察,继续借鉴多学科的研究方法。

二、其他相关研究成果

（一）1949 年之前

清末民初之际,关于地方自治的研究多以介绍为主。全国性刊物如《东方杂志》《申报》《大公报》等都刊载过大量关于地方自治的文章;地方性刊物如《四川》《浙江潮》《游学译编》《河南》《江西》《云南》等也时常刊载时人关于地方自治的论说。这些成果主要是向国人普及地方自治的一般知识。20 世纪 20 年代前后,介绍地方自治的书籍逐渐增多,如商务印书馆出版的《地方行政要义》,汇集"东西各行政法大家之理论,参证中国及各国历史上地方行政今昔之情状,贯穿现行各法令,疏证新旧各典

---

① 王奇生:《战前中国的区乡行政:以江苏省为中心》,《民国档案》2006 年第 1 期。

籍报章",是一部十分实用的书籍。另外,雷奋编的《地方自治讲义》和《日本地方制度》,孟森编的《地方自治浅说》,胡尔霖译述的《欧洲大陆市政》,刘世长编的《县自治法要义》,李剑农编的《地方自治纲要》,日本人水野博士的《地方自治精义》,法学士小合伸的《日本府县制郡制要义》等纷纷出版发行,①可见时人对地方自治之热情。

南京国民政府时期,有关地方自治的专著猛增。总体来看,可分为两大类。② 第一类偏重于为国家政策作注释,其或经政府授意、由私人撰写,或由政府机关直接编纂。如内政部编纂、柯琴辑的《总理对地方自治遗教辑要》,以孙中山的建国程序说与地方自治开始实行法为全书的经脉,主要介绍孙中山的自治理论,该书可视为孙中山自治思想的文献辑录,还谈不上学术的探讨。③ 再如中国国民党中央执行委员会训练委员会编的《地方自治》,围绕《县各级组织纲要》展开,正如其序言所说"本书之目的,为研究实行方法,而非探讨学说理论"④。

另一类则能够在学术上对地方自治针砭时弊提出个人见解,有为中国寻求新出路的意思。如梁漱溟的《中国之地方自治问题》,以批评过去地方自治的失败来影射现实,把过去地方自治失败的原因归咎于中国人缺乏"纪律习惯",缺乏"组织能力",以及自给自足的经济条件。他认为中国欲取得地方自治的成功,必须注重团体的作用,而团体的前提条件则是"政治、经济、教化三者合一"。书中对古代所谓"地方自治"的界定,以及中国固有之精神的论述很有见地。⑤ 部分有识之士转向传统,正是对近代中国地方自治屡陷困境进行反思的结果。

关于地方自治的文章,主要散见于各种杂志之中,如《平等杂志》《民

---

① 苏社特刊:《地方自治》1922 年第 2 期。
② 因为这类书籍较繁杂,有上百种之多,只好归纳分类,此处不再详列,书名可见参考文献。
③ 柯琴辑:《总理对地方自治遗教辑要》,商务印书馆 1944 年版。
④ 中国国民党中央执行委员会训练委员会编:《地方自治》,1941 年版。
⑤ 梁漱溟:《中国之地方自治问题》,山东乡村建设研究院出版,日期不详。

治评论》《民主政治》《民立周刊》《民众运动月刊》《民声周报》《地方自治半月刊》《省县自治通则讨论专号》等。总之,就此一阶段地方自治的研究趋势看,其以服务现实为第一要义,反思性的研究成果还不多。

(二) 1949 年之后

1. 国内学者的研究

1949 年以后,地方自治研究大致可以分为两个阶段:改革开放之前,因受革命政治氛围的影响,研究者对清末及民国时期的地方自治大都持否定态度,这种态度直接影响到对地方自治的客观评价与研究热情。改革开放之后,地方自治倍受学界关注,研究成果如雨后春笋,纷纷涌现。总而观之,有以下三个特点:第一,研究对象不断细化;第二,研究方法与视角不断更新;第三,区域性地方自治研究异军突起。下面主要对改革开放之后的研究成果加以概述。

第一,研究对象不断细化。

以近代地方自治思潮为研究对象。[①] 汪太贤博士的学位论文《晚清地方自治思想的萌生与演变——从鸦片战争至预备立宪前夕》很具代表性,文章以地方自治思想从国外输入与传播、在中国的最初提出、话语与意旨的演变以及思潮的勃兴等为线索,由思想而思潮,梳理了近代地方自治在中国不断发展的过程。作者突破前人之处在于指出晚清地方自治思想转变的内在理路:中国传统的民本、民贵、养民思想在甲午战后让位于西方的民权、民主、自由等,正是这一思想资源的变化,赋予地方自

---

① 以此为选题还有,刘小林、梁景和:《论清末地方自治思潮》,《学术论坛》1998 年第 2 期;吴桂龙:《晚清地方自治思想的输入及思潮的形成》,《史林》2000 年第 4 期;姚琦:《论清末民初的自治思潮及其影响》,《青海民族学院学报(社科学版)》2002 年第 2 期;吴建国:《清末民初的自治思潮述评》,《西南民族大学学报(人文社会科学版)》2004 年第 12 期;马小泉:《公民自治:一个百年未尽的话题——读康有为〈公民自治篇〉(1902 年)》,《学术研究》2003 年第 10 期;汪太贤:《晚清学人对民主自由诉求的一种表达——以严复地方自治主张的提出与阐释为例》,《中国法学》2004 年第 2 期和《晚清国外地方自治思想输入考论》,《湘潭大学学报(哲学社会科学版)》2004 年第 5 期;郭绍敏:《清末士大夫的地方自治思想与地方自治政策之推行——以〈清末筹备立宪档案史料〉为中心的考察》,《安徽大学法律评论》2007 年第 1 辑。

治以新的含义,并在民族危机进一步加深的情况下成为各界人士鼓吹以及实践的对象。①

以联省自治为研究对象。两位台湾学者的专著最引人瞩目:一是胡春惠的《民初的地方主义与联省自治》,二是李达嘉的《民国初年的联省自治运动》。前者着重于联省自治运动产生背景的分析与各省自治运动概况的叙述,认为清末民初地方主义的不断抬头是联省自治运动兴起的直接原因。② 后者尝试从"联省自治"名词的产生与时局之间的关系为突破点,进一步阐明联省自治的性质及其兴衰的主要因素。③ 大陆方面尚无专著,此类研究多以论文形式出现。④ 如针对浙江省宪自治运动的研究,冯筱才认为,省宪的条文体现了当时人们的自治理想,但运动参与者动机各异使之自始便存在着严重分歧,省宪理想成为他们追求不同利益

---

① 汪太贤:《晚清地方自治思想的萌生与演变——从鸦片战争至预备立宪前夕》,武汉大学2004年博士学位论文。
② 胡春惠:《民初的地方主义与联省自治》,中国社会科学出版社2001年版。
③ 李达嘉:《民国初年的联省自治运动》,弘文馆出版社1986年版。
④ 相关研究成果还有,谢俊美:《略论联邦制和联省自治运动》,《华东师范大学学报(哲学社会科学版)》1995年第5期;李蓓之:《略论20年代初"联省有治"运动》,《上海大学学报(社科版)》1996年第3期;李继锋:《分合之际——二十年代初省宪运动的背景分析》,《民国档案》1996年第3期;张继才:《论清末民初联邦思想》,《武汉科技大学学报(社会科学版)》2000年第2期;张海廷:《联邦制与单一制"对立"还是"统一"》,《河北法学》2002年第3期;周东华:《略论1920—1923年的"联省自治"思潮》,《北京行政学院学报》2001年第3期;姚琦:《论20世纪上半期中国联邦制思潮及其影响》,《宁夏大学学报(人文社会科学版)》2003年第5期;朱秀蓉:《试论北洋政府时期的联省自治思想》,《云南大学学报法学版》2004年第4期;朱秀蓉:《试论北洋政府时期的联省自治思想》,《云南大学学报法学版》2004年第4期;严泉:《"联省自治"运动中的省宪研究——民国初年"联省自治"的制度探析》,《学术界》2005年第6期;严泉:《"联省自治"运动中的省宪研究——民国初年"联省自治"的制度探析》,《学术界》2005年第6期;李利霞、赵经:《论20世纪20年代初期的联省民主思想》,《华中农业大学学报(社会科学版)》2006年第3期;郭殊:《省宪运动与"联省自治"——中国近代联邦主义的萌芽、省思与启示》,《浙江学刊》2006年第5期;李荣坤:《联省自治运动在20世纪20年代初兴起原因新探》,《西南交通大学学报(社会科学版)》2006年第6期;龙长安:《李剑农联邦制思想述论》,《中国近现代史研究》2007年第12期;莫庆红、唐正芒:《二十世纪初"联省自治"思想的悖论》,《求索》2008年第4期;田子渝:《湖北地方自治论述》,《湖北大学学报(哲学社会科学)》1995年第6期;欧阳斗平:《论近代湖南绅权运动与省宪自治》,《长沙大学学报》2006年第1期;陈华丽、莫庆红:《云南联省自治运动述论》,《前沿》2007年第11期等。

目标的工具。运动断断续续的进行伴随着各方势力激烈的冲突,亦折射出浙省多重的地方政治权力结构。运动无果而终,并非简单由于"军阀扼杀自治"。① 联省自治的研究主要集中于省自治运动较为高涨的省份。②

以县制为研究对象。魏光奇在《官治与自治》一书中,对古今县制沿革进行了一个通的研究,基于此种指导思想,本书撰写体例比较新颖,如以县制、县财政制度、县人事制度等为线索分别展开,这一专题式的研究有助人们通过纵向比较把握民国县制变革的实质。论文方面也出现不少的佳作,③王兆刚通过对南京国民政府县自治的研究,认为其之所以失败,主要原因在于国民党及其政府不具备领导一场现代社会变革所需要的素质与能力;国民党推出的具体制度和举措有诸多失当之处;自治人员素质低下;县自治存在着深刻的内在矛盾等。④

以区乡镇村自治为研究对象。⑤ 如李德芳在《略论民国乡村自治的社会制约因素》一文中,从封建的乡村经济形态与政治结构、严重变态的乡村社会流动、极端贫苦的农民生活、传统的乡村社会文化等方面对民

---

① 冯筱才:《理想与利益——浙江省宪自治运动新探》,《近代史研究》2001年第2期。
② 相关研究成果有,魏光奇:《直隶地方自治中的县财政》,《近代史研究》1998年第1期;徐建平:《清末直隶州县自治运动初探》,《燕山大学学报(哲学社会科学版)》2007年第4期;刘国习:《清末湖南留日学生的湖南地方自治论》,《湖湘论坛》2008年第2期等。
③ 相关研究成果,白贵一:《20世纪30年代南京国民政府县自治研究》,知识产权出版社2009年版;王兆刚:《论南京国民政府的县自治》(《安徽史学》2001年第2期)及《抗战前南京国民政府县自治失败原因探析》(《历史教学》2002年10期);周玉玲:《新县制下县各级民意机关研究》,苏州大学2002年硕士学位论文;李树芬:《南京国民政府时期省县行政制度与权力研究(1927—1937)》,四川大学2007年硕士学位论文;方旭红:《南京国民政府县级政权的运作机制:1927—1937年》,《安徽史学》2005年第2期;忻知:《各省实施新县制推行地方自治成绩总检讨》,《民国档案》2005年第3期;曹成建:《1920年代末至1930年代初南京国民政府地方自治政策的实施效果及其政策走向》,载中国社会科学院近代史研究所民国史研究室、四川师范大学历史文化学院编《一九二〇年代的中国》,社会科学文献出版社2005年版等。
④ 王兆刚:《论南京国民政府的县自治》,《安徽史学》2001年第2期。
⑤ 相关研究成果有,李德芳:《南京国民政府乡村自治制度述论》,《河北大学学报(哲学社会科学版)》2002年第4期;尹红群:《南京国民政府乡村制度变革:政治结构及问题》,《社会科学辑刊》2004年第6期;王飞:《国民政府"新县制"下的乡镇体制》,首都师范大学2007年硕士学位论文等。

国时期乡村自治的社会制约因素进行分析,作者认为,不彻底改变传统的乡村经济形态、政治结构和宗法文化这个封建主义的外壳,民主自治制度就不能生根、开花、结果。①

以保甲制为研究对象②。冉绵惠对近年来国内有关民国时期保甲制度研究进行梳理,在肯定当前保甲制研究成果可喜的同时,亦指出几点不足:民国时期档案资料与地方报刊资料发掘不够;对于保甲人员素质缺乏定量分析;保甲制与基层社会既冲突又融合的关系分析甚少;不少地区的保甲制研究还未展开;共产党对保甲制的态度缺乏研究等。③ 这些不足仍然需要更多研究者的参与才能逐渐改观。

专题与个案研究。专题性研究以对清末地方自治风潮的研究最为典型,如周积明、谢丹指出,导致清末自治民变的综合原因是官方苛捐、枉法与民众的守旧、保守,其无疑阻碍了近代化的进程。并据此认为,在现代化改革过程中应注意资金筹集的方式、加强宣传力度、打击贪污腐败、提高改革者的素质、开通民智等。④ 另外,自治财政、选举制度、户政法、自治立法等都被纳入人们的研究视野⑤。以人物为个案的研究也在

---

① 李德芳:《略论民国乡村自治的社会制约因素》,《贵州社会科学》2001年第3期。
② 相关研究成果,王云骏:《民国保甲制度兴起的历史考察》,《江海学刊》1997年02期;谢增寿:《国民党南京政府保甲制度述论》,《西华师范大学学报(哲学社会科学版)》1984年04期;武乾:《南京国民政府的保甲制度与地方自治》,《法商研究》2001年第6期等。
③ 冉绵惠:《近年来国内有关民国时期保甲制度研究的新趋势》,《民国档案》2007年第2期。
④ 周积明、谢丹:《晚清新政时期的反地方自治风潮》,《河北学刊》2002年第4期。
⑤ 相关研究成果有,叶利军:《民国北京政府时期选举制度研究》,湖南师范大学2004年博士学位论文;王圣育:《近代乡村自治研究——户政法文化诠释》,中国政法大学2005年博士学位论文;隆奕:《试论南京国民政府地方自治立法》,西南政法大学2004年硕士学位论文等。

不断增加,如关于孙中山自治思想的研究,①张连红在细致梳理了孙中山政治思想发展历程之后,指出经过长期的革命实践与理论探索,在中央与地方关系问题上,孙中山最后形成了一种集联邦制与集权制两者之长的均权构想,希望中央与地方关系以此达到分权而不分裂、集权而不专制的最佳境界。②《陈炯明地方自治及其评析》一文认为,联省自治并不就是地方割据,而地方割据势力却利用联省自治的旗帜以张目,在联省自治的大潮中,陈炯明算是一个特例。③另外,还有人专文对黄兴、毛泽东、蒋介石等人的自治思想进行探讨。④

第二,研究方法与视角不断更新。

以近代化为研究视角。⑤马小泉从社会政治结构与政治发展的角度对清末地方自治展开讨论,其把国家对社会的整合、政治制度的近代化有机结合在一起,认为清末地方自治的创办是国家与社会共同推进的结

---

① 关于孙中山地方自治思想研究的文章较多,如曾景忠:《孙中山地方自治思想述论》《广东社会科学》1988 年第 1 期;郑永福:《孙中山与地方自治》,《中州学刊》1983 年第 2 期;贺跃夫:《孙中山的地方自治观与南京政府之实践》,《中山大学学报论丛》1995 年 05 期;周玉玲、杨慧:《孙中山与蒋介石地方自治思想的差异》,《江南社会学院学报》2001 年第 2 期;唐卫国:《孙中山地方自治思想研究》,《河北法学》2001 年第 6 期;洪英:《孙中山先生地方自治思想综述》,《当代法学》2003 年第 8 期;马小泉:《孙中山地方自治思想之学理意义》,《史学月刊》2005 年第 5 期;张绪忠:《孙中山与联省自治运动》,《贵州文史丛刊》2006 年第 3 期;彭学宝:《孙中山与毛泽东地方自治思想比较述评》,《商丘师范学院学报》2007 年第 7 期;张钦朋:《试论孙中山地方自治思想》,吉林大学 2007 年硕士学位论文等。

② 张连红:《从联邦到均权:孙中山对中央与地方关系的探索》,《史学月刊》1998 年第 2 期。

③ 白贵一:《陈炯明地方自治及其评析》,《韶关学院学报(社会科学)》2007 年 11 期。

④ 相关研究成果有,邓江祁:《黄兴地方自治思想探析》,《长沙理工大学学报(社会科学版)》2008 年第 1 期;周玉玲:《剖析蒋介石地方自治思想》,《内蒙古民族大学学报(社会科学版)》2001 年第 4 期;曾慧华:《青年毛泽东地方自治思想》,《西南民族学院学报(哲学社会科学版)》2002 年第 11 期等。

⑤ 相关研究还有,余子明:《清末地方自治与城市近代化》,《人文杂志》1998 年第 3 期;赵可:《辛亥革命时期的城市自治思想与 20 世纪上半叶的城市发展走向》,载中国史学会编《辛亥革命与二十世纪的中国》,中央文献出版社 2002 年版;尹航:《浅析清末城镇乡地方自治制度》,《社会科学战线》2005 年第 2 期;刘斌:《试论清末地方自治理论与实践》,《中北大学学报(社会科学版)》2007 年第 1 期等。

果。① 高旺认为,西方地方自治思潮在近代中国的兴起既与中国历史上"郡县论"和"封建论"的争论有关,又与近代西学东渐、列强环伺的形势有关。这一论述赋予近代地方自治以明显的中国特色,是对冲击-反映模式的突破。②

国家与社会二元分析框架的运用。在《国家与社会:清末地方自治与宪政改革》一书中,作者侧重于从国家与社会的关系、政治发展的角度,对清末地方自治进行系统的考察。③ 周松青以西方为参照物,对清末民初的地方自治进行对比研究,认为近代地方自治引进之后,始终未能与国家有效融合,自治在中国的体制异化是其不能有效推行的原因;传统国家向民族国家的转换,使地方自治生存空间面临着更大被挤压的危险。④

以国家对社会整合为视角。⑤ 常书红认为,因为资本主义化士绅的崛起和宪政思潮的风行,传统的乡族自治结构逐渐瓦解、近代化的地方社会控制模式初步形成,但是这一过程并不顺利,最主要的原因是社会结构分化不足所致,旧的士绅力量被新士绅(绅商界和绅学界)取代,但新士绅未能形成具有较强内聚力的社会力量,难以形成维护社会秩序的自觉意识,难以完成对社会整合的重任。⑥ 作者虽然并未明确提出国家与社会之间的部分,却已意识到国家与社会之间的"夹层"实际上就是新士绅存在的空间。

---

① 马小泉:《清末地方自治运动论纲》,《史学月刊》1993年第5期。
② 高旺:《清末地方自治运动及其对近代中国政治发展的影响》,《天津社会科学》2001年第3期。
③ 马小泉:《国家与社会:清末地方自治与宪政改革》,河南大学出版社2001年版。
④ 周松青:《异化、国家和记忆:清末民初地方自治的两难》,《史林》2007年第2期。
⑤ 相关研究成果有:贺跃夫:《晚清县以下基层行政官署与乡村社会控制》,《中山大学学报(社会科学版)》1995年第4期;王先明、常书红:《晚清保甲制的历史演变与乡村权力结构——国家与社会在乡村社会控制中的关系变化》,《史学月刊》2000年第5期;马小泉:《晚清政府对地方自治的操纵与控制》,《历史档案》1995年04期等。
⑥ 常书红:《清末民初地方社会整合格局的变化》,《史学月刊》2003年第4期。

以民众社会参与为视角。① 如《地方自治:晚清新式绅商的公民意识与政治参与》一文认为,清末地方自治的尝试,对于以官僚政治为核心的传统政治生活来说,具有某种民主启蒙和社会动员的意义。其根本价值在于反对封建专制统治,实现资产阶级的民主政治。对于中国早期政治现代化的历程,具有重要的促进作用。清政府支持并积极推行地方自治,并非为了赋予人民参政议政的权利,实现资产阶级的民主政治,而是为了调适政府与社会的关系,确立新绅商的"辅治"地位,以官办自治的形式,达到稳固专制政权基础的目的。② 这种评价极有见地。

第三,区域性地方自治研究异军突起。

随着地方自治研究的深化,区域性地方自治倍受研究者关注。值得注意的是部分国内高校的在读研究生把区域性地方自治作为选题,写出一批质量不错的学术论文,显示出地方自治研究向纵深发展的趋势。

首先,就研究对象来看,以省自治或联省自治为主。这一点前面已经叙及,不再赘述。

其次,就研究者的身份来看,以高校的在读研究生为主。选题从乡村政治结构到乡镇自治,从县级财政再到自治人员,呈现不断细化的趋势。③ 如杨焕鹏博士的学位论文《国家视野中的江南基层政治(1927—

---

① 相关研究还有,梁景和:《论清末地方自治的实践》,《西南交通大学学报(社会科学版)》2000年第4期;马宝成:《清末新政时期的地方政治参与》,《东岳论丛》2000年第2期;梁景和:《清廷督导下的地方自治运动》,《江苏社会科学》2001年第1期;魏光奇:《清末民初地方自治下的"绅权"膨胀》,载李长莉等主编《近代中国的城市与乡村》,社会科学文献出版社2006年版等。
② 马小泉:《地方自治:晚清新式绅商的公民意识与政治参与》,《天津社会科学》1997年第4期。
③ 于建嵘:《转型期中国乡村政治结构的变迁——以岳村为表述对象的实证研究》,华中师范大学2001年博士学位论文;程郁华:《二十世纪三四十年代乡保行政人员贪污与暴力现象研究——以桐乡、新昌两县30件案件为例》,华东师范大学2004年硕士学位论文;冯小红:《乡村治理转型期的县财政研究(1928—1937)——以河北省为中心》,复旦大学2005年博士学位论文;丰箫:《1945—1949年浙江省嘉兴乡镇自治研究》,复旦大学2006年博士学位论文;《"山西村治":国家行政与乡村自治的整合(1917—1928)》,首都师范大学2007年博士学位论文;冯向晖:《浙江清末地方自治运动研究》,浙江大学2009年硕士学位论文等。

1949）——以杭、嘉、湖地区为中心》，其中有两节涉及地方自治问题。在地方"自治"与"以党治国"一节中，作者认为，战前国民党党部打着训练人民行使四权的旗号，以地方自治为工具，加强与地方政府的权力之争；抗战时期新县制与乡镇自治的实施，导致国家权力下延，国民政府认可并积极推进此一党治与自治结合的方式，但并未改变党部在基层势力虚弱的现状。在新县制与"地方自治"一节中，作者指出，在新县制之下，国民党不但要通过党的力量向基层渗透，还通过团的力量以自治的名义把掌握在豪绅手中的基层政权纳入国家的轨道，以实现其对乡村社会的控制。①

最后，部分台湾学者对区域性地方自治作了开拓性的研究。② 如沈松桥通过对近代河南自治与保甲制递嬗的研究，认为从清末至抗战前夕，中国地方政治的发展过程，乃是由以参与为重的政治动员，转化到以统制为主的政治控制。他认为河南地方自治与保甲之所以不能达到预期目的，除了制度不良、经费困难与人民程度不足，以及劣绅的把持等原因，根本原因在于河南的社会、经济条件不能为下层结构的现代化提供有力的支撑。"与其说是政治的现代化，毋宁说是政治的内卷化。"③在后续研究中，沈指出，自太平天国运动以来，社会军事化进程不断加剧，旧的社会秩序解体，地方权力结构处于重新编组的历程中，以武力（民团）为依托的地方精英不断壮大。因为宛西当时混乱的社会局面，创办民团大部分是为自卫而言。而为了使私人组织合法化，其开始筹设自治，这与国民政府推行的地方自治正好契合，但是两者内容却截然不同，宛西

---

① 杨焕鹏：《国家视野中的江南基层政治（1927—1949）——以杭、嘉、湖地区为中心》，复旦大学2005年博士学位论文。
② 类似研究还有：张玉法：《清末民初的山东地方自治》，"中央研究院"《近代史研究所集刊》第6期（1977年）；王萍：《广东省的地方自治——民国二十年代》，"中央研究院"《近代史研究所集刊》第7期（1978年）等。
③ 沈松桥：《从自治到保甲：近代河南地方基层政治的演变，1908—1935》，"中央研究院"《近代史研究所集刊》第18期（1989年）。

自治是利用地方革命的口号,否定了国家权威的正当性。沈松桥称之为地方精英对国家权力的侵夺,并宰制农村。总之,通过宛西自治,可以看到国家与地方精英对地方控制权的激烈争夺。

2. 国外学者的研究

随着国外中国学的不断发展,对中国基层社会组织的研究不断增多,虽然很多研究并未明确以地方自治为题,但却具有重要的参考意义。

如杜赞奇以 1910—1942 年的华北农村为例,把组成基层社会的各种力量置于文化的权力网络之上,深刻地描绘出近代国家政权变迁过程中国家与社会的互动。① 傅因彻从地方、省、中央三个层次对清末民初的地方自治运动的动力、运作及其取得的成绩与影响进行了较为全面的分析,作者认为,清末民初的地方自治运动有两个动力:地方精英的推动与官方的倡导,二者在一定程度上是相互促动的。② 罗杰(Roger R. Thompson)则通过对清末自治运动中政府与有关官员所倡导的各级议会的考察与分析,指出清末国家与社会关系互动的事实。③ 日本学者田中比吕志认为,清末地方自治是政府统合社会的工具,政府对地方精英既寄予希望又进行道德教化,而民众对国家与地方精英都缺乏信任感,这使地方精英处于两难地位。④ 张信的研究表明,在河南西南部与河南北部存在着两种不同的政治模式,因为整体环境的不同,导致了国家主

---

① 〔美〕杜赞奇著,王福明译:《文化、权利与国家:1910—1942 年华北农村》,江苏人民出版社 2003 年版。
② John H. Fincher: *Chinese Democracy, the Self-government Movement in Local Provincial and National Political*, 1905—1914, John H. Fincher, ST. Martin's Press, New York, 1995.
③ Roger R. Thompson: *China's Local Council in the Age of Constitutional Reform*, 1898—1911, Published by the Council on East Studies, Harvard University, and distributed by Harvard University Press, Cambridge and London, 1995.
④ 《清末民初的国家统一·地方自治·地方精英》,载中国史学会编《辛亥革命与二十世纪的中国》,中央文献出版社 2002 年版。

导与社会主导的区别,在向近代转型过程中,两地经历了不同的路径。①再如孔飞力的《民国时期的地方自治政府:关于控制、自治和动员问题》②与和田清的《中国地方自治发展史》③,也是近代中国地方自治研究中较为重要的著作。

综上所述,近代中国地方自治的研究已经进入到一个比较成熟的阶段,从史实梳理到理论反思,从宏观探讨到微观研究,都出现了比较成熟的学术成果。另外,政治学、法学、社会学等相关学科方法的引介,为地方自治的研究开拓了更为广阔的空间,促使其研究不断向纵深发展。但是,近代中国地方自治的研究仍然有其不足之处,如大部分研究者很少进行"通"的研究,往往局限于某一时段,就政治制度的连续性来看,人为的割裂将使人们很难明了近代以来地方自治演变的整体情形,因此,作一通的研究很有必要。同时,目前研究除加强通的研究以外,还要注意理论上的适用性,基于中国社会的特殊性,如果对西方学术研究的理论框架总是持不加分析的拿来主义,往往会陷入理论上的误区。

第三节 资料来源、研究方法与创新之处

一、资料来源

"上穷碧落下黄泉",有几分资料说几分话,这是前辈研究者所持的治史态度,也是笔者谨记的教诲。基于此,笔者对有关江苏地方自治的资料做了大量的搜集与梳理,现将各种资料分类如下。

第一,档案与政府公报。档案与政府公报是颇受大家认可的第一手

---

① 〔美〕张信著,岳谦厚等译《二十世纪初期中国社会之演变——国家与河南地方精英1900—1937》,中华书局2004年版。
② 〔英〕孔飞力:《民国时期的地方自治:控制、自治和动员的问题》,加州大学出版社1975年版。
③ 〔日〕和田清:《中国地方自治发展史》,东京汲古书院1975年版。

资料,本书所采用的档案资料来源有二:其一是第二历史档案馆、江苏省档案局、苏州市档案局等部门所藏之未刊档案,如江苏省档案馆所藏之国民政府时期民政厅、建设厅、秘书处等机关有关地方自治的未刊档案;其二是前辈史学工作者对相关档案资料的汇编,如故宫博物院明清档案部编的《清末筹备立宪档案史料》,第二历史档案馆编的《中华民国史档案资料汇编·第三辑·政治》等。政府公报则主要是南京图书馆、南京大学图书馆、上海图书馆等所藏的《政府公报》、江苏省政府公报等。档案与公报虽然是第一手资料,但并不能说完全可信,如下级在对上级呈报地方政情时不免有造假行为,上级对下级的命令又不免条文化、形式化的弊病,这些问题决定档案与公报在很大程度上并不能完全真实客观地反映丰富多彩的历史,所以借助于其他相关资料来充实、互证是极为必要的。

第二,地方志与文史资料。地方志与文史资料是研究地方史不可或缺的资料,地方志因为对某一地全方位的书写,有利于研究工作者从全局来把握该地方的历史,但是地方志的修撰质量却因修撰者的态度与智识水平的高低而存在巨大差异,不排除失真或抄袭其他志书的行为。文史资料往往是亲历者的回忆或口述,有较大的可信度,生动性也是其他资料所不可比拟的,但是它的弊病在于大部分资料是亲历者对发生在几十年前的事情的回忆,仅凭人的记忆,很难完整无误地记录历史,其中不免有因时间久远而造成的记忆模糊与错误,而当事人主观意识的加入又给历史蒙上了一层面纱。

第三,报纸与期刊。报纸与期刊为笔者提供了一些在档案与政府公报中看不到的东西,如果说档案与政府公报是来自官方的决策,那么,报纸与期刊则更多是发自民间的声音,两者相互印证,是历史研究的重要方式之一。但是,这又不能一概而论,报纸期刊因发行者不同而性质不同,内容也往往有所侧重,如《申报》《大公报》以民间声音为主,而《中央日报》则是政府的喉舌。期刊也是如此,《东方杂志》在很大层面上是反映民间人士对社会、政情以及风尚的评述,而《江苏民政》则是江苏民政厅所办的以诠释政府政策为主的刊物。当然,大部分刊物是综合性的,通过这些丰富多彩的报刊,有利于解读时人的一般思路。

第四,时人文集。时人文集是笔者所认可的较为重要的一种资料,如《梁启超全集》《孙中山全集》《张謇全集》等,都是笔者参阅的对象,与文史资料相比,其不会出现因时间差而导致的错误,且更能反映时人对某些问题的系统看法。

第五,对前人研究的借鉴。笔者的研究是建立在前人艰辛努力的基础之上的,通过对以往期刊、专著、硕博论文的研读,有利于笔者继承批判态度的形成。同时,既注重借鉴,更要注意学术规范,此为笔者研究所持之基本态度。

以上所列数种资料,重要、次要之分都是相对而言,至关重要的是能够在相互对比中发现更为真实的历史。

二、研究方法

如前所述,以往近代中国地方自治研究基本是在国家与社会二元分析框架之下进行的,这一分析框架的有效性与有限性往往局限了研究者的视野。因此,在本书中,笔者拟引进第三领域的概念,将地方自治置于国家、社会、第三领域的解释体系之中。

国家与社会是一组相对而生的概念,分开解释将导致其内涵与外延均无法确定。从历史发展的进程来看,社会先于国家,国家自社会中诞生。但自国家产生之后,便形成与社会不断分离的巨大张力,国家成为"从社会中产生但又自居于社会之上并且日益同社会脱离的力量"[1]。中国因为国家与社会分野并不明显,因而产生另外一种表述方式——官方与民间,其和国家与社会是一种表述有别、实质对应的概念范畴。结合

---

[1]《马克思恩格斯选集》,第4卷,人民出版社1966年版,第170页。

近代中国的实际情形,在本书中,笔者把国家理解为体制内强制力量的集合,如国家直接设置之各级行政官厅及根据国家法律制度所设置之附属机关;而社会则是体制外的民间社会,主要指那些不直接受国家行政机关及其法律制度制约的私人空间与组织。唐士其把国家定义为在特定的领土范围内合法地垄断了暴力的使用权,并对此范围内的所有居民进行管理和提供保护的社会组织形式。而将社会定义为在地理范围上与国家大致重合的但又不具备上述国家基本特征的人类及其各种组织形式的总体。① 这种表述与笔者在本书中的界定基本一致。

第三领域的概念是黄宗智提出的,他认为在中国的国家和社会之间,还存在着一个既独立于国家与社会,国家与社会又都参与其间的第三领域。② 体现了中国的国家与社会之间还存在一个中间地带的基本事实,与时下流行的公共领域的提法相比,③这种说法更加符合中国的现实。就近代以来的历史看,第三领域是一个不断变化的过程,不管是国家化还是社会化,都反映了近代国家与社会激烈博弈的基本事实(如图1-1所示)。

---

① 参见唐士其:《西方关于国家与社会关系的理论》,《国际政治研究》1994年第4期。
② 黄宗智认为国家与社会二元对立的分析框架对中国来说并不合适,因为其仍然延续了传统历史学家把西方的解释体系强加在中国的做法,因此他强调应该根据中国的实际情况来确定一个新的解释体系,即中国社会的三分法:国家、社会以及国家与社会之间的第三领域。在此一领域,"国家与社会又都参与其中。再者,这一第三领域随着时间的变化而会具有不同的特征与制度形式,对此需要做具体的分析和理解"。黄宗智主编:《中国研究的范式问题讨论》,社会科学文献出版社2003年版,第260页。
③ 因为第三领域在国家与社会之间的缓冲作用,导致其不像西方公共领域那样以对专制权力的制约为本质特征,把自由主义看作生命之源。用斯特朗(Strand)的话讲,"欧洲公共领域的存在首先采取了出自公共领域和私人领域的国家和社会的剧烈的两级化发展形式",西方人认为作为自由人组合的"社会"是与国家相对立的,而这正是中国传统思想中所缺少的。(参见黄宗智主编:《中国研究的范式问题讨论》,社会科学文献出版社2003年版,第164页。)这种具有妥协性与灵活性的中国式的第三领域亦被斯特朗称之为"某种有限的、'软性的'公共领域",这是其与资产者公共领域的区别之一,也是中国社会相对稳定的因素之一。

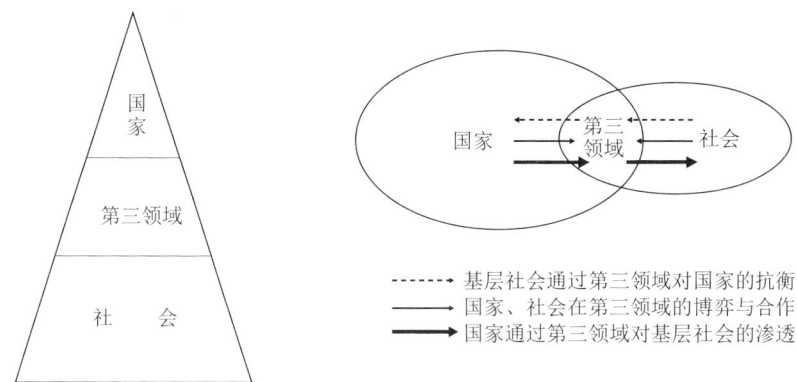

图 1-1 国家、社会、第三领域示意图

从理论上讲,第三领域是国家与社会共同参与的部分,势必导致国家与社会在该领域的合作与博弈。中国的历史事实表明,古代中国的社会结构是稳定的,之所以如此,主要是因为地方士绅在国家与社会之间起着十分特殊的作用。"过去政令之传达于民众,完全由于士绅阶级。民众有什么要求,由彼上闻;政府有什么设施,由彼下达。政府与民众的联系,只是这个没有法定地位的士绅阶级。"①近代以来,随着第三领域的主角——士绅阶层——的分化与功能的异化,第三领域发生质变,国家与社会之间的关系随之变化,从而形成基层社会结构解体与重构的基本动力。是哪些因素导致近代中国从君主专制走向一党专制?此一追问成为贯穿全文的主线。

之所以采用此一分析模式,理由主要有二:一是该理论符合近代中国的国情。此一点前文已经叙及,此处不再赘述。二是该理论适用于地方自治的研究。第三领域之既独立于国家与社会,国家、社会又都参与其间的特点与地方自治的特征具有一致性,地方自治虽然侧重于社会,但是亦不能脱离国家的监督,而是国家与社会的共同参与,中央与地方的适度分权。由此可见,把地方自治置于国家、社会、第三领域的分析框

---

① 金半欧:《自治与自卫的一种观察》,《地方自治》1935 年第 3 期,第 3 页。

架中是可行的。另外,本书还借鉴了政治学、社会学、法学、统计学等相关学科的研究方法,以增强研究过程及结论的科学性。

三、创新之处

历史研究往往因研究者所用的材料、方法不同而产生不同的观点,在本书中,笔者有以下几点创新之处。

第一,研究视角上的创新。本书在关注地方自治之民主主义涵义的同时,更侧重于地方自治之自由主义的内涵,目标是进一步探索近代中国政制转型的必然性,路径则是分析地方自治推行的过程中,国家、地方精英、基层民众分别扮演了什么样的角色。

第二,资料运用上的创新。与以往中国近代地方自治的研究相比,本书是以大量的第一手资料为基础来勾勒近代江苏地方自治的发展脉络的,如清末及国民政府时期的未刊及已刊档案、政府公报、时人笔记、调查报告等,都是笔者参考的重要对象。

第三,观点上的创新。地方自治不仅反映了基层社会在近代的脉动,在一定程度上讲,它的发展情形也反映了近代中国政制转型过程中的某些本质内容;地方自治为立宪之始基,在这样的语境下,中国缘何从君主专制步入一党专制。通过近代地方自治的研究,可以发现,在传统与现代交融的过程中,国家的强力控制、地方精英的两难境地以及民间社会的无力反抗形成鲜明的对比,构成近代中国政制转型的重要动力。

第四,研究对象的创新。以往学界对江苏地方自治的研究多局限于某一特定区域,把江苏省作为一个整体来研究的尚不多见;在时间段的选择上,笔者也将突破短时段的研究方法,扩展至清末民初到抗战之前的三十年,主要是希望通过较长时间段的观察,发现某些规律性的东西。

第二章　大变局下的近代江苏社会

以近代江苏观之,对地方自治影响最大的因素主要有二:一是江苏固有之社会传统,二是西学东渐对江苏固有社会传统的瓦解。不破不立,传统对于新生事物往往持排拒态度,近代地方自治是否会在江苏遭遇同样的命运?因此,对江苏固有社会传统进行铺垫性叙述有其必要性。同时,近代中国进入数千年未有之大变局,而最主要的表现则是西学东渐对中国传统社会结构的冲击。瓦解的过程,亦是新秩序酝酿与重构的过程,在瓦解与重构之间,又为近代地方自治的引介提供了若干条件,所以,有必要对近代江苏社会新旧因子的转变做进一步的分析。

第一节　江苏传统社会之概述

以区域形成与认同为切入点对江苏社会传统进行概述,是因为其与地方自治之间有着极为密切的关系。区域一旦形成就会产生一定的凝聚力,影响到人们的行为习惯及集体认知。地方自治的要义是,一定区域内的人民在不违背国家法令的前提下,制定规约,实现以本地人治本地事。那么,在不同的区域范围内,为什么地方自治的推行会产生巨大差异?地方自治的实现需要什么样的社会条件?这些问题的解决无不是以该区域的整体条件为前提的。因此,欲考察地方自治,首先应对该地方进行整体的观察。

一、自然环境与区域形成

江苏省地处北纬 31°与 35°之间,全省面积约 10.26 万平方公里,其中,平原面积(不包括水面)约占全省总面积的 68%。省境东西广约 520 公里,南北长约 530 公里。北扼徐海,南据淞吴,长江流域亘于其南,黄河旧口留于其北,全省地势平坦,无崇山峻岭,惟句容、金檀二县有茅山一脉延亘西南一角。① 在长江、淮河和黄河的合力冲击下,从北到南形成了面积辽阔,地势低平的黄淮平原、江淮平原、东部滨海平原和长江三角洲。所有平原海拔高度都在 45 米以下,百分之五十的平原在 10 米以下。全省只有东北部和西南部存在少数低山丘陵和岗地,海拔一般不超过 300 米。因此,冬季干旱冷空气和夏季暖湿气流,都可以在江苏大地畅通无阻,而不受地形影响。② 有人从历史地理的角度考察江苏地理的形成,认为苏北地理的发展,普遍是自西向东,所以各县县城偏西界,这绝非设置时之最初形势,而是陆地日渐堕涨和海岸东移之结果。③ 这种说法颇有见地。

江苏气候以淮河为界,④ 从亚热带湿润季风气候向南温带半湿润季风气候过渡,总的气候特点是:"季风显著,四季分明,雨量集中;冬冷夏

---

① 石孟凯:《飞机摄制江苏全省地图之设计大纲》,《江苏省政府土地整理委员会公报》1929 年第 2 期,第 112 页。
② 参考江苏省气象局《江苏气候》编写组:《江苏气候》,气象出版社 1991 年版,第 1 页。单树模等编:《江苏地理》,江苏人民出版社 1980 年版,第 21 页。
③ 朱广福:《根据苏北各县沿革论今后县治之设置》,《中国评论》1947 年第 7 期,第 10 页。
④ 另外,以淮河为界把江北分为淮北、淮南的做法则主要是对自然环境的考量,因为秦岭-淮河一线是中国南北气候的大致分界线,其处于亚热带与暖温带之间,是 800 毫米等降水量分界线,湿润区与半湿润区分界线,同时也是我国黄河流域与淮河流域分界线,水稻产区与小麦产区分界线,水田与旱田分界线。这诸多的象征意义决定了淮南、淮北分界的可行性。由此可见,自然环境对人类的生产、生活均产生重大影响。

热,春温多变,秋高气爽;光能充足,热量富裕,雨热同季。"①江苏境内河流湖泊众多,全省大小河流约有 2100 多条,天然湖泊超过 300 个。江河湖塘和水库等水域面积约 17 660 平方公里,占全省总面积的 17%。②"其水地面积尚超过山地面积。"③这为江苏农业的发展提供了充足的水力资源。优越的自然环境决定了江苏农业大省的地位,也决定了农业对江苏的重要性,"江北徐、淮、海三属各县农村,每年均视二麦收成丰啬,即可决定本年食用之短促,谚有'一麦抵三秋'亦即此意"④。下面则就农业⑤以及与农业密切相关的水旱灾害来进一步探讨自然环境与区域形成的关系。

　　江苏省的主要粮食作物有:水稻、三麦(大麦、小麦、元麦)、杂粮(玉米、高粱、甘薯等)等;经济作物则包括棉花、油料、麻类、花生、芝麻、向日葵、烟草等。在粮食作物中,水稻是江苏省的传统粮食作物,栽培历史最为悠久,1949 年之前,种植区主要分布在淮河以南的里下河平原、太湖平原、沿江圩地以及镇宁扬等低山丘陵区,淮河以北很少种植。三麦种植也较广,除少数湖洼地和滨海重盐土区外,其他各区普遍种植。玉米主要分布在徐淮平原和东部滨海平原。高粱、小米等耐害耐碱作物,则在徐淮平原西部有较普遍的种植。甘薯则在徐海平原和镇宁扬等低山丘陵区有普遍的种植。在经济作物中,棉花的种植为大宗,自南宋时期已在江南沿江和沿海地区大量种植,随着近代棉纺织工业的发展,棉花的种植面积逐渐扩大至苏北沿江、沿海及徐淮地区。油菜的种植主要集中

---

① 江苏省气象局《江苏气候》编写组:《江苏气候》,气象出版社 1991 年版,第 2 页。
② 江苏省气象局《江苏气候》编写组:《江苏气候》,北京:气象出版社 1991 年 12 月版,第 2 页。单树模等编:《江苏地理》,江苏人民出版社 1980 年版,第 21 页。《江苏气候》一书认为水域面积占江苏总面积的 71%,明显不符实际,大概是印刷错误,因而本书采取《江苏地理》上的说法。
③ 王树槐:《中国现代化的区域研究:江苏省,1860—1916》,"中央研究院"近代史研究所 1984 年版,第 6 页。
④ 《苏北农村情况转佳》,《农村经济》1935 年第 2 卷第 10 期,第 118 页。
⑤ 至于江苏省的商业、手工业等项,因与自然环境联系较为薄弱,故而留待后文进行分析。

在苏南水稻区,1949年后才逐渐扩展到苏北。花生种植集中分布于徐淮地区和沿江高沙平原。芝麻、向日葵则以徐淮平原为主。而麻类产品中之黄麻的种植主要分布在南通、海门、江都等县;红麻则集中于徐淮平原之沭阳、邳县、睢宁、泗洪等县。烟草的种植以徐淮地区西部各县为主等。①

因为农业生产结构、经营方式和生产水平等区域差异,江苏省形成六个农业区:徐淮区、里下河区、沿海区、沿江区、宁镇扬区、太湖区。徐淮农业区主要位于淮河以北,全部属于暖温带季风气候,水热资源可以满足旱作两年三熟或水旱轮作一年两熟作物生长的需要,在历史上是江苏省农业发展最早的地方。里下河农业区介于江淮之间,属于北亚热温和带中,水热条件比徐淮农业区优越,适宜三麦、晚熟中稻一年两熟制轮作。沿海农业区位于黄海之滨,因为成陆较晚,土壤含盐量大,兴垦较迟,1920年前后开始大规模种植棉花。沿江农业区位于长江下游河口段,地跨长江两岸,全区地势平坦,水热条件较好,水源充沛,是江苏省开发较早的区域之一,也是重要的经济作物种植区之一。太湖农业区,位于江苏省南部的长江三角洲地带,地势低平,河流湖泊众多,农渔兼营,有"水乡"之称。镇宁扬农业区,包括北起盱眙、南抵宜溧山地间的全部低山丘陵岗地和平原,农作物品种繁多,其他农业区种植的作物都可以在此地发现。② 在相同的农业区内,人们因日常生活、生产以及风俗习惯渐趋一致,从而为共同的文化氛围和心理素质提供了条件。

对农业影响最大的因素是水利,而对水利的共同关注则进一步加强人们的区域认同。就江苏历史上的水旱灾害来看,因气候(主要就降雨量的多少而论)而形成的旱涝灾害与因地理环境(河流泛滥)而形成的水旱灾害有相关之处。有研究者将江苏全省近500年的旱涝史料与现代

---

① 单树模等编:《江苏地理》,南京:江苏人民出版社1980年版,第110—112页。
② 同上书,第116—122页。

气象记录中的 5—10 月降水量五级制(即大涝、涝、正常、旱、大旱)相结合,求得全省各地的旱涝分布频率。结论为:"涝年多于旱年。涝年以苏南南部最多,旱年则以苏北北部最多。大旱大涝之年一般约 10 年一遇。"① 而王树槐先生对水旱灾害的统计则显示出另外一个结果。②

表 2-1 明代至清道光年间江苏水旱灾害统计

地区	明		清(至道光止)		合计	
	水灾	旱灾	水灾	旱灾	水灾	旱灾
苏州	10	14	12	11	22	25
松江	7	12	16	10	23	22
常州	27	29	19	10	46	39
镇江	16	20	15	13	31	33
太仓	9	16	11	17	20	33
小计	69	91	73	61	142	152
每十年次数	2.5	3.3	3.5	2.9	3.0	3.1
江宁	16	28	3	19	19	47
每十年次数	0.6	1.0	0.1	0.9	0.4	1.0
扬州	18	22	15	26	33	48
淮安	16	29	9	20	25	49
徐州	3	19	5	18	8	37
海州	7	3	2	6	9	9
通州	23	15	18	12	41	27
小计	67	88	49	82	116	170
每十年次数	2.4	3.2	2.4	4.0	2.4	3.5
合计	152	207	125	162	277	369
每十年次数	5.5	7.5	6.0	7.8	5.7	7.6

材料来源:王树槐《中国现代化的区域研究:江苏省,1860—1916》,"中央研究院"近代史研究所 1984 年版,第 12 页。

根据表 2-1 可以看到,苏南灾害略高于苏北,其中苏北之扬州、淮

---

① 江苏省气象局《江苏气候》编写组:《江苏气候》,气象出版社 1991 年版,第 113 页。
② 这两种结果有截然相反的趋势,真正情况有待于进一步研究,但不影响本书对区域认同的分析。

安、通州；苏南之常州、镇江又为各自区域水旱灾害频率较高者。并且，苏南以旱灾为多、苏北以水灾为多。之所以出现统计上的差异，大概与偶然因素有关。如苏南之旱灾多于苏北与其传统的水稻种植区有关，因为水稻对水量的要求较为敏感，所谓旱灾与苏北特别是淮北所持的标准显然不同。而苏北之水灾高于苏南，与淮河有着极为密切的关系，1194年，黄河夺泗、夺淮入海，破坏了整个淮河下游水道系统，使淮河成为一条害河，以至于形成"大雨大灾，小雨小灾，无雨旱灾"的局面。作为一个农业社会，如何治理水灾成为淮河流域最为关注的问题，"江淮间之民情风俗、土质气候、物产生活，以及利害关系，无一不同也。即以水利水患而论，尤有共同休戚与共赴之政治目标。以前江海分趋，黄（河）未北移，淮属（指明清以来之府属）所患，在黄淮倒灌；扬属通属所患，在江海泛滥。自咸丰间河流改道，淮水借运入江，江淮间关系尤形密切；盖水道相连，其盈虚丰歉，均也"①。正因如此，使得淮河流域联系更加密切，加强了区域间的认同感。总之，因为自然环境的差异，导致江苏省有比较鲜明的区域划分。

除农业之外，商业的发展程度也对人们的生活习尚产生重要影响。因为苏北地区（特别是淮北）是传统的粮食作物生产区，在近代经济商品化过程中，明显缺乏商品经济发展所需要的文化积淀；而苏南则不然，经济作物的种植以及较高的商品化程度使其在近代经济结构转型过程中独占鳌头。同时，商品经济的发育程度又会对人们的思想开化程度、日常消费观念产生重大影响。如苏北之海州，尚朴实；通州，尚淳质，好俭朴；江南地区，奢侈之风甚盛。② 此一点在对江苏人文因素的分析中可以得到进一步的证明。

---

① 朱广福：《根据苏北各县沿革论今后县治之设置》，《中国评论》1947年第7期，第11页。
② 参考王树槐：《中国现代化的区域研究：江苏省，1860—1916》，"中央研究院"近代史研究所1984年版，第67—69页。

二、人文因素与区域认同

江苏历史悠久,但是"江苏省"之诞生却是在清代中叶。顺治二年(1645),清军平定江南之后,首建江南省,辖区主要包括今天的安徽、江苏及上海二省一市。康熙四年(1665),江南总督郎延佐提请将江南省二藩政区进行调整,后经吏部议决:裁去凤阳巡抚,所属庐、凤二府及滁州、和州,归安徽巡抚管辖;淮扬二府及徐州,隶属江宁巡抚。此次政区调整的意义在于把苏北地区与安徽明确分开,奠定近代江苏行政区划的范围。但此时江苏仍属江南省,并未与安徽彻底分离。① 直到乾隆二十五年(1760),安徽布政使西移至安庆,清政府另设江宁布政使管辖江宁、淮安、扬州、徐州、通州、海州等处,苏州布政使统辖苏、松、常、镇四府及太仓直隶州,至此,近代江苏省域方始大定。因江苏一省而有江宁和苏州二布政使,遂有"江苏省"名称之诞生。1929 年,国民政府意图通过飞机拍摄的方式重新制定江苏地图,为便利拍摄,把江苏分为五区:第一区:上海区,西至无锡江阴一带北至海安如皋一带;第二区:金陵区,东至常州泰兴一带北至扬州六合一带;第三区:淮扬区,南至高邮海安一带北至沭阳宿迁一带;第四区:海州区,西至新安宿迁一带南至五港沭阳一带;第五区:徐州区,东至宿迁新安一带。② 根据此计划书可知,自乾隆二十五年至南京国民政府时期,江苏之省域再未发生大的变化。

晚清之际,苏南、苏北之分主要以长江为界,此标准之形成除了上文

---

① 学界大部分持康熙六年江苏建省说,如陈书禄就认为:"康熙六年(1667)分江南省为江苏和安徽二省,江苏简称苏,这是江苏建省之始。"(王长俊主编:《江苏文化史论》,南京师范大学出版社 1999 年版,第 7 页。)但是这种只提论点,不列论据的做法不能令人信服。张华等曾对此说提出质疑,他们依据康熙二十三年(1683)和乾隆元年(1736)的两部《江南通志》,以及雍正七年(1729)5 月 13 日的一道上谕,对康熙六年江南分省说进行了批判,认为此时江南省仍然被视为一个整体。张华、杨休、季士家:《清代江苏史稿》,南京大学出版社 1990 年版,第42—44 页。相比较而言,笔者认为后者的考证更为可信。
② 石孟凯:《飞机摄制江苏全省地图之设计大纲》,《江苏省政府土地整理委员会公报》1929 年第 2 期,第 120 页。

所述之自然环境与政治区划的双重影响,①亦有对经济因素的考量,如清政府设置江宁、苏州二布政使于一省,并因之设置两督粮道,这种格局的形成即是对经济因素的考量。王树槐先生认为:"因东南财富甲天下,而苏松四府一州又甲东南,齐粮运输之繁,率责于吴下诸邦。"②苏南、苏北因经济差距而形成的心理隔膜比地理上的长江之隔更加难以逾越。"江南的自然环境本来比江北为优,而社会条件也似乎得天独厚,在历史上屡次的战祸,江南都保持偏安之局,所受的打击比较小,所以生活状况一直好过江北人,因此不知不觉遂养成一种优越感,对于江北人总是瞧不起。"③并且,江南人口中的江北人不是单纯的区域认同,还有对江北人的不敬,这种蔑视心态的产生往往是因为经济因素引起的。近代江南开发较早,而江北人因战乱或者灾荒纷纷涌往江南谋生,他们一般都是从事各种"贱业","除一小部分幸运者能获得较好的机会外,大部分男子便做各式各样的苦工,其中包含卖拳,马戏,理发,擦背,拉黄包车,以及做苦力。女的多做家庭佣工,洗衣,炊饭"④。这让江南人显得更加高人一等,把江北人统称之"江北佬",对于此一蔑称,江北人毫不示弱,反唇讥之"南蛮子"。⑤ 由此可见,经济境况的差距对苏北、苏南产生了极大的影响,并形成很深的"地缘矛盾"。⑥ 地缘矛盾则是促成区域认同的重要因

---

① 韩起澜(Emily Honig)认为,"苏北并不是一个客观的、明确界定的地区,而是代表一种关于某一特定地区同质同类的信念。该地区可以包括整个江苏北半部,也可以仅指某些部分;它可以包括邻省山东、安徽的一些地区以及江苏南半部某些地区,就看你问谁了。它可以按地理、语言或经济状况来界定,但是每一种界定都产生即使不相互矛盾也差别很大的定义"。〔美〕韩起澜著,卢明华译:《苏北人在上海,1850—1980》,上海古籍出版社2004年版,第2页。该项研究给笔者很大的启发,在本书论述苏南、苏北时,亦不会专注于某一特定概念,而是根据实际需要灵活变通。
② 王树槐:《中国现代化的区域研究:江苏省,1860—1916》,台北:"中央研究院"近代史研究所1984年版,第15页。
③ 庆德华:《苏北风土记》,《现代邮政》1949年第2期,第11页。
④ 同上文,第12页。
⑤ 对此醒民在《苏北见闻录》一文中亦描述了苏南人称苏北人为"江北猪猡",苏北人称苏南人为"江南蛮子"的情形。醒民:《苏北见闻录》,《机联会刊》1935年第128期,第33—34页。
⑥ 参见马俊亚:《近代江南都市中的苏北人:地缘矛盾与社会分层》,《史学月刊》2003年第1期。

素之一。

在江苏不同的区域之内,还存在着不同的区域文化。与特殊的区域文化相对应,则是不同的风俗习尚。区域文化与风俗习尚是不同区域的重要表征,也是区域认同之所以形成的重要根源性因素。

江苏为文化渊薮之地,自古人才辈出,"江苏文化,自吴季扎闻乐鲁国,言子游习礼孔门,北学始传于南,汉晋以来,代有闻人,号称文物渊薮"①。但是,随着历史的发展,苏南、苏北却呈现完全不同的景象,特别是在经济重心南移之后。管惟霖对近代苏北的描述可谓极其到位,"士大夫在苏北各县城里算是可贵的阶级,然而上焉者也仅做到士绅,好像做了士绅就雍容自在,环受着那众多农商的尊敬,做点社会公益的事情,看看字画古董,度过一段平整的岁月,自然老一代的凋谢了,马上就有新一代的替兴起来,这一贯的遗传在苏北差不多已成为多少年的刻板文章"②。这并不是说苏北人不重视教育,苏北教育滞后主要是因为经济不发达导致的,对文化人的尊重反而说明了那种对知识可羡而不可及的无奈。苏南文化之繁荣正与苏北形成鲜明对比,"大致而言,大江之南,五湖之间,其人轻心而精明,敏于习文,疏于用武,士乐名教,尊礼重安。小民生理咸足,皆知教子孙以读书为事,故江南举业最盛"③。特别是近代苏南地区因处于西学东渐的前沿,文化有进一步远超苏北的迹象。有学者经过量化分析后指出,就正史上有列传的人物而言,江苏在宋代以后,就跃居全国前五名,清时则居首位。并且,这些人物主要集中于政治、学术、文艺三个方面,可见文风之盛。在江苏省内的比较中,以清代进士百分比为例,以江南居多,占70%;扬州次之,占12.5%;江宁再次之,占

---

① 柳肇嘉:《江苏人文地理》,大东书局1930年版,第126页。
② 管惟霖:《苏北素描》,《文史半月刊》1944年第1期,第32页。
③ 王树槐:《中国现代化的区域研究:江苏省,1860—1916》,"中央研究院"近代史研究所1984年版,第68页。

8.3%;淮北所占比例最小,仅占5%左右。① 根据这些数据可知,在苏北、苏南不同的地域内,文风存在很大的差距。

以文化传统而论,苏南、苏北确属于不同的文化区域,苏南以吴越文化为主,而苏北则以江淮文化为主;至苏北之淮河以北则明显受齐鲁文化的影响。② 在三种区域文化中,吴越本系同族,不但在地缘上相邻,而且风俗相近,如古之"断发文身"之俗即为吴、越所共同崇尚;江淮文化受徽州文化的影响至为明显,尤其是徽商文化对维扬地区商业文化的影响不可低估;而淮河以北则明显受汉文化的影响,因为"徐淮区域的史前文化与齐鲁区域的史前文化同属一个文化系统,有直接渊源"③。因此,江苏文化区域又可以三分的方式进行,即苏南、苏北、淮北。这种文化区域的三分法可以在方言的分区与风俗习尚的分布上得到进一步的证明。

方言是"同一语言中因地理区域不同而表现出不同的发音与日常用语",是区域文化的重要表征之一。不同方言传达的文化信息总是有别的,而是否为同一文化区域之最简单的辨别方式就是是否操同一种方言。

江苏方言大致分为三个区域:长江以南除南京、镇江之外,以吴语为主;南京、镇江、长江至淮河的广大地区以苏北方言为主;淮河以北则以北方官话为主。蒋君章认为:"徐海一带语尽豫鲁,可说是中州官话,南

---

① 王树槐:《中国现代化的区域研究:江苏省,1860—1916》,"中央研究院"近代史研究所1984年版,第45—51页。
② 关于江苏文化区域的划分,还有更为细致的分类方法。如陈书禄把它分为五种:吴文化,以现在仅靠太湖的苏、锡、常地区为中心地带,其以聪颖灵慧、细腻柔和而又视野开阔,乐于创新为特征;金陵文化,以南京、镇江为中心,具有积极的进取精神、争胜意识及爱国主义;徐淮文化,泛指江苏徐州、淮阴、宿迁以及连云港、盐城的部分地区,具有英雄主义情怀;维扬文化,以扬州、泰州为中心,以清新优雅与豪迈超俊为特征;苏东海洋文化,主要指南通、盐城、连云港的海岸区域,则具有极强的开放意识。参考王长俊主编:《江苏文化史论》,南京师范大学出版社1999年版,第8—25页。
③ 王长俊主编:《江苏文化史论》,南京师范大学出版社1999年版,第25页。

部通行的是吴语,中部介于吴语与中州官话之间,可以说是江北官话。"①根据方言的分布情形观之,与以地理为标准的划分并不吻合,相反与文化却有着极为明显的对应关系。② 如南京、镇江两地,就地理上而言,属于江南地区,以文化区域论,又属于江淮文化区(即陈书禄所说的金陵文化与维扬文化),以苏北方言为主。江南、江北人之别,在型体难以区别的情况下,语言就成为直接标识之一。在小说《江北人》中,主人公朱一新因为是江北人,满口江北音,而受到新任经理的厌恶,"继任的经理却是上海人,自来上海人对江北人,就有一种很深的成见,怀着一种莫名的憎恶,所以那经理一见一新,就觉得讨厌"③。虽然故事发生在北平,这种歧视犹然不能去除,可见成见之深。这种现象至今如此,如陈智华在《江南人·江北人》一文中这样描述:自己因父亲是苏州人,母亲是镇江人而被苏州人称为"江北佬",被镇江人称为"南蛮子"。④ 这种尴尬足以看到约定俗成的力量。

民俗是文化的载体。它"是一种地域性很强的社会文化现象。民俗文化是广义文化的一个重要组成部分"⑤。江苏地方民俗亦大略可分为

---

① 蒋君章:《江苏省史地概要》,《江苏研究》1936年第2卷第3期,第3页。还有一种更为简单的分法,即以镇江为界,把江苏语言分为南、北两大语系。"江苏语言,自镇江而南京,而淮扬通海徐州,似成一系,其音虽有轻重清浊之别,而简直明晰,概属江北话,徐海一带,类以北方官话,淮扬一带,通行扬州官话,江宁一带,则用南京官话,盖楚语也。自镇江而南,入丹阳境,其音大异,盖东南之苏常松太,语音清脆,虽各县不同,其尤著者为苏州之苏白,昆山之昆腔,上海之土语,而南蛮缺舌,则远近一致,闽越之方言,且多有类似者,盖吴语也。"(柳肇嘉:《江苏人文地理》,大东书局1930年版,第41—42页。)这种分法与张森才的区域文化二分法不谋而合,张认为江苏文化可分为两大类,长江以北的徐汉文化和长江以南的吴文化。(张森才、马砾:《江苏区域文化研究》,江苏古籍出版社2002年版。)
② 在韩起澜的研究中,其同样指出,"江苏南北两地区的人所讲的方言属于完全不同的语族,相互难懂:南方以吴语为主,而北方讲的是扬州方言的变种。尽管长江不是两个语族之间的大致分界线,但地理相异和语言变种之间不存在明确相互关系。"〔美〕韩起澜著,卢明华译:《苏北人在上海,1850—1980》,上海古籍出版社2004年版,第23页。
③ 周信华:《江北人》,禄印书馆1950年版,第4页。
④ 《江南时报》,2002年1月20日,第八版。
⑤ 金煦主编:《江苏民俗》,甘肃人民出版社2003年版,第9页。

三个区域,即淮北、江淮、江南。风俗之不同,概受文化及自然环境的影响。

淮北古为西楚,其俗剽轻,易发怒,地薄,寡于积聚,民矜己诺,走死地如鹜,盍厄于生计之故,意气豪健不少挫,事事重实行,而短于想象力,有燕赵感慨悲歌之风。① 马俊亚教授称"淮北强悍的民性由来有自"。② 朱广福亦指出"淮南、淮北,以淮为界也。淮之北其地理布置,人民风俗,不同于淮南,亦犹淮南之不同于江南。淮阴扼淮控泗,形势为江北锁钥,其谓'南船北马,到此为界';过此而北,则有秋高风紧之莽苍气概"③。则正是对此一划分的有力证据。④

在江淮文化的影响之下,苏北人民风气强悍,好讼狠斗:京口习战,号为天下精兵,淮南煮海为盐,地势饶食,无冻饿之人,亦无千金之家,盖淮扬为鹾商所萃,俗尚奢靡,而士大夫好文。⑤ 这些地方的人民,都具有燕赵慷慨之士的气概,除拔出拳头、路打不平之外,更会白刀子进去、红刀子出来。同时,往往因为一桩很普通的小纠纷,就会对簿公庭,结果两败俱伤。⑥

江南地区因为优越的自然、人文环境,造就江南人饭稻羹鱼,不待贾而足,暮春三月,杂花生树,群莺乱飞,其人潇洒织巧,多感多恨,而富于理想。⑦ 且江南奢靡之风盛行,"从夫差骄纵以来,相率数千年,奢靡之

---

① 柳肇嘉:《江苏人文地理》,大东书局1930年版,第45页。
② 马俊亚:《从武松到盗跖:近代淮北地区的暴力崇拜》,《清华大学学报(哲学社会科学版)》2009年第4期,第18页。
③ 朱广福:《根据苏北各县沿革论今后县治之设置》,《中国评论》1947年第7期,第11页。
④ 安东尼娅·菲南经过研究认为,淮河故道是比长江更为重要的分界线,必须把苏中、苏北看作两个完全不同的地区,而不是一个特征相同的苏北。裴宜理与周锡瑞的也有类似的研究,二者也倾向淮河以北与淮河以南的巨大差距。参见〔美〕韩起澜著,卢明华译:《苏北人在上海,1850—1980》,上海古籍出版社2004年版,第21—22页。
⑤ 柳肇嘉:《江苏人文地理》,大东书局1930年版,第44—45页。
⑥ 醒民:《苏北见闻录》,《机联会刊》1935年第128期,第33页。
⑦ 柳肇嘉:《江苏人文地理》,大东书局1930年版,第44页。

风,至今不改,以致文弱甲于全国,浮华突过前人"①。

蒋君章对江苏风俗习尚的变化曾有一个极为精炼的概述:徐州的民风霸者之余,以武为俗。实则此种风气,在徐淮海一带亦然;但是一到扬州镇江,勇武之气,已不复存在,一到苏州则更加不同。②

文化、风俗习尚的不同,造就了江苏极具特色的民性。"民性是某一特定区域的人们在相同或相近的自然环境、社会环境下,通过长期的、反复的生产、生活实践,逐步形成的一种特有的心理现象。它是特定区域内人们行为方式和思维方式所体现出来的精神面貌、价值观念、理想观念与性格特征的复合体,是做人处事时一种特有的生活态度,是区域内民众共同体全体成员意识深处的一种心理状态,是积淀在传统文化中最深层的内容,直接地决定着区域文化的整体特征和价值取向。"③

张乃格认为,江苏民性的精髓是"崇文"。这种以崇文为核心的民性既造就江苏人重视教育的价值取向,清雅灵秀的审美情趣,优雅闲适的生活态度,沉稳务实的处事原则,开放自立的思想观念,以及胸怀天下的主人公精神;同时也造就了江苏人食古不化,安于现状,安土重迁,抱残守缺,过于自负,游手好闲,不劳而获的惰性。④ 这种矛盾的民性,在近代江苏地方事业的发展过程中有着淋漓尽致的表现,成为促进与阻滞江苏近代化的重要根源之一。

总之,受各种因素影响,在江苏省境之内形成不同的区域特征,亦形成苏南、苏北(与江南、江北之分基本一致)、淮南、淮北⑤等明显的区域划分。笔者以为,以上各种划分各有自己的道理,但也有各自明显的不足,以长江为界划分苏南、苏北过于简单,忽略了淮北、淮南明显的区域差

---

① 江苏苏属地方自治筹办处编:《江苏自治公报类编》,近代中国史料丛刊三编,第五十三辑,卷四至卷六,台湾文海出版社1989年版,第455页。
② 蒋君章:《江苏省史地概要》,《江苏研究》1936年第2卷第3期,第8页。
③ 张乃格:《江苏民性研究》,江苏人民出版社2004年版,第1页。
④ 同上书,第670—676页。
⑤ 以江、河为界,泛称江南、江北或淮南、淮北,而特指以此为界的江苏部分,下同。

异；而以淮河为界之淮南、淮北的分法，则难以涵盖江苏的整体情形，尚有待于进一步完善。大体而言，把江苏区域三分的方法，即淮北、苏北（江淮之间的区域）、苏南比较合理，其中苏北亦可视为淮北与江南的过渡地带。这样不但考虑到自然环境的整体性，还兼顾各种人文因素的影响。及至近代，中国进入数千年未有之大变局，江苏社会徘徊于传统与现代之间，面对西学东渐的强大冲击波，江苏基层社会做出或主动或被动的变革。

第二节 近代江苏社会的新生因素

众所周知，西方事物在近代中国经历了一个从被动接受到主动拿来的过程。从被动意义上讲，是西方殖民者的侵略客观上冲击了中国社会的传统秩序；从主动意义上看，是国人觉醒后开始了向西方积极学习的过程。近代江苏基层社会的变革明显体现出这种双重的动力效应：在经济基础方面，商品经济达到了一个新的高度；在上层建筑方面，人们政治观念处于不断更新的过程；而基层社会的领导力量——士绅阶层——则加快了分化的过程。

一、商品经济的发达

经济基础决定上层建筑，这是马克思政治经济学的重要原理之一。离开吃穿住行而空谈意识形态，往往会误入歧途，因为人先是物质的动物，然后才是精神的动物。因此，研究近代江苏社会结构的变迁，不得不先从经济结构的变迁入手。

江苏所处地理位置较为特殊，其不但处于江南文化与江北文化的交接之处，而且还处于中华文化圈与西方文化圈交融的前沿。特别是近代以来，随着西学东渐的加剧，江苏成为首当其冲的前沿阵地。鸦片战争中国战败，上海被辟为通商口岸，并很快取代广州成为当时最繁华的商业中心,被人们誉为十里洋场和东方巴黎,①"洋溢于泰西远东"②。苏南以宜人的气候、丰富的物产、繁盛的商贸,以及四通八达的水陆交通,成为全国的交通枢纽、经济中心、文化中心。此局面之形成,除苏南较为雄厚的经济基础之外,很大程度上得益于西方商品经济对中国传统经济结构的冲击。

鸦片战争之前,江苏省特别是苏南地区的商品化程度已经很高。

就农业来看,因为城市的发展、非农业人口的不断增加,使粮食的商品化程度逐渐提高,最主要的表现则是苏南地区形成以苏州为中心的全国性米粮市场。另外,经济作物得以推广,商品化程度进一步提高,城郊农副业如农民生产的蔬菜、肉蛋、水产品、花果及手工制品,也实现了从自给自足向以交换为主的转变。③ 这些都表明商品经济已经渗入到农业当中。

同时,手工产品的商品化程度也在不断提高。如明清时期苏南棉纺织品的生产,不管在品种上,还是在质量上都有不同程度的发展,已超越为自家消费而生产的目的,更多是把产品投向市场,并且根据市场的不同需求生产不同布匹。国外市场也得到积极的开拓,如明代棉布生产主要集中于松江,该地区一时外地客商云集,广为收购,再转售外地,遂有"买不尽的松江布"之谚;至清代苏南产布区则进一步扩大,无锡成为著名的"布码头";苏南生产的高档棉布,则远售日本、俄国、美国等地。

当然,商品经济发展的最直接表现在于商业的繁荣。明清之际,白银因为优良的品质,成为市场上流通的主要货币,并大大促进商品的流通;苏南四通八达的水陆交通,又为商品交换提供了直接的条件。段本洛先生对明清苏南的商业发达情形有如下形象的描述:万商云集,帆樯如林,店铺鳞次栉比;洞庭商人和其他本地商人,足迹遍及全国和海外;

---

① 东望:《苏南近影》,《通讯》1941 年 24 期,第 15 页。
② 记者:《介绍平书先生三篇著作》,《新上海》1925 年第 6 期,第 13 页。
③ 段本洛:《苏南近代社会经济史》,中国商业出版社 1997 年版,第 28—45 页。

豪商巨贾,拥有雄厚的资本;会馆林立,形成商人集团;出现了商业经营的新方式和新手段等。这些特点足以说明当时商品经济繁荣的景象。

市镇是随着农业、手工业和商品经济的发展而逐渐兴起的。江南市镇的兴起也不例外,明清之际江南市镇的数量较宋代已有数倍的增加,以苏州府而言,由明代的四十八市三十五镇增加到乾隆时期的六十市七十三镇;松江府则从明末的六十多个增加到乾隆时期的一百一十多个。这种递增的速度充分反映了苏南商品经济快速发展的状况。市镇的功能也更加细化,有的是以生产某一种或几种手工产品为特色,有的作为手工业产品的集散地,有的作为米粮贸易中心,有的作为农副产品集散地,等等。总之,市镇的发展是商品经济发展的产物,反过来又极大地促进商品经济的发展。①

鸦片战争之前,商品经济虽然有发展,但是并未改变自然经济占主体地位的本质,特别是在广大的农村,小农经济与家庭手工业相结合的方式仍然是中国的主体经济形态。鸦片战争之后,随着西方商品的涌入,中国这种以自然经济占主体的经济结构遭到巨大的冲击,其中首当其冲的是手工业。

就棉纺织业来看,中国家庭手工生产的棉纺织品面临着西方物美价廉的棉织品的巨大挑战,"洋布质即精良,价复平减,内地之棉布,不复畅销"②,而这不过是刚刚开始而已。19世纪六七十年代以后,西方国家更是借着一系列有利的主客观条件③展开对中国土布土纱的猛烈进攻,苏南的棉纺织品受到进一步的冲击,郑观应感叹道:"棉花一项,产自沿海各区,……自洋布进口,华人贪其价廉质美,相率购用,而南省纱布之利,

---

① 参考段本洛:《苏南近代社会经济史》,中国商业出版社1997年版,第79—112页。
② 中国社科院经济研究所存清代钞档,转引自姚贤镐编:《中国近代对外贸易史资料(1840—1895)》,中华书局1962年版,第1356页。
③ 第一次工业革命相继完成,生产效率得以提高;苏伊士运河开通,大大缩短了欧洲到中国的航程;另外,第二次鸦片战争后所签订的不平等条约,让西方侵略者获得更多的特权等。

半为所夺。迄今通商大埠及内地市镇城乡,衣大布者十之二三,衣洋布者十之八九。"①面对如此不利形势,棉纺织手工业者不得不作出新的调整,其最大的变化则是"舍纺就织",就1870至1894年间粗布与棉纱起岸价格变动情况,可以看到"粗棉布价格下降了27.8%,棉纱线价格则下降了52.6%,超过前者近一倍"。人们纷纷买进价廉物美的洋纱、织布出售,却不自觉地改变了纺织一体化的生产方式,也改变了农村耕织结合的传统经济结构。"农民用洋纱织的土布主要是为了卖,以补贴生活和偿付租债,这就使小生产者既与商品市场发生联系,又与原料市场发生联系,原料依赖市场供应,加深了对市场的依赖性。"②这种情形表明,西方商品经济已经渗透到广大农村,并迫使其改变传统的生产方式。总之,"洋纱输华造成的纺织分离,摧毁了中国的手工棉纺业,出现了洋纱洋布的重新组合;洋布进口造成了耕织分离,一些小农被迫离开土地,流入城市,另谋生路。所有这些,都反映着自给自足自然经济的解体,扩大了中国手工棉织业的商品生产。"③

  农业的商品化主要体现在农产品的商品化。在国内外商品生产与交换的刺激之下,苏南地区的经济作物有不断扩大的趋势,如植桑养蚕,"整个南京栽培着桑树","至少三分之一的人直接或间接以丝业为主"。棉花的种植比鸦片战争前有了进一步的发展,根据有关学者对20世纪20年代的统计,当时全国共有十个省种植棉花,共有棉田2945万余亩,棉产量740余万担,其中江苏棉田829万余亩,占28.2%,产棉217万余担,占29.3%,可见江苏种植棉花之盛。另外,烟草、茶叶、水果、蔬菜等经济作物都有不同程度的种植。显而易见,经济作物大量种植不是为了自己消费,更多的是要拿到市场上,参与商品的流通,以获取利润。经济作物种植面积的扩大,粮食作物势必减缩,这又导致部分地区粮食不能

---

① 〔清〕郑观应:《盛世危言》,北方妇女儿童出版社2001年版,第347页。
② 段本洛:《苏南近代社会经济史》,中国商业出版社1997年版,第195—196页。
③ 同上书,第202—203页。

自给,不得不从外地购买粮食以调剂不足,因此,在一定程度上讲,是经济作物的商品化促进了粮食作物的商品化。

但是,农业、手工业的商品化仍然是部分地实现,在大部分地区特别是广大农村,自然经济仍然占有相当的分量。如大部分家庭棉纺织手工业者为了生存,仍然紧紧抱住旧式织机,甚至落后的纺车,利用农隙从事纺织以弥补最低的生活水准。小农业与农村家庭棉纺织手工业相结合的经济结构仍然顽强地保留下来,苏南地区的广大农村仍然不乏土纱土布的生产,形成"近代棉织手工业的多层次结构"。①

如果说苏南农业、手工业整体上还带有明显的自然经济特征,而近代民族工业的创立与发展则可视为较为彻底的商品经济的产物。在清政府洋务运动的刺激下,国内曾出现过一批近代民用工业,但是官方的味道过于浓厚。以纺纱业为例,1895年之前,江苏主要建立四家近代民族性质的企业,分别是1890年的上海机器织布局、1891年的华新纺织新局、1894年的华盛纺织总厂和裕源。其中,上海机器织布局和华盛纺织总厂为官督商办,华新纺织新局为官商合办,只有裕源一家为商办。这种现象在1895年之后有了很大的改观,仍以纺纱业为例:1905至1911年间,江苏主要的纺纱企业有13家,分别是:裕晋(1895)、大纯(1895)、业勤(1895)、苏纶(1897)、裕通(1898)、大生(1899)、裕太(1905)、济泰(1906)、大生二厂(1907)、振新(1907)、同昌(1908)、利用(1908)、公益(1910),这些企业无一例外都属于商办企业,具有典型的资本主义性质。②

在商业方面,西方殖民者为了进一步把经济侵略的触角伸向内地,开始以买办为中介深入中国的初级产品市场。部分商人也通过与外国公司建立关系,借外人名义开办公司,逃避厘金关税。买办阶层的形成

---

① 参考段本洛:《苏南近代社会经济史》,中国商业出版社1997年版,第288—290、202页。
② 杜恂诚:《民族资本主义与旧中国政府(1840—1937)》,上海社会科学院出版社1991年版,第286—287页。

以及商人的买办化正是西方殖民者对中国经济侵略加剧的表现。另外，钱庄对外国银行的依赖进一步加深、现代银行诞生等亦是此一时期出现的新情况，是商品经济进一步发展的标志。①

与苏南相比，苏北却是另外一种情形：自宋元以后，苏北经济一直落后于苏南，特别是清代，由于自然条件较差，灾害频仍，苏北社会经济发展非常缓慢，苏北、苏南的经济差距进一步拉大。就手工业来看，苏北地区没有发达的独立手工业，而大都是分散的家庭手工业。苏北城镇经济也远不如苏南地方发达，除扬州因地处长江、运河交汇之处，盐商聚集等因素而较为繁华外，其他如淮安已开始衰落；徐州虽然是一个地区性的商业中心，但限于周围腹地的经济基础较差，而明显逊色于苏州、江宁等城市。至于农村市场，苏北地区各县虽有一些集镇，但远不如苏南市镇繁华，同时也不太普遍。虽然苏北工商业不太发达，但土地集中和阶级剥削的程度却不逊于苏南，商人或官僚通过购买或积累的方式成为大地主，广大农民则处于贫无立锥之地的境况，这种情况进一步阻碍了苏北地区商品经济的发展。② 这种状况在近代之后，仍然没有大的改观，以至于"百分之九十是农民，其余的是商人，剩下的一点点才挨到读书人"③。"到20世纪初，江南以富闻名，一如江北以穷闻名。"④此正是对当时江苏省之苏南、苏北差距悬殊的总体写照。因为经济基础有别，势必造成苏南、苏北在近代化的进展中出现较大的差距。

总之，鸦片战争之前，江苏特别是苏南，商品化程度已经很高，但是因为重农抑商政策、封建行会的限制，以及商业资本的封建化，并未使资本主义在中国迅速发展起来。鸦片战争之后，江苏传统经济结构受到西

---

① 参见段本洛：《苏南近代社会经济史》，中国商业出版社1997年版。
② 张华、杨休、季士家：《清代江苏史概》，南京大学出版社1990年版，第116—119页。
③ 管惟霖：《苏北素描》，《文史月刊》1944年第1期，第32页。
④ 〔美〕韩起澜著，卢明华译：《苏北人在上海，1850—1980》，上海古籍出版社2004年版，第28页。

方商品经济的猛烈冲击,自然经济进一步解体,商品经济在广大农村已有不同程度的发展。因此,在一定程度上讲,是外国资本主义的经济侵略,"破坏了中国封建社会的自给自足的自然经济基础,破坏了城市的手工业和农民的家庭手工业,促进了城乡商品经济的发展"[①]。但是,又不能过于夸大这种作用,因为这种后发外生型的现代化方式给江苏社会带来很大的后遗症,其中最主要的表现是经济基础之上的阶级力量发育不充分,导致江苏近代事业发展的后继乏力。

在商品经济发展的同时,江苏人民的政治观念也在经历着一次新的洗礼。

二、政治观念的更新

江苏特别是苏南地区地处西学东渐的风口浪尖,这决定其受西方事物的影响必然较其他地区深刻。五口通商之后,上海逐渐取代广州成为中外交流的重要窗口,西方各种近代的政治思想通过这个窗口不断涌入江苏,对传统江苏社会的政治观念形成强烈的冲击。王树槐先生认为,与经济、宗教的传播不同,近代政治思想的传播"非各国来华人士所关注,而是由国人自习所得"[②],道出晚清之际西方近代政治思想在中国传播的基本特点,近代政治思想在江苏省的传播亦是一种潜移默化的过程,到了19世纪末20世纪初,才形成几股比较明显的政治思潮,其中就包括地方自治思潮。

探讨政治观念的更新问题,离不开人及以人为中心的政治社团。因此,笔者试图以近代江苏籍政治思想家与近代江苏政治社团为中心考察江苏人民政治观念不断更新的过程。

第一,近代著名的江苏籍政治思想家。这些人从江苏出发,走向全

[①] 段本洛:《苏南近代社会经济史》,中国商业出版社1997年版,第230页。
[②] 王树槐:《中国现代化的区域研究:江苏省,1860—1916》,"中央研究院"近代史研究所1984年版,第77页。

国,甚至是世界,从他们身上可以感受到近代江苏社会的整体氛围。

冯桂芬(1809—1874),江苏吴县人,主要著作为《校邠庐抗议》,"其变法思想特色有二:一为由复古之路而维新;一为师夷敌而强国。其变法内容特出之点如下:一、官员之选举、罢免由众公决,或由其所属官吏及士绅推举。二、实行地方自治,自县以下之地方职司,悉由公举"①。

王韬(1828—1897),江苏新阳(今昆山)人。1849年应英国传教士麦都士之邀,在上海墨海书院任教,受到资本主义的影响。后因与太平天国有联系,受到清政府的通缉,流亡香港,再经港外渡英国,在欧洲游历数年。1874年在香港创办《循环日报》,评论时政,提倡维新变法,这是我国第一家宣扬资产阶级政治改良主义思想的报纸,也是一个比较成功的典型。② 1884年回到中国,不久开始担任上海格致书院院长。在政治方面,他主张学习西方,推介西方的君民共主,钟叔河认为"王韬实在可以算是立宪运动的先驱者"③。王树槐先生则认为,"王韬是代表江苏知识分子直接受传教士影响而主张变法者"④。

薛福成(1838—1894),江苏无锡人。1888年曾以三品京堂衔出使英、法、意、比等国,对西方政治经济制度有所了解,后写成《出使四国日记》。钟叔河指出,"薛福成很早提出'变法'的主张"⑤。王树槐亦认为,薛"提出变法的主张,与王韬等人同时提出变的历史观"⑥,此一点在薛福

---

① 王树槐:《中国现代化的区域研究:江苏省,1860—1916》,"中央研究院"近代史研究所1984年版,第138页。
② 肖永宏曾专门就该报的编辑与发行进行考证,认为其经营有方,产生深远影响。《〈循环日报〉之编辑与发行考略》,《江苏社会科学》2008年第1期。
③ 钟叔河:《从东方到西方——"走向世界丛书"叙论集》,上海人民出版社1989年版,第280页。
④ 王树槐:《中国现代化的区域研究:江苏省,1860—1916》,"中央研究院"近代史研究所1984年版,第139页。
⑤ 钟叔河:《从东方到西方——"走向世界丛书"叙论集》,上海人民出版社1989年版,第380页。
⑥ 王树槐:《中国现代化的区域研究:江苏省,1860—1916》,"中央研究院"近代史研究所1984年版,第139页。

成《筹洋刍议》之《变法》篇可以得到证明。在出使西方四国之后，薛福成对于政体问题有更加深刻的认识，他认为君主制与民主制皆有利弊，关键在于"得人，则无不便；不得人，则无或便"①。在对中国虞唐以前之民主制与此后之专制相比较之后，他进一步指出，"君民共主，无君主、民主偏重之弊，最为斟酌得中"②。因此可以看到薛对民主制的好感。在论及西国富强之源时，与薛福成同时出使的某随员首先强调"通民气"一说，即"用乡举里选，以设上下议院，遇事倡言无忌，凡不便于民者，必设法以更张之。实查户版，生死婚嫁，靡弗详记；无一夫不得其所，则上下之情通矣"。薛福成将之详细记录，说明他对此论是相当欣赏的。③

此一时期除了冯桂芬明确提出关于地方自治的思想，还有两位苏籍人士对西方地方自治思想进行了介绍：一是江苏江宁人李圭；二是江苏宝应人刘启彤。他们均作为政府代表出使西方，对西方地方自治制度有切身的感受。

李圭（1842—1903年），字小池，江苏江宁人。1876年，李圭作为中国工商业代表，参加美国费城为纪念美国建国一百周年而举办的世界博览会，李将此次出使见闻编写成《环游地球新录》一书。在书中他对美国地方自治制有所介绍：

> 每年由副伯理玺天德，会同各督抚，选举官绅二百人居上院；再由民间自选才识出众者四百人居下院，参议国政。……其各省政事，各督抚主之，伯理玺天德不预闻。美官格君告圭曰：美国一省即一国，乃合众国而为国，各有事权。督抚以下各官，皆民间选举，四年一任。原可毋庸另举一伯理玺天德。惟遇与他国会盟等事，国分既多，权难归一，因于督抚中公举一人掌之，亦四年一任。任满，众

---

① 〔清〕薛福成：《出使英法义比四国日记》，岳麓出版社1985年版，第536—536页。
② 同上书，第538页。
③ 同上书，第802—803页。

皆曰贤,再任四年。退位后,依然与齐民齿也(此制创自国祖华盛顿)。当在位日,遇事倘国人不欲行,固不能强之使行;而国人欲建一议,改一例,伯理玺天德可遏止之,众亦无如何。①

李圭在此处介绍的主要是美国中央政府与州之间的关系,是对较高层次自治制的介绍,即联邦主义下的州自治。

刘启彤,字丹廷,江苏宝应人。曾主事分兵部职方司,驻法使馆参赞,为我国驻使西欧国家的第一代外交家。19世纪80年代末期,刘启彤奉派出使欧洲,对英、法等国的政情有较为详细的考察,在《英政概》中,刘启彤对英国的自治单位、自治职员的产生、自治事务的范围等都作了详细的介绍:

> 各邑有司官不一,其类或历久相沿,或近时增设。曹务烦剧,有一人治数事者,有以数人治一事者,皆分疆而治。分疆之法,英语曰"康退",或曰"射尔",如所谓部者。……每部所辖邑镇名曰"爬雷司","爬雷司"小则合数"爬雷司"为一"敌司退克","爬雷司"大则分为数"敌司退克"。"敌司退克"之名定自议院。"康退"、"射尔"、"爬雷司"之名皆传之古昔,其制恒视人数之多寡,以为沿革分合之准。英格伦及维而司分五十二部,共一万一千有九十九"爬雷司",官多公举,惟邑宰如知县者授自国家,其职分五:一曰赈恤;二曰保卫;三曰学校;四曰营造;五曰税敛。……道光乙未年,英议院定制,择各部中之大邑,名之曰汤,译言为城也,共有汤二百,汤有首事之人,名曰汤康喜尔,皆输税之人,居城中及距城七里内三年或设肆三年者,举之康喜尔,可以举梅尔,略似知府及府佐。梅尔主一邑财用讼狱之事,无梅尔则举一总理事官。梅尔任一年,任满再举,民悦而复举

---

① 〔清〕李圭:《环游地球新录》,岳麓书社1985年版,第260页。

之,则留任一年。①

在《法概篇》,刘对法国地方自治制作了更加详细的描述:

　　许府议绅公举上议院之人,府议绅必二十五岁以上,居于该"敌怕门"内自正月后,曾纳税置产。举府议绅者,必于二十一岁以上,居于"康缪恩"内逾六月。犯罪监禁者,终身不得举人。其不得充议绅者有十三:一知府府佐;二审视各官;三本地兵官;四巡捕;五极其师;六矿师;七监察书院者;八教士;九税官及经理财用者;十邮政局总办;十一烟局总办及稽查者;十二监察林木官;十三管权量官,又有包工测地受一府雇佣者,皆不得充。一人不得充数处议绅。每岁议事二次:一四月,一八月。

　　所议之事,二十有六:一官地;二民人田宅;三租地无论久暂;四官屋,如衙署、监狱、书院、兵房之类;五、居民输产入官或受或否;六、街道费用;七、修道之费,或请国币,或拨府款,或集捐贽,议何人承修;八、"康缪恩"街道;九、公用之物,招人承造;十、"康缪恩"内居民输款,以充公用;十一、或公会,或公司输地与物充公;十二、府治左近车道如何建造,何人承办;十三、定路捐并监收;十四、房屋保险;十五、有所控告议绅具名;十六、排难解纷,议院判断;十七、疯子经费,聘请医生;十八、收养贫民子女;十九、各"康缪恩"集贽收养疯人与贫民子女;二十、善举善堂;二十一、恤款;二十二、有意之举设法鸠贽;二十三、各"康缪恩"有意之举,定"康缪恩"摊捐之数;二十四、定立墟集或移置;二十五、定地税不得逾制;二十六、定各"康缪恩"地界,孰为首镇。

---

① 刘启彤:《英政概》,载〔清〕王锡棋辑:《小方壶斋舆地丛钞续编》第十一帙,光绪十七、二十、二十三年上海著易堂印本,杭州古籍店 1985 年影印本,第 6 页。

议绅所议不合,或收税太重,法京议院可以饬令停止,所定律例作为费(废)纸。议绅非在公所所定之事,不得为例。知府查知其事即行谕禁或治其罪,至轻罚十六方,至重监禁五年,犯者三年不得充议绅。知府由伯理玺天德授治一府事,管一府官。……各官皆由百姓公举。①

至19世纪末20世纪初,在呼吁变法的人士中,以江苏南通人张謇的影响为最大。1901年,张謇在两江总督刘坤一的鼓动下写成《变法评议》一文,对于吏部、户部、礼部、兵部、刑部、工部等提出变革建议,凡四十二条,全面详细地反映了他的变革思想。张謇指出:"夫法所以行道,而法非道;道不可变,而法不可不变。……法久必弊,弊则变亦变,不变亦变。"②以张謇在江苏及全国的政治威望与地位,此文产生了重大的影响。在地方自治问题上,他建议设府县议会,根据地方大小,定议员多寡;选举之人与被选举之人皆为有家资或品望者充任;议员无俸禄;议会分常会与临时会;对于地方事务如预算、地方税之征收等悉由议会决之;并特别强调"选举之人,被选举之人,必绅士也"。而最终目的则在"释民教之争,筹学堂、警察、农工商业之公司,通上下之情,使人憬然动君民休戚相关之感"③。以上政治思想家的著作在当时都是流行一时之作,如李圭之《环游地球新录》,由李鸿章写序,并且由总署给资印行三千部,"想求新知的士大夫争相购买,坊间也相率翻版"④。而张謇之《变法评议》,"文章洋洋洒洒,广征博引,传诵一时"⑤,对时人产生重要影响。

---

① 刘启彤:《英政概》,载〔清〕王锡棋辑:《小方壶斋舆地丛钞续编》第十一帙,光绪十七、二十、二十三年上海著易堂印本,杭州古籍店1985年影印本,第2页。
② 张謇研究中心等编:《张謇全集》,第一卷(政治),江苏古籍出版社1994年版,第76页。
③ 同上书,第53页。
④ 钟叔河:《从东方到西方——"走向世界丛书"叙论集》,上海人民出版社1989年版,第289页。
⑤ 〔美〕任达著,李仲贤译:《新政革命与日本:中国,1898—1912》,江苏人民出版社2006年版,第163页。

第二,近代江苏政治性社团的创办。

因为清王朝严禁结社,甲午中日战争之前江苏省内的结社现象还寥若晨星;甲午中日战争之后,随着民族危机的加深,各种社会团体开始出现,并呈迅速递增的趋势。本书主要考察政治性质的社团(如表2-2所示)。

表2-2 近代江苏政治性社团统计表

团体名称	成立时间	创办人(或发起人)	备注
戒缠足会	1897	—	
女学会	1897	黄瑾娱、沈瑛	
苏学会	1897	章钰、张一麟、孔昭晋	
正气会	1898	汪康年、容闳	类似组织还有:自立会
戒烟会	1898	郑观应、郑孝胥	
雪耻学会	1898	陈去病	
四民公会	1903	冯镜如、龙泽厚、易季服	
拒俄同志会	1903	蔡元培、刘师培、陈竞全等	类似组织还有:对俄同志女会
光复会	1904	龚玉铨、陶成章、蔡元培等	
人镜学社	1905	—	类似组织还有:公忠演说会、文明拒约社、义愤社等
竞业学会	1906	钟文恢等	
地方自治研究会	1906	梅豫桢、雷奋	类似团体在江苏有十几个
预备立宪公会	1906	张謇、郑孝胥、汤寿潜	类似组织还有:帝国宪政会
路矿团体	—	—	由一系列保路矿学会组成
咨议局研究会	1909	张謇	

续表

团体名称	成立时间	创办人（或发起人）	备注
咨议局联合会	1909	张謇	
世界女子协会	1910	周佩宜等	
中国国民总会	1911	朱少屏、沈懋昭、马良等	
社会主义研究会	1911	江亢虎等	
侠团	1911	陈元华等	

资料来源：张乃格《江苏民性研究》，江苏人民出版社2004年版，第602—608页。

近代江苏政治思想家和政治社团主要分布于江南地区，如冯桂芬、王韬、薛福成、李圭等皆属江南，张謇与刘启彤虽是江北人，但却处于江南江北的交界线上，这种分布趋势并非偶然，与近代江南的迅速发展有着密切的关系。政治社团的分布进一步证明这种推断，政治社团除侠团成立于通州，其他都处于江南地区；其中，除雪耻学会创办于吴江、苏学会发起于苏州外，其他社团几乎都创办或发起于上海，上海成为最为活跃的政治中心，由此可见上海在近代政治观念发展过程中举足轻重的地位。

至此，可以初步得出结论：在1911年之前，江苏人民的政治观念在不断的更新过程中，其中，苏南人民的政治观念之开化程度远远超过苏北，而淮北更是次之。这一特点在江苏近代化的过程中将不断得到证明。苏南、苏北、淮北之所以产生如此大的差距，原因大概有三。

第一，传统人文因素的影响。因历史因素导致苏南发达、苏北落后的状况在近代进一步彰显，无论商品经济的发展程度还是文化的繁荣程度，苏北皆落后于苏南，由此导致苏北人思想不如苏南人开化。

第二，西方事物潜移默化的作用。西方近代政治思想的传播一般是以外国人聚集的商埠、租界为中心进行传播的，而近代江苏省商埠与租界的分布又集中于苏南地区，如《南京条约》之上海、《天津条约》之镇江、《马关条约》之苏州等都位于苏南。除开埠通商之外，外国人还在苏南有租界三处,上海之各国租界、苏州之日租界、镇江之英租界。另外,苏州、南京并有外国人公共居留地等,这些又无一例外处于苏南地区。① 后来江苏自行开埠,刘坤一奏请在吴淞口自行开埠,浦口、天生港、海州等处相继开埠,苏北才得均沾开化之风,但是其并未深入苏北广大的内陆。根据商埠、租界在江苏省的分布情形可以推知,西方近代政治思想在江苏省内的传播是极不平衡的。

第三,近代报刊事业的影响。在政治观念革新的过程中,报刊起着不可低估的作用。王树槐先生对近代江苏报刊进行了量化研究,他认为,在清末新政之前,上海办报已经比较兴盛,从 1850 年至 1913 年 63 年间,共增创报刊 394 种,平均每年增创 6.16 种,并且随着时间的推移增创速度明显加快,如 1850—1865 年,平均每年增创 0.56 种报刊,而 1909—1913 年则每年增创 31.80 种报刊。就江苏来看:南京约有 21 种,苏州约有 19 种,镇江约有 7 种,嘉定约有 17 种,其他各地约有 24 种(其中苏南 18 种、苏北 6 种)。② 根据以上数字可以发现,苏南、苏北的差距相当悬殊。另外,张朋园先生还对《时务报》《清议报》《新民丛报》《国风报》等几家著名报刊在国内外的代售处做过一个更为详细的统计,此处仅选择在江苏省的分布情形加以说明(见表 2-3)。

表 2-3 《时务报》《清议报》《新民丛报》《国风报》国内发售点统计

报纸名	创办地点	发售点的分布情形
《时务报》	上海	根据该报第二十六册登载,当时该报代售处计国内外 63 县市,共 95 处。其中江苏省的情况为:南京一、淮安二、清江浦一、扬州一、徐州一、苏州一、常熟一、常州一、江阴一、无锡二、镇江一、太仓一。光绪二十三年七月间,清江浦、苏州代售处又有增设。

---

① 参考王树槐:《中国现代化的区域研究:江苏省,1860—1916》,"中央研究院"近代史研究所 1984 年版,第 83—91 页。
② 同上书,第 544—550 页。

续表

报纸名	创办地点	发售点的分布情形
《清议报》	日本	代售处最多时为二十四县市三十八处,江苏情形为:上海三至四,苏州零或一。
《新民丛报》	日本	据该报第一年各期的报告,国内外四十九县市,九十七处。江苏情形为:上海十、苏州三、吴中一、无锡一、常州三、如皋一、扬州一、金陵一、南京五。
《国风报》	上海	当时在国内外的发售处计三十七县市六十四处。江苏的情形为:南京五、苏州一、常熟一、扬州一、海虞一。

材料来源:《言论界的骄子——从报章发售数字看梁启超言论界的时代性影响》,张朋园《知识分子与近代中国的现代化》,百花洲文艺出版社 2002 年版,第 353—395 页。

以长江为分界线,《时务报》代售处江南 8 处,江北 5 处(不计后来增加的);《清议报》代售处江南 3—5 处,江北 0 处;《新民丛报》代售处江南 24 处,江北 1 处;《国风报》代售处江南 7 处,江北 2 处。四种报纸代售处的分布总量则是:江南 42—44 处,江北 7 处,由此可见江南、江北之差距。

总之,无论报纸创办地点的分布情形,还是代售处的分布情形,都显示出苏南、苏北的悬殊差别。因为缺少近代思想传播所需的必要媒介,势必导致苏北人政治思想观念上的保守。

另外,随着商品经济的发展和政治观念的不断更新,近代江苏基层社会的主导力量——绅士阶层——亦加速了分化的过程,对这种分化的探讨则是透视近代江苏社会结构变化的一把钥匙。

三、士绅阶层的分化

对于士绅(或绅士)的概念,学界有不同的争论。如费孝通认为,"绅士是退任的官僚或是官僚的亲亲戚戚"①。吴晗则认为士绅是"官僚的离职、退休、居乡（当然居城也可以），以至未任官以前称呼"②。两人的解释明显不同，费孝通注重实际生活中的士绅，而吴晗则侧重于学理上的士绅。在现实生活中，与士绅有血缘或姻亲关系的人、宗族的首领，虽然不具备功名，但往往被视为"士绅"，并在一定程度上起到与士绅一样的社会影响。因此，从历史事实出发，笔者更倾向于费孝通对士绅概念的界定。作为传统社会的四民之首，士绅在中国社会拥有一个十分特殊的地位，对此，费孝通在《中国绅士》一书中做过十分详细的阐释：

(1) 在传统的中国权力结构中，有着两个不同的层次：顶端是中央政府；底部是地方自治单位，其领袖是绅士阶级。(2) 这里有着对于中央政府权威事实上的限制。地方上的事情是由社区的绅士所管辖的，是中央当局难于干涉的。(3) 虽然在法律上只有一条从上而下的贯彻帝国命令的轨道，但是在实际生活中，中间有政府的皂隶和地方上选择的'乡约'或者相同功能的人物，通过这种中介，不合理的命令可以打回去。这种由下而上的影响，在中国正式的政治制度的讨论中，通常是不予承认的。然而，它实际上是有效的。(4) 从下而上的影响的机制，是绅士通过他们当官的亲戚和参加过相同考试的台上台下的朋友们施加的非正式压力发生的。借此，影响有时甚至可以到达皇帝本人那里。(5) 所谓自治组织的兴起是来自于社区的实际需要。这种群体的权力不是来自中央帝国，而是来自地方民众本身。当中央只是有限度地征税和招兵时，人们会感到"天高皇帝远"。但是，中央和地方当局之间有必要保持一些交往，

---

① 吴晗，费孝通：《皇权与绅权》，天津人民出版社1988年版，第8页。后来费孝通又将此概念进一步扩大："绅士可能是退任官员或者官员的亲属，或者是受过简单教育的地主。"费孝通：《中国绅士》，中国社会科学出版社2006年版，第11页。
② 吴晗，费孝通：《皇权与绅权》，天津人民出版社1988年版，第49页。

这就意味着地方绅士总是在地方组织中占有战略性和主导的地位。①

根据以上论述，可以发现以下几个特点：

第一，士绅阶层是地方自治单位的领袖，中央当局通过士绅控制基层社会。

第二，国家与基层社会之间存在着若干中介——包括政府的皂隶和地方上选择的乡约等。

第三，因为皂隶是本地人，他们不得不把士绅的意见作为重要参考，而乡约更是以当地士绅马首是瞻。所以，国家与社会之间真正的缓冲力量是士绅，其可以通过个人的社会关系网影响中央对地方的政策。

第四，士绅依靠个人的社会威望主导着官方与基层社会之间的关系。落实到基层社会，这一关系可以通过下面的公式表示：州县政府（代表国家）——皂隶（官方的仆人）……乡约（由社区内的人轮流担任）——公家（自治单位，由地方上的头面人物担任，主要是士绅，代表基层社会）。

根据以上分析我们可以看到，传统士绅阶层的地位是非常特殊的，其不在国家体制之内，却可以代表国家对地方事务进行管理；作为基层自治组织的领袖，却又游离于基层社会组织之外（即往往不担任实质性的职务）。从国家与社会的层面来讲，士绅则是有着双重身份的代理人，准官僚的身份注定其必须站在统治者的立场上，而与社区利益的息息相关，又决定其对区域社会利益的关注。杜赞奇称之为国家与社会的"经纪人"是有道理的。黄宗智通过历史比较的方法对华北与长江三角洲社会结构进行了研究，他认为"在华北，大多数农民是国家直接纳税的自耕农，而长江三角洲的大多数农民租赁田底，仅通过田底地主间接纳

---

① 费孝通：《中国绅士》，中国社会科学出版社 2006 年版，第 52—53 页。

税。……因此,长江三角洲的小农在土地关系上,一如在水利工程中,主要通过地方士绅间接地与国家政权打交道,不像华北小农那样直接与国家政权打交道"①。这表明长江三角洲基层社会中士绅阶层的中间人身份更加明显。徐茂明把江南社会基层组织分为三类:官方基层组织、半官方基层组织、民间组织。"江南士绅权力的扩张不仅表现为顺向地在民间基层组织和半官方基层组织中居于主导支配地位,还表现在逆向地向官方基层组织的渗透,原先为士绅所不齿的吏胥职役至清朝竟成为士绅的一大出路,士绅也由原来官方基层组织的控制对象变为控制主体。"从明至清,士绅在这三类组织中起到越来越重要的作用。② 因此可以断定,在古代中国,国家与基层社会之间存在着一个缓冲地带,导致国家不能直接干预基层社会,而必须通过一些迂回的策略来实现对基层社会的统治,士绅正是这一缓冲地带的主角。③

近代以来,面对"数千年未有之变局",传统士绅阶层也在不断分化。拥有士绅身份的人不再局限于固守传统伦理道德、以天下为己任的知识分子,而是出现了各种各样的、具有复合身份的新士绅:如因商品经济发

---

① 黄宗智:《长江三角洲小农家庭与乡村发展》,中华书局2000年版,第40—41页。
② 参见徐茂明:《江南士绅与江南社会(1368—1911年)》,商务印书馆2004年版,第150页。
③ 另外还有不少学者进行过类似的论述,李治安认为先秦至明清基层社会秩序的基本构成要素分为三部分:宗族、乡里、士大夫。正是这"三者的有机协调组合,形成了古代不同时期的基层社会秩序。官方权力对基层社会的控驭,也往往在这三者前后略有差异的配置组合及互动中不断演进变化"。(李治安:《中国基层社会秩序演变轨迹述略》(代总序),苏力《元代地方精英与基层社会——以江南地区为中心》,天津古籍出版社2009年版,第1页。)魏光奇在中国县制的研究中,把士绅阶层视为基层社会与国家的"中间人"。(魏光奇:《官治与自治——2世纪上半期的中国县制》,商务印书馆2004年版,第356页。)孔飞力认为,"中国传统政治制度稳定延续的社会根源,在于王朝与地方名流-绅士间的协调,在于官僚和地方社会之间的利益冲突能够以最低限度的纠纷来解决。这样,名流-绅士凭借他们的社会影响、正统的学术传统以及伦理观念,使传统政权得以反复重建"。但孔飞力同时指出,"到晚清动乱时期,情况有了不同。名流为着自己的利益,也为着王朝的利益,在镇压王朝内部敌人中起带头作用,使王朝得以度过危机而继续生存;但这一结果的代价是中央政府权力的缩小和名流势力的扩张,名流在王朝体系中,特别是在地方政府中开始正式行使权力,名流领导的地方武力开始作为官方的机构承担保甲、里甲等职能"。(孔飞力:《中华帝国晚期的叛乱及其敌(1796—1864)》,中国社会科学出版社1990年版,前言,第2页。)这些研究无疑是肯定了此一中间地带(或者是第三领域)的存在。

展而出现的商绅(马敏语),随镇压太平天国运动、创办地方团练而崛起的军绅(陈治让语),因科举制废除、新式学堂兴办而崛起的学绅(常书红语),还有因政府推行地方自治而进入体制内的权绅(王先明语)等。为了方便起见,张信干脆将这些人统称之为地方精英。① 笔者在此后的行文中,也常常借鉴这种方式,以指称那些难以确定身份的地方权势人物。这几种身份并非是截然分开的,实际情况往往是一人同时兼具多种身份。

在各种新生士绅中,绅商最能代表中国近代化的主流方向。因为他们不但拥有雄厚的财力,而且具备较为先进的思想,具有其他群体所不具备的优势。

商绅是明清以来因为商品经济发展、士人义利观转变而出现的一种新生社会力量,余英时把士与商两大阶层的升降分合称为"明清社会结构的最大变化"②。这一变化在商品经济发达的近代愈加明显,并形成士绅中的一个新的阶层。陈旭麓先生认为"绅商(由商而绅,由绅而商)和乡绅是官与民的中介,前者多在市,后者多在乡;前者与工商结缘,后者与宗法、地租联姻;从他们身上可以捕捉到中国近代社会的脉络"③。这一论断有助于人们把握近代绅商与传统士绅的区别。马敏则进一步对绅商进行界定,他把"绅商"一词分为"分指性"与"单指性"两种情况,分指性是指"绅士和商人"的合称,单指性是指绅士和商人的融合,即亦绅

---

① "它指的是那些无论采取何种途径在争夺地方政权中的得胜者——这一定义不仅包括那些有权势的共同体领导人、民团领袖和大地主,亦包括那些下层精英分子,诸如税收经纪人、巫医和书生。采取这样一个宽泛的定义的优点,乃在于它更加切合20世纪初期中国地方社会实际:因为精英阶层已极大地扩展到包括具有相当广泛背景和能力的人。"〔美〕张信著,岳谦厚等译:《二十世纪初期中国社会之演变——国家与河南地方精英1900—1937》,中华书局2004年版,导言,第5页。
② 余英时:《士与中国文化》,上海人民出版社1988年版,第528页。
③ 陈旭麓:《陈旭麓文集》,第4卷,华东师范大学出版社1997年版,第156页。

亦商的情况。① 笔者认为单指性的绅商更能体现近代化的特征,但是基于近代江苏地方自治创办者的复杂性,分指性的"绅士和商人"与单指性的绅商,都必将纳入考察的范围。

绅商的来源比较复杂,如农业中的富农与经营性地主、商业中的买办阶层及买办化商人、手工业中的工场主(或业主)、民族资本主义工业中的企业家(部分企业家具有买办的身份)等。在这些新生社会力量中,富农主要是农民分化的结果。经营性地主则是在商品经济发展的情况下,由传统地主雇佣农业工人,从事资本主义性质的农业经营方式,这在苏南地区较为活跃。② 买办则是凭借其与外国资本家特殊的利益关系,逐渐积累起雄厚的商业资本,③晚清上海的大商人很多都是买办出身,如江苏东山席家,祖孙三代赓续担任汇丰洋行的大买办,借助此特殊关系投资房地产与实业股份,建立起庞大的商业资本,被视为"晚清四大买

---

① 马敏:《"绅商"词义及其内涵的几点讨论》,《历史研究》2001年第2期。后来马敏曾对此一概念进行更为深刻的解读:"绅商是资产阶级的过渡形态,……近代社会的大变局及重商主义的兴起为晚清绅商群体的出现创造了历史条件。就其产生方式而言,晚清的绅商不仅有由商而绅的渗透,也有由绅而商的转化。绅商阶层内部又划分为士人型、买办型、官僚型三种不同的社会类型,这种划分和区别分别体现了绅商阶层的不同侧面及内在多样性,同时也是绅商与不同社会阶层互相融合的结果。但是各种类型之间并非一成不变的,而是可以转进转出,构成了一副动态流动的画面。就其社会属性而论,绅商乃是中国民族资产阶级的早期形态,所谓早期形态,意味着绅商还不是成熟和完备形态的近代资产阶级,而只是在中国社会由中世纪农耕社会向近代工商社会转轨过程中,一部分亦绅亦商人物逐步向符合近代要求的企业家过渡,次第具备了近代民族资产阶级的某些思想和行为特征,充当了近代民族资产阶级的历史介质和载体。作为新的社会阶层,绅商具备了丰富的社会功能,他们不仅热心参与社会公益、博览会等各种事业,而且在以商会为核心的近代新式商人社团的兴起与整合中发挥了重大的作用。不仅如此,在抵制美货收回利权、立宪运动、辛亥革命等近代重大政治活动中,我们均可发现绅商积极而活跃的身影,成为近代中国不可忽视的政治力量。"(马敏:《十年磨一剑——马敏教授访谈录》,《历史教学》2004年第1期。)根据马敏先生对绅商含义的界定,其更加侧重于单指性一层。
② 段本洛:《苏南近代社会经济史》,中国商业出版社1997年版,第302页。
③ 杜恂诚认为,把新式商业称为资本主义商业而不是买办性的商业,因为新式商业是中国资本主义发展的必由之路,具备资本主义商业的主要特征。这种分析正是建立在对买办在近代历史之功能的辩证认识的前提之上的。杜恂诚:《民族资本主义与旧中国政府(1840—1937)》,上海社会科学院出版社1991年版,第12页。

办"之首。买办化商人则不同,其不是以买办发家,但是却利用与外国洋行之间的关系为自己谋取特权,并且不自觉地担任了洋行与内地初级产品市场的中介。而大部分手工工场主的产生既不是通过小生产者的分化,也不是因商业资本由流通过程向生产过程渗透而产生的工场手工业,主要是一些商人和官僚的投资而来,其中手工业生产过程以外的商业资本的积累和官僚通过政治权力的转化是投资资金的主要来源。① 与以上几种成分相比,新兴民族工业更加具备近代化的特征,而民族企业家则是所有新生力量中的佼佼者。这些人都有机会进入绅商行列。

在近代社会大变革、大分化的年代,绅商②形成的路径亦不相同,但主要有由绅而商和由商而绅两种。以苏南地区商品经济之发达,士绅从商的情况比比皆是。以纺纱业为例,洋务运动中官商合办、官督商办的民用企业自不待言。在1895年之后创办的商办企业中,以绅士身份经商的情况也很普遍,如业勤的创办者杨宗濂在镇压太平军时,曾以户部员外郎的身份在籍治团练,后擢升道员职;苏纶的创办者陆润庠是同治十三年状元,历任国子监祭酒、山东学政等;裕通、裕泰的创办者朱幼鸿,曾任浙江候补道、浙江铜元局总办、署理杭嘉湖道;大生及大生二厂的创办者张謇是清末状元;济泰的创办者蒋汝坊是光绪生员,后捐官知事,这些都属于典型的士绅从商案例。其他如振新的创办者张石君为买办,而荣宗敬则为商人、实业家;同昌的创办者朱志尧,是马建忠外甥、买办;公益的创办者祝大椿,实业家。他们虽不具备鲜明的士绅身份,但以近代精英分子的标准来看,这些人具备雄厚的经济实力且能够热心公益,已经在事实上被视为"绅士",他们以商人的身份跻身于实业界,产生巨大的社会影响。

而以商人进入士绅队伍的也不乏其人,其主要有两种途径:通过科

---

① 段本洛:《苏南近代社会经济史》,中国商业出版社1997年版,第211页。
② 此处是单指性意义上的绅商,不管是士绅从商,还是商人通过金钱购买到"士绅"的虚衔。

举，商人把自己的子弟培养成士绅中的一员，如清代苏州 26 位状元中，有 6 位属于徽商的后裔。① 或直接购得"士绅"的虚衔，清代中叶开始的捐纳制度在晚清社会更加盛行，这为商人获取士绅的身份提供了捷径。陈先松经研究发现，"商人捐官随处可见"；②徐茂明则进一步指出："晚清咸丰、同治以后，商人竞相捐纳，如潮水般涌入士绅阶层，形成一个特殊而又影响巨大的绅商群体。"③这在江南更为盛行，如钱业商人庞延祚，"民国初年曾任苏州商会会长。他于光绪二十七年（1901）顺直赈捐案内，捐纳同知衔候选布政司里问"④。

据马敏估计，在清末苏州城厢的绅商人数，有功名、职衔可考者和无征者合计，大约 200 人，约占该城绅士总人数的 10%，苏州下属各县乡镇的绅商也不少，仅吴江、震泽、盛泽、昆山、新阳、梅里等六县镇有功名和职衔可考的绅商就近 200 人。⑤ 总而言之，近代绅商的大量涌现改变了近代江苏士绅队伍的成分。

作为引领时代的社会精英，这部分人又首先受到新的政治观念的洗礼。就前文所举江苏近代政治思想家与政治性社团创办者的身份来看，这些人非绅即商，抑或亦绅亦商，"在其主导力量或领导成员的组成上却有着惊人的一致性：具有传统功名身份的士绅们仍然占据着主要领导地位"⑥。只是在清末新政废除科举之后，新型自由知识分子才在政治思想宣传和政治社团创立中占据一定的地位。而就报纸的创办及发售点的设置来看，主要分布于江南地区，之所以如此，一个很大的原因就是江南是新式绅商和新式自由知识分子的聚集地，这部分人思想较为开放，更加关注世界大势，是进步报刊的主要订购者与阅读者。

---

① 徐茂明：《江南士绅与江南社会（1368—1911 年）》，商务印书馆 2004 年版，第 174 页。
② 陈先松：《试析晚清捐纳的失控》，《社会科学辑刊》2005 年第 2 期，第 119 页。
③ 徐茂明：《江南士绅与江南社会（1368—1911 年）》，商务印书馆 2004 年版，第 174 页。
④ 马敏：《官商之间——社会剧变中的近代绅商》，天津人民出版社 1995 年版，第 82 页。
⑤ 马敏：《官商之间——社会剧变中的近代绅商》，天津人民出版社 1995 年版，第 106 页。
⑥ 王先明：《近代绅士——一个封建阶层的历史命运》，天津人民出版社 1997 年版，第 263 页。

因此，无论是经济实力、社会威望，还是政治观念，新式绅商都具有一般人所不具备的优势，这也是他们在清末之际成为江苏基层社会近代化领导力量的原因。

除了绅商，还有军绅、学绅、权绅等新的成分出现。徐茂明认为，江南士绅力量在太平天国运动时期得到增强，主要表现在"办理团练、设会防局、赴皖乞师、奏减赋税"等事件上；太平天国失败之后，因为地方上受战争破坏，在官方无力完成恢复基层社会秩序的情况下，政府开始启用士绅出面重整地方秩序，这为士绅力量的壮大提供了机遇。与苏南士绅势力的崛起相比较，苏北在办理团练方面成绩比较显著。① 孔飞力指出，团练等地方武装的兴起，加剧了"地方权力旁落到名流——绅士之手的趋势，成了咸丰朝及以后农村中国的共同特征，其影响直至于 20 世纪前期中国的行政和社会"②。随着西学涌入、商品经济的发展，部分士绅开始"涉足商业、金融、报业、出版等行业，思想也逐步潜移默化，在不同层面上接受了西学的影响，成为清季维新改良的社会基础"，并成为辛亥江南各地光复的主角。③ 学绅则是在科举制度被废除，新式教育占据主导地位之后而逐渐凸显的一股力量。这部分人拥有新的学历，新的知识结构，成为变革时期社会的宠儿。一些传统之士也抱着不同的心态进入新式教育机构接受再教育，标志着传统正绅地位的进一步衰落。当清政府颁布地方自治章程之后，当局力图通过官办地方自治重新整合基层社会秩序，参与地方自治推行的地方精英则从体制外进入体制内，因为部分人是依靠体制强制力量来获取社会威望的，因此被称之为权绅。张朋园先生把南京国民政府成立之前的近代中国历史分为六次运动，并对六次

---

① 参见徐茂明：《江南士绅与江南社会(1368—1911年)》，商务印书馆 2004 年版，第 96—103、153 页。
② 孔飞力：《中华帝国晚期的叛乱及其敌人(1796—1864)》，中国社会科学出版社 1990 版，前言，第 2 页。
③ 参见徐茂明：《江南士绅与江南社会(1368—1911年)》，商务印书馆 2004 年版，第 96—103、153 页。

运动领导阶层的变迁做了一个详细的梳理：自强运动时期，领导者都是绅士；变法运动时期，虽然由部分先进绅士引导，但大部分是站在运动的反面；立宪运动时期，废除科举，新的成分逐渐增加，绅士当中有20％转向，接受新式教育；革命运动时期，呈现半新半旧的局面；新文化运动时期，旧绅士在内陆乡村仍然有所影响，此外举足轻重的是新兴知识分子；北伐统一运动时期，党的领导阶层皆为新兴知识分子，传统的绅士不占地位。① 可见士绅成分和功能的历史变化。

总之，在不同时期，不同人凭借不同的资源，不断涌入士绅阶层，导致士绅阶层的成分发生急剧变化。士绅阶层的变化又将导致其在近代中国基层社会秩序重构过程中的作用、地位不断发生变化。

---

① 张朋园：《知识分子与近代中国的现代化》，百花洲文艺出版社2002年版，第353—395页。

第三章　君主专制政体的没落与江苏地方自治的起步

如果说江苏省固有之传统与西学东渐之影响是近代江苏地方自治成长的土壤,那么,中华民族所面临之内忧外患的局面以及国人追求独立富强的理想则是地方自治产生的直接诱因。鸦片战争之后,中华民族一步步陷入灾难的深渊,而瓜分狂潮则把中华民族置于亡国灭种的险地。随着清政府中央权威的快速流失,王朝体制亦陷入极大的困境之中。为了维护其专制统治,清廷统治者接过维新派的未竟事业,进行了一次深度与广度都超过戊戌变法的改革。改革的措施随着改革的深化而不断激进,特别是预备立宪旗帜的擎出,一度让国人翘首企盼。作为立宪之始基的地方自治,自然也被推上历史的前台。在地方自治推行的过程中,因为其分权的内在要求,导致中央与地方之间不可避免地产生矛盾。是中央集权还是地方分权?是加强国家对地方的统合还是实现地方上的自我管理?利益的对立,激化了国家与基层社会之间的矛盾。

第一节　新政:清廷自救与自灭的矛盾

庚子事变之后,慈禧太后和光绪皇帝被迫"西狩",国运几为不保。

清王朝在政治、经济、外交等各个方面陷入更加严重的危机。为了扭转这种内外交困的局面,慈禧太后痛下决心,推行新政。1899年1月21日,清廷命令内外臣工条陈变法,"著军机大臣、大学士、六部九卿、出使各国大臣、各省督抚,各就现在情形,参酌中西政要,举凡朝章国故、吏治民生、学校科举、军政财政,当因当革,当省当并,或取诸人,或求诸己,如何而国势始兴,如何而人才始出,如何而度支始裕,如何而武备始修,各举所知,各抒所见"①。

1901年,两江总督刘坤一、湖广总督张之洞联衔上奏,此即著名的"江楚会奏三折":第一折提出育才兴学四条:设文武学堂、酌改文科、停罢武科、奖励游学。② 第二折提出十二条必须整顿变通之法:崇节俭、破常格、停捐纳、课官重禄、去书吏、去差役、恤刑狱、改选法、筹八旗生计、裁屯卫、裁绿营、简文法。③ 第三折列举十一条切要易行的方面:广派游历、练外国操、广军实、修农政、劝工艺、定矿律、路律、商律、交涉、刑律、用银圆、八月行印花税、推行邮政、官收洋药、多译东西各国书籍。④ 根据三折内容可以看到,其从最基本的育才兴学入手,次则筹议革除陋习及改善办法,最后则是切要易行的几项措施,呈现一种除旧布新的务实精神。根据此后新政的内容来看,"江楚会奏三折"实际上成为清政府推行新政的纲领性文件。

是年,慈禧太后再下懿旨,对变革表现出更加积极的态度,其中称"数月以来,兴革各事已降旨饬行,其中以条目繁重,需待考求,或事属韧举,须加参酌,回銮以后,尤宜分别缓急,锐意图成"。"尔中外臣工,须知国势至此,断非苟且补苴所能挽回厄运。惟有变法自强,为国家安危之

---

① 沈云龙主编:《张文襄公(之洞)全集(奏议)》,文海出版社1970年3月印行,第3634页。又见沈云龙主编:《光绪政要》,文海出版社1989年印行,第1553页。
② 沈云龙主编:《张文襄公(之洞)全集(奏议)》,文海出版社1970年3月印行,第3636页。
③ 同上书,第3676页。
④ 沈云龙主编:《光绪政要》,近代中国史料丛刊第三十五辑,文海出版社1989年印行,第1648页。

命脉,亦即中国生民之转机。予与皇帝为宗庙计,为臣民计,舍此更无他策。尔等诸臣,受恩深重,务当将应行变通兴革诸事,力任其难,破除积习,以其补救时艰。"①此可视为清末新政正式开始的标志。

"清末新政"涉及范围十分广泛,从发展工商业到废除科举、开办新式学堂、派遣留学生,从编练新军到整顿吏治、改定刑律、整理财政,从宪政改革到移风易俗,消除满汉畛域等。江苏推行新政的进程与全国步调基本一致,在诸项新政措施中,其与地方自治关系最密切者当属废科举、兴新学,以及预备立宪等几项,以下分述之。

一、废科举、兴新学与地方士绅

毋庸讳言,统治者之所以迫不及待地推出新政,主要是为了自救。但部分措施的推出——如废除科举、兴办新学等——恰恰起到相反的作用。因为王朝体制已经百病缠身,猛药也许可以让它苟延残喘,也有可能是加快它的灭亡。

(一)废除科举与传统地方正绅的"失势"

科举考试,始于唐宋而鼎盛于明清,是读书人进入仕途的主要渠道,也是朝廷招贤纳才的主要方式。"世之言科举者,谓其使草野寒畯,登进有路,不假凭藉,可致公卿。然究其旨,实欲举天下之贤智才能,咸纳入其彀中,舍是即难以自见。"②科举制度的存废,"关系到数以百万读书人的出身和仕途问题"③。对国家来讲,它是封建统治者赖以维持统治秩序的工具;对士人来讲,其是安身立命,光宗耀祖的门径。熊秉真对明清时期士人子弟的幼年教育多有研究,他认为,在进入学堂之前的家庭教育中,士人子弟已经经过了严格的科举意识的培养,以至于"使读书求功名

---

① 刘锦藻撰、王云五主编:《清朝续文献通考(第四册)》,卷三百九十三,宪政一,商务印书馆1936年版,第11421页。
② 商衍鎏:《清代科举考试述录》,序例,生活·读书·新知三联书店1958年版,第2页。
③ 金满楼等:《这才是晚清帝国崩溃的三十一个细节》,中国三峡出版社2009年版,第196页。

的人生目标深植童心"①。由此可见,科举无论对国家还是对个人都是极为重要的。时至清末,其面临着即将被革除的命运。

对于科举制度的废除问题,时人态度并不一致,主要分为立废、不废与缓废三种主张,其中第三种在时势、人望中逐渐占据主导地位,也得到清廷的基本认可。根据张之洞、袁世凯的主张,清政府采取科举递减与筹办新式学堂并举的方式,并特别制订科举递减的详细计划以及科举停罢后旧式科举人员的安置问题,即一面逐年减少科举名额,一面从师范学堂入手培养新式人才,他们乐观地估计:十年之后,天下士人都将专心于学堂的筹办,经费也自然会十分充沛。②

应该说张、袁的逐年递减计划确实是老成谋国之道,因为科举制度作为封建统治者延揽人才的主要手段与读书人的主要进阶,断然废除,可能会引起旧式科举人士的反对,为之妥善安置,徐徐图之,可以减少不必要的阻力。但在废除科举的实际过程中,步伐明显被加快了。

1904年12月,新式学堂在各省筹设的效果不能令人满意,导致此一情形的主要原因在于经费难筹。经费之所以难筹,一是因为公款有限,民间绅富捐助不足;二是因为在科举未停之前,大部分旧学之士尚存侥幸心理。在形势未完全明朗之前,部分民间人士仍然把科举视为退路,自然不愿把经费投向新式学堂。因此有人提出,"就事理而论,必须科举立时停罢,学堂办法方有起色,学堂经费方可设筹",但"已设学堂办理未尽合法,学生品类不齐或不免间有流弊。其不欲遽议停罢科举者,未始非老成持重之见。然使此时一无举动,天下未见朝廷将来有递减以至停罢之明文,实不足以风示海内士民,收振兴学堂之效",因请坚决递减科

---

① 熊秉真:《好的开始:近世士人子弟的幼年教育》,"中央研究院"近代史研究所编《近世家族与政治比较历史论文集》(上册),1992年6月,第208页。
② 《官学大臣等奏请试办递减科举注重学堂折》,《东方杂志》1904年第1卷第1号,第123—124页。

举。① 至1905年8月,人们态度再次发生变化,要求朝廷立废科举,"科举一日不停,时人皆有侥幸得第之心,以分其砥砺实修之志。民间更相率观望,私立学堂者绝少,……故欲补救时艰,必自推广学校始,而欲推广学校,必自先停科举始,拟请宸衷独断,雷厉风行,立沛纶音,停罢科举"②。这种态度促使清王朝在1905年作出立废科举的决定。

从舆论界来看,科举制的废除是大势所趋。当年一个日本人在目睹上海废除科举后如此评论:"废除科举是近来非常极端的措施,但未发生激烈的反对","反对者也没有出头,读书人都满心欢喜"。③ 万国公报则评论说:"中国政府近于改革之事颇有改观,而立废科举一节,取数百年来败坏中国及近日屡蹶屡起,根深蒂固之附属物,一旦拔弃之,是真中国历史上之新纪元,而东方大局之转移在此矣!"④但事实上其仍然严重影响清王朝的统治根基,政策的渐趋激进反映了当政者缓解时局危机的迫切心情,但也抽空了封建士人安身立命的资本,加强了旧学之士与清王朝的疏离之势。科举制废除时,一位旧学之士如此感叹:"我十年八股付之东瀛,挖心呕血,千辛万苦。今改试策论,遇四书义等题,或可参用旧稿;科举停后,此等一挑半剔,一唱三叹之文字,当尽付之一炬矣!"⑤刘大鹏在其《退想斋日记》中就详细叙及科举废除诏令下达时读书人的心态:"下诏停止科考,士心涣散,有子弟者皆不作读书想,别图他业,以使子弟为之,事变至此,殊可畏惧。"⑥吉伯特·罗兹曼认为,科举制度是"旧社会主要的庞大的整合制度"中的最主要的因素,其"曾充当过传统中国的社会和政治动力的枢纽。这种考试是为维持儒家的国家正统的运作需要

---

① 沈云龙主编:《光绪政要》,近代中国史料丛刊第三十五辑,文海出版社1989年印行,第1899—1900页。
② 同上书,第2154—2155页。
③ 任达:《新政革命与日本》,江苏人民出版社1998年版,第161页。
④ 《中国振兴之新纪元》,《万国公报》,1905年10月号。
⑤ 《守旧热心科举》,《大公报》,1905年5月10日。
⑥ 刘大鹏:《退想斋日记》,山西人民出版社1990年版,第146页。

设计的,是授予特权和打通向上层社会流动的手段,构成了社会理想的中国模式,随着科举制的废除,整个社会失去了作为自己特色的制度"。① 徐茂明更是把清政府的此一行为称作"自毁长城"②。王先明把科举制度称作政府控制绅士阶层的最主要的绳索,科举制度的废除,使"乡村社会的教化呈现出空前的失范状态"③。笔者认为,清王朝断废科举,无疑是自绝于旧式士人,而这部分人才是王朝体制真正的拥护者,因此在某种意义上说,立废科举是清王朝挖了自己的墙脚。

科举制度废除之后,传统士人炫耀的资本不复存在,社会地位亦随之下降。而最有力的证据则是,当科举出身不再成为获取政治和社会威望的资本时,很多旧学之士转向新学。因为参加新式教育照样能够获得相应的功名,结果"科举一停,士皆入学堂而从事西学,而词章之学无人讲求"④。更有"很多士绅及其子女对留学趋之若鹜"⑤。"现在出洋游学者纷纷,毕业而归即授职为官,其学孔孟之道一切词章家,俱指为顽固党,屏之黜之。"⑥大公报亦曾刊登《绅学生》一文,讽刺旧绅通过有名无实之留学获得新的政治资本的情况。⑦ 薛绍徽一首《少年行》,则通过对比的手法把新学之士的春风得意与旧学之士的穷途末路烘托得淋漓尽致:

谁家少年子,新从异国归。断发而胡服,驾轻复策肥。略识旁行字,联翩五凤飞。权门得汲引,世路无是非。厚禄五侯鲭,莫作侏

---

① 〔美〕吉伯特·罗兹曼主编,国家社会科学基金"比较现代化"课题组译:《中国的现代化》,江苏人民出版社1998年版,第320页。
② 徐茂明:《江南士绅与江南社会(1368—1911年)》,商务印书馆2004年版,第309页。
③ 王先明、尤永斌:《略论晚清乡村社会教化体系的历史变迁》,《史学月刊》1999年第3期,第113页。
④ 刘大鹏:《退想斋日记》,山西人民出版社1990年版,第147页。
⑤ 金满楼等:《这才是晚清帝国崩溃的三十一个细节》,中国三峡出版社2009年版,第200页。
⑥ 刘大鹏:《退想斋日记》,山西人民出版社1990年版,第192页。
⑦ 《绅学生》,《大公报》,1909年1月6日。

儒讥。可怜老太守,诗书难疗饥。秋风疏白发,闭户寒无衣。①

这种转型无疑向世人宣告了传统正绅的"失势"。

(二)兴办新学与新式地方士绅的崛起

旧式科举废除的同时,是新式教育的兴办以及新式人才的培养。根据王笛的统计,1903 年新式学堂有 769 所,1904 年为 4476 所,1905 年则增加到 8277 所,1906 年则猛增至23 862所。② 新式学堂数量的猛增对知识分子结构产生直接影响,新式学堂培养的新式人才立于时代发展的潮头,逐渐得到社会的认可,并逐渐融入到地方精英的队伍当中,成为地方自治推行过程中不可忽视的力量。

清末之培育新式人才主要通过开办新式学堂,派遣留学生、鼓励游学等几项措施。1904 年,清政府颁布《新定学务纲要》,其中罗列将来学务改革数项条款,③虽然其对新式学堂多有限制,但进步气息仍是非常明显的。根据中央所定方针,江苏省迅速举办各种新式学堂,主要分为官办与绅办两种。

其中,官办新式学堂成绩显著。江苏省先后创办了三江师范学堂、高等学堂、农工实业学堂、江宁师范学堂、水陆师学堂④、练将学堂⑤等。

---

① 林怡:《榕城治学记》,岳麓书社 2010 年 1 月版,第 194 页。
② 王笛:《清末新政与近代学堂兴起》,《近代史研究》1987 年第 3 期。
③ 一、制订全国学堂纲要,二、大小学堂各有取义,三、京外各学堂俱照新章以归划一,四、宜首先筹办师范学堂,五、各省办理学堂员绅宜先派出洋考察,六、小学堂应劝谕绅富广设,七、各省宜速设实业学堂,八、各学堂尤重在考察学生品行,九、中小学堂宜注意读经,以存圣教,十、经学课程简要并不妨碍西学,十一、学堂不得废弃中国文辞,以便读古代经籍,十二、戒袭用外国无谓名词以存国文,端士风,十三、小学堂毋庸兼习洋文,十四、中学堂以上各学堂必勤习洋文,十五、参考西国政治法律宜看全文,十六、私学堂禁专习政治法律,十七、私学堂禁私习兵操,十八、师生员役均禁嗜好,十九、学堂教员宜列作职官以便节制并定年限,十九、外国教员宜定权限,二十、外国教员不得讲宗教。《新定学务纲要》,《东方杂志》1904 年第 1 卷第 3 号,第 91—106 页。
④ 《两江总督魏奏现办江宁省城并各府厅州县学堂大概情形折》,《东方杂志》1904 年第 1 卷第 10 号,第 225—230 页。
⑤ 《各省学堂类志》,《东方杂志》1904 年第 1 卷第 1 号,第 151—152 页。

这些学堂在管理方式、教师聘任、学习内容等方面都体现出非常鲜明的现代气息。如三江师范学堂,由张之洞奏办,在全省规模最大,原定招考江苏、江西、安徽三省学生九百人,学成后派充各处中小学堂教员。后根据具体情况稍加变通,将学生分作三班,次第招入。考选举贡廪增出身之中国教习,甲班四十人,乙班三十人。还聘日本教习多人,教授文学、物理、经济、生理、数学、农学、理财、博物、绘图、手工、东语、体操等科。① 第一年暂借地方公所为练习教员之所,令日本教习就中国教习学习中文,中国教习就日本教习学日文及教育、博物、卫生、物理、化学、图书、手工、理财等学,商定课程,互换知识。自1903年6月开学起至1904年7月暑假止,练习一年,期满考核,计留学堂之中国教习五十六人。根据奏定优级师范学堂章程,分派为正教员、副教员、助教员,专门教授中国经史文学、舆地、算学、体操等。学堂工程建设完竣,令各教员先移入,并于秋后考取三省学生三百人,分别为一年速成科、二年速成科、三年本科,学成后陆续派充各州县小学堂。至第四年添置高等师范本科,以备各处中学堂教习的培养。"盖中小学堂之学生程度日以加深,则师范学堂之教员,养成者亦刻不容缓,此学堂实为三省中小学堂命脉所关,固不能不加意经营也。"②

除官办新式学堂之外,还有绅办学堂,如镇江金山河承志学堂,是由辛、曹二君捐资创设,在开办半年之后,即因就学者日众,拟推广学额,扩张功课。每日分授伦理、国文、英文、地理、历史、算学、理化、博物、生理、图画、乐歌、体操等各学,凡年自十三至十七,文理清通,体制强健者,无论本籍、外籍,有保均可入学。③ 前任苏州中学堂教习顾少逸之子,在石

---

① 《各省学堂类志》,《东方杂志》1904年第1卷第1号,第151—152页。
② 《两江总督魏奏现办江宁省城并各府厅州县学堂大概情形折》,《东方杂志》1904年第1卷第10号,第225—230页。
③ 《两江总督魏奏现办江宁省城并各府厅州县学堂大概情形折》,《东方杂志》1904年第1卷第10号,第225—230页。

子街本宅设立城东小学堂,学额暂设一百名,月收费五角,所聘教习汉文三人,珠算一人;吴淞镇蒙小学堂一切仿造日本蒙学堂办理,分甲、乙两班,教授颇有进益;上海城内东乔家浜幼樨舍,创办者为朱秋贤、程颖两女士,以调护儿童身心,改良家庭习惯为宗旨,学生不论男女,以五岁至八岁者为限,学额五十名,寄宿十五名,每月学费一元二角,寄宿费四元八角。① 苏城自设立学务处以来,凡全省学堂事宜必须投处禀请立案,南通县绅张维则禀请将善堂、义塾数处,遵照奏定蒙小学堂章程办理立案。马市口新创培源小学堂所设课程则东、西文兼备,而历史、舆地、国文则另设专科。上海制造局旁广方言馆,略改旧章,除向设英法文、汉文、算学外,又添设书画及工化理三门。②

根据官方统计,在1904年之前,江苏省创办学堂"计省城高等专门学堂凡七所,曰三江师范学堂,曰高等学堂,曰农工实业学堂,曰水师学堂,曰陆师学堂,曰将备学堂,曰江宁师范学堂。各府厅州县中小蒙学堂二十四所,蒙养学堂凡九十一所;内江宁、徐州、扬州、海州等处中学堂四所;宁淮扬徐海通所辖各属,小学堂二十四所,蒙养学堂六十三所;又通州民立师范学堂一所,统计省城及各府属学堂凡九十九所"③。在开办新式学堂的同时,对旧式教育进行限制,不准旧式蒙师等私自设馆授课。④

因为新式学堂的创办者形形色色,不免出现良莠不齐、泥沙俱下的现象。如有人借办新式学堂为名,"充公勒派,惟所欲为"。学堂成立之后,房屋、器具、饭食、仆隶、仪器、书籍等种种开销既繁且重,且大部分事务鲜为内地人所知,"遂得任意报销,恣其中饱,以经理学堂而起家者,已屡见不鲜"⑤。

---

① 《各省教育汇志》,《东方杂志》1904年第1卷第5号,第121页。
② 《各省教育汇志》,《东方杂志》1904年第1卷第8号,第194页。
③ 《两江总督魏奏现办江宁省城并各府厅州县学堂大概情形折》,《东方杂志》1904年第1卷第10号,第225—230页。
④ 《各省学堂类志》,《东方杂志》1904年第1卷第2号,第157页。
⑤ 《论学堂之腐败》,《东方杂志》1904年第1卷第9号,第201页。

在清末之新式人才的培养过程中，富有家资者往往选择出国留学、游学的方式。据有关统计，中国留学日本人数逐渐增加，"籍贯考中国学生之东游留学者年多一年，前年（1912年）正月仅五百七十九人，九月中增至一千五十八人，近则已有一千四百人"，按其原籍统计如下：旗籍27、奉天1、直隶77、山西1、陕西1、河南7、山东40、湖南130、湖北126、江苏175、浙江142、安徽55、江西27、福建42、广西8、四川57、广东108、贵州17、云南21。① 可见江苏以其较为开通的风气及有利的地理位置，占据当时全国留日学生之首。"自吾国倡留学日本之议，江苏以滨海地，来者独多。"② 又有人曾对1903年江苏籍120位留日学生（有案可稽者）进行统计，其中江北有15人，江南有105人。可见江南、江北差距之大。在120名留学生中，年龄最长者45岁，年龄最小者仅6岁，分布于各个年龄段，此可概见当时留学风气之盛。③ 再根据林如耀等著《苏格兰游学指南》中记载："今日言游学者，首日本、美次之、英、德、法、比又次之。"④ 当时留苏格兰者，共33人，按籍贯论之，江苏13人，广东9人，福建9人，江西1人，直隶1人。其中江苏籍的留学生又占据首位，其籍贯分布情形为：上海2人、吴县2人、青浦2人、元和2人、金坛、江浦、泰兴、宝山、武进各1人。⑤ 因此可以得出结论，在清末留学生中，江苏籍人士占相当的比例，在江苏籍留学生中，又以江南人士占绝对多数。

此外，官员游学的现象亦逐渐兴起，如"江苏即用知县王溯沂大令绍曾，禀请游学日本，苏抚允之。兹悉闻风继起者，又有知县朱筱云大令棠续禀自愿游学，亦蒙批准，给咨遣赴日本，并饬注册，不扣补缺资限。商务总局详请抚院遣派留学生赴日本，习工商实业，已由各学堂选定学生

---

① 《派遣游学类志》，《东方杂志》1904年第1卷第2号，第159—160页。
② 《留学界》，《江苏》1903年第1期，第145页。
③ 房兆楹辑：《清末民初洋学学生题名录初辑》，"中央研究院"近代史研究所1962年发行，第1—53页。
④ 林如耀等：《苏格兰游学指南》，岳麓出版社1985年版，第605页。
⑤ 同上书，第660—662页。

二十名,由朱别驾旭初带同前往"①。在留学、游学不断增加的情况下,不良现象亦随时发生,有人曾对此一问题进行披露,并将各种不良游学分为四大类:领咨领费之后,挟归内地或流连上海不能成行者;到了国外不入学堂或随意入一学堂,不数月便外出游荡,无所不为者;以游学为名到国外旅游者;为了增加一些履历资本,以为将来谋得更好的职业者;等等。②旧学之资历已不可恃,特增加新学资历以为资本,这成为当时比较常见的现象。也许是认识到其中的弊病,江苏开始注重游学的实效问题,有记载说:"江督近选官绅二十人往日本肄习速成政法,札委江苏补用道许苓西、观察炳榛督送前往,并令考察商务。③

总之,当时江苏官绅对于创办新式学堂的态度是非常积极的。这些新式学堂培养出大批的新式人才,他们充斥于学、军、农、工、商等各个部门,为将来江苏社会的改革提供了生力军。有人指出,"由于新政的推行,新的政府机构大量建立,争相罗致受过新式教育的人才,特别是法政人才;中小学教育迅猛发展,教师更供不应求;再加上工商业的发展远非19世纪可比拟,知识阶层的就业门路大为增加"④。但这种表述不甚严密,其实是为那些具有新型知识的人才拓宽了就业门路。需要注意的是,在这些新式人才之中,又将会有新的分裂,部分人支持清廷进行改革,另一部分人则走上了推翻清王朝的道路。道路选择不同,人员的成分亦有差别,据张朋园先生的研究,清末咨议局和资政院的成员中,以士绅为主,其中有新学背景的略占百分之二十;而革命派领导者则多为留日学生,具有传统功名者占绝少比例。⑤

除废科举、兴新学外,商业的发展与基层政治制度的改革,亦对江苏

---

① 《各省游学汇志》,《东方杂志》1904年第1卷第9号,第217页。
② 《论游学不可太滥》,《东方杂志》1904年第1卷第9号,第199—200页。
③ 《各省游学汇志》,《东方杂志》1904年第1卷第12号,第281页。
④ 袁伟时编著:《告别中世纪:五四文献选粹与解读》,广东人民出版社2004年版,第334页。
⑤ 张朋园:《知识分子与近代中国的现代化》,百花洲文艺出版社2004年版,第6页。

地方自治的发展产生重大影响。商业的发展,进一步壮大了新式绅商的力量,作为现阶段绅士阶层中最有实力、思想最为开放的部分,他们将继续领导江苏基层社会,积极从事新秩序的构建。而基层政治中旧式胥吏制度的废除,更加有利于新式力量的渗入,这为江苏地方自治的推出提供了一个更加有利的社会环境。

二、预备立宪与江苏省立宪派的自治诉求

与废除科举制度具有同样轰动效应的是仿行预备立宪。根据出洋考察宪政大臣载泽的密折可以看到,清王朝之所以要仿行立宪,主要是因为立宪能够达到皇位永固、外患渐轻,内乱可弥的目的。但是,清廷的选择在一定程度上也迎合了立宪派的要求,使立宪运动成为激荡一时的潮流。而作为立宪之始基的地方自治,势必会得到立宪派的高度重视。

(一) 民权、立宪、自治思潮

甲午战后,开民智、伸民权一度成为知识分子宣传的主题。梁启超认为"国者何? 积民而成;国政者何? 民自治其事也;爱国者何? 民自爱其身也。故民权兴,则国权立,民权灭则国权亡",因此,"爱国则必自民权始"[1]。他在另一篇文章中再次强调,"民权者,君不能夺之臣,父不能夺之子,兄不能夺之弟,夫不能夺之妇,是犹水之于鱼,养气之于鸟兽,土壤之于草木"。所以,"今欲举秦汉以来积弊,摧陷而廓清之,以举自强维新之政,则必自恢复民权始"[2]。麦孟华则认为,中国没有国民,只有奴隶而已,此是国家衰败的主要原因。[3] 20 世纪初,随着西方政治思想的大量引介、中国留学人员的增加,西方之民权逐渐成为中国思想界的宠儿,人们大量引用西方政治家的言论来证明自己的政治观点。1901 年《国风报》第一期刊载《民权》一文,认为民权一词在不同地域有不同的涵义,东

---

[1] 梁启超:《爱国三论·民权论》,《清议报》第 22 册,1899 年 7 月 28 日。
[2] 张品兴主编:《梁启超全集》,北京出版社 1999 年版,第 342 页。
[3] 麦孟华:《论中国国民创生于今日》,《清议报》第 67 册,1900 年 12 月 22 日。

西方不同,西方不同国家亦不同,中国今日所谓之民权,不一定非引用孟子之言以为证,应该抱着"理求其是,物求其适用"的态度,对西方民权采取拿来主义。① 在此之后,以民权为主题发表文论的报刊逐渐增多,根据汪太贤博士的统计:《中国旬报》在 1900 年发表提倡和呼吁民权的文章十几篇,《政艺通报》从 1902 年到 1905 年发表提倡和呼吁民权的文章有七十几篇。可见当时民权思想之盛。②

与民权宣传同时兴起的还有立宪思潮。立宪之论在中国早已有之,早在 1901 年,梁启超即发表《立宪法义》一文,鼓吹在中国实行立宪。梁氏将世界上的政制归纳为两种国家、两种政治、三种政体,并把君主立宪政体誉为最好的政体。③ 此说虽然并非十分科学,但却是较早提出立宪改革的文章。立宪由单个政论家的提倡到形成一股思潮,是清末政治运动中的一件大事。但是,对于立宪思潮何时形成则有不同的意见:侯宜杰认为是在 1903 年,其依据是此时"君主立宪作为一种社会思潮已经在国内和海外留学生、华侨当中初步勃兴起来了。人们从此把主张君主立宪者称为立宪派,维新一词遂为立宪派所取代"④。卞修全则主张在日俄战争之后,其依据是只有在日俄战争之后,立宪才成为家喻户晓的新名词,"成为一股与当时的民主革命思潮并驾齐驱的社会思潮"⑤。

无论哪一种论断,都不能否认这样一个事实,即日俄战争进一步刺激了国人的神经,促使国内舆论界加强对立宪的宣传力度。⑥ 可以说,中国立宪宣传的力度与日俄战争的进程息息相关,1904 年 5 月,奏请立宪

---

① 《民权》,《国风报》1901 年第 1 期。
② 汪太贤:《晚清地方自治思想的萌生与演变——从鸦片战争至预备立宪前夕》,武汉大学 2004 年博士学位论文,第 81—82 页。
③ 张品兴主编:《梁启超全集》,北京出版社 1999 年版,第 405—408 页。
④ 侯宜杰:《二十世纪中国政治改革风潮》,人民出版社 1993 年版,第 39 页。
⑤ 卞修全:《清末思潮与清末法制改革》,中国社会科学出版社 2003 年版,第 3 页。
⑥ 日俄战争于 1904 年 2 月 8 日爆发,1905 年 9 月 5 日,俄国被迫签订《朴次茅斯和约》,战争以日本的完胜而结束。

的风说已经宣传于道路。① 6月18日,《大公报》刊载《论中国立宪之要义》一文,进一步阐释当前立宪应注意的两个事项:取法审慎;先立议院。② 1905年,关于立宪的宣传进一步增加,5月21日,《中外日报》刊文说:"我国十余年来,每言及专制立宪问题,辄曰专制既不足以立国,何以俄人富强如此? 自有此战而此疑释矣,虽然吾之人使以日俄之胜负为吾国政体之从违,则不为俄国之专制,必为日本之立宪。"③7月11日《中外日报》再次刊文,对立宪的益处极尽宣传,"人民为国民,通国为一家,其情亲而其利害与共,无所用其伪,则蒙蔽之习除,贿赂之风戢矣"。"立宪之国则君不能过责其臣,而官亦不能多取其民。"而于行政,则兴学、练兵、理财无不以立宪为先。④ 8月23日,《南方报》有人指出:"政体不立之害,欲救其弊,固非改定政体不可,则立宪之说是已。治国者如操舟然,必先定其所回之方,而后有达于陆案(岸)之日。故立宪政体之于国,犹舟之有指北针也。""大哉,日俄之战,岂非天意所以示其趋向,而启中国宪政之萌芽者乎! 彼俄之见衂于日也,非俄之败于日也,乃专制国家之败于立宪国也。"⑤在积极宣扬立宪的同时,也有人发出不同的声音,9月2日,《时报》刊《论中国内政外交失败之原因》一文,则从比较的视角对当时的立宪提出质疑,认为存在"仿形式而绝无精神"的弊病,"鉴于俄人之败,知专制政体不足以立国,内外臣工群请立宪,朝廷赫然发奋,特派重臣考查宪法,以备采择,是以可谓非常之举动,深知制治之本原矣。然英国固宪政祖国,其大宪章权利请愿,又英人所宝为金科玉律者也;然英国宪法之完成,宪政之坚固,实由英人富于自治之能力,丰于政治之思想,故足以保维宪法于不敝"。⑥ 陆宗舆则主张各国应该根据本国国情,

---

① 《奏请立宪之风说》,《东方杂志》1904年第1卷第5号,第13页。
② 《论中国立宪之要义》,《东方杂志》1904年第1卷第5号,第49页。
③ 《论日胜为宪政之兆》,《东方杂志》1905年第2卷第6号,第116页。
④ 《立宪浅说》,《东方杂志》1905年第2卷第9号,第147—151页。
⑤ 《论立宪为万事之根本》,《东方杂志》1905年第2卷第10号,第170—171页。
⑥ 《论中国内政外交失败之原因》,《东方杂志》1905年第2卷第10号,第204—205页。

制定改革的具体计划。① 此后,又有《立宪私议》、《中国未立宪以前当以法律遍教国民论》②、《论立宪与教育之关系》③、《论国家于未立宪之前有可以行必宜行之要政》④、《论立宪当以地方自治为基础》⑤等文章相继发表。总之,对于立宪的鼓吹与批判同时充斥于文末报端,是立宪形成一股思潮的明证。

正是在民权思想与立宪思潮的影响之下,地方自治亦逐渐发展为一种重要的社会思潮。汪太贤认为,地方自治虽然是戊戌变法改制的重要内容,但在当时并未产生强烈的社会反响。直到八国联军侵华战争之后,因为救亡图存和民权思潮的高涨,地方自治才逐渐演变成一种思潮。⑥ 此结论亦可通过舆论界对地方自治的传播得到证明。

1904年9月30日,《时报》载《地方自治政论》一文,指出人治之国,因将希望寄托于几个人身上,往往导致人亡政息;而法治国家,则不以人事变动而发生剧变。在当前中国宪政呼声越来越高的情形下,地方自治自然进入人们的视野,并且强调舍地方自治无他途可走。进而提出地方自治应具备的要素:从研究卫生学入手消除缠足之弊,从体育入手强身健体,由坚固之体质而后有活泼进取之精神。⑦ 这种论说虽然只是从表面现象来解释地方自治,但却是当时中国积弱的一个原因。1904年11月12日《时报》载《论个人生计与地方自治之关系》一文,则认为"救中国莫先于地方自治,而欲地方自治莫先于个人自治者,……而个人自治莫先于人人皆有一业以自营"。因此,解决问题起点应是:资本家出资创办

---

① 《立宪私议》,《东方杂志》1905年第2卷第10号,第165—169页。
② 《立宪私议》和《中国未立宪以前当以法律遍教国民论》,《东方杂志》1905年第2卷第11号,第217—225页。
③ 《论立宪与教育之关系》,《东方杂志》1905年第2卷第11号,第243—249页。
④ 《论国家于未立宪之前有可以行必宜行之要政》,《中外日报》,1905年9月20日。
⑤ 《论立宪当以地方自治为基础》,《南方报》,1905年9月21日。
⑥ 汪太贤:《晚清地方自治思想的萌生与演变——从鸦片战争至预备立宪前夕》,武汉大学2004年博士学位论文,第99页。
⑦ 《地方自治政论》,《东方杂志》1904年第1卷第9号,第109—110页。

铁道、汽船、矿山之事业及工商农业各种公司,以使更多的劳动者可以谋得生计,并促进社会财富的成长。① 其之所以从民生入手阐释实现地方自治的条件,正是因为看到了当时中国国乏民困的现状。1905年5月30日《同文沪报》之《论中国个人之不能自治》一文先承认中国图强的路径仅有自治一途,而对国人能否自治提出几点忧虑:爱国心薄弱、公共心之缺乏、无尚武之精神、无实业之知识等。至于解决这些问题的办法则是:"更新宗旨、普及教育,广设良好学校,以良好教育灌输社会,发达其爱国心,使知种族存亡之关系,策励其公共心,使知一群分合之利害,振起国民之精神,使有对外之气魄,开发科学之知识,使有自治之实力",等等。② 1905年9月21日《南方报》之《论立宪当以地方自治为基础》一文则指出中国立宪当以地方自治为基础,而建立此一基础的办法则是由朝廷"公布明诏,责成各直省大小府厅州县官,行投票法,公举该地方绅士一二人,赏以职衔,凡有公益于该地方之事,集民公议,由该地方官予以办事之权,责成兴办;其办事之款,则由民间公出,获利则公享。如此,则民间自然舍利而图公益,自然视一乡一邑之事如一家之事,微特可救当时之种种弊端,而且可为下议院之影响,他日宪法宣布,由迩及远,由卑达高,其势易行,而其效亦著矣"③。

由民权、立宪而地方自治,从这一政治思潮发展的逻辑过程来看,地方自治的倡导者主要应该是立宪派人士。④

(二)江苏省立宪派与地方自治

什么是立宪派?当前主要有两种流行的观点,一种认为"清末立宪派是民族资产阶级上层的政治代表"⑤。一种认为,就立宪派的身份背景

---

① 《论个人生计与地方自治之关系》,《东方杂志》1904年第1卷第12号,第299—300页。
② 《论中国个人之不能自治》,《东方杂志》1905年第2卷第6号,第123—126页。
③ 《论立宪当以地方自治为基础》,《东方杂志》1905年第2卷第12号,第216—218页。
④ 革命派以推翻清王朝为职志,对于地方自治特别是清政府所号召的地方自治兴趣不大。
⑤ 林增平:《林增平文存》,中华书局2006年版,第211页。

看,其"不是资产阶级,而是绅士"①。笔者认为,这种以阶级划分来定义立宪派的方式存在很大的缺陷,因为随着清末士绅阶层的严重分化,资产阶级与绅士并不是两个可以截然分开的群体,如那些创办实业的民族资产阶级,以及具有先进思想的新型知识分子,亦可以称之为绅士。所以,立宪派往往具有极为复杂的复合身份。因此,判断其是否为立宪派,最简单的方法应该是以是否支持立宪为根本标准,而不必纠结于阶级属性的问题。下文选择参加政闻社、预备立宪公会、上海宪政研究会的部分江苏籍人士加以分析。

表 3-1 江苏著名立宪派人士统计

名称\项目	籍贯	教育背景	在清末宪政改革中的活动	备注
张 謇	海门	进士	参加预备立宪公会	咨议局议长
马 良	丹阳	上海徐汇公学毕业	参加政闻社与上海宪政研究会	咨议局常驻议员
张君劢	宝山	曾留学日本、德国	参加政闻社	
狄葆贤	溧阳	有在日本的经历	参加政闻社	咨议局议员
雷 奋	华亭	曾留学日本	参加政闻设、预备立宪公会、上海宪政研究会	咨议局议员,资政院议员
陆 定	华亭		参加政闻社	
戴 彬			参加政闻社	
钟福唐			参加政闻社	
许鼎霖	赣榆	举人	参加预备立宪公会	咨议局议员
周廷弼	无锡	买办	参加预备立宪公会	资政院议员
孟 森	武进	少年时制艺应举,后留学日本	参加预备立宪公会	咨议局议员、武阳县城议事会议长

---

① 迟云飞:《重新审视晚清立宪派》,《光明日报》,2002年9月11日。

续表

名称\项目	籍贯	教育背景	在清末宪政改革中的活动	备注
孟昭常	武进		参加预备立宪公会	资政院议员
杨廷栋	苏州	举人,曾留学日本	参加预备立宪公会	咨议局常驻议员

资料来源:王树槐:《中国现代化的区域研究:江苏省,1860—1916》,"中央研究院"近代史研究所1984年版,第143—151页。张玉法:《清季的立宪团体》,"中央研究院"近代史研究所1975年版。

  通过表3-1很容易发现如下问题:就籍贯来看,这些立宪派成员以苏南人为主,苏北仅有两人(除未知者之外),可见苏南、苏北之差距。就其活动来看,大部分人都参加过当时比较有名的立宪派团体;并且,相当一部人曾有担任咨议局或资政院议员的经历。他们对地方自治一直抱着异常关注的态度,如1901年,张謇在《变法平议》中,建议设置府县会,以有家资或有品望者有选举权与被选举权,以得票多者为会员,"此则尚有点地方自治的含义在内"①。1908年初,政闻社设置总部于上海,其政纲中有"确立地方自治,正中央地方权限"的说法,②其目的更在于"实行国会制,司法独立,地方自治等"③。1906年10月24日,上海宪政研究会成立,出版《宪政杂志》,多有关于地方自治的研究。1906年11月1日,预备立宪公会成立,在缓进与急进的争辩中,张謇主张:"立宪大本在政府,人民则宜各任实业、教育,为自治基础;与其多言,不如人人实行,得尺则尺,得寸则寸。"④预备立宪公会的中心工作是筹备立宪事宜,尤其关注咨议局与地方自治事业。如"宣统元年筹办城镇乡地方自治,该会将孟昭常所编《城镇乡地方自治宣讲书》印送各省,各省督抚亦订购此书,

---

① 王树槐:《中国现代化的区域研究:江苏省,1860—1916》,"中央研究院"近代史研究所1984年版,第144页。
② 张玉法:《清季的立宪团体》,"中央研究院"近代史研究所1971年版,第349页。
③ 王树槐:《中国现代化的区域研究:江苏省,1860—1916》,"中央研究院"近代史研究所1984年版,第145页。
④ 同上书,第145—146页。

饬发所属应用;该会并将该书呈请民政部立案通行"。又"开办法政讲习所,以训练人才,……分一年班与半年班两组,……半年班注重地方自治应有之学识"①。

由此可见,立宪派对于地方自治是相当关注的,他们不但注重研究与宣传,还积极付诸实践,如张謇在南通自治中就有杰出表现,这一点在下文将有详细交代,此处暂不赘述。在现实生活中,除了立宪派的积极行动,各地还有不少士绅积极倡导地方自治,他们获取自治知识的渠道,除了舆论宣传,更多地是在江苏各地建立地方自治专门研究团体(如表3-2)。与立宪派的领导人物相比,他们更加注重地方自治的研究与自治人才的培养,张玉法先生称之为"士绅阶层的觉醒"。

表3-2 清末江苏地方自治团体

名称	地点	成立时间	主持人	宗旨及活动
地方自治研究会	上海	光绪三十二年	雷奋	研究地方自治
法政研究会	扬州	同上	卢晋思、郑宝慈	研究政法,预备地方自治
地方自治会	昭文	同上		研究并促进地方自治
地方自治会	常熟	同上		同上
自治会	扬州	光绪三十三年	徐联芳	同上
地方自治研究会	宝山	同上	潘鸿鼎	同上
自治期成会	武进	同上		同上
自治期成会	青浦	光绪三十四年		养成自治人才,促进地方自治
自治研究所	镇江	宣统元年	胡味青、李崇甫	附设自治宣讲所

资料来源:张玉法《清季的立宪团体》,"中央研究院"近代史研究所民国1975年版,第91—96页。

随着地方自治研究与宣传的增多,士绅们对地方自治的向往之情更

---

① 张玉法:《清季的立宪团体》,"中央研究院"近代史研究所1971年版,第369—370页。

加热烈。1907年清廷发出上谕,允许在部分省份先行试办地方自治。1908年,清廷公布九年预备立宪大纲,允诺七年内完成地方自治,为立宪打下基础。正是在这样的大背景下,江苏开始试办地方自治,而上海一度成为全国的楷模。江苏地方自治之基本模式有二:一为"官督绅办",一为"官为主导,绅为主体"。前一种以上海县城厢内外总工程局的创办为起点,后一种则是《城镇乡地方自治章程》颁布之后的事情。

第二节 江苏民间地方自治的创办

相对于旧体制的革除而言,新体制的创建更加引人注目,而此时最为典型的则是在民权、立宪、自治思潮勃兴的情形下,江苏率先在地方上进行自治的实验。

一、上海县城厢内外总工程局及其他

促使各地试办自治的动力主要有二:其一是西方近代政治思潮对中国社会的巨大影响,这一点在前文已经论及,不再赘述。其二是中国内部官绅们的一再督促,如1906年,南书房翰林吴士鉴、出使俄国大臣胡惟德先后奏请推行地方自治。清廷因对立宪抱有极大期望,因对地方自治亦发生兴趣。1907年8月,清廷谕民政部妥拟地方自治章程,"非教育普及,则民智何由启发,非地方自治,则人才无从历练,至教育宗旨,必以忠君爱国,屏除邪说为归,自治法规,必以选举贤能,力谋公益为主,……著民政部妥拟自治章程,请旨饬下各省督抚,择地依次试办,并由该部随时切实稽查,立为考成"[①]。1908年,清廷公布预备立宪大纲,其中对地

[①] 沈云龙主编:《光绪政要》,近代中国史料丛刊,第三十五辑,文海出版社1989年印行,第2476页。

方自治制订了明确的推行计划。① 这一系列的行动无疑激发了各地试办自治的热情。

上海地处于东西之汇,西方政治思潮的影响最为明显,行动亦最早。王树槐先生指出:"自治的筹备,以上海最先,光绪三十一年(1905)8月1日各绅集议,选举董事,创办自治。"②是为上海城厢内外总工程局之设。总工程局不但在江苏省,而且在全国亦居于领先地位,"我国举办地方自治,以上海为最先"③。至于该局成立的原因,总工程局领袖总董李平书曾如是说:"是年夏间,城中绅士以马路工程局官办腐败,请改绅办,以试行地方自治。八月行选举法,采取东西国市町制度,立代议、执行两机关,而以上海道为监督。是年十月,遂有总工程局之设。"④

上海城厢内外总工程局属于上海南市的自治机构,⑤其前身系设于1897年的南市马路工程善后局。1905年,上海著名士绅郭怀珠、李平书等呈请苏松太道袁树勋,请求开办上海县自治,得到袁树勋的支持。10月16日,袁任命李平书为领袖总董,莫锡纶、郁怀智等为办事总董,姚文楠等22人为议事经董。1906年2月11日,两江总督和江苏巡抚正式批

---

① 第一年,颁布城镇乡地方自治章程。民政部、宪政编查馆同办。第二年,筹办城镇乡地方自治,设立自治研究所。民政部、各省督抚同办。颁布厅州县地方自治章程,民政部、宪政编查馆同办。第三年,续办城镇乡地方自治。民政部、各省督抚同办。筹办厅州县地方自治。民政部、各省督抚同办。第四年,续办城镇乡、厅州县地方自治。民政部、各省督抚同办。第五年,城镇乡地方自治,限年内粗具规模。民政部、各省督抚同办。续办厅州县地方自治。民政部、各省督抚同办。第六年,城镇乡地方自治一律成立。厅州县地方自治限年内粗具规模。民政部、各省督抚同办。第七年,厅州县地方自治一律成立。民政部、各省督抚同办。故宫博物院明清档案部编:《清末筹备立宪档案史料》,中华书局出版1979年版,第61—66页。
② 王树槐:《中国现代化的区域研究:江苏省,1860—1916》,"中央研究院"近代史研究所1984年版,第198—199页。
③ 《上海地方自治之经过及现状》,《地方自治》1922年第2期。
④ 记者:《介绍李平书先生三篇著作》,《新上海》1925年第6期,第15页。
⑤ 闸北的自治机构则是1906年所设上海北市马路工巡捐总局(1907年改为上海市巡警总局),浦东的则是浦东塘工善后局,该自治机构亦设于1906年,此处以上海南市的自治机构为主要分析对象。

准设立上海县城厢内外总工程局。① 对于其成立的概况,在《上海地方自治之经过及现状》一文中有更为详细的介绍:"清光绪三十一年,岁乙巳,上海东南大埠之开通者,聚议自治救国。会苏松太道袁树勋深韪其议,而力赞之,照会各绅开会集议,拟章送核,爰于七月十二日在学宫明伦堂开会,议定大旨,十九、二十六两日开两次会议,举定代表送道。选定李钟珏为总工程局领袖总董,莫锡纶、郁怀智、曾铸、朱佩珍为办事总董,莫、郁两董常川驻局,曾、朱两董常川到局,姚文楠等三十三人为议董,即经分别通知,公订办理,总工程局简明章程二十条,呈请上详立案。旋议会成立,公举姚文楠为议长,拟订总工程局总章及议会章程,附设裁判所,公推孙乃洛为正裁判官,陈仁琅为副裁判官。"②

上海县城厢内外总工程局的建立,对上海南市的地方事业产生积极的推动作用,其在道路、交通、学校、社会保障等方面做出的贡献最为突出。③ 正因如此,两江总督端方通令江苏各县试办。结果,武进、阳湖、扬州、常熟、苏州、宝山、青浦、昭文等十数处设立局会筹办自治。④ 在这些较早进行地方自治实验的地方,除上海之外,以江宁、苏州、南通等地最为典型。"江宁、苏州、南通,于光绪三十二年设立法政学堂或讲习会。吴县木渎镇亦于是年设局,并设法政讲习所,培养人才。"⑤

1907 年十二月,两江总督端方、江北提督王士珍联名上奏,对江宁试办地方自治的情形进行详细陈奏,二人称:江苏试办地方自治系仿照天津,先在省会设自治局,以官力提倡,以谋求预备之法,然后次第实施。根据此一程序,江苏省首先在江宁省城设立筹办地方自治总局,委派调

---

① 周松青:《上海地方自治研究:1905—1927》,上海社会科学院出版社 2005 年版,第 44 页。
② 《上海地方自治之经过及现状》,《地方自治》1922 年第 2 期,第 1 页。
③ 参见周松青:《上海地方自治研究:1905—1927》,上海社会科学院出版社 2005 年版,第 67—73 页。
④ "教育部"主编:《中华民国建国史》(第二篇),"国立编译馆"1987 年版,第 752 页。
⑤ 王树槐:《中国现代化的区域研究:江苏省,1860—1916》,"中央研究院"近代史研究所 1984 年版,第 199 页。

补奉锦山、海道朱恩绂、盐巡道荣恒、浙江补用道宗舜年、署江宁府知府许星璧为局长。前浙江候补知府伍元芝、七品小京官善溥、署上元县知县田宝荣、署江宁县知县龙曜枢、候补知县罗良鉴为参事。并拟订开办简章,分设法制、调查、文牍、庶务四课。在总局之内又附设自治研究所及实地调查所等作为预备之始。先征集江宁一府的士绅入所授课,再次及于其他府县。调查所作为实行之始,先从上元、江宁两县试办,而次及其他府县。通过宣讲,使民众初步了解自治的含义,然后划定区域,实施选举。选举完毕,再次第组织议事会与董事会。至于试办地方自治的经费,本应由地方公众担任,只因"目前局由官立,性质既微有不同,且就地筹款,亦非自治规模大备,未能遽责以义务。现在该局逐月支销之款,暂饬财政局垫拨,地方筹款有着,再议归偿"①。根据端方、王士珍的陈述,在江宁地方自治总局的筹设过程中,官办色彩极为浓厚,士绅参与相对有限。

作为江苏省另外一个政治中心——苏州,因距上海最近,交通便利,受自治思潮的影响比江宁深刻,地方自治试办情形亦比较符合自治精神。1907年9月,苏州成立了苏省地方自治调查研究会,该社会团体后来与官方合作,于1908年扩充并改名为苏省自治局,内附设自治研究所。同年年初,苏州官绅又为筹设江苏省咨议局,在沧浪亭设立咨议局筹办处。该处除同城之抚藩府县各级长官外,约有绅士72人。② 明显增加了在野地方精英的权重。1908年五月,两江总督端方与江苏巡抚陈启泰联名陈奏,"自奉预备立宪之谕旨,群情鼓舞,望治孔殷"。与江宁不同的是,苏州同时设立咨议局与自治局两局。"均以藩、学、臬三司经理局务,札委江苏候补道王仁东、苏州知府何刚德充两局局长,又委候补知府

---

① 故宫博物院明清档案部编:《清末筹备立宪档案史料》,中华书局出版1979年版,第722—723页。缪荃孙等撰修:《江苏省通志稿(3)》,江苏古籍出版社2001年版,第20页。
② 叶昌炽:《缘督庐日记》,戊申正月十五日;戊申正月十七日。转引自张海林:《晚清苏州地方自治略论》,《江苏社会科学》2000年第3期,第140页。

陆懋勋、长洲县知县宗能述、元和县知县魏诗诠、吴县知县金元烺，同为该两局参事，并照会省绅前翰林院侍讲学士邹福保为自治局局长，其余课员以下，由总理会同局长，遴选娴习法理官绅，分别委用。"其仍然在苏州首县长洲、元和、吴县先行试办，并刊发木质关防，酌拟简章等。陈启泰对自治、咨议两局的创办十分上心，据奏折所称："自开局以来，每值星期，臣启泰必亲诣该两局，督总理、局长、参事诸员，邀集苏绅王同愈、江衡、蒋炳章、潘祖谦、尤先甲、陶治元、孔昭晋、张履谦、吴韶生、石祖芬、程增瑞、吴本善等，将自治、咨议两项应行事宜，详加讨论。"至于两局的办事经费，先由藩库分别筹拨。自治局的用费，等地方筹有款项，再议归还。咨议局的用费，则请作为正开销。并规定如果苏州府外的州县有绅士请设自治会者，亦会得到批准，但地方官应妥为监督，以防止产生流弊。等省城办有成效，自治章程颁到之后，再行次第推广。① 与江宁地方自治相比，苏州明显突出了地方士绅的作用，但其仍然处于行政官厅的严密监督之下。

南通地方自治的创办与张謇有莫大的关系。张謇认为，推行地方自治，必须先有推行地方自治的人才；并明确全县境界四至，以及人口数目等。"乃于光绪三十二年，设立法政讲习所以储备人才，于师范学校设测绘特班以培育测量人才。"② 至于经费来源则主要来自地方上的筹募，"或绅民解囊，或移拨公产，或捐自地方物产之货厘"等。③ 虽然经费支绌是南通地方自治的最大困难，但张謇仍然独力支撑，使南通地方自治在清末民初成为一个重要的典范。

除了江宁、苏州、南通等地，江苏还有不少地方积极试办地方自治，据王树槐统计，"(光绪)三十三年设立自治局者有嘉定、太仓、镇江、宝山

---

① 缪荃孙等撰修：《江苏省通志稿(3)》，江苏古籍出版社2001年版，第22页。
② 陆宝千：《论张謇与南通之近代化》，"中央研究院"近代史研究所编《近代中国区域史研讨会论文集》(下册)，1986年12月，第620—621页。
③ 沈云龙主编：《张季子(謇)九录·自治录》，文海出版社1983年印行，第1822页。

(并设自治研究所)、江宁(设自治研究所及调查所)、赣榆(设政治研究所)、扬州、常熟昭文、吴县(并设自治研究所)。光绪三十四年设立者有武进阳湖(设地方自治期成会,并设自治研究所)、宜兴荆溪(并设自治研究会)、南汇(设地方自治期成会)、青浦(设自治期成会及法政讲习所)、镇江(设法政讲习所)等。① 从此一统计可以看到苏北严重落后于苏南的情形。

总体上看,此时江苏地方自治的试办颇有成绩,地方士绅能够积极参与其间,并起到主导的作用,具备近代地方自治的某些特征。但是,在地方自治试办阶段,因受行政官厅以及"绅治"传统的影响,导致此时中国的地方自治与近代西方地方自治仍然不可同日而语,因此,称之为"官督绅办"更为贴切。

以上是对前此一段时间江苏民间试办地方自治的简单梳理,下面则对地方自治之官督绅办的性质及成效做进一步深入的分析。

二、地方自治之官督绅办的性质及成效

把清末地方自治章程出台之前江苏试办地方自治阶段称之为"官督绅办",并非空穴来风。首先以上海城厢内外总工程局为例,在上海城厢内外总工程局酝酿及成立的过程中,曾先后出台两个重要章程,第一个是《上海县城厢内外总工程局章程》(1905年10月,下文简称《章程》),另一个则是《上海县城厢内外总工程局简明章程》(1906年2月,下文简称《简明章程》)。根据章程出台的时间推测,第一个章程应该出台于上海绅商呈请设立工程局之时,由上海地方士绅起草;第二个章程则是经过官厅审核之后而正式批准的章程。

就地方士绅所定《上海县城厢内外总工程局章程》看,不但明确规定

---

① 王树槐:《中国现代化的区域研究:江苏省,1860—1916》,"中央研究院"近代史研究所1984年版,第199页。

工程局以上海知县为督办,接受上海县知县的指导监督;而且还有"工程局原系官督绅办"的文字,说明其官督绅办的性质。但是地方士绅的权限较为突出,如规定:第一,局中主要人员都是由选举产生,如总董、帮董、会议董事等。第二,严格限制官厅在工程局中的作用,将其限定在监督与指导的地位,甚至更小,如《章程》尽量扩大总董的权限而限制督办的权限:"总董权限,主一切应兴应革之事,会商督办,经督办认可者,即由总董办理,督办不得掣肘,如督办不认可,而事关重大,势在必行者,邀集会议董事,共决可否,其有会议董事不能决者,开特别大会公共决议。"这样就在法律条文上把行政官厅的分量降到最低。第三,就所办事务来看,主要有清查地亩、开筑马路、整理河渠、推广警察、考求工程、派员发审等,有些权限原属行政官厅,现在地方士绅亦积极要求分享,特别是在派员发审一项,"工程局原系官督绅办,然县主政务殷繁,若事务大小,概行送县,必有日不暇给之势,应请特派工程局发审委员,州县一员,佐贰一员,凡警察分局案件,概送工程局发审委员讯问,可了者即了,案情稍重者,仍送县究办;乙、发审委员宜由地方会议公举指名请派,州县薪水与总董同,佐贰与帮董同,若办事判讼不孚与舆论,随时由总董帮董开会公议禀道撤换"①。这表明地方士绅追求更高自治的欲望。

至《简明章程》颁布,工程局的权力明显降低,如其明确规定,"本局尊奉苏松太道照会设立,为整顿地方一切之事,助官司之不及与民生之大利,分议事、办事两大纲,以立地方自治之基础",这在《章程》中并未规定,因此可以看到《简明章程》更加突出行政官厅的因素。另外,《简明章程》还有几处进一步凸显行政官厅的作用,如在"设局总纲"中,规定"本局奉苏松太道照会接办南市马路电灯以及城厢内外警察一切事宜,所有应行兴办各事见后开办事条件;本局设办事总董五人,内一人为领袖,设议事经董三十三人,内一人为议长,均由地方公举呈请苏松太道核准;本

---

① 《上海县城厢内外总工程局章程》,《东方杂志》1905年第2卷第10号。

局由苏松太道详准颁发钤记,以昭信守,文曰上海城厢内外总工程局钤记"。在"任事权限"中则规定:"本局应办各事经议事经董议决后,即由办事总董施行,其应关白上海县知县者,由领袖总董随时关白,倘遇重要事务,应陈明苏松太道者,亦由领袖总董陈明施行"等。相比较而言,在《章程》中,则仅仅规定"工程局以上海知县为督办,不另派委员"而已。①

由此可见,经过官方审核之后的《简明章程》明显增加了行政官厅的因素。对于这一变化应该以辩证的目光去认识:《简明章程》突出行政官厅的因素,这是其保守性的一种表现,但是其规定更加严密,是为工程局将来之行动提供了坚实的合法性。另外,虽然行政官厅审定后的《简明章程》使上海县自治的"官治"味道变浓,但却不可否认地方士绅在上海县自治中仍然起到主导的作用,这一点从总工程局的人员组成可窥一斑:

表3-3 上海县城厢内外总工程局董事出身统计

出身	第一届		第二届	
	人数	占比(%)	人数	占比(%)
传统功名	2	40	2	40
商界领袖	3	60	3	60
共计	5	100	5	100

材料来源:周松青《上海地方自治研究》,上海社会科学院出版社2005年版,第88页。第一届系光绪三十一年十一月—三十四年十月;第二届系光绪三十四年十月—宣统元年十月。

表3-4 上海县城厢内外总工程局议董议员出身统计

出身	第一届		第二届	
	人数	占比(%)	人数	占比(%)
传统功名	11	33.33	13	39.39
留日			1	3.03

① 参见《上海县城厢内外总工程局章程》,《东方杂志》1905年第2卷第10号;《上海县城厢内外总工程局简明章程》,《东方杂志》1906年第3卷第1号。

续表

出身	第一届		第二届	
	人数	占比(%)	人数	占比(%)
商界领袖	12	36.37	10	30.30
未知	10	30.30	9	27.27
共计	33	100	33	100

材料来源:周松青《上海地方自治研究》,上海社会科学院出版社2005年版,第88页。

通过以上两个表格可以看出,总工程局的领导非绅即商;在议董议员中,也是以商界人士与地方士绅为主。虽然第一届议员议董未知留日的具体人数,但比较第二届可知,其必不会占多大比重。这些数据表明,绅商(或绅与商)在上海总工程局创办过程中,起着主导作用;新型知识分子虽然以最新的面貌出现,但仍处于从属地位。

另外,根据总工程局创建的过程可以看到,其是官方应上海绅商的呼吁而建立的,这正好符合清廷预备立宪的宗旨,故而形成一个好的开始,可以说上海县城厢内外总工程局是在官厅指导监督下,以绅办为主的地方自治机关。这一定性亦得到大部分研究者的赞同,有学者指出"上海的地方自治,主要为士绅所推动,而获得地方官的允准,以及商人阶级的支持"①。亦有学者认为:"上海地方自治起于民间的呼声和诉求,通过士绅阶层自下的运动,得到民众的广泛支持,形成一股声势较大的自治思潮。这股思潮后来得到官方的回应,从而使下层的诉求与上层的支持合为一流,成为中国地方政治改革的先声。"②

总之,从上海总工程局的章程、人员组成、及其与官厅的关系来看,其无疑是属于官督绅办的性质。但是在创办及存在的过程中,官厅并未过度干预,使其能够充分发挥自治的精神。同时应该指出,上海县的地方自治并不是严格意义上的近代地方自治,除行政官厅对总工程局的直

---

① "教育部"主编:《中华民国建国史》(第二篇),"国立编译馆"1987年版,第752页。
② 周松青:《上海地方自治研究:1905—1927》,上海社会科学院出版社2005年版,第102页。

接影响之外,其职员亦不是通过严格的民主程序选举产生;另外对地方事务的表决权也主要掌握在部分地方精英手中。在周松青博士的研究中亦表述了相同的看法。① 总而言之,上海县的地方自治虽然引进了某些近代西方地方自治的因素,但仍然处于行政官厅的严密监督之下,缺乏独立的人格。

再就江宁、苏州、南通等地的地方自治来看,江宁所办地方自治官味最浓,从自治总局局长到参事,基本是以现任官员为主,只是在附设的地方自治研究所中,才"征选各州县之士绅为学员,研究地方自治法理"而已;② 苏州则有明显的改观,虽然自治、咨议两局局长与参事是以现职官员为主,但其同时规定"照会省绅前翰林院侍讲学士邹福保为自治局局长。其余课员以下,由总理会同局长,遴选娴习法理官绅,分别委用"。同时,苏州巡抚陈启泰还常常邀集苏州士绅共同商讨两局的应行事宜,这无疑给地方士绅的参与提供了更大的空间。南通试办的地方自治比较特殊,其多借助于张謇个人的力量来推行。马敏教授指出:"从19世纪末到20世纪初,张謇以极大的气魄和极坚韧的精神,从实业、教育、水利、交通、慈善、公益诸方面着手,在南通经营地方自治凡20余年,终于把南通从一个经济落后、交通不便、风气闭塞的小县城建设成为一个经济繁荣、民生富足、文化发达的'模范县',一个'新世界雏形'"。③ 但也有研究者认为,其带有更加浓厚的传统绅治色彩,不可避免人亡政息的悲剧。因此,南通的地方自治称之为绅治似乎更加合理。

自治职员的成分与产生是衡量地方自治性质的重要标准之一,而地方自治经费的来源则是另外一个重要指标,往往影响地方自治的性质。上海地方自治的领导者主要是当地著名绅商,其以雄厚的资金为后盾,

---

① 周松青:《上海地方自治研究:1905—1927》,上海社会科学院出版社2005年版,第286页。
② 柳诒徵:《首都志》,成文出版社1983年版,第587页。
③ 马敏:《营造一个和谐发展的地方社会——张謇经营南通的启迪》,《华中科技大学学报(人文社会科学版)》2006年第2期,第41页。

不存在太大的经费困难,因此,拥有更多的自治权。江宁、苏州因为经费来自官厅的借拨,亦不存在多大的困难,如江宁,"由财政局先行垫付银三千两为开办经费,不敷之款,随时禀由本堂饬局垫付"①。但是,因经费来源官厅,办事时就不得不受制于官厅,独立人格大打折扣。在南通试办地方自治的过程中,因为经费主要筹自地方,不免困难重重。根据1907年张謇的预算,当年通州地方筹设公立民立学校五十五所,常年支款多至八万三千余元,这部分资金正在设法通过地方筹募。然而还有三万余元的自治基本金无从解决。② 因而不得不求助于地方官厅。因此,地方自治经费问题实质成为行政官厅监督限制地方自治的有力工具。

性质如此,其成效如何呢?

仍然先看总工程局,上海县城厢内外总工程局成立之后,其"接收电灯厂,改旧有巡勇为巡士,裁印捕,撤水巡,接收十六铺南北中三局,开放警察,编订门牌,接收月捐"等,同时,把主要精力放在改造上海的交通、道路、教育、社会保障等传统绅治事务上,并先后开筑和翻修道路 56 条,改造桥梁 46 座,开辟城门 3 座,疏浚河道 9 条,筑造码头 4 个,驳岸 7 个;增设 7 所小学校,除 1 所公立外都为私立;创设医学研究所(在总工程局的支持下,后扩大为中西医院,平价售米使上海平安度过了光绪三十二年的全国大灾荒等。"至宣统元年十二月,实施改组,选举告竣,改为上海城自治公所矣。"③可以说,在总工程局存续的四年里,成绩斐然。

就南通而言,初期试办地方自治亦颇有成绩,根据张謇对 1908 年之前南通地方自治成绩的统计可见一斑:学务方面,1901 年即设初级师范学校,1903 年设初等小学校,1905 年设高等小学校,1909 年设中学校女师范学校;以 1908 年为界,已创办之初等男女小学校 70 处,男女高等小学校 4 处,师范 3 处,中学 1 处;其余关于学务者,还设立教育会、劝学所、

---

① 柳诒征:《首都志》,成文出版社 1983 年版,第 586 页。
② 沈云龙主编:《张季子(謇)九录·政闻录》,文海出版社 1983 年印行,第 1821—1823 页。
③ 《上海地方自治之经过及现状》,《地方自治》1922 年第 2 期,第 1 页。

宣讲所、博物苑、阅报社等；蒙养院则正在筹办之中。卫生方面，已设立公园戒烟会、施药局等，正在筹办者为城厢之改良厕所、清洁道路、清除污秽等。道路工程方面，已建成者为城镇路灯，而就地筹办者为建筑桥梁、疏通沟渠等。农工商务方面，已建成者为三五工艺厂、州城整理商业，正在开办者为开设市场、筹办水利、改良种植等。善举方面，已成立者为恤嫠、保节、育婴、义仓、积谷、救火会、义棺、义冢等，正在筹办者为保存古迹等。因经费有限，还有不少自治事业未及展开，如电车、电灯、自来水等。① 其他地方因资料缺乏，无从考证。

总之，在江苏民间试办地方自治的过程中，上海最具近代意味，苏州次之，江宁最差，南通因为张謇的主导作用而别具一格，绅治味道最浓。对于官督一项，四个地方仅存在程度差别，因此称之为"官督绅办"并无不妥。这种官督绅办的地方自治既有别于我国传统的绅治，亦有别于近代西方的地方自治，实质是传统与现代的结合。传统的部分是士绅继续在国家与基层社会之间扮演一种缓冲的角色，如总工程局之设，主要是因为南市马路工程善后局过于腐败，而改善这一不良形象的方法，则莫如由地方上自办，如此不但可以改良行政官厅的形象，也可以维护地方上的利益，可谓两全其美；现代的部分则是对西方民主程序的引进，如其通过推举或选举的方式组成议决与执行机关，显示出一定范围内有限民主的精神。另外，江苏省地方自治的实验还带有国家失序时期地方秩序自我重建的色彩，地方士绅希望通过引进近代西方政治体制来完成对基层社会秩序的重新构建。马小泉经研究后指出："由于社会日趋分化，离心倾向日增，'清廷之威信已扫地无余'，越来越多的有识之士，尤其是资产阶级立宪党人，均把励精图治的希望寄托于地方政治改革。"②事实证明，地方自治引介的过程，亦是绅权不断扩张的过程，这一扩张显示了民

---

① 沈云龙主编：《张季子（謇）九录·政闻录》，文海出版社1983年印行，第1816—1818页。
② 马小泉：《地方自治：晚清新式绅商的公民意识与政治参与》，《天津社会科学》1997年第4期，第106页。

间社会力量的成长,标志着第三领域的社会化倾向。当这种扩张与清王朝控制、整合基层社会的目标相冲突时,被行政官厅主导的地方自治取而代之,也就成为必然。

第三节 政府主导下江苏地方自治的筹办

在地方自治为立宪之始基的呼声中,清政府相继颁布《城镇乡地方自治章程》《府厅州县地方自治章程》等自治法令,由中央政府颁布统一之自治法令,表面上是清廷应和时代潮流,而实质却是清廷欲借地方自治以整合基层社会的开始。因为中国疆域辽阔,各地情形迥异,统一的自治法令有悖于因地制宜的自治要求,因此,此一行动适暴露清廷借机将地方纳入体制内的目的。不久,辛亥革命爆发,清王朝并没有获得多少转圜的机会,便被丢进历史的故纸堆。随着清王朝的覆灭,其所颁布的自治法令也被废除,成为陪葬品。在此一阶段,江苏省地方自治虽经历了一个轰轰烈烈的过程,但多筹备,而少实践,行政官厅介入过多,地方精英矛盾重重,为江苏地方自治的推行蒙上了挥之不去的阴影。时人指出,"自治本以救官治之穷,而今则一若自治统于官治者然。官曰左则左之,官曰右则右之,有监督之责,有黜陟之权,是官治之外,而特设一骈拇枝指之自治,以累民矣。揆之各国,尊重自治之本意,夫岂其然"[①]。此一点亦遭到后人的诟病。

一、江苏地方自治的筹办

(一)苏省咨议局与地方自治

在清末地方自治推行的过程中,省一级虽然并未划入自治范围,但是省一级之议决机关——咨议局,却与地方自治有着极为密切的关系。

---

① 《清谈》,《申报》,1911年4月16日。

在《城镇乡地方自治章程》中我们可以找到法律依据,如《城镇乡地方自治章程》第四十二条规定:"议事会于城镇乡董事会或乡董所定执行办法,视为逾越权限,或违背律例章程,或妨碍公益者,得声明缘由,止其执行。若城镇乡董事会或乡董坚持不改,得移交府厅州县议事会公断。若于府厅州县议事会之公断有不服时,得呈地方官核断。如再不服,由地方官申请督抚交咨议局公断。"①董事会亦然。由此可见,咨议局对地方自治组织之间的争议,有最终的公断权。

事实证明,江苏省地方自治与咨议局在筹备之初便建立了密切的关系。首先表现在自治筹备期间机构的交叉重叠上。清末江苏地方自治是分苏属、宁属分别展开的,苏属包括苏州、松江、常州、镇江、太仓等四府一州,主要指江南地区;宁属则包括江宁、扬州、徐州、淮安、通州、海州、海门等四府二州一厅,主要指江北地区。两属自治筹备机构沿革过程大致如下:宁属在1907年设立筹办地方自治总局,以创办自治研究所为首务;1908年又在筹办地方自治总局内附设咨议局②。苏属于1907年在苏州城设立苏省地方自治调查研究会,1908年扩大为苏省自治局(内附自治研究所),并设咨议局(此咨议局与宁属同,亦属自办性质,后改为咨议局筹办处③、内附设地方自治筹办处),1909年,苏属将所设咨议局筹办处归并江宁,共同筹办江苏省咨议局④。苏属将自治局裁撤,与原咨议局筹办处之一部合并,改称苏属地方自治筹办处。⑤亦即是说,1909年之后,宁属地方自治筹备总机关为筹办地方自治总局、苏属地方自治筹备总机关为苏属地方自治筹办处。由咨议局与地方自治机关之

---

① 《清末筹备立宪档案史料(下册)》,中华书局1979年版,第733页。
② 此咨议局是苏省在清廷之《咨议局章程》颁布前自行开办的,清廷《咨议局章程》颁布后,改称咨议局筹办处,重新按章筹办。
③ 江苏苏属地方自治筹办处编:《江苏自治公报类编》,卷七至卷八,文海出版社1989年发行,第323页。
④ 后来因为议员分配名额问题又有分办之议,显示了宁属与苏属的矛盾。
⑤ 《苏抚电请另设苏属自治筹办处》,《申报》,1909年6月8日。

沿革可见两者关系之密切。

其次,从自治筹备机构人员组成亦可以看到咨议局与地方自治关系之密切,原来筹备咨议局之部分人员,在咨议局议员复选举完毕后,转入地方自治的筹办工作。如苏属地方自治筹办处之"提调以下办事人员,由总会办等就原设之自治总局及咨议筹办处各员内遴委,用此次自治筹办处人员"①。

再次,在苏省咨议局运行过程中,其对地方自治之推行更是倍加关注。在1909年苏省咨议局常年会中,议员侯瀛、雷奋、谢源深等相继提出有关自治经费的议案。② 于定一、钱一振提出苏属筹办城镇乡自治缩短时间的理由及日期表。③ 清查荒地一案,更是关涉地方自治问题等。④ 在1910年咨议局常年会上,议决案共32件,与地方自治有直接关系者2件,如《限制自治当选人谢绝》《自治公所应整顿农务工艺》等;地方自治机构应协助进行者9件,如《流通民食》《支配地方财政》《禁制逃荒》《推广初等教育》《截止报卖沙滩》《昭文镇洋海塘工款》《选举县视学》《法令公布规则》《东三省移民殖边》等,⑤也就是说在所有咨议局议决案中,与地方自治有直接或间接关系的占三分之一强。这说明咨议局对地方自治的重视,也进一步证明地方自治与咨议局的密切关系。苏省咨议局议员蔡璜在提案《一体变通自治进行》中开明宗义指出:"咨议局以地方自治为根据地,地方自治未经成立,势同孤寄。"⑥可见时人对咨议局与地方自治关系的定位。

(二)省城会议厅——苏属地方自治筹办处与苏属各级地方自治

---

① 《苏属自治筹办处成立之情形》,《申报》,1909年6月11日。
② 《江苏咨议局议案》,《申报》,1909年10月28日、10月29日。
③ 《苏属筹办城镇乡自治缩短年限限期成立案由书》,《申报》,1909年11月6日。
④ 《江苏咨议局议场速记录》,《申报》,1909年11月12日。
⑤ 江苏苏属地方自治筹办处编:《江苏自治公报类编》,卷二,文海出版社1989年发行,第171—182页。
⑥ 《议案》,《申报》,1909年11月10日。

1. 省城会议厅与苏属各级地方自治

在苏属地方自治筹办初期,省城会议厅占有关键地位。苏抚认为当前对地方自治阻碍最大之因素有二:一为政策之不一,二为绅商学界气焰日益嚣张,"今行一新政,守旧者既多所固蔽,维新者又近于嚣张,各署局所地方官吏,畏绅学商界之势力,往往于意不愿办之事,貌为敷衍;迨至情见势绌,绅学商界气焰日高,则又积愤相仇,至于官绅冲突而新政遂有因噎废食之难"①。因此,有设置省城会议厅的动议。该会议厅"传集司道并各局所总会办及地方官吏会议要政,决定施行,并参仿日本地方官会议之法,本部院亲临会场,即以藩司为议长,以学臬两司为副议长,并遴派参议官二员及机要、稽核、文牍、课员,订立章程,预备议案。凡属应行筹备事宜,及地方上应兴应革之件,饬令各属官吏,条陈所见,互相考究,议定后各回本治,遵照所议次序,实力奉行,以求政策政见之统一",等等。②就省城会议厅的人员组成来看,纯粹为官办性质。但就是该机关,成为苏属地方自治筹办初期的领导机关。

按照省城会议厅之规定,苏属城镇乡地方自治之筹办应按照城厢—镇—乡的顺序,逐步推进。③根据会议厅议决案,完成城镇乡地方自治需要四年时间,④颇有拖延之嫌疑。因而遭到时人的猛烈批评:"规仿宪政馆筹备清单之年限而益变本加厉","旷日费时之弊而复益以刻舟胶柱之嫌"。⑤

在行政官厅颁布各种自治章程的同时,地方上也开始为筹办自治做各种准备。苏垣地方自治会为开民智而去疑阻,增设宣讲所于养育巷玄坛庙内。⑥并定于5月16日再开大会,集议设立研究所并推广乡镇宣讲

---

① 此一点受到舆论的激烈的批判。《论苏抚政见之谬》,《申报》,1909年4月22日。
② 《苏省设立会议厅之办法》,《申报》,1909年4月21日。
③ 苏州市档案局编:《苏州市民公社档案资料选编》,内部资料,第27页。
④ 《苏省会议厅议决城镇乡地方自治限期筹办次序表》,《申报》,1909年5月24日。
⑤ 山岳:《论苏省会议厅筹办自治年限及其变通办法》,《申报》,1909年6月14日、16日。
⑥ 《自治会推广宣讲所》,《申报》,1909年5月5日。

所办法。① 1909年5月5日,松属七县一厅士绅会议地方自治问题,士绅先后到者,约四五十人,主要讨论组织递信机关、培养自治人才、筹议地方经济的问题。② 丹阳绅学两界选举事务完毕,即遵法筹办地方自治事宜,邀集同人讨议,拟先设立宣讲所及自治研究所,以为入手办法,得到多数人的赞同。在禀请道府两宪立案的同时,并请酌拨经费,以为实行之用。句容许大令邀集本邑各绅士,在劝学所集议,认为地方自治应先从调查户口入手,并强调筹集经费为推行自治之前提。③

部分官绅积极准备的另一面,却是高层行政官厅的固守成规。当如皋县张县令意欲截留自治款项培养自治学员时,遭到江督端方的拒绝,其理由是为昭统一,应由省垣选拔各地人才先行培养,等肄业之后回各属续行培养自治人才,方不至于出现参差不齐的现象。④ 除此之外,自治研究所章程亦对自治研究进行了严格的限制。时人批评说,《自治研究所章程》之弊病在于对自治研究之期限限制过严;条文歧异、前后抵触,由各省选派士绅培训方式并不可取。⑤ 步调一致的结果是限制了地方民众的创造性与热情,难以唤起地方绅民的主动性。

2. 苏属地方自治筹办处与苏属各级地方自治

苏省自治局于1909年6月19日遵奉抚宪陈启泰之令裁撤,按照宪政编查馆原奏,就咨议筹办处责令兼理地方自治筹办事宜。继任苏抚瑞澂命令在咨议局筹办处内另行组织苏属地方自治筹办处,并遵刊木质关防一颗,是年6月19日开办启用。自治筹办处职员有:保送知府陆懋勋为提调,在籍前署农工商部尚书唐文治为总理,翰林院编修蒋炳章、朱寿朋为协理;兼采用官绅所议,公举各府州明达士绅,每属参议四人;并由

---

① 《自治会定期开大会议》,《申报》,1909年5月13日。
② 《松属士绅会议地方自治起点》,《申报》,1909年5月7日。
③ 《各邑地方自治之预备》,《申报》,1909年5月30日。
④ 《培养自治学员之为难》,《申报》,1909年4月26日。
⑤ 恺:《再论自治研究所章程》,《申报》,1909年5月26日。

自治筹办处重行订定章程七章二十五条,规则三章四十二条;分设法制、调查、文牍、庶务四科,遴选官绅委充科长、科员、编纂员、缮校员、会计等,分任办事,各专责成;另延请熟悉法政士绅四人,以备顾问,均常川到处,按定时刻办事;有关自治筹办处内部重要事件及关于各州厅县重要事件,则另行定期会议,于每月初三日开会。遇有不能待至定期会议之应议事项,则特别指定日期,于星期六开议,以期集思广益,事无不举。所有经费仍由咨议局筹办处开支项下拨用。根据省城会议厅议决之《筹备地方自治日期表》,地方自治筹办处转行各属,次序办理地方自治事宜。先从城厢入手,有将镇乡提前与城厢同办者,亦准因地制宜,协同办理。①

这样,苏属地方自治筹办处逐渐取代省城会议厅在地方自治筹办过程中的主导地位。地方自治筹办处基本沿用省城会议厅推行城厢地方自治的时间表,规定以宣统二年五月三十日(1910年7月6日)为止,城厢自治办理完毕。② 并且强调"只准提前,不准落后"③。后来,苏属自治筹办处将自治筹办日程提前,规定以宣统三年九月初一日(1911年10月22日)为止,厅州县地方自治办理完竣,④表明苏属地方自治筹备处更大的自主权,以及迅速实现地方自治的决心。

从苏属地方自治筹办处职员统计来看,其彰显的是"官为主导、绅为主体"的性质。在筹办处49名职员中,有传统功名或现任官吏44人,占90%;受新式教育者5人,主要分布在顾问员与法制科,占10%,传统士绅占绝对优势。⑤

---

① 江苏苏属地方自治筹办处编:《江苏自治公报类编》,卷七至卷八,文海出版社1989年发行,第349—355页。
② 江苏苏属地方自治筹办处编:《江苏自治公报类编》,卷二,文海出版社1989年发行,第122页。
③ 《筹备处制定自治公所办法》,《申报》,1909年9月17日。
④ 江苏苏属地方自治筹办处编:《江苏自治公报类编》,卷二,文海出版社1989年发行,第134页。《苏属自治筹办处拟定各厅州县自治筹备日期详表》,《申报》,1910年9月6日。
⑤ 江苏苏属地方自治筹办处编:《江苏自治公报类编》,卷二,文海出版社1989年发行,第122—2、122—3页。

苏属地方自治筹办处成立不久,即颁布苏省自治研究所章程。① 该章程分为宗旨、学科、学期及授课时间、入学及退学、假期、实验、奖励、罚则、职员教员等职务权限、经费、附则等十一章,共21条。② 条款亦遭时人质疑。③ 但是,自治筹办处的成绩是有目共睹的,苏属地方自治研究所第一届学员,共收118名,④其中,有传统功名者68人,受新式教育者31人,地方职业团体3人,未知者26人。从以上数据可以看到,学员中具有传统功名者占所有成员的二分之一强,仍然占绝对多数。新式学堂培养出的毕业生亦占不小的比例。⑤ 地方自治研究所培养出的学员将被派回原籍讲演自治法理,筹办自治学社,普及自治知识等,对将来地方自治的推行,有着不可忽视的影响。据此可以推断,城镇乡地方自治推行的主体仍将以新旧士绅为主。

迟至1909年8月21日,苏属自治筹备处才召开正式成立大会,⑥其成立得到苏属行政官厅的重视。在筹办处开幕之际,江苏巡抚瑞徵、藩宪左方伯到处演说,在肯定江苏省地方自治为各省之先的同时,要求进一步加强对地方自治的推行。"地方自治不完全,则宪政之基础无以立,故地方自治,于人民有密切之关系,于官绅有期成之职务,尤不可一日缓也。使者到任以来,抱宣宏愿,自以为江苏地方自治,苟一日不底于成,即使者个人之自治,亦从此同其废坠。"⑦左方伯则认为,"所谓以社会促政治之进步,其势始顺而易,反是者所谓以政治促社会之进步,于势不免

---

① 《苏省自治研究所详准开办》,《申报》,1909年6月23日。
② 《江苏自治研究所章程》,《申报》,1909年6月25日。
③ 同上。
④ 江苏苏属地方自治筹办处编:《江苏自治公报类编》,卷一至卷三,文海出版社1989年发行,第47—48页。
⑤ 同上书,第122—4、122—5页。
⑥ 《苏属自治筹办处开幕大会》,《申报》,1909年8月22日。需要说明的是,苏属自治筹办处在正式成立之前,已经开始自治的筹备工作。
⑦ 江苏苏属地方自治筹办处编:《江苏自治公报类编》,卷四至卷六,文海出版社1989年发行,第419页。

逆而难。今日中国之筹办地方自治也,自上而下,较之列邦情形迥异,其势似逆而难,虽然吴会为东南大都,风气开通独早,其以立宪之说,号召于国中者尤先,则他日地方自治之进行,必有一日千里之势"①。总之,从苏属自治筹办处成员的组成、苏属地方自治研究所学员的成分,以及官厅对自治筹办处的态度来看,其处处彰显行政官厅对地方自治的督导。

在苏属自治筹备处的领导下,苏属地方自治的筹办有了长足的进步,先看苏属1909年九月至1910年二月底地方自治的办理情形,可归纳为以下十四项:

一、确定城厢区域。二、调查户口总数及选民资格。三、编造选举人名册及宣示更正并发选举单。四、甲乙级选举投票、开票、检票。五、榜示当选人姓名,并分别知会各当选人。六、城议事会议员如额举定,并给予执照。七、议事会互选议长、副议长,并选举总董、董事及名誉董事。八、提前筹备乡镇自治。九、自治研究所增设校外生,各属遵设自治研究所。十、议决带征自治经费。十一、通饬清查公款公产,设立事务所及督查公所。十二、按期刊发自治公报。十三、详定地方官行文格式及议事会、董事会、乡董图记。十四、城镇乡议事会、城镇董事会及乡董照章应各备木质图记六种,等等。

以上所述共计十四事项,前八项属办理城镇乡自治选举之事,后六项是自治筹办处遵照章程札饬督率办理之事,苏属自治筹办处"于自治范围及筹备进行各事宜,虽未能一律完全,尚不至有所陨越,本司等仍当督率各员随时妥慎从事以重要政"②。

根据以上情形,可见苏属自治筹办处的行动是比较积极的。1910年5月28日,宪政编查馆奏派馆员数人到部分省份视察宪政筹办事宜,调

---

① 江苏苏属地方自治筹办处编:《江苏自治公报类编》,卷四至卷六,文海出版社1989年发行,第420页。
② 江苏苏属地方自治筹办处编:《江苏自治公报类编》,卷七至卷八,文海出版社1989年发行,第389—394页。

查结果,"江苏苏属开通最先,办理亦极迅速,现计四府一州城议事会、董事会均已一律成立"。并特别对江苏候补道夏敬观提出表彰,认为其"办理地方自治,条理秩如"等。①

程德全于6月4日接任,先对前任之筹办宪政成绩进行陈奏,并赓续办理未完事宜。② 10月,程德全再次奏陈自上任以来筹办宪政的成绩,其中地方自治成绩如下:苏属三十七州县城厢,于1910年四月之前将议事会议长、议员,董事会总董、董事如额选定,并依限一律开会,筹议各该地方之利弊。苏属研究自治学员头班已经毕业,足为镇乡表率。至于镇乡自治,四月间已有武进循理乡、嘉定西门乡二处选举告竣,后又有昆山之蒹葭滨乡、安亭乡,新阳之夏驾桥乡,昆新二县交界之蓬闾乡,宾山之广福乡等五处续报选举齐,议事会、董事会亦按期成立。其余各属提前办理之镇乡或已从事调查,或在划分区域。除四月间所报吴县之梅里镇、香山乡等四十余处外,又分别核准昆山之千墩乡,崇明之桥镇等二十余处筹办自治的声请。

苏省各属城厢自治机关成立后,即由各厅州县长官增设本厅州县自治筹备公所,以为上级自治进行机关。且在各镇乡自治公所成立之前,于是年四月将自治筹办处所定施行细则通饬各属,以期提前办竣以节省经费;并由省城设测绘队,分派各厅州县将所属区域详测精绘,以资实行。又于各厅州县设宣讲员,按期派赴所辖各境,流通宣讲,以开通民人知识,使得各具自治资格。③

(三)筹办地方自治总局与宁属各级地方自治

与苏属地方自治普遍发展的态势相比,宁属地方自治明显处于比较落后的状态。宁属地方自治的筹办情形,根据1909年六月张人骏、端方

---

① 故宫博物院明清档案部编:《清末筹备立宪档案史料》,中华书局出版1979年版,第796—801页。
② 《江苏巡抚程德全前护江苏巡抚陆钟琦会奏筹备宪政情形折》,《申报》,1910年9月6日。
③ 《江苏巡抚德全奏筹备宪政第四届接办情形折》,《申报》,1910年10月26日。

的会奏可见一斑:为筹办城镇乡自治,江宁于1907年遵旨设局,定名筹办自治总局。开办之后,首先从设立自治研究所入手,自江宁府办起,再次及于其他各属。研究所学员,每府均分别定额作为官费,并招自费生,另班肄业。1909年二月以前,江宁官费、自费各生,陆续卒业,然后回籍讲演自治法理,筹办自治学社,以期普及,其中,扬通海三属选送学生已于是年二月开校。以上规划及设立宣讲所、调查慈善事业等,多在《城镇乡地方自治章程》未颁到之前。等定章颁到后,宁属即通饬各属一体遵办,并查照宪政编查馆逐年成立期限,单析为逐月筹备之期限,督促各属依限进行,并且省自治总局严加考核,奖勤惩惰。① 1909年8月3日,江南筹办地方自治局"将所拟各属办事次序表缮具清册,详侯示遵",亦得到江督的认可。② 可见宁属地方自治筹办的初始工作还是能够按部就班的。

　　随着自治筹办的不断推进,江北明显后劲不足。根据王树槐统计:"宣统元年,按规定应一律设立筹备机构及自治研究所,同时开始户口调查。宁属共有36州县,至宣统元年底,已有20余州县设立筹备公所,兼有自治研究所者16州县,开始调查户口者23处;至宣统二年底,户口调查完毕者16州县,尚有10州县未完毕。苏州方面,虽无统计数字,但可推断,宣统元年底一律筹备公所,并于7月1日开始调查户口。比较之下,苏属较为领先。"③宁属的落后,在江督1910年八月份催办自治的批文中亦可以清楚地看到。"筹办自治均经定有年限,计期程功,不容延缓,查部限繁盛城镇,以宣统二年为考核成绩之期,截至本年年底,无可再延,中等城镇、省会首县亦须于本年筹办成立,方与定章相符,据称各

---

① 沈云龙主编:《端忠敏公奏稿》,文海出版社1967年印行,第1850—1851页。
② 《详定宁属各州县自治秩序》,《申报》,1909年8月4日。
③ 王树槐:《中国现代化的区域研究:江苏省,1860—1916》,"中央研究院"近代史研究所1984年版,第199页。

州县仍前玩愒，应办事宜，毫无端绪，实属不成事体。"①

另外，在江督张人骏所奏第四届筹备宪政成绩折中，非常明显地体会到宁属在地方自治筹办过程中的拖延与疏忽。按照定章，城镇乡自治筹办顺序应由城镇而乡，同时又于城镇中划分繁盛、中等两级，定限举办。而"现查宁属指定繁盛六州县，除通州已经成立外，上元、江宁两县，业经划分区域，绘图呈报，当可次第成立。其铜山、江都、甘泉三县，亦已严催赶办，务责依限竣事。至中等城镇，照章应于本年指定筹办，由臣督饬筹办自治局，指定海门、高邮、六合、宝应、睢宁、清河、如皋、泰兴等八厅州县，饬令遵章速筹妥办。……按定章本年省会首县应筹设议事会、董事会，已饬筹办自治局督催赶办。一面分饬各厅州县将城自治一律成立，即由各该牧令增设本厅州县自治，以负督促进行，担任公益之责务。"②从以上奏折中可以看到：第一，在1910年11月之前，苏属城镇自治机构已经大备的情况下，宁属仍然参差不齐；第二，张人骏未提及宁属乡之自治机构的成立状况，由此可以猜测其或者无一处成立，或者极不理想；第三，关于厅州县自治机关的筹办问题，宁属缺乏详细切实的计划及行动。

之所以形成此一局面，根源仍在于苏南、苏北在各个方面的差异。"江苏以大江而分南北，风气迥不相侔，即财力之贫富亦大相悬殊，故江北一带之教育实业，均不如江南之发达，江宁、扬州姑置不论，淮徐海各属自丙午患水灾以来，民力凋敝，至今未复，此地工商不兴，全恃农利，为今之计，亟应官民合力，改良农艺，以收地利。"③在物质条件困乏的条件下，人们往往不会关心政治的改革。

江苏各级自治机关成立之后，便马上投入到工作中去。如上海城自

---

① 《催办自治选举事宜》，《申报》，1910年10月5日。
② 《江督张人骏奏胪陈第四届筹备宪政成绩折》，《申报》，1910年12月18日。
③ 《对于江苏新督新抚之希望（再续）》，《申报》，1909年7月31日。

治公所在四月份召开议事会春季大会,会议对诸如:整理城根公地案、法人拟于肇周路设粗电线案、各善堂统一办法案、境内分区案、学务事宜案等共26件提案进行讨论,各项提案都严格限制在法令规定的自治事务范围之内,议决后交董事会负责执行。① 长元吴董事会则提交13件自治事务于议事会;同时城厢选民上董事会议决事件8件,等等。② 但最终效果如何却值得怀疑。同样是上海、长元吴城自治公所,却遭到时人的颇多非议,姑举时人评论如下:

> 其一:苏城议事会开幕后,正副议长即先后请病假,而逐日到会之议员,复参差不齐。今开会已一星期,仅仅通过普通规约及细则等若干条,其进行迟缓,办事之松弛,诚为记者所不料者矣!夫我苏人向以好议论,少实力为外府所诟病。今议事会开会,犹不过为议论之开始,尚无执行之地位,而议长议员已推诿趋避,若此,则是仅仅谓之好议论,犹不免称颂之过量也,遑论实行!
>
> 其二:议事会者,地方自治之意思机关也,议长议员代表人民之意思者也,仅议长果有何种之意思而致负气,议员复有何种之意思而曰对付,此真我苏城议事会之怪现象也。夫在一会之中,意思犹不一致,自治尚无秩序,而欲地方人民尽表同意,以求自治之成效,岂可得乎?
>
> 其三:前日上海城议事会开夏季议会,均未到齐,以未能开会闻矣。今苏垣城议事会开会,复以议员到者寥寥,至于不能开会。夫议员既使无暇,何至靳此开会之一日,绅士凤抱热心,何独冷于地方自治。昔我尝闻,慈善团体经理公款公产等事,地方士绅有喘汗奔走竟争,运动不惮劳苦者矣,而于地方自治之大政,则反忽然若忘,此

---

① 《上海城自治公所庚戌春仲议事会议决事件》,《申报》,1910年4月7日、4月8日、4月9日。
② 《各省筹办地方自治》,《申报》,1910年6月16日、6月17日、6月18日。

何为者焉。呜呼！苏沪素称开通最先之地,而其现象犹若此。①

风气开通之上海、苏州犹然如此,其他各地可想而知。

（四）民间自治团体——市民公社

在清末地方自治筹办过程中,民间自治团体的创办是一个靓点,而最具特色的一个则是苏州市民公社的创办。其中,苏州观前街市民公社有首倡之意。该社之创办缘于苏州宫巷内大火,为了加强防范,苏州各商各业拟联合创办一民间自治组织。该公社以东至醋坊桥西至察院场口为区域,试办一切公益事项,如卫生、保安等,尤其注意清理街道、扫除污秽等,其开办经费均由各社员协力捐助,并联合团体互相辅助。②

1909年6月26日,观前街市民公社借元都方丈开成立会,绅学各界及本街各商到者90余人。开会情形如下:一、沈鸿揆宣告发起市民公社之缘由,并已奉自治筹办处认可批准。二、自治筹办处金吟谷演说,认为城镇乡自治非一朝可以办成,须从小团体做起,市民公社,小言之为地方自治之起点,大言之即为地方自治之基础。三、费玉如演说,今日为改良市政之起点,可为他日地方自治之好结果,欧洲古时创行地方自治,皆本于市政之发达,而市政之发达,尤似商人组合为起源。四、陆雨庵、姚清溪演说,一主畅销土货,一为改良土货,须由结合团体而成。五、沈洪揆答谢词。六、公举各职员。七、推举评议庶务各员。八、是日各业各商捐助入社开办经费洋一百数十元。③ 7月6日,观前街市民公社开第二次会议,提议先从修理街道,扫除污秽入手办理该社,并将筹办情形呈请自治筹办处立案。④

从观前街市民公社成立的概况可以看到,该组织与行政官厅之间形

---

① 《时评》,《申报》,1910年7月2日。
② 《创设市民公社纪闻》,《申报》,1909年6月21日。
③ 《市民公社开成立会纪事》,《申报》,1909年6月27日。
④ 《市民公社会议情形》,《申报》,1909年7月7日。

成比较密切的关系:第一,该组织得到自治筹办处的认可,这样就为其活动提供了合法性。第二,该组织的成立得到地方官厅的支持。如长洲赵县令捐经费一百元给观前街市民公社,以资褒扬。① 同时,其还得到自治筹办处的表扬。抚宪亦认为"该职商等所请先就观前大街……组织市民公社,应暂准,如来禀,迳报该管地方官立案,先行切实试办,以为地方自治之模范"②。此一批准进一步强化其合法性,有利于市民公社的发展。

从观前街市民公社的经费来源、人员组成来看,其自治性质比较明显。如经费由各业各商捐献,因此不必仰官厅之鼻息;人员不是由官厅任命,而是采取公举或推举的方式产生等,这些因素赋予市民公社更加浓厚的自治色彩。但同时也应该看到市民公社社员民主选举的有限性,据章开沅先生研究,市民公社社员多是绅商,普通民众是难以预闻的。③

在观前街市民公社的示范效应下,阊门外吊桥□洋货店徐源茂等继续组织成立新的市民公社(即阊门外市民公社)。④ 观前街、阊门外等市民公社的建立及运行,使行政官厅看到此民间自治组织在办理社会公益事业中的巨大作用,因而又由苏省巡警道传谕养育巷晋源钱庄在苏城西路发起市民公社(道养市民公社),"俾与警局联络办理地方公益各事有所依赖"⑤。但是,在此市民公社发起的过程中,行政官厅的因素有所增强,市民主动性不如以前。总之,从观前街市民公社开始,苏州断断续续建立了29个市民公社。"该组织前后经历清末、北洋军阀两个历史时期,延续近二十年,构建了当今苏州城市的雏形。"⑥因苏州市民公社开办卓有成效,其影响逐渐扩大到市外,如常熟各商界亦思组建,"日前函致

---

① 《慨捐市民公社经费》,《申报》,1909年7月17日。
② 《市民公社纪事》,《申报》,1909年7月27日。
③ 苏州市档案局编:《苏州市民公社档案资料选编》,内部资料,第7—10页。
④ 《市民公社之继起》,《申报》,1910年7月11日。
⑤ 《苏城西路发起市民公社》,《申报》,1910年10月31日。
⑥ 苏州商会档案乙2—1,苏州档案馆藏,第276卷。转引自王圣育:《近代乡村自治研究》,中国政法大学2005年未刊博士毕业论文,第76页。

该社,索取章程以资仿办"①。市民公社之发展可以看到当时民气不断上升的事实。同时,又应该看到,市民公社仍然处于官厅的严格监督之下,为了自身的发展,不得不与行政官厅保持良好的关系,《苏州商务总会复汪瑞闿函稿》明确提出,苏州城自治公所已经成立,此后之市民公社的建立,"如系殷实公正商人发起,敝会遵将章程禀件代呈核夺批示,仍侯地方官查明,与自治公所章程有无抵触,议复尊处及自治筹备处核饬遵照,以副台嘱,而纫公谊"②。章开沅先生认为,因为市民公社有温顺和恭谨的特点,所以能在军阀统治时期委曲求全、左右逢源,能够在二十几年的时间里得以艰难维持。③ 这一评价指出了市民公社的局限性,也说明其所处环境下的无奈选择。

二、各级自治选举中的不法及诉讼

选举是衡量地方自治的标准之一,选举与被选举的资格是否有利于人民大众,选举的程序是否公平、公正,选举的结果是否能够代表民意等,都将直接决定地方自治的本质。在地方自治筹办之前,宪政编查馆即指出地方自治重在得人,并警示说:"地方自治,以本乡之人办本乡之事,情亲地近,功效易见,而流弊亦易生。选举苟不得人,则假公济私,把持垄断,将利未形而害先见,全在地方州县于监督选举时,慎之又慎,必使当选者皆得正人,乃能收相助为理之益。……应请旨饬下各督抚,慎选牧令,严切诰诫,务令所选之人皆合资格,不得使品行悖谬营私武断之徒滥厕其列,以期扶持善类,屏黜奸豪,仰副朝廷扬清激浊好恶同民之至意。"④根据清廷所颁地方自治章程,一般民众往往被排除在选举与被选举的范围之外,形成事实上的不平等。其实,即使在有限的范围内,选民

---

① 《市民公社之继起》,《申报》,1909 年 12 月 13 日。
② 苏州市档案局编:《苏州市民公社档案资料选编》,内部资料,第 33 页。
③ 同上书,第 24 页。
④ 故宫博物院明清档案部编:《清末筹备立宪档案史料》,中华书局出版 1979 年版,第 727 页。

第三章　君主专制政体的没落与江苏地方自治的起步

的态度及选举程序的公正性仍然令人怀疑。

事实证明，在城镇乡地方自治职员的选举中，即使获得选举权的人们，积极性仍然不高。如苏州长元吴城厢，甲级选民八十三名，乙级选民约四千八百数十名。① 在乙级选民投票时，五城区共到二百九十二人，不及总数的6.08%；②在甲级选民投票时，到者仅三十八人，结果导致次日开票时被选举人不足额。③ 锡金城厢自治职员选举略胜于长元吴，甲级选民八十一名，乙级选民一千八百九十四名。④ 在乙级选民投票时，到者也仅二百七十人，占总数的14.26%。⑤ 丹徒县在城厢地方自治乙级选民投票时，共投四百四十票，未投者约有八百余人之多。⑥ 由此可见人们对自治选举之冷淡。

为什么人们对选举的态度如此冷淡？这在传统士绅之处世态度中可以找到某些答案。苏州巡抚程德全认为："地方自治为一国行政之基础，故议事会、董事会及乡董乡佐均得其人则基础完固，然乡党自好之士不肯问事，已为中国社会上心理之习惯。"⑦另外还有一部分人认为，自己已经成为这个时代的落伍者，与其入世，不如退隐，"一个传统的比较正直的绅士，他明白自己已成为这个时代的落伍分子，在政治上又遭受了前所未闻的压迫，若是他真能以社区人民的利益为重，为了不愿意得罪农民，或者甚于慈善的心肠，他就宁愿洁身退隐"⑧。这又代表一部分人的心态。因此在苏省自治职员选举过程中，传统士绅往往不屑于参选，或被选后不遴位，或频频辞职，结果导致自治职员之职位多被地痞流氓

---

① 《自治筹备公所编造选民总数》，《申报》，1910年1月9日。
② 《各省筹办地方自治》，《申报》，1910年2月18日。
③ 《各省筹办地方自治》，《申报》，1910年2月20日。
④ 《城厢自治筹备之进行》，《申报》，1910年1月28日。
⑤ 《各省筹办地方自治》，《申报》，1910年2月18日。
⑥ 《各省筹办地方自治》，《申报》，1910年2月23日。
⑦ 江苏苏属地方自治筹办处编：《江苏自治公报类编》，卷一至卷三，文海出版社1989年发行，第19页。
⑧ 吴晗、费孝通等：《皇权与绅权》，上海书店出版社1991年版，第128页。

趁机篡取。下录长洲某绅复县令的信函试加以说明：

> 豹文公祖大人阁下，
>
> 敬复者，前奉大照，承委弟等设立自治公所，赶期举办。弟等猥以菲材，年力不逮，弥惧不能胜此重任，惟会城镇乡地方自治为目前必不可缓之举，业奉大宪议决，于宣统元年就城厢地方首先具办。而省垣为观瞻所系，自治机关尤不可缓，现拟暂借元妙观方丈内未办公之所，该□地适居中，集议较为便利。独弟等以衰耄之躯，滥竽其间，易致丛胜，且设立以后，一切手续头绪纷如断，非衰躯所能胜任，尚祈阁下，选择年富力强，公正明达者，以善其后，是所祷切。专复。敬请台安，准照不宣。①

根据此一信函可以看到，该绅在自治筹备期间应县令之命积极参与其间，但在自治公所成立之后，却采取了急流勇退的方式，反映了当时部分士绅的一般心态。正直之士对自治选举不热心的另一面却是部分钻营之徒对自治选举的"过度热心"。此由运动选举之盛行可以看到，以下略录几则时人评论予以证明：

> 自治选举谈一：地方自治无地不叹乏才，此次城镇乡选举，其秀而能者，已搜罗净尽，且不得已而求其次矣！运动而得者，比比矣！吾不知他日府厅州县自治之选举将人才安出？
>
> 自治选举谈二：一次运动不得当，则二次运动；代人运动不得当，则自行运动；坚忍卓绝，百折不回，不达其目的不止。然则我苏风尚号称柔懦，或者甲级当选，诸公可以一雪此耻。

---

① 《为拒任自治公所职位复长洲赵邑尊函》，苏州市档案馆藏，苏州商会（民国）档，I14-001-0274-021。

自治选举谈三：纳税不多可以入甲级，乡评不齿可以得多票，甘牺牲地方公益者而竟举此人。然则匿税不报放弃权利者，其尚为乡党自好之徒欤。①

从以上议论中不难看到，部分钻营之徒在自治选举中使尽了浑身解数。这进一步强化了清高之传统士绅不愿参加选举的心态。这一冷一热的态度对比，进一步证明自治选举的程序遭到了严重的破坏。

这种程序的非正义性从自治职员选举诉讼中亦复不少。"我苏选举自治议员以后，其被攻讦之人，至居当选者之半数，则各议员之不满人意可知。"以至于出现不管恶名善名，只要常常闻名，便选举之，于是"刁矜劣董联翩携手来矣"；但闻某人能办某事，便选举之，导致被选者始终是寥寥数人；还有碍于情面而选举之者。② 有人把松属某地自治议员选举写成竹枝词，传唱里巷：

府厅州县近时忙，新政遵行日未遑，咨议局员刚举罢，又将自治办城厢。

结党营私运动人，茶坊酒肆暗梭巡，点头知照低低嘱，名字君须认得真。

举人乙级定期先，甲级偏教后两天，毕竟主持尊甲级，一单传后一单连。

踌躇满志费疑猜，某氏如何尚未来，几日前头曾重托，今朝失信不应该。

翌日忙开投票筒，姓名高唱耳边□，一心主念都因己，那管音同字不同。

---

① 《时评》，《申报》，1910年2月24日。
② 《时评》，《申报》，1910年3月5日。

113

滥竽充数互相争,诉讼为难一县尊,请示姑□筹办处,尽致两造□输赢。①

在江苏省地方自治职员选举过程中,随着不法事件的增加,诉讼亦随之增加。此处再以苏属自治职员选举诉讼为例,做一简单分析:

表3-5 苏属各级自治筹备中部分选举诉讼事件

诉讼人	被诉讼人	诉讼理由	结果
镇江府学廪生周祖荫	自治公所所长	徇情滥选	令苏属自治筹办处彻查
常昭二县彻查关于法科举人赵曾翔、选民屈如干等十八人	自治议董丁英、钱霖、蒋可式等	吸食鸦片,品行悖谬	因赵、屈等人电文情词惝恍离奇,恐系挟嫌诬告,因催令二县彻查
青浦县廪贡生吴昌寿	被选人施恒需	选举票姓名误写是否有效	苏属自治筹办处判决该选票有效
常昭士绅沈朱轼	县议事会议员	父丧十六日,雉发易服,出入茶肆,到场投票	令苏属自治筹办处彻查
嘉定城自治区选民附生廖世培	嘉定筹备自治公所	违章舞弊,监督徇情袒护	所列各条确有误会之处,并不符实
冯汝骅、王景沂	自治公所、于中林	自治公所选举违章、投票选举不甚洽舆情,开票投票诸不如式,或一人投数票,或冒名代签等弊,大约自治公所职员入选者居多数,被选举人亦颇有劣迹;于中林吞赈卖荒被控有案	令苏属自治筹办处彻查

---

① 《松属某邑选举自治议员》,《申报》,1910年3月4日。

续表

诉讼人	被诉讼人	诉讼理由	结果
奉贤县吴振寰等	城厢自治公所	滥选有碍选举	令苏属自治筹办处彻查
川沙附生马元鼎等	龚文焕、施惠等	龚文焕等营谋悖选,请剥权彻究等,又禀龚焕、施惠二人平日包揽词讼、武断乡曲及种种不法行为	令苏属自治筹办处彻查
川沙厅监生员顾懿行、孟祖诒等	厅自治筹备公所正副所长陆家骥、张志鹤等	选举违章	所控陆家骥张志鹤等各情既无事实,可毋庸议,顾懿行等捏词诬告,给予严厉告诫

资料来源:近代中国史料丛刊三编,第五十三辑,江苏苏属地方自治筹办处编《江苏自治公报类编》,卷七至卷八,文海出版社1989年印行。

在以上所列选举诉讼案中,因为大多数诉讼没有调查结果,难以进行量化分析,只能就其整体情形作一概括的评论。虽然部分案件被判为诬告或不实,但是却不能排除事实的存在。以空穴来风、无事生非来解释这些诬告行为,显然不合逻辑。而唯一的逻辑则是在诉讼背后隐藏着某种利益纠葛,如崇明县筹办自治,士绅互控成风,最后巡抚派人前往崇明县会同姚县令严切查办,调查结果是:"崇明健讼成风,棍徒刁唆,匪夷所思,而一二士绅,又皆相猜忌,各逞私意,肆行缠讼,间有公正之人,则群相排轧,假控告以遂其私。"①所以,所谓的利益纠葛主要是自治选举过程中,地方精英之间因权力之争而相互倾轧。

从当时《申报》之报道数量来看,各级自治职员之选举诉讼似较苏省咨议局议员选举时少了许多,而实际状况却恰恰相反,自治职员选举诉讼减少的原因是人们对选举失望到不屑一顾的程度。有人评论到:咨议

---

① 江苏苏属地方自治筹办处编:《江苏自治公报类编》,卷七至卷八,文海出版社1989年发行,第471—472页。

局成立时,电报、投稿、来函日必数起,自治成立则寥寥,由此可见人们对自治之冷淡。亦可预见自治之前途。① 因此,可以断定,在自治职员选举过程中,势必存在更加广泛的舞弊行为。当自治职位一旦被劣绅地痞攫取,地方自治事业亦势必陷入囹圄。

这在苏省地方自治推行过程中对自治职员的诉讼案中可以窥得一斑:1910年五月,吴江县发生附生潘文海控诉柳堉森一案:潘文海世居吴江县之胜庄村,自治区域划入北库区内,该区筹办所董柳堉森,绰号"拆屋董事",其子柳耦耕,声名甚劣,品行卑污,久为人所切齿。在地方自治筹备期间,柳堉森多有违背章程的行为,如派人到区内各村,准开烟馆,收捐充费等。是年三月初旬,本区乡愚惑于宜荆各属谣传,聚集至柳堉森家,向其索回调查名册。因人多拥挤,导致灯窗等物损坏。该董事前未向民众宣讲自治及调查户口之理由,事后又施以不正当办法,"遽用强硬手段,以为泄怨索诈地步,……其平日积隙之人,都为污蔑,乡人贫无力者,则送县枷责,以伸私愤",等等。自治筹办处派科员黄丞凤前往密查,调查结果是:所禀基本属实,柳堉森情况较为特殊,并未直接参予敲诈行为,该事件实由副所董曹德征、地保马阿金巧与柳堉森族人柳士梅及差役等经手。苏属自治筹办处表明要严加惩戒。②

另外,震泽县五都区附生孙祖经禀控自治所长盛际虞朦官殃民、恶劣益甚等,自治筹办处即派科员金树芳前往调查。③ 调查结果为所控各节不符事实,但盛遇事刚愎,不知和衷共济,溺爱其子,应着县随时察看。④ 廪贡生汤鸿钰等禀控蔡日暄武断乡曲。⑤ 崇明县士绅冯经芳等禀

---

① 《时评》,《申报》,1910年3月10日。
② 江苏苏属地方自治筹办处编:《江苏自治公报类编》,卷七至卷八,文海出版社1989年发行,第427—431页。
③ 同上书,第444页。
④ 同上书,第453页。
⑤ 同上书,第502—503页。

学董陆燦昕徇私害公。① 昭文县梅里镇试用训导冯崇义等禀控劣绅黄冈营私武断，因令该县查黄冈营私武断、控案累累。② 赵麟书等禀控许其荣清乡册结算有浮滥情事。③ 日本留学生施恩曦等禀控该县自治所长薛万英营私舞弊。④ 武阳两县绅商学董等禀控于定一。⑤ 苏州府留东同乡会禀控洞庭东山劣绅周传经谋充自治会长，威福自肆，毫无忌惮，等等。⑥ 皆属此类情事，这在一定程度上说明，因为自治选举程序出现问题，最终导致自治选举诉讼层出不穷。

民政部在致各省督抚的电文如是说："地方自治议董等会，现均次第成立，所有被选各员，洁己奉公，能谋地方利益者，固不乏人，而营私武断致滋地方扰累者，亦时有所闻。自治为宪政根本，创办伊始，不加审察，使良法适成苛政，阻宪政进行之机，关系匪浅，即希转饬各该监督官厅，遵照定章，妥为监察，倘有假公济私，逾越范围者，应即立援奉章办理，毋得稍事姑容，致失立宪本意。"⑦魏光奇经研究后指出："由新官绅把持的地方机构借办理'新政'和各种自治性事务而向农民、小商贩滥征税捐、强行摊派财物，并从中贪污中饱，是清末至1930年代初的普遍现象。"⑧

总之，通过对地方自治选举与被选举资格的确定、选举程序、选举结果等几个方面的分析，可以看到，清末地方自治仅仅是少数地方精英所主导的自治；选举程序的不公正导致自治职位被少数钻营之徒霸占，结果必然是以私害公，增加了民众对地方自治的反感，削弱了地方自治应

---

① 江苏苏属地方自治筹办处编：《江苏自治公报类编》，卷七至卷八，文海出版社1989年发行，第504—506页。
② 同上书，第512页。
③ 同上书，第458页。
④ 同上书，第451页。
⑤ 同上书，第475—476页。
⑥ 同上书，第486—487页。
⑦ 江苏苏属地方自治筹办处编：《江苏自治公报类编》，卷一至卷三，文海出版社1989年发行，第120页。
⑧ 魏光奇：《官治与自治——20世纪上半期的中国县制》，商务印书馆2004年版，第367页。

有的效果。另外,自治选举的过程,亦是第三领域的传统领导者——公正士绅逐渐退出国家与社会调和者之角色的过程。新选举出的区域社会的代表,不乏传统正绅和正直之士,但也掺入不少通过运动而入围的地痞无赖,这些人无论在资历上,还是在道德自律上都不能与传统士绅相比,他们的加入加剧了士绅队伍的劣化。不管是把执行国家政令看作最高目标,还是把谋取私利作为第一要求,这些人都不能代表区域社会的利益,势必导致地方精英与民间社会关系的紧张,国家与民间社会之间"弹簧"的硬化,激化了两者之间的矛盾和斗争。

三、反自治民变及自治区域划分中的争端

在江苏省地方自治推行的过程中,反自治民变此起彼伏,这一现象引起研究者的极大兴趣。为什么"惠及"基层民众的自治,反而遭到广大民众的反对,并引起更大范围的社会动荡?笔者试结合江苏地方自治推行过程中的反自治民变与自治区域划分中的纠纷加以说明。

(一) 清末反自治民变

清末江苏反自治民变可粗略以 1910 年 3 月为界分为前后两个阶段:第一个阶段以反对户口调查为主,①次数频繁;第二个阶段次数减少,但来势凶猛,原因更加复杂。②

地方自治的推行,以户口调查为入手之法,"调查户口,何为乎?曰将以为自治统计也。调查选民,何为乎?曰将以为自治选举也"③。所以,户口调查是所有自治事业的基础。在清末户口调查过程中,江苏各

---

① 据有关统计,在 1909 年、1911 年两年,直接因反对调查户口而发生的民变遍及全国 15 个省区,其中江苏省 37 起,是各省中最多的。(《清末民变表》,《近代史研究》1982 年第 4 期。)因此对江苏省的研究较具典型意义。
② 王树槐先生将之分为三个阶段:1910 年以反对户口调查及每户收取纸笔费为主;1911 年以争夺庙产为主;1911 年 2 月之后,虽有捣毁自治局之案件,但情势总体缓和。王树槐:《中国现代化的区域研究:江苏省,1860—1916》,"中央研究院"近代史研究所 1984 年版,第 208 页。
③ 《各镇乡调查户口选民浅说》,《申报》,1910 年 7 月 8 日。

属所制定的规程并不一样,如武阳县自治办理顺序为:先调查选民,然后选举议、董两会,次再调查户口。① 丹徒县则先划分区域,设立宣讲所,然后派员调查城内外人民户口。② 先宣讲,后调查的方式,为大多数地方所采取。

为了打消人民的疑虑,在调查户口之先,苏属地方自治筹办处先就调查户口的好处进行了广泛的宣传,如先言及古代圣贤对调查户口的重视,再宣扬当前预备立宪之际调查户口的诸多益处。③ 苏属自治筹办处还为此制定简明告示:

> 筹办地方自治,先须选举人民,此次调查户口,即系选举先声,概不假手书吏,办理均用员绅,并无抽收之意,不须耗费分文,选民极为荣耀,全在调查分明,尔等宜知此理,均应从实报陈,切勿稍有疑虑,致启临时纷争,用特明白晓谕,仰即一体凛遵。④

这样做的目的无非是"诚恐民间多所疑虑"。但仍不免出现抵制的情况,如苏州长元吴自治筹备公所在调查户口的过程中,就遭遇不少困难,"闻各铺户中明白事理及深悉自治之内容者,皆按照调查各节,逐一答复。无如不悉自治之理由者居多,以及工艺各店铺人等,皆不肯详确报告,且须调查田地房屋纳税之据,多有不肯取出示人者。闻系随口答复者居多,照此情形,所查户口之数,尚难确实,何况他项哉!"⑤除铺户外,富有权势之人亦是户口调查的一大障碍。在长元吴"西南二路公馆

---

① 《武阳自治公所开职员会》,《申报》,1909 年 8 月 9 日。
② 《自治公所会议办法》,《申报》,1909 年 8 月 12 日。
③ 江苏苏属地方自治筹办处编:《江苏自治公报类编》,卷四至卷六,文海出版社 1989 年发行,第 430—431 页。
④ 《筹办处调查户口之示谕》,《申报》,1909 年 9 月 27 日。
⑤ 《调查户口之困难》,《申报》,1909 年 10 月 6 日。

居多，动生阻力"①。结果导致"各调查员所查之各户口数，皆不能确实"②。

　　调查选民则面临更多困难。因为选民调查又要增加更多额外的内容，诸如年纳正税、公益捐等皆须登记，③这正好违背了中国人不愿露富的传统心理。在常州武阳县的调查中，虽自治公所事先到处宣讲，挨户遍发传单浅说，但"日来城外坊厢，因有城乡争议，调查尚未着手。城内则均已告竣，计合格者不过千人。闻武阳选民实不止此数，因不知调查为何事者居多，一遇调查员入门询问年龄，税额，疑忌多端，密不相告，甚有将调查员挥之门外者，地方情形如此，可怜亦复可笑！"④在自治筹备之初，大部分地方的选民调查，尚无过激行为。此大概是因为选民多为殷实富户，多少有些见识。当城镇乡自治机关成立之后，各地复对户口及选民进行全面调查，此次调查因涉及面扩大，结果引起此起彼伏的抵制户口调查的民变。

　　江苏省最早的民变当属宜荆民变，1910年二月份，当调查员在常州宜兴和桥镇调查户口时，恰逢该处瘟疫流行，死人无数，有无知之徒借端造谣，引起乡民疑忌，结果一唱百和，聚集千余人，于二十七日蜂拥至该镇鹅山学校，发生毁学事件，并与前来弹压的官员发生冲突。⑤ 不久常州荆溪之蜀山镇亦因调查户口酿成毁学重案。⑥ 时人一般称之为宜荆民变。此后在各地人口调查过程中，民变不断发生，如武进矜孝、淮南两乡，在宜荆民变影响下，乡民亦群起暴动，矜孝将调查原薄索回，淮南并

---

① 《自治公所筹议调查之进行》，《申报》，1909年10月27日。
② 《苏省调查户口困难之原因》，《申报》，1909年11月11日。
③ 江苏苏属地方自治筹办处编：《江苏自治公报类编》，卷二，文海出版社1989年发行，第125页。
④ 《调查选民之困难》，《申报》，1909年10月24日。
⑤ 《宜兴调查户口之风潮》，《申报》，1910年3月11日。
⑥ 《宜兴调查户口风潮续闻》，《申报》，1910年3月16日。

将办事诸人殴伤。① 其他如镇江丹阳县属南门外各区、②苏州吴县香山地方、③常州阳湖丰南乡、④苏州震泽县属震泽镇落乡五都区吴溇地方、⑤镇江镇郡南乡西十村、⑥镇江镇属金坛县、⑦扬州扬子县城厢、⑧皆发生民变,可谓民变蜂起。时人评论到:"调查户口为筹办自治第一手续,而乃风潮迭起。即以江苏论,扬州也,常州也,通泰也,此倡彼和,闻者寒心,……此风不息,自治终难进行,有筹办之者,竟无策以善其后耶?"⑨

普通的户口调查,为什么会引发如此众多的民变?笔者认为,原因大概有以下五点。

第一,在民智未开之时,一般民众对于新生事物往往持排斥心理。"问天氏"对遍及江苏省的自治民变有如此评论:"开通知识之教育尚未遍及于闾阎,故惟学士大夫能明夫新政之深意,与其不可不行之故。若夫野老乡竖,于一切新政既为平素所未见未闻,一旦接触于耳目间,自不免传为异事,演成不经之说。"⑩户口调查过程中,之所以出现荒诞不经的谣言,与民智未开有着必然的联系。

第二,民众怀疑调查户口是为了抽丁抽税。因为户口调查并非仅仅涉及人口及性别的调查,其还涉及很多相关的名目,根据清末调查户口表可以看到,其调查项目包括尊属、亲属、同居、佣工的姓名、年龄、籍贯、职业、住所等各个方面。⑪ 在民智未开的情况下,这种欲将户籍、自治人口调查毕其功于一役的做法,很容易让人联想起过去派捐派饷的行为,

---

① 《调查户口风潮之滋蔓》,《申报》,1910 年 3 月 22 日。
② 《乡民因调查户口聚众滋事》,《申报》,1910 年 4 月 15 日。
③ 《香山自治公所被毁详情》,《申报》,1910 年 4 月 16 日。
④ 《阳湖调查户口之风潮》,《申报》,1910 年 4 月 19 日。
⑤ 《震泽镇又因调查户口滋闹》,《申报》,1910 年 4 月 24 日。
⑥ 《调查户口风潮寝息之原因》,《申报》,1910 年 4 月 25 日。
⑦ 《金坛调查户口闹事详记》,《申报》,1910 年 4 月 29 日。
⑧ 《扬子县调查风潮详记》,《申报》,1910 年 5 月 31 日。
⑨ 《时评》,《申报》,1910 年 5 月 30 日。
⑩ 《中国大事记》,《东方杂志》1910 年第 7 卷第 4 号。
⑪ 江苏苏属地方自治筹办处编:《江苏自治公报类编》,卷二,文海出版社 1989 年发行,第 122 页。

121

因此,很多人不愿透漏实情。加上新政推行以来,"各省督抚因举办地方要政,又复多方筹款,几同竭泽而渔"①,不免增强了人们的抵触心理。

第三,莠民大肆制造谣言。据苏属自治筹办处的调查,莠民可分为两种:第一种是那些不安分的人,他们"要有事,怕太平,巴不得村庄上有些事情,他好从中取利,或是与本地方有钱的人有些私怨,掀风作浪";另一种则是师巫邪术,说神道鬼,造言生事,信口胡言的人。② 谣言也分两种,一是利用一般民众的迷信心理,宣传调查户口摄人灵魂的谣言。二是利用人们害怕征税的心理,宣传此次调查户口是政府为了派捐派税。更多的是两者兼具。如在对扬州泰兴民变的调查结果中,宁属藩台樊方伯认为,"此次谣诼飞流,始自宜兴,延及东泰,近且上江两县,……江苏虽号开通者,仅止士大夫,非所论于匹夫匹妇也。益以好乱乐祸之奸民,造言煽诱蛊惑。愚民者本不知宪法有何益,调查为何事,其妄相揣测者,疑伏抽丁纳税之根;而素性愚迷者,遂信摄魄勾魂之说,惟其先有疑惧之心,故鼓之而易动"③。

第四,户口调查员在调查过程中借机需索的现象。因为调查员素质良莠不齐,在调查过程中,借机向民众摊派的现象在所难免,结果引发民众的群起抵制。在扬子县城厢调查户口所引发的风潮中,就有坊保"大肆需索,每名须出钱数十文以为纸笔之费。乡愚苦于骚扰,造作浮言,遂有造铁路招生魂,造洋桥取时辰之说"④。泰州调查户口激起民变,原因亦是因有乡约借调查之机索取费用,"每名索钱十文,嗣经该庄董柳浩然知觉,限令将所得之费尽数交还各户,并不准再与闻此事。某遂挟嫌煽惑乡愚,谓此次调查,实系官绅将百姓庚卖与洋人,使用魂魄为之造桥云

---

① 《光绪朝东华录》,第五册,中华书局1958年版,第525页。
② 江苏苏属地方自治筹办处编:《江苏自治公报类编》,卷四至卷六,文海出版社1989年发行,第491—492页。
③ 《宁藩对于调查滋事之政见》,《申报》,1910年5月18日。
④ 《扬子县调查风潮详记》,《申报》,1910年5月31日。

云,于是风潮因之而起"。苏州昆山县因调查户口之民变,亦有"令每户各出纸笔费三十或五十文"的说法。①

第五,户口调查宣传不到位,结果引发谣言,造成民变。如镇江镇属金坛县乡民闹事即"系未多设宣讲所所致。愚民因闻宜兴、荆溪两县棍徒宣传,此次调查姓名以为填造洋桥之用。时适洋人过坛卖药,遂造作谣言,聚众至自治公所,肆意冲打,专与调查各员董为难,滋闹不已,并要求退还调查户口各册"②。

其实,更多的民变往往是综合以上几种因素的结果,如在对震泽县属震泽镇落乡五都区乡民闹事的调查中,官厅有比较详细的分析:"(一)上年各省筹还国债会之事,有四万万人,按人分摊,每人摊若干等语,乡民以为此次调查户口,必按人摊还国债之用。(二)自治经费议定每亩带收五文,乡民已完粮者,近日又纷纷饬令补缴,各乡民多有不愿捐者。(三)各乡调查户口当事者因有镇乡关系(凡满五万人口者为镇,不满五万者为乡),调查时格外详细,凡妇人年岁及母家姓氏住处等项皆一一详询入册,乡民以为别有用处,故如是之详细。(四)调查之后,适某乡有瘟疫,人口死去甚多,乡民以为因此而死,凡入册者恐尽要死矣。有此数事,印入乡人脑筋,故万众一心,无可理喻云。"③

以上诸端表面上看是绅民关系的激化,而深层的原因仍在于官民之间的隔阂。以往官对民往往是以盘剥为能事,官民之间缺乏基本的信任感。因此,当官厅宣传推行地方自治,赋予人们以权利时,不但得不到支持,反而引起人们的猜忌。地方士绅因秉承行政官厅的意旨调查户口,必然成为被直接打击的对象。这其实是官民矛盾的一种变形。在《论调查户口》一文中,其明确指出:"今之一言调查而事变卒起者,以现象言

---

① 《中国大事记》,《东方杂志》1910年第7卷第6号。
② 《金坛调查户口闹事详记》,《申报》,1910年4月29日。
③ 《江震乡民反对调查户口详情》,《申报》,1910年4月29日。

之,固仇视绅董也,而其原实始于仇视官。"①

以上评论颇有见地。就当时情形看,立马解决这些深层次的矛盾是不可能的。所以,只好先从简单易行的方面入手,即广开宣讲所,通过各种宣传来化导人心。这一点引起督宪、苏属自治筹办处、江南筹办地方自治总局以及各级地方官厅的重视。

督宪主张通过张贴宣传品的方式来加强对户口调查的宣传,并特地制订几则白话宣传告示,以下特录告示一则:

> 督宪调查户口禁止谣传白话告示
>
> 照得调查户口系奉旨饬办之事,专为保卫百姓起见。从前办保甲、查门牌与此相仿,不过门牌久成具文,现在既要调查,不得不认真办,即如查问年岁,又问一家男几口,女几口,本是从前查门牌的旧法,凡乡间读书年长之人,必定知道的,朝廷与地方官要保护这地方,先要晓得这地方有多少人口,也是一定的道理,既不是为抽丁,更不是为抽税,大众都可放心。不料江苏各州县近日有人乱造谣言,说调查户口八字是摄人灵魂,此种荒唐奇怪的话,尔等何以公然相信,无论八字叫人知道,也决不会送命,况调查户口只问年岁,决不问八字,至于铁路打桩要用灵魂,更是荒谬绝伦的话,可怜尔等不读书不识字,以致受人之愚。大抵造谣言的,多是匪人,原想趁此闹事,抢劫得财,尔等跟着胡闹等,到拿人问罪,悔之晚矣。本部堂深悯尔愚昧无知,误信谣言,反致身家不保,是以谆谆告诫,不惮苦口。尔等此后须安分守法,听凭调查,才无祸患。此次各属所用调查员,多本县本乡明白之人,由地方官发给费用,断不扰累,民间如有跟随人役,或有需索,以及冒充调查员想来需索的,尔等尽可赴县申诉,或通知公正村董及本地读书人,必能为尔等理直,如尔等凭空滋闹,

---

① 《论调查户口》,《申报》,1910年3月20日。

无故犯法,便怨不得地方官了,凛遵特示。①

在该告示中,对自治人口调查的目的、方法、原因,以及近期谣言惑众、人们的误信谬行等都有所提及,是一个相当全面的宣传品。

苏属地方自治筹办处则颁布《厅州县流通宣讲章程》,详细规定自治宣讲的办法。如每厅州县筹备自治公所应设宣讲员十人,按期派赴各镇乡人口众多地方流通宣讲,各地方自设之宣讲所照常设置。宣讲内容包括人民宜有爱国之思想,国家预备立宪之德意,调查户口之原因,居民与地方之关系及选民之资格,城镇乡自治公所设立之原因,地方自治之有益,普及教育之有益,谣言惑众之不可误听,测量绘图之原因,关于地方自治之各种文告等。宣讲地点设于各乡镇墟集或庙宇等人群密集之处;每赴一地宣讲以十日为期,每日以二小时为限;宣讲时用地方土语,宣讲员并注意记录人数之多寡;宣讲完毕并详询听讲人,若有识字者则发给白话讲义等。②在该处拟定的《整顿自治办法十三条》中,还特别规定"预防乡愚之被煽之方法","由本处详请抚院通饬各厅州县,约束书吏、差役,访拿无赖棍徒,毋任反对自治,煽惑乡愚;其热心自治人员如川沙等处之家被毁者,一律传谕温语抚慰,务令力图地方公益,毋稍灰心;其川沙、南汇、丹阳、丹徒各处应请抚宪派员调查,如有莠民应查照清乡成案办理"。③

江南筹办地方自治总局亦对前此一段时间出现的反自治民变提高警惕。一面取消户口调查所需纸笔费用,一面订立新的办法以防止民变发生,如调查员须明白宣示:一不拉捐,二不抽丁,同时禁止需索。先贴

---

① 江苏苏属地方自治筹办处编:《江苏自治公报类编》,卷七至卷八,文海出版社 1989 年发行,第 408 页。
② 江苏苏属地方自治筹办处编:《江苏自治公报类编》,卷四至卷六,文海出版社 1989 年发行,第 131—132 页。
③ 江苏苏属地方自治筹办处编:《江苏自治公报类编》,卷一至卷三,文海出版社 1989 年发行,第 27 页。

布告,七日后再开始调查。敦请有声望的人士演说,明示不抽捐、不需索之意,凡纳税当兵之套话及缉奸查匪之危言,皆屏勿谈。调查员应择性情平和公平晓事者任之,调查先以联络本地人为主,不可贸然前往。地方官应勤加抽查,使造谣之顽民及办事之随从,皆有所警惕。① 当泰州出现士绅控诉人口调查员不肖的风言时,江南筹办地方自治总局马上派人进行调查,调查结果认为,此并非调查员之问题,而是谣言所致,但为平息谣言,仍要求重新委定"和平诚实,乡望素孚"之调查员。②

地方官厅更是把宣传作为防止自治民变发生的良方。泰兴县因民变迭起暂停户口调查,拟先派人大力宣讲,然后再行调查。③ 华娄两县在县自治筹备公所时,"议定乡镇自治所,亟宜先聘宣讲员,逐处演讲,以开民智,为将来乡自治之基础"④。武阳城厢户口调查之前,做了更加充分的宣传。⑤ 因为有事先的告示宣传以及城中缙绅的示范作用,武阳城人口调查进展比较安静。⑥ 可以说,宣传的效果是比较明显的。在镇乡与县自治的筹备过程中,民变的次数明显减少。即使出现抵触情绪,也往往是小规模的。如武进县鸣凤乡卜弋桥镇某绅不准调查户口者将其所开当铺记入调查簿,有更夫与调查员发生冲突,撕毁调查簿,而呈县调查。⑦ 这是典型的因怕课税而引起的冲突。

但好景不长,在自治推行过程中,因为捐税的征收、官厅的推诿、莠民的煽动、迷信的盛行等,导致民变再次发生,并且比前一阶段来得更加迅猛。其中以松属最为典型。

1911年一月某日,松郡东乡浅蒲泾镇因捐罢市,罢市后,乡众又分数

---

① 《中国大事记》,《东方杂志》1910年第7卷第4期。
② 《调查户口或可改弦更张矣》,《申报》,1910年6月18日。
③ 《泰兴禀报暂停调查户口》,《申报》,1910年5月8日。
④ 《华娄筹办自治之进行》,《申报》,1910年8月7日。
⑤ 《武阳城厢调查户口先声》,《申报》,1910年12月27日。
⑥ 《武阳城乡开始调查户口》,《申报》,1911年1月7日。
⑦ 《卜弋桥调查户口之小风潮》,《申报》,1911年1月19日。

队至新桥镇挨户强赊,导致该镇市面闭歇。之后,民众以市面闭歇,无米可籴,要求新桥自治局负责,结果发生民众捣毁自治局的事件。① 据时人记述,此次事件之发生,与捐税征收有极为密切之关系。② 时隔不久,南汇川沙乡民亦起反对自治。川沙厅西北乡自治事宜由董事吴荫卿主持,其办事处所系暂借唐墓桥镇西南之俞公庙,该地与南汇接壤,俞公庙又是由川南人民集资公建,南汇乡民以川南公立之庙为川沙人独自占据,大为不满,迷信之人,尤以惊动神庙,必有灾殃等词,辗转传说,遂产生拆毁乡董房屋的反自治风潮。浦东川沙乡民则因加捐之说迁怒于新选自治董事,亦相继出现打毁绅董房屋及学校的行为。③ 而另有传闻说,风潮的背后是因为自治公所的烟赌禁令损害了部分人的利益。④ 此次风潮从发生到最后解决,耗时五个月之久,可以说是清末反自治民变中持续时间最长的一次。⑤ 川沙厅长人乡自治副议长艾曾恪对此次民变的原因如此总结:第一,川境自治提前成立,出台严禁烟赌政策,而临邑较宽松,因此引起部分既得利益者的不满;第二,地方行政官厅对肇事者的宽容态度导致事态进一步扩大;第三,巡警对肇事者拿办不力,等等。⑥ 另外,武阳、⑦华亭、南汇、金山、阳湖、邳县等地亦接连发生反自治的风潮。⑧

与前一阶段的自治民变相比,此一阶段的自治民变又出现新的特点。

第一,民变与自治职员素质不高、行政官厅放纵宵小有关。在自治职员中,有不少武断乡曲、劣迹昭著、唯利是图之徒,他们的不法行为是惹起民变的重要原因。如吴县某乡自治副议长借自治名义敲诈乡愚,得

---

① 《钱蒲乡民捣毁自治局之真相》,《申报》,1911年2月26日。
② 《乡民与自治公所为难之又一说》,《申报》,1911年2月28日。
③ 《南汇川沙乡民反对自治之骇闻》,《申报》,1911年3月5日。
④ 《四记川南乡民反对筹办自治之暴动》,《申报》,1911年3月7日。
⑤ 《川沙自治风潮之结果》,《申报》,1911年7月1日。
⑥ 《川沙厅长人乡自治副议长艾曾恪上苏抚禀》,《申报》,1911年3月21日。
⑦ 《武阳又有自治风潮发现》,《申报》,1911年3月16日。
⑧ 《清谈》,《申报》,1911年4月3日。

洋四十元,乡评啧啧,举国皆闻。① 而官厅对宵小的放纵则使矛盾进一步激化,如常城北境丰西乡民因夹城庵事灼伤自治所长戴彬,并两次哄闹公堂。官厅的处理结果是戴彬辞职、闹事者从宽处理。此一结果引起周围各乡筹备自治士绅的反对,皆认为这样会刺激民变,应该严惩闹事者。② 官厅之所以放纵,大概是慑于前一时段自治民变之威力,而放纵的结果,导致民变一再扩大。

第二,民变和权利与义务的不平衡有关。时人曾如此评论:"在办理地方自治者,则曰我辈为地方谋公益,则地方应担纳捐之义务。此言固甚正当,而乡民则谓我辈权利未享,而义务先增加无已,于是两相凿枘而冲突以起。"其进一步举例说:"他县我弗知,即以某县城区自治局论,自开办至今八阅月中之费用,观决算表约四千五百元,而用之于公益事业者,仅四百余元而已,此外皆用之于薪水、装饰及一切杂用之途。所谓用之于公益事业者,不过筑一模范路及修一二桥脚而已,而所谓模范路者,石子棱起,平民怨声载道,咸谓不如不修。为愈自治如此,而欲愚民之欢然,无间岂可得耶?窃愿此后之办理自治者,切实撙节,不求形式,量力而后动,庶可以弭祸乱而望发达。"③另外,在地方自治筹办的过程中,"小民无知,未见自治的好处,先受捐钱的影响"④,自然容易被人煽惑,激起民变。

第三,民变与部分既得利益者的煽动有关。如那些师巫邪术的人,平日胡说乱道,专以鬼神哄人,一旦自治发达,迷信被破除,其发财之道必然受阻,所以竭力破坏。再如一些顽钝之人,平时恃符横行乡里,或依善堂为窟穴的,一旦自治兴起,便觉不便于己,因屡思推倒自治。而地方

---

① 江苏苏属地方自治筹办处编:《江苏自治公报类编》,卷四至卷六,文海出版社1989年发行,第531—532页。
② 《常守对付自治风潮之物议》,《申报》,1911年4月4日。
③ 《危哉自治之前途》,《申报》,1911年4月3日。
④ 江苏苏属地方自治筹办处编:《江苏自治公报类编》,卷四至卷六,文海出版社1989年发行,第531—532页。

上的失业无赖,则趁机兴风作浪。① 即如禁绝烟赌一事,本来是国策,但是其发布文告及执行者皆为地方自治机关,因此必然引起那些既得利益者的不满,而将这笔账记在地方自治机关的头上。在川沙自治风潮中,部分胥吏实是烟赌的获利者,对于民众的反自治行为,采取的就是教唆与煽动的态度。② 有人指出,地方自治推行之后,自治公所在地方事务中的地位大增,但是其所推行政策对大部分人有利,对另外一部分人可能有损,故容易引起反抗。另外,长久生活于专制之下的人民对于官厅的命令视为当然,对于地方绅董的命令则往往不屑,因此,自治机关所颁布之章程并不为一般人所重视。加之官厅往往将地方事务皆委之于地方,自己不负责任。这势必导致自治公所在政策推行过程中负担增加,并成为责难的对象。③ 同时,地方上公款公产以淫庙荒寺及僧道观院为最多,在崇鬼祀神之迷信一时难以破除的情况下,一旦庙宇遭到侵犯,必然引起民众的反对。④

由此可见,此一阶段反自治民变的发生,有着更为复杂的原因,民众的迷信心理、官厅的放纵心态、既得利益者的教唆、自治职员的行为不当等,都可能导致民变发生。

当然,前后两个阶段亦有相同之处。如民变往往与民众的迷信心理有关。自治推行过程中,皆有投机者利用人民迷信鬼神的心理,来煽动民众反对自治。如川沙之民变,即有"惊动神庙,必有灾殃"的说法;而武阳阳湖丰西乡之民变的直接原因则是自治公所设于僧庵内,该庵因盗案被封充公,而乡人却迁怒于自治公所。⑤ 再如,民变与自治加捐的传闻有关。如川沙之民变,就有自治加捐的传闻。"松属绅民冲突之风潮可谓

---

① 江苏苏属地方自治筹办处编:《江苏自治公报类编》,卷四至卷六,文海出版社 1989 年发行,第 529 页。
② 《川沙自治风潮讯供之魔障》,《申报》,1911 年 4 月 14 日。
③ 醒:《论办理地方自治亟宜改变方针》,《申报》,1911 年 3 月 14 日。
④ 醒:《论办理地方自治亟宜改变方针》,《申报》,1911 年 3 月 13 日。
⑤ 《武阳又有自治风潮发现》,《申报》,1911 年 3 月 16 日。

烈矣！华亭也,川沙也,南汇也,金山也,其近因虽各有不同,而远因则终不外乎民穷财尽四字。"①因此,一旦有加捐谣言,便极易引发民众的骚动。时人对此评论到:"如欲执行地方政事,势非另筹款项不可,欲筹款项,又无他策,惟有抽收捐款,取之于民而已,小民不见办理自治之益,但闻剥削小民之事,于是众愤难遏,风潮遂由之而起,是则自治风潮之起。"②另外,学校往往占用旧有之祠观庙庵,久为笃信鬼神之民众所不满,作为自治捐税的分享者及地方自治的宣传之所,往往成为被攻击的对象。《东方杂志》曾记载几例,很能说明问题:江都县嘶马镇一所初等小学堂被焚毁,堂长及庶务员均遭毁辱;杨家桥蒙学堂被捣毁,教员两人被殴伤,以上两案皆因"抽取学捐,乡民积怨而起"。梁垛场西堤一所高等小学堂被拆毁,"则缘改佛寺为学堂,乡民不悦而起,适遇毁学风潮极烈之时,遂乘机暴动"。③

总之,在清末地方自治推行的过程中,反自治民变是相伴始终的一种现象。除上文所列民变产生的直接诱因之外,更深层的原因则在于地方自治的推行使士绅阶层进一步分化,成分的分化则导致其功能的异化。王先明认为,在清末新政时期,士绅阶层出现多向流动的现象,"不仅使它所拥有的'功名'身份逐步失落而不再构成一个特定封建等级,它还被日趋细化的新兴社会职业所接纳而趋于分化"④。具体到地方自治,则是在地方自治推行的过程中,造就了一批"新官绅"⑤(即前文所谓"权绅"),如在苏省自治人口调查的告示中,其直接把自治职员比喻为"从前的秀才举人"⑥,很能反映一般人的心理与认识。这些人因依靠体制内强

---

① 《危哉自治之前途》,《申报》,1911年4月3日。
② 醒:《论办理地方自治亟宜改变方针》,《申报》,1911年3月13日。
③ 《中国大事记》,《东方杂志》1910年第7卷第4号。
④ 王先明:《中国近代绅士阶层的社会流动》,《历史研究》1993年第2期,第94页。
⑤ 魏光奇把清末地方自治推行之后,占据基层社会主导地位的所有地方精英统称为"新官绅阶层"。参见魏光奇:《官治与自治——20世纪上半期的中国县制》,商务印书馆2004年版。
⑥ 江苏苏属地方自治筹办处编:《江苏自治公报类编》,卷七至卷八,文海出版社1989年发行,第425—426页。

制力量而成为区域社会的管理者。与传统正绅不同,他们既然以体制内强制力量为权威源泉,必然以国家代理人的身份来执行行政官厅的政令,这无形中增加了民众与地方士绅之间的新隔阂,"昔之所患在官与民隔膜,今之所患又在绅士与民分畛域"①。同时,地方自治把士绅阶层纳入体制内,导致绅权的扩张,他们在分享本属于行政官厅的职能的同时,也使官民之间的矛盾转变为绅民之间的冲突。事实证明,在反自治民变中,民众矛头多直指地方绅董等自治职员,进一步证明绅民关系的紧张。在王先明的研究中,其将"绅民冲突"骤然升高的趋向视为清末新政的时代特征。② 这进一步证明此一阶段绅民关系的紧张具有积累性和普遍性。在绅民冲突中,一些刁滑之徒利用一般愚民的迷信心理,推波助澜,最终造成此伏彼起的反自治民变。从理论上讲,因为第三领域领导成分的变化,导致其缓冲功能逐渐被削弱,使原本处于相对"隔绝"状态的国家与基层社会直面的机会增多,当利益对立时,博弈成为常态,矛盾的激化成为必然。

(二) 自治区域划分中的争端

在地方自治推行的过程中,自治区域之划定是另外一项基本事务。但是,因为中国县级行政界域向来混淆不清,这给清末自治区域的划定造成很大的困难,这是自治区域划分过程中,导致众多纠纷的直接原因。"自城乡分区之问题起,凡区域未定者,纷纷聚讼。"③而利益纠葛则是隐藏在区域划分纠纷背后的根源,"至于边界之分割,区域之分合,纷纷聚讼,虽属私意,然还是为地方上起见,并非为个人起见,私意之中,犹有公心,不过见理未透,于权利义务的分际未能了然于心,徒争意气,无当事

---

① 雨:《论化导人心为今日地方绅士之责》,《申报》,1910年4月6日。
② 王先明:《历史记忆与社会重构》,《历史研究》2010年第3期,第9页。
③ 《无锡西门外廿二六遐字图内惠山街应归城区议》,《申报》,1910年3月29日。

实罢了"①。不管公心还是私心,利益纠葛才是核心。通过对这些纠纷的分析,也许能够更好地明了地方精英在地方自治推行过程中所扮演的角色。

常州武阳城乡区域划分之争在众多纠纷中最为典型。根据武阳志书中所载,武阳城内外共有十八坊厢,因城外坊厢之事向来归城中办理,故此次筹办自治时,自治公所将城外坊厢并入城之区域。在开调查员谈话会时,西门外某君对此提出异议,认为城外坊厢为各乡之第一图,应归入乡之区域。② 由此开始了长达一年的自治区域划分之争。

为了避免区域划分之纠纷,苏属自治筹办处曾拟定办法四则:"甲、城区域以城厢为准,厢之界未划定者,以街市毗连为断,不拘区图,但中间间隔半里以上者,不得以毗连论。乙、镇乡区域以旧时某镇某乡所辖各都图为准(其他与镇乡同等之名称应比照办理)。丙、凡镇乡固有区域不满五十方里者,应行合并,过三百方里者应行分析。丁、凡一街市跨连二镇乡以上,同在本府厅县内者,当以小者合并于大者。"③但是,该办法在武阳城乡之争中并未见效。苏属自治筹办处派沈保申来常州,会同府县召集城乡士绅协议划区事宜,沈保申之意是按照筹办处拟定之区域划定标准解决问题,根据此一标准,十八坊厢将被割去不少。对此,城绅作出有限让步,而乡绅却不满意,问题只好呈请督抚核定。④ 在呈请督抚核定之前,自治筹备处先定折中意见,"按照武阳旧志,凡舆地门所列之街巷,一一划入城厢公所办理,其余村庄一律归入乡区,以昭公允"⑤。但是,这种意见亦不为武阳乡绅所接受。本定于1月6日召集的划区协商

---

① 江苏苏属地方自治筹办处编:《江苏自治公报类编》,卷四至卷六,文海出版社1989年发行,第559—560页。
② 《自治公所区域之争议》,《申报》,1909年10月1日。
③ 《解决自治区域问题》,《申报》,1909年11月22日。
④ 《解决城乡区域问题之困难》,《申报》,1909年11月20日。
⑤ 《城乡区域问题之解决》,《申报》,1909年11月28日。

会,以乡绅不出席而未果。① 在 2 月 25 日的会议上,因乡绅坚持己见,区域划分问题仍未解决。② 是年 2 月,武阳城公所为尽快将选民调查完毕,拟将城内选民原簿交监督,然后再造正册。结果引起城绅的愤怒,因为这种方式意味着将城厢分离,不啻于再次巨大让步。③ 最终,武阳筹备城镇乡自治公所因区域问题拖延不决,延误自治推行之期,商议全体辞职,以让贤能。④ 苏属自治筹办处不得不再次派员赴常调查,但受到各乡绅的排斥。⑤ 最后,筹办处调查员沈某与府县商酌,决定由官府联合城乡士绅共同调查,以早日完成区域划分,而利自治之推进。⑥

人们之所以在自治区域划分上争执不下,实质上与现实利益的分割有相当之关系。根据费孝通"差序格局"这一理论,地方士绅的权力范围,是以个人为中心对其所处区域社会产生涟漪扩散般的辐射,在原来自然形成的、无明确疆界的传统社会,这种辐射波将通过姻亲、朋友圈子等不断向外扩散。而一旦划定清楚的经界,其"势力范围"势必受到影响。因此,为了获得更大的利益,其对区域划分是十分关注的,当划分标准危及其区域社会的势力范围时,区域纠纷也就产生了。对于此一点,时人的认识是深刻的。"自治之障碍有二,一为经费支绌,一为区董纷争。然经费之支绌苟得人以筹划之,究亦可以逐渐进行。至于各挟私见,以相争执,则无论经费之无着也,即使经费充足,亦将以私计滋出,而贻累地方。今之纷纷争执者,岂非处于私见乎? 挟私见以言自治,何自治之可言!"⑦结合江苏省的实际情况,笔者试将各种纠纷分为以下四种类型。

---

① 《乡人竞争区域之毅力》,《申报》,1910 年 1 月 9 日。
② 《区域问题解决之为难》,《申报》,1910 年 3 月 1 日。
③ 《自治区域纷争之讼案》,《申报》,1910 年 3 月 27 日。
④ 《武阳自治公所全体职员辞职》,《申报》,1910 年 5 月 5 日。
⑤ 《武阳区域争议之近状》,《申报》,1910 年 5 月 17 日。
⑥ 《武阳区域纷争之结果》,《申报》,1910 年 5 月 19 日。
⑦ 《时评》,《申报》,1910 年 9 月 24 日。

第一,因经济利益而导致区域划分纠纷。如在无锡城厢与开原乡对惠山街的争夺中,便有明显的经济因素掺杂其间。在城者认为,"开原全乡之财用,胥惟惠山一隅是赖。前日之惠山,一切教育经费,修除道路经费,以及种种公用经费,多得之城中之补助,一旦割而弃之,既补助之顿绝,且朘削之无益。惠山之脂膏,其□供此诛求乎,况固有区域内之地,岂容作调人之酬品"①。非常明显,开原乡争夺惠山街的原因在于惠山街给其带来的经济利益。

第二,因政治权益而导致区域划分之纠纷。根据《城镇乡地方自治章程》第二条、第二十三条、第二十四条之规定,②乡镇级别的划分是以人口为标准的,满五万者为镇,不满五万者为乡,因此人口的多寡在自治级别的划分中具有决定性的意义。而不同的自治级别,权利往往有别,当人口过少时,各乡有免设自治职及被临近之城镇合并的可能。因此,在体制强制力量成为区域社会权威源泉的时候,被合并于其他地方,实非地方精英所愿。有人指出,"我省各处诉讼,有的是为了区域问题,不是某处强并了某处,定是某处不愿附属某处"。特别是对镇乡议员名额的规定亦是以人口为标准的,虽然人口多寡对于当选自治职员的几率相同,但对于部分人却具有决定性的意义。

第三,地方精英的势力范围问题是导致区域纠纷的重要原因之一。

---

① 《无锡西门外廿二六遐字图内惠山街应归城区议》,《申报》,1910年3月29日。
② 《城镇乡地方自治章程》第二条,凡府厅州县治城厢地方为城,其余市镇村庄屯集等各地方,人口满五万以上者为镇,人口不满五万者为乡。第十二条,乡有户口过少,其选民全数不足议员最少定额十倍之数者,得不设置自治职,与同一管辖区内临近之城镇乡合并办理。若因地方情形不便合并者,除按章设置乡董外,得不设乡议事会,以乡选民会代之。第二十三条,城镇议会议员,以二十名为定额。城镇人口满五万五千者,得于前项定额外,增设议员一名。自此以上,每加人口五千,得增议员一名,至多以六十名为限。第二十四条,乡议事会议员,按照人口之数定之,其比例如左:人口不满二千五百者,议员六名,人口两千五百以上不满五千者,议员八名,人口五千以下不满一万者,议员十名,人口一万以上不满二万者,议员十二名,人口二万以上不满三万者,议员十四名,人口三万以上不满四万者,议员十六名,人口四万以上者,议员十八名。徐秀丽编:《中国近代乡村自治法规选编》,中华书局2004年版。

前面已经提及,地方精英的权力辐射范围与行政区域的范围有密切的关系。① 此一点在松郡东北乡赵家、太平、陈家行、沙港、新桥、十字、车墩、梵修八庄士绅在自治区域划分中表现可见一斑。根据官厅意见,拟将赵、太、陈、沙四庄划为一区,新、十、车、梵四庄划为另一区。但是因为新桥庄董为陈家行人,该庄董害怕经划分后,失去新桥积善堂等权利,大力阻梗,意欲将新、十、车、梵、陈、沙六庄合为一区。新、十"绅民亦以不甘受外界钳制,力求与陈沙分立",此举得到车、梵二庄士绅的支持。② 最后,由自治监督一锤定音,暂按赵、太、陈、沙为一区,新、十、车、梵为一区的方式办理。③ 由此可见,在地方自治本地人治本地事的原则下,区域的重新划分将危及部分人的利益,同时也会惠及某一部分人,这正是纠纷不断的根源之所在。

另外,对自治章程的曲解,亦是产生争执的原因之一。如在锡金城乡的划分过程中,就有乡董蒋遇春倡言,"城自治区,当以城为限"。对此,裘廷梁反驳说"蒋君仅知巍然在目者城,而不悟章程城厢之连及,故今日之争,城不必论,当论厢,厢在城内者不必论,论城外之厢"④。背后有无其他利益纠葛,不能武断下结论。

国家以统一法令来规定自治区域划分的标准,实质上却打破了地方上原有的利益格局,这种强势行为必然导致国家与地方精英之间产生矛盾,为了维护固有利益,地方精英与国家政令相抗衡自在情理之中。另外,在自治区域划分的纠纷中,新、旧地方精英之间的矛盾与斗争亦进一步激化。

---

① 江苏苏属地方自治筹办处编:《江苏自治公报类编》,卷四至卷六,文海出版社1989年发行,第515页。
② 《乡自治互争区域原因》,《申报》,1910年9月8日。
③ 《监督解决争区》,《申报》,1910年9月22日。
④ 裘廷梁:《锡金城区议》,《申报》,1909年10月11日。

第四节　江苏地方自治的官治化趋势

一、控制与整合：清廷自治章程分析

1908年7月,民政部将本部所拟《城镇乡地方自治章程》转宪政编查馆核议。宪政编查馆经核议并修改之后,于12月公布,宪政编查馆认为"咨议局议员选举系用复选举制度,现在自治职员选举宜用单选举制度,繁简各殊,一切规制势难通用。且选举人不分等级,尤宜使刁生劣监挟平民冒滥充选,殊非为地方兴利除弊之道"①。所以,在《城镇乡地方自治章程》之外,又单独颁布《城镇乡地方自治选举章程》。

《城镇乡地方自治章程》凡九章一百十二条,分别为:总纲、城镇乡议事会、城镇董事会、乡董、自治经费、自治监督、罚则、文书程式、附条等。

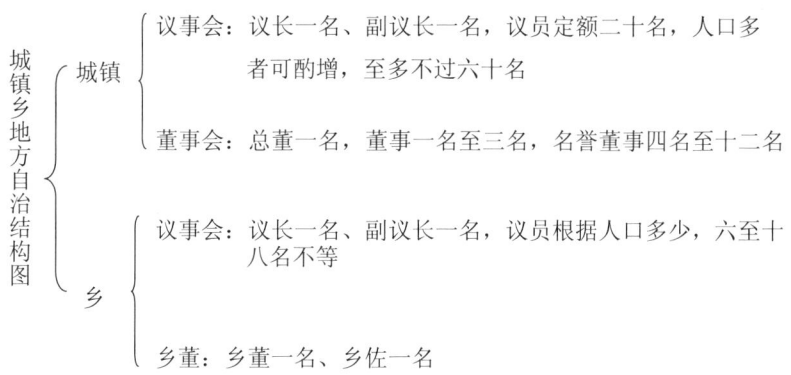

注：1. 议事会设文牍、庶务等员,由议长、副议长遴派。
　　2. 董事会(或乡董)设文牍、庶务等员,由总董(或乡董)遴派。
　　3. 乡还设乡选民会议,由本乡选民全数充之。其职任权限照乡议事会办理。
　　4. 议事会、董事会(或乡董)办公之地为城镇乡自治公所。

图3-1　城镇乡地方自治结构图

---

① 故宫博物院明清档案部编：《清末筹备立宪档案史料》,中华书局出版1979年版,第725页。

在《总纲》中,其明确规定:"地方自治以专办地方公益事宜,辅佐官治为主。按照定章,由地方公选合格绅民,受地方官监督办理。"①该条款透漏出三条关键信息:一是地方自治是官治的补充;二是地方自治的执行者为合格绅民;三是地方自治接受行政官厅的监督。

第一点是对地方自治的定位,决定了地方自治机关与行政官厅难以分庭抗礼的弱势地位。从这一刻起,地方自治便与官僚体制形成辅助与主导的关系,这种不对等的关系是中国近代地方自治推行过程中所遭遇的困境之一。

第二点所谓合格绅民还有其他种种条件限制,如章程对于选民资格又作如下限定:一、有本国国籍者,二、男子年满二十五岁者,三、居本城镇乡接续至三年以上者,四、年纳正税(指解部库司库支销之各项租税而言)或本地方公益捐二元以上者。如居民内有素行公正,众望允孚者,虽不备第三、第四款之资格,亦得以城镇乡议事会之议决,作为选民。若有纳正税或公益捐较本地选民内纳捐最多之人所纳尤多者,虽不备第二、第三款之资格,亦得作为选民。如此规定,能够获得选民资格者,或财产或德行,二者必具其一。但有下列情形者不得为选民:一、品行悖谬,营私武断,确有实据者,二、曾处监禁以上之刑者、三、营业不正者,其范围以规约定之,四、失财产上之信用,被人控实尚未清结者,五、吸食鸦片者,六、有心疾者,七、不识文字者。这七种人中,前六种尚属合理,第七种则有完全不顾社会现实之嫌,以当时中国文盲占绝对多数的现实来看,此一限制不啻于把大部分人排斥在选举之外。层层限制之后,剩下的便是凤毛麟角,即所谓的地方精英。具备选民之资格者,有选举自治职员及被选举为自治职员之权。但下列人等,仍然不得选举自治职员及被选举为自治职员:一、现任本地方官吏者,二、现充军人者、三、现充本地方巡警者,四、现为僧道及其他宗教师者。并特别规定,现在学堂肄业

---

① 故宫博物院明清档案部编:《清末筹备立宪档案史料》,中华书局出版1979年版,第728页。

者,不得被选举为自治职员。① 这样规定之后,女子、贫民百姓、文盲、特殊职业者等皆丧失选举及被选举权,结果自治职员的选举与被选举成为少数人的特权,地方自治亦成为少数人的"专制"。

至于官厅之监督,根据该章程第 102、103 条之规定,城镇乡自治职,受该管地方官的严格监督,不但可以纠正自治机构的行为,而且还对自治机构办理自治成绩、预算决算表册有定期查验上报的权力;并且地方官还有呈请督抚解散或撤销城镇乡议事会、董事会以及自治职员的权力,等等。纵观整个章程,独不见地方自治机构对行政官厅的监督,这必然导致自治机关和自治职员仰官厅之鼻息,难以形成独立人格的局面,这种施舍性的权力赋予使地方自治处于随时被取消的境地。既然其存续的前提是以官厅的意志为意志,那么,地方自治势必沦为国家渗透基层社会的工具。

另外,根据《城镇乡地方自治章程》可以看到,议事会、董事会(或乡董)、行政官厅之间形成议事会与董事会相互制约,官厅从中制衡的权力关系:如议事会议决事件,由议长、副议长呈报该管地方官查核后,移交城镇董事会或乡董按章执行。议事会有选举城镇乡董事会职员,或乡董乡佐,及监察其执行事务之权,并得检阅其各项文牍,及收支账目。议事会于地方行政与自治事宜有关系各件,得条陈所见,呈候地方官核办。议事会于城镇董事或乡董所定执行方法,视为逾越权限,或违背律例章程,或妨碍公益者,得声明缘由,止其执行。若城镇董事或乡董坚持不改,得移交府厅州县议事会公断。若于府厅州县议事会之公断有不服时,得呈由地方官核断。如再不服,由地方官申请督抚交咨议局公断。同样,董事会于议事会议决事件,视为逾越权限,或违背律例章程,或妨碍公益者,得声明缘由,交议事会复议。若议事会坚持不改,得移交府厅

---

① 故宫博物院明清档案部编:《清末筹备立宪档案史料》,中华书局出版 1979 年版,第 730—731 页。

州县议事会公断。仍不服者得呈由地方官核断。如再不服，由地方官申请督抚交咨议局公断。由此可知，在议事会与董事会（或乡董）的权力制衡中，行政官厅往往穿插于其间，这种仲裁权的取得使地方自治难以摆脱行政官厅的钳制。从国家、社会、第三领域的分层理论来看，此一阶段的地方自治仍多"绅治"的味道，地方士绅进入体制内的结果却是以缓冲作用的削弱为代价的。清末地方自治推行的过程，必将成为第三领域不断遭到侵蚀的过程。

以上多为《城镇乡地方自治章程》的不足，但并不能掩盖其划时代的进步意义。其进步之处在于引进西方地方自治制中的部分民主因素，如选举制，在自治职员的产生过程中，虽然行政官厅会起到部分作用，但仍然规定以选举为主。遵循基本的民主程序，这无疑是历史的一大进步。再如任期制，根据《城镇乡地方自治章程》的规定，所有的自治职都是有任期的，流动性的自治职位，总会给在职者一定的压力，促使其努力办事，而不是尸位素餐。又如回避制，这样能更有效地防止以私害公，促进公正、公平。

根据预备立宪大纲之地方自治推行时间表，1909年，清廷颁布《府厅州县地方自治章程》与《府厅州县地方自治选举章程》。《府厅州县地方自治章程》，凡八章一百零五条，包括总纲、府厅州县议事会、府厅州县参事会、府厅州县自治行政、府厅州县财政、府厅州县自治监督、文书程式、附条等。

与《城镇乡地方自治章程》相比，《府厅州县地方自治章程》有以下两个主要特点。

第一，进一步突出行政官厅的作用。就地方自治事宜的议决与执行来看，府厅州县自治事务的执行者为行政官厅，而不是经过选举产生的自治职员。更有甚者，在府厅州县自治行政一章，有如下规定：府厅州县议事会或参事会之议决及选举，如有逾越权限或违背法令者，该官长得说明原委事由，即行撤销或将其议决事件交令复议，若仍执前议得撤销

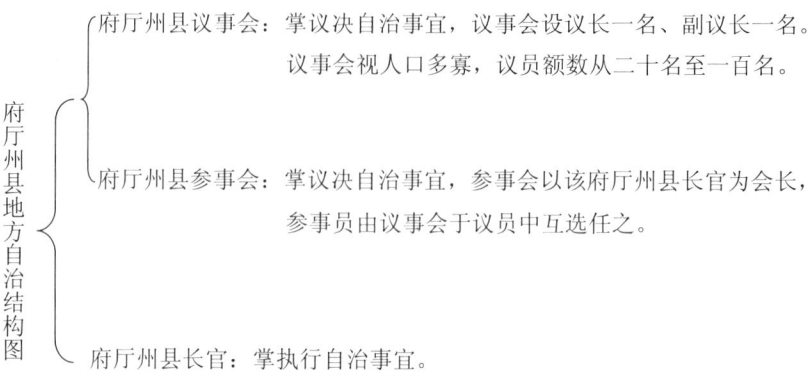

图 3-2　府厅州县地方自治结构图

之,若议事会或参事会不服前项之撤销者,得呈请行政审判衙门处理,行政审判衙门未经设立以前,暂由各省会议厅处理之。府厅州县长官遇议事会不赴召集或不能成立或遇紧急事件不及召集议事会时,得将该事件交参事会代议,议事会于应行议决之事件不能议决或闭会期届尚未议决者亦同。府厅州县长官遇参事会不赴召集或不能成立时,得将该事件申请督抚核准施行,参事会于应行议决之事件不能议决者亦同。这些规定对议事会的议决权形成极大的威胁。在自治监督一章中则进一步彰显官厅的权威:府厅州县自治由本省督抚监督之,仍受成于民政部,其关系各部所管事务并受成于各部。监督官府如以府厅州县之预算为不适当者,得削减之。督抚遇有不得已情节,得咨请民政部解散府厅州县议事会,等等。① 时人评论到:"宪政馆对于上级自治章程改董事会为参事会,采用日本制度也。然地方自治总以宽予民权为主义,今宪政馆必欲严格以待之,予府厅州县以得交令复议及撤销议事会参事会、议决事件之权,

---

① 《国风报》,1910 年第 5 号,第 89 页。

并删除议事会议决自治规约之权,则地方自治尚有何权可操! 而他日办事多牵掣可预决也。吾不知宪政馆对于各种新法令之编制,必事事取法于日本严重之制度,以缩民权而张官权,果何为也欤。"①此一评价可谓一语中的。

第二,议事会与参事会功能重复。《府厅州县地方自治章程》规定议事会与参事会都掌握地方自治议决之权,而且参事会权限明显大于议事会。根据该章程规定,议事会主要功能在于地方自治经费的岁出入决算、预算、筹集办法、处理办法等,另外还包括城镇乡议事会应议决而不能议决的事件,其余依据法令属于议事会权限内的事件等。参事会所议决范围则有"一、议决议事会议决事件之执行方法及其次第,二、议决议事会委托本会代议事件,三、议决府厅州县长官交本会代议事会议决之事件,四、审查府厅州县长官提交议事会之议案,五、议决本府厅州县全体诉讼及其和解事件,六、公断和解城镇乡自治之权限争议事件,七、其余依据法令属于参事会权限内之事件",②等等。另外,鉴于参事会的会长为厅州县的最高长官,有可能会造成行政官厅对议事会议决权限的进一步侵蚀,如参事会可以"议决府厅州县长官交本会代议事会议决之事件"的规定,当官厅不愿将议案提交议事会时,完全可以直接提交参事会进行议决。有人评论道:"宪政馆既以官治与自治合并为主义,则不得不改董事会为参事会,夺董事会执行权寄诸府厅州县长官,而以参事会为常设之议决机关。然议决机关既有议事会,在今又增一参事会,是两议决机关也。夫既不欲有执行机关之董事会,则直去之可也,何必再添一议决机关,致涉骈枝之诮。"③

总之,与《城镇乡地方自治章程》相比,《府厅州县地方自治章程》更加凸显行政官厅的意志,这实与当局者的意图是相符的。在宪政编查馆

---

① 《时评》,《申报》,1910 年 2 月 25 日。
② 《国风报》,1910 年第 5 号,第 87—88 页。
③ 《时评》,《申报》,1910 年 2 月 24 日。

上奏清廷的奏折中,对地方自治应注意事件如此解释:"地方自治既所以辅官治之不及,则凡属官治之事,自不在自治范围之中。查各直省地方局所,向归绅士经理者,其与官府权限,初无一定,于是视官绅势力之强弱,以为其范围之消长。争而不胜,则互相疾视,势同水火。近年以来,因官绅积不相能,动至生事害公者,弊皆官民分际不明,范围不定之所致。""自治之事既渊源于国权,即应受监督于官府,法理当然,无待烦称。所虑官不知所以监督之道,宽猛一失其宜,不独戕折良民自治之机,亦且为长奸启侮之渐。兹故以监督重权,上寄民政部及各省督抚,下畀于地方官吏,并确示监督条款,特订自治职员罚则,俾得按章督责,无敢非恕,庶自治区域虽多,而一一就我准绳,不至自为风气,自治职员虽众,而一一纳之轨物,不至紊乱纲纪。"①以此而言,清末行政官厅所主导的地方自治完全采取一种自上而下的推行方式,权利的分配则完全视地方行政官厅的意思,在纵向分权不明确的情况下,基层民众的主动参与精神将大受打击。王萍一针见血地指出,根据《城镇乡地方自治章程》和《府厅州县地方自治章程》的内容来看,"都是抄袭日本的制度",日本的地方自治仍然停留在官治阶段,中国的地方自治当然大打折扣,"人民除了选举自治职员外,别无权力可言"。②

二、"官为主导,绅为主体":江苏地方自治的性质

在清末江苏地方自治筹办的过程中,行政官厅始终处于主导地位,从自治法令的制订、颁布到付诸实践,基本是行政官厅在运筹帷幄。同时,行政官厅亦清楚,仅靠自身的有限力量,是难以将各项自治法令贯彻下去的,必须依靠基层社会中的地方精英,因此,在清末地方自治推行的

---

① 故宫博物院明清档案部编:《清末筹备立宪档案史料》,中华书局出版1979年版,第726—727页。
② 《广东省的地方自治——民国二十年代》,"中央研究院"《近代史研究所集刊》,第7期,1978年6月版,第485页。

过程中,真正躬身实践的仍然是基层社会中的地方精英们,行政官厅则手持监督的利器,左右其在预定的路径上行走。因此,对于清廷所主导的江苏地方自治,可以定性为"官为主导,绅为主体",以下结合江苏地方自治筹办的进程,试加以分析论证。

(一)各级自治筹备公所

首先,就各级自治筹备公所的规约来看,对自治筹备过程中官、绅的作用都有明确的界定。在长元吴城厢自治筹备公所规约中有如下明确规定:"本公所一切事务由地方长官照会郡绅,由各公益团体之领袖及热心士绅协力分任之。调查户口章程第六条调查职员未经选出以前,所有调查事务由本公所酌定相当士绅定期举办,其调查细则另定之。经费在自治公所未成立前议由官绅各半筹垫,其认垫者及垫数别以议案载存之。本公所呈由地方官及省城自治筹办处准办,惟所办系筹备自治公所,不请刊发图记。"①因此,从自治筹备公所之创办者、调查户口人员的确定、自治经费的筹集、合法性来源等几个方面来看,都能说明自治筹备公所之"官为主导,绅为主体"的性质。

其次,就各级自治筹备公所的成立来看,基本是由行政官厅召集地方士绅集议成立。如在接到苏州巡抚颁发的城镇乡自治章程后,常州武阳两邑长官马上照会劝学所、教育会、商会、乡董公所各团体,筹议办法。6月27日,各团体假商会筹议此事,并请两邑长官莅会,拟以双桂坊忠义祠为城自治筹备公所,公推恽莘耕观察为所长,某绅为副所长,某绅为驻所办事员,俟两邑官长照会后,即可成立。②扬属勦伯镇自治宣讲所于6月22日开会,参加者均为绅商学界人士。③6月30日勦伯镇官绅借来鹤寺开特别大会,组织自治筹备公所,甘泉万县令登台演说并捐贴经费七

---

① 《自治筹备公所订定规约》,《申报》,1909年8月17日。
② 《武阳自治公所之开幕》,《申报》,1909年6月28日。
③ 《研究自治之一斑》,《申报》,1909年6月29日。

十千文以示提倡。① 松江青浦县西乡珠家阁镇绅商学界于6月27日午后，在城隍庙米行厅议设地方自治研究公所，演说自治进行程序，推举正副会长等。② 7月3日，华娄张、刘两县令邀集城乡绅士就普照寺会议地方自治事宜，就华娄分合问题、局所、经费、职员等进行讨议，特别是职员一项，"本应公举，现在局所未开，暂由两邑令择委士绅十二人作为干事员"。③ 7月2日，昆新两邑绅商学界借顾亭林先生祠开会，昆山、新阳两县令均到场，城乡各团体到会者一百余人。④ 长洲赵县令会同本地热心公益之绅商，商榷办理地方自治事宜。⑤ 再如扬州之江甘⑥、太仓之太镇⑦、苏州之吴震⑧、无锡之锡金⑨等皆是在地方行政长官的督促下，由绅学商集议设立自治筹办公所的。

根据苏属自治筹办处拟定的各厅州县自治筹备日期详表，在江苏各城镇乡自治机关陆续成立的同时，县自治的筹备亦逐渐展开。1910年7月20日，锡金城乡各绅在劝学所会议县自治筹备事宜。⑩ 松江南汇县城镇乡筹备地方自治总公所，在奉到省自治筹办处颁发的厅州县地方自治筹备日期详表后，即遵令将城镇乡自治筹备公所撤去，改为县自治筹备公所。并邀集四乡各绅，拟于7月26日各在本镇乡地方邀集区内绅士，举定职员，设立各镇乡调查事务所，以为将来县自治之预备。⑪ 常州武阳两邑则拟将原来之乡董公所裁撤，提取原有经费三分之二为筹备县自治

---

① 《邵伯镇组织自治公所情形》，《申报》，1909年7月8日。
② 《珠家阁镇议设研究自治公所》，《申报》，1909年7月4日。
③ 《娄县会议自治事宜》，《申报》，1909年7月5日。
④ 《昆新自治公所成立》，《申报》，1909年7月8日。
⑤ 《照会士绅组织自治公所》，《申报》，1909年7月12日。
⑥ 《江甘自治合办之先声》，《申报》，1909年7月13日。
⑦ 《太镇地方自治研究所成立》，《申报》，1909年7月26日。
⑧ 《江震城厢自治公所成立》，《申报》，1909年7月27日。
⑨ 《锡金自治公所开幕》，《申报》，1909年7月29日。
⑩ 《集议筹备县自治办法》，《申报》，1910年7月27日。
⑪ 《南汇二团乡筹备自治》，《申报》，1910年7月30日。

经费之用,①并于 6 月 19 日开正式成立会。② 松江华娄张刘两县令,于 8 月 5 日会同两县士绅会议举办县自治事宜。③ 苏省自治筹办处亦札催各属组织县自治筹备公所,"并定该公所内应先多设宣讲所,派员分赴各镇乡宣讲自治原理,开导一切,以免阻滞"④。

总之,从自治筹备公所建立的过程可以看到,行政官厅与地方精英是一种主导与主体的关系。这种合作关系在利益不一致时,亦会发生矛盾。如扬州江甘自治公所在选举自治职员过程中,行政官厅的专制行为遭到与会者施永华的反诘,因县令回答之理由不能服众,集会之绅学商一哄而散。最后,江甘两县令决定指派,以免再生纠葛。⑤ 反对专制的结果导致专制的变本加厉,适见官厅对自治筹备的主导地位。在县自治筹备公所的建立过程中,部分职员是由地方推举产生,如华娄两县的县自治筹备职员皆系推举产生。但更多的是由官厅委定,如武阳县自治筹备公所,则由府县委定悻绅等为县自治筹备公所正、副所长,各乡董及劝学所总董、城自治董事为参议。⑥ 这是官厅主导的又一明证。正是因为行政官厅的主导作用,严重削弱地方自治筹备过程中的民主精神,民众的主动性与积极性遭到一定的打击。

(二) 各级自治机关

在地方各级自治机关成立的过程中,"官为主导、绅为主体"的性质进一步彰显。根据各级自治机关成立的步骤,以下按照城厢—镇乡—府厅州县的顺序分别予以介绍:

首先,与自治筹备期间不同,在地方各级自治机关成立的过程中,行政官厅开始退到幕后,因为它们获得一个更加合法的名号——自治监

---

① 《武阳县自治经费有着》,《申报》,1910 年 8 月 2 日。
② 《武阳县自治筹备公所成立》,《申报》,1910 年 8 月 12 日。
③ 《华娄筹办自治之进行》,《申报》,1910 年 8 月 7 日。
④ 《苏省自治筹办催促进行纪详》,《申报》,1910 年 8 月 9 日。
⑤ 《江甘自治选举冲突》,《申报》,1909 年 8 月 1 日。
⑥ 《武阳县自治将开成立大会》,《申报》,1910 年 8 月 8 日。

督。实现了各级自治职员由选举产生的形式,但行政官厅仍然掌握着最关键的权力,即由选举产生的主要自治职员仍然要得到行政官厅的认可,如长元吴城董事会之总董、董事及名誉总董在选出之后,应"呈请抚宪加札委用"①。对于各级议事会,行政官厅则施以严格的监督,在长元吴自治公所议事会第一次开会时,自治监督赵吴陈三大令均到会监督。②华娄两县自治公所议事会开幕之际,府尊戚太守、华亭张大令即赴会监督指导。丹徒城厢自治议事会第一次开会之际,监督倪大令亦亲临大会实施监督。③但这并不影响自治机关中地方士绅仍为主体的现实。如在青浦县城议、董两会(如表3-6)中,议事会正、副议长,董事会总董、董事皆有科举背景,这表明正绅地位仍然稳固,是一个非常典型的例子。另在长元吴城自治公所成立之际,其邀请城厢士绅光临以增加其影响,根据此一邀请名单来看,这些人不是大人,就是老爷,抑或是大老爷。④ 在"官督"的同时,还颇有"绅督"的意味。

表3-6 清末青浦城自治机关的组成

自治机关	成 员
议事会	正议长:张毓英(举人)、副议长:叶其松(贡生) 议员:蔡钟秀(贡生)、朱鸿恩、徐震民、张濡泽、茅承基、俞师言、施恩霈、支颂尧、李维城、盛作霖、宋宝祁(贡生)、张家樾、董人镜、孙似康、徐正常
董事会	总董:许其荣(贡生),董事:金咏榴(举人),名誉董会:沈树敏、章纪纲、吕钟、张汝谐

资料来源:1.江苏苏属地方自治筹办处编:《江苏自治公报类编》,卷一至卷三,文海出版社1989年印行,第45期,第150页。2.参考《进士举人表》《贡生表》《武科表》《毕业生奖励表》等,《青浦县续志》,成文出版社有限公司1934年版,第534—543页。

---

① 《长元吴董事会定期成立》,《申报》,1910年6月4日。
② 《苏台自治进行之一斑》,《申报》,1910年6月25日。
③ 《各省筹办地方自治》,《申报》,1910年6月15日。
④ 《长元吴城自治公所成立之期邀请人员名单》,苏州市档案馆藏,苏州商会(民国)档,I14-001-0274-016。

另外，城厢议事会提案的性质亦可以证明自治公所的性质。城厢议事会提案主要分四类：议员建议事件、董事会交议事件、选民请议事件，①还有职业团体如商会等提议事件等。一般非选民的普通民众则无提案权。可见所谓的地方自治实即少数人的"专制"（或者说是绅治）。因为各项议案必须经过行政官厅的核准方能执行，所以说，城厢自治确为"官为主导，绅为主体"。

其次，镇乡自治机关成立于城厢自治机关之后，各地成立的日期亦参差不齐。此一点在前文宁属与苏属行政官厅的奏折中已可窥得一斑。并且，在镇乡自治机关中出现了比城厢更加复杂的情况：第一，自治职员往往由旧有乡董充任。除严重违反自治章程者，大部分旧有乡董皆能当选，如在太仓太镇各乡自治选举中，旧时镇董除吸烟者略加斥退外，其余一律当选。② 第二，镇乡自治机关仍然受到行政官厅的严格监督。如苏州苏乡浒墅关镇自治分所议事会开幕时，各绅则邀请长洲县张大令，前往监督开幕。③ 第三，乡镇自治机关往往被一班土豪劣绅把持。如松江金山东一乡地方议事会议员中，就有前曾犯案被罚五百金之沈少秋，及向业地师之子沈子达等，这些人都是通过运动当选的。④ 另外，亦有与行政官厅相抗衡的案例，如武进金县令批斥议事会呈报禁止吃请茶议决案，引起循理乡全体议员的不满，并以辞职相抗议。⑤ 但这种情形实属凤毛麟角，表明地方精英不断向国家靠拢的事实。

虽然出现了更加复杂的情况，但可以断言的是，镇乡地方自治仍然不脱"官为主导、绅为主体"的窠臼。并且，越是基层的地方自治机关，存在问题越多，旧绅之恋栈，地痞之把持，导致地方自治失去应有之义。

---

① 《长元吴三县城自治公所议事会规则》，《申报》，1910 年 6 月 26 日。
② 《太镇自治进行之一斑》，《申报》，1911 年 2 月 5 日。
③ 《浒关镇议事会开幕》，《申报》，1911 年 7 月 2 日。
④ 《民部注意自治流弊》，《申报》，1911 年 6 月 12 日。
⑤ 《循理乡议员全体辞职》，《申报》，1911 年 6 月 28 日。

再次,按照自治章程之规定,厅州县自治机关由议事会、参事会、行政官厅三部分组成。而实际上清末自治机关之设置仅止于县一级,且县一级自治机关,成立者亦是寥寥;即使成立者,也往往并未开议。时人对厅州县自治机关的评价是,"其地位介于官府与下级自治之间,兼有官治与自治之性质,故其编制必用官治与自治合并之制度,窥其用意,不过欲夺自治之权归诸官府,名为合并制度,实则官治而已"①。这种完全取法于日本之自治制的方式,进一步凸显行政官厅在上级地方自治中的绝对主导地位。

在县自治机关中,地方士绅仍然是主体。如在青浦县自治机关(如表3-7)中,虽然大部分自治职员的身份不能确定,但是根据自治章程的限定,这些人必是绅商学界中的人士无疑。另外,议长仍然具有科举背景,这表明正绅仍然起着领导的作用。但县自治机关中正绅的人数却比城自治机关中少了很多。② 这与当时传统士绅在区域社会的不断退却及其渐趋保守的心态是一致的,但是否为此时的普遍规律,还有待于进一步研究。

表3-7　清末青浦县自治机关的组成

自治机关	成　　员
议事会	议长:蔡钟秀(贡生)、副议长吴保华 议员:席裕寿、徐国士(武举人)、俞达章、倪世基、陈觊丹、黄封、朱光辅、徐申锡、张泽濡、王德培、吴邦樑、王镜清、张筠、何锡勋、陈式蕃、张之珍、徐宗贤
参事会	参事员:唐汝绅、支颂尧、诸光、许启秀

资料来源:1、《青浦县续志》,第551—552页。2、参考《进士举人表》《贡生表》《武科表》《毕业生奖励表》等,《青浦县续志》,第534—543页。

总之,江苏省各级地方自治机关的成立进一步彰显"官为主导,绅为

---

① 《时评》,《申报》,1910年2月24日。
② 在城自治机关中,有科举背景者达6人之多,占总数的26.09%;在县自治机关中,有科举背景者只占2人,占总数的8.70%。

主体"的性质,并且自治级别越高,行政官厅的干预就越强。

(三)地方自治经费

地方自治经费的来源亦是透视自治性质的一个重要视角。按照自治章程,自治经费是有固定来源的,①但是因为过去地方财政过于混乱,往往把持在一二劣绅之手,一时无法整理。②苏垣自治筹备公所绅董在清理公款公产时,即遭遇此种困难:"城厢内外各善堂、仓所,历年既久,中更数手,头绪又繁,一时清查匪易。现闻某善堂董会有变卖公产市房等事,因此为难之处甚多。"③所以在各城厢自治筹备期间,经费主要来源于官厅与士绅的垫付。如在武阳筹备自治公所成立时,所有一切经费由恽绅担任。④娄县在筹办地方自治时,经费"议由绅士联名具禀抚宪借用潴河经费存息,不足提赈余存款"⑤。苏垣地方自治会在开办过程中,议定经费预算开办八个月,经费大约八百元左右,即以藩署津贴拨充。⑥苏州长元吴城厢自治筹备公所开办经费先由各公团垫付,⑦共同担任各一千元,后因预算一切不敷开支,再由县绅各担任五百元,等等。⑧自治经费既然由官绅垫付,必然要求在地方自治筹办过程中占据主导地位。

杨寿祺认为,在地方自治推行过程中,自治经费划分不明确是首先

---

① 根据苏抚提议、苏省咨议局的议决,苏省地方自治经费将分为三大块:地方公款公产、附捐特捐、过去吏胥董保所掌握之公款等。除此之外,还特别规定两点:其一,自治区域内如有无主荒地或新涨洲地,得由自治公所查报、承领并设法垦辟作为公产。其二,特捐的征收范围:奢侈消费之品,如烟酒捐、茶捐、肉捐之类;一切作为无益之事,如戏捐、经忏捐之类。鉴于宁苏各属地方情形不同,特捐性质应以本地方能否通行为准,不为通省划一。各地应列举可以征收特捐之种类名目,作为标准,使各地方之办自治者,既有法定的范围,又有参酌的余地。至本地方大宗物产如棉花丝米豆麦之类,亦可酌量地方情形,征收特捐,以助自治之进步,但不得因此妨碍小民生计。《议决案》,《申报》,1909 年 10 月 23 日。
② 东吴:《论地方自治第一次筹款之难(续)》,《申报》,1909 年 8 月 5 日。
③ 《清理公款公产之为难》,《申报》,1909 年 11 月 13 日。
④ 《武阳自治公所之开幕》,《申报》,1909 年 6 月 28 日。
⑤ 《娄县会议自治事宜》,《申报》,1909 年 7 月 5 日。
⑥ 《地方自治会职员议纪要》,《申报》,1909 年 7 月 7 日。
⑦ 《官绅筹办自治公所情形》,《申报》,1909 年 7 月 17 日。
⑧ 《筹办地方自治之纲要》,《申报》,1909 年 10 月 13 日。

要解决的问题,因而提出几点办法:第一,以区域范围定之,即厅州县自治经费要与城镇乡自治经费划分清楚;第二,以事务范围定之,防止挖西墙补东墙的现象;第三,宜以管理征收之法律范围定之,防止少数大绅把持自治经费的现象。① 杨指出了其中存在的部分症结,但在当时情况下,这些建议皆难以立即实现,只得采取官绅垫付的方式。而这种官绅垫付的方式严重影响地方自治的主导权:由官厅来垫付,一切自治事宜往往仰官厅之鼻息;由士绅来垫付,则自治事务往往取决于出资士绅之个人意志。

---

① 杨寿祺:《论地方自治经费宜速明定权限》,《申报》,1909 年 10 月 12 日。

第四章　共和旗帜下江苏地方自治的徘徊

辛亥革命之后,君主专制让位于民主共和。但是,这种民主共和体制的形式多于实质,并且,还有很多不确定因素在左右着中国政制的转型。总之,时代的过渡性更加明显。南京临时政府与北洋北京政府在共和旗帜下,继续推行地方自治,然而,随着军阀混战、党同伐异时代的到来,江苏地方自治也进入跌宕起伏的阶段。在此一时期,国家、地方精英以及广大基层民众对地方自治的反应如何?其对近代中国政制转型又产生什么影响?笔者将在本章集中讨论这个问题。

第一节　民初江苏地方自治的延续与发展

一、省议会与暂行县市乡制

1911年11月5日,江苏巡抚程德全响应国民革命军的号召,在苏州宣布独立,成立中华民国军政府苏军都督府,自任都督。11月13日,苏军都督府拟定并公布《江苏临时议会章程》。11月21日,由程德全在苏州拙政园召集会议,宣告江苏临时省议会成立。江苏临时省议会设议长、副议长各一人,会议期间,设财政、法律、请议三个审查会,由议长分别委任若干议员为三个审查委员会委员,每个审查会设股长、理事各一人。临时省议会还设办事处,办理议会文牍、会计及其他庶务,办事处设书记长一人,书记一人,由议长委任。在临时省议会存续期间,共召开两次大会,第一次由程德全召集;第二次为临时会,由张謇召集。以江苏临时省议会的议案观之,主要分为三种:都督交议、议员提议和人民陈请,而主要工作则是为光复后的江苏省之各项事业立法。因此,临时省议会实际上是江苏咨议局之后,苏省的临时立法机关①。

因为江苏临时省议会是由苏省咨议局更名而来,议员并未进行改选,身份的合法性始终让苏人质疑,"查临时省议会为从前咨议局变相,已经大不正当"②;另外,光复后部分议员参与新政府的组织工作,违背了议行分离的原则;加之在实际工作中更是窒碍重重,"自十月闭会后,既无常任委员会,又无一定地点,忽而苏州,忽而南京,江苏一省重要之事,亟需议会解决者,均未能解决,是江苏六十县既无府之联络,又无省会之联络,然成各个独立,此非江苏人之幸也"③。这种情形促使临时省议会向正式省议会的转变。

1912 年 5 月,北京政府通电各省,令饬早定省议会及议员选举法,完成从临时省议会向正式省议会的过渡,以解决省议会的合法性问题。④ 1912 年 8 月,省议会即将届开会之期,但省议会法及选举法尚未颁布,江苏都督程德全致电北京政府,请示是继续召开临时省议会,还是等省议会法及选举法颁布后再行筹备召开。⑤ 国务院指示,国会选举办理在即,必省议会先期成立,参议院议员才能举出,政府现已草定法案,各省正式议会,限于本年十月内必须召集。议员选举法同时提交参议院,不日议

---

① 江苏省地方志编纂委员会:《江苏省志》,江苏人民出版社 1999 年版,第 25—30 页。
② 《苏省公民函请控告省议会》,《申报》,1912 年 4 月 24 日。
③ 《江苏县议事会联合会记事》,《申报》,1912 年 3 月 8 日。
④ 《黎副总统电》,《申报》,1912 年 5 月 4 日。
⑤ 《江苏召集省议会之前提》,《申报》,1912 年 8 月 11 日。

决公布,各省临时议会,届时即应消灭等。① 一面是法令未布,一面是限期十月召集省议会的命令,江苏省不得不催促参议院"从速议决"②。但是这种从速却因省制问题的争论而陷入延宕。③ 最终袁世凯政府以自行颁布地方制度,解决此一省制问题。④ 省制改革草草结束。

1913年1月10日,北京政府通令各省长官,发布省议会议员召集令,其中规定:凡复选已竣各省,限于1913年2月10日前召集。至于复选延期各省,限该省省议会议员复举完成后,由该省行政长官约定日期召集。就江苏省来看,第一届会议于1913年2月22日由都督程德全召集,会址设于原咨议局会所。省议会设议长一人,副议长二人,由议员分次以无记名单记法互选产生。规定议员改选时,议长、副议长一并改选。省议会设秘书若干,由议长任免。秘书按照议长的规定,管理文牍、会计及其他庶务。⑤

临时省议会与省议会是一省之立法机关,在二者存续期间,曾为江苏省设计一套地方制度——江苏省暂行县市乡制。临时省议会为创始者,正式省议会成立之后,则做了进一步的修订,但仍以江苏省暂行县市

---

① 《展限两个月正式省议会限期召开先声》,《申报》,1912年8月20日。
② 《南京去电》,《申报》,1912年8月21日。
③ 省制问题的改革源于清末,辛亥革命爆发后,各省形成实际上的独立状态,为了进一步整理中央与地方的关系,省制问题再次成为焦点。1912年7月至12月,北洋北京政府就省制问题展开大讨论,其中主要提出三个方案,第一个方案是将省与中央的事权关系进行划分,省设总监,监理自治行政与官治行政,后因在省总监与省议会权力的规定上产生重大分歧,而不得不将原案撤回。第二个方案是仿普鲁士将省总监与省议会二分,前者权限在推行官治行政,并监督自治行政,后者权限在致力于自治行政,但因为事权难以厘清而必然导致两者矛盾的激化,此草案再次被否定;第三个草案则是虚三级制的提出,在省一道一县三个级别中,省纯属国家行政区域,道、县则自治行政与官治行政分立,并逐渐废除省之一级,但此方案亦因北京政府的消极态度而陷于停顿。参考《民国初年的省制改革》,《华东师范大学学报》2007年第5期,第39—40页。
④ "暂行划一地方各级行政官厅组织办法,规定地方上为省、道、县三级,事权仍旧,各级行政长官皆须经中央任命,且在各省设立中央直辖特别行政官厅,将外交、司法、盐、关、税、捐等项事权皆收归中央,实现国家行政在一定程度上的统一。"《民国初年的省制改革》,《华东师范大学学报》2007年第5期,第40页。
⑤ 江苏省地方志编纂委员会:《江苏省志》,江苏人民出版社1999年版,第30—45页。

乡制命名。修订后的县市乡制又被时人称为"民二自治制"。为了方便起见,我们把这两个文本分别称之为,1912年文本(临时省议会制订)与1913年文本(省议会修订)。

(一)江苏省暂行县制(结构如图4-1所示)①

把1912年文本与1913年文本相比较,江苏省暂行县制最大不同之处有二。

第一,确定县议事会议员名额的标准不同。1912年文本以纳税额为标准,"纳税总数在二十万以下者,以二十五名为定额,自此以上,每加税额三万元,得增设议员一名,至多以六十五名为限"②。1913年文本以人口为标准,"人口总数在三十万以下者,以二十五名为定额,自此以上,每加人口三万,得增设议员一名,至多以六十五名为限"③。(后者之标准与市乡公所议事会议员名额之标准是一致的)。因此,各县议员额数分配所属各选举区之方法,也由"以各选举区纳税之额多寡"转变为"以各选举区人口之多寡"为准。标准从税额多少到人口多寡的变化是一个不小的进步,体现了新制是以人为中心的精神,避免中国因地域发展不平衡而产生新的不平等。

第二,行政官厅名称上的变化。如1913年文本将民政长改称县知事,都督则改称民政长(或行政公署)等,这一变化源于省官制的变革。④除此之外,两个文本再无本质区别。

下面以1912年文本为依据,从选举与被选举权、县市乡各部分之职任权限、经费来源等方面做进一步的比较分析。

---

① 《江苏暂行县制》,《申报》,1911年12月8日、12月9日、12月10日、12月11日。
② 《江苏暂行县制》,《申报》,1911年12月8日。
③ 《江苏暂行县市乡制并选举章程》,《申报》,1923年7月21日。
④ 江苏都督府成立之后,颁布暂行地方制十四条,其中规定:"凡地方旧称为州者曰州,旧称为县者曰县,旧称为厅者改曰县,所有民政事宜统于州县民政长,从前之道府直隶厅均裁,知州知县均改易名称,同城州县均裁并为一。"(《苏省地方官制之大改革》,《申报》,1911年11月18号。)不久民政长改称县知事。

```
               ┌ 民政长：由县议会选举产生。
               │
               │         ┌ 议长、副议长：由议员记名单记法互选
               │         │
江苏省暂行县制 ┤ 议事会 ┤ 议员：由选民选举产生
               │         │
               │         └ 文牍、庶务：由议长遴选派充
               │
               │         ┌ 会长：民政长兼任
               │         │
               └ 参事会 ┤ 参事员：由议事会互选，以议事会议员十分之二为额，但不得兼任
                         │
                         └ 文牍、庶务：会长遴员派充
```

注：1. 县行政得酌设委员（分常任委员和临时委员），辅助民政长执行行政事宜。
　　2. 议事会分常会（每年一次，以八月份为期，一个月为限）与临时会（十日为限）两种；参事会分常会（每月开会一次）与临时会（可随时开会）。

图 4-1　江苏省暂行县制示意图

1. 关于选举权与被选举权的规定

根据《江苏暂行县制》规定，各县所属市乡公民[①]，除现任本地方官吏者，现充军人或巡警者，现为僧道及其他宗教师者之外，均有选举县议事会议员之权；同时规定"凡居民合市乡制第十六条第一、第二及第四款之资格，而在本县接续居住至三年以上者亦同"。为了防止当选者逃避责任，该条文同时规定：凡被选举为县议员者，非有正当事由，不得谢绝当选，亦不得于任期内告退。所谓正当事由，即确有疾病，不能常任职务者；确有职业，不能常居境内者；年满六十岁以上者；连任至三次以上者；

[①] 对于公民的规定，出现在《江苏暂行市乡制》中，其资格如下：一、有本国国籍者，二、男子年满二十一岁者，三、居本市乡接续至三年以上者，四、年纳直接税（合国税省税地方税而言）二元以上者。居民内有素行公正，众望允孚者，虽不备前项第四款之资格，亦得以市乡议事会之议决，作为公民。若有纳税额较本地公民内纳税最多之人所纳尤多者，虽不备第二第三款之资格亦得作为公民。但是，如果有下列各条规定之范围者，仍当取消其公民资格：一、品行悖谬，营私武断，确有实据者，二、曾处徒以上之刑者（政治犯不在此列）、三、营业不正者（其范围以规约定之）、四、失财产上之信用，被人控实，尚未清结者，五、吸食鸦片者，六、有心疾者，七、不识文字者。《江苏省议会议决市乡制》，《申报》，1912 年 12 月 1 日。

其他事由,特经县议会允许者等。对于那些无故谢绝和告退者,经过县议事会议决,于一年以上三年以下,停止其公民权。① 与清末《府厅州县地方自治章程》相比,除选民之年龄资格从 25 岁降低到 21 岁之外,又增加了对谢绝当选的限制,此大概是对清末地方自治中,正绅退避、地痞篡位的一种反思与补救。

2. 县议事会、参事会、县民政长的权限

县议事会之职任权限主要有:议决关于全县应兴应革之事件,议决本县岁出入预算及决算事件,议决本县经费筹集及处理方法,公断和解市乡争执事件,其余依据法令属于议事会权限内之事件。② 参事会应办事件主要有:议决议事会议决事件之执行方法及其次第,议决议事会委托本会代议事件,议决县知事交本会代议事会议决之事件,审查民政长提交议事会之议案,议决本县全体诉讼及其和解事件,公断和解市乡之权限争议事件,查核各项经费收支项目,其余依据法令,属于参事会权限内之事件。民政长应办事件主要有:执行县议事会或参事会议决之事件,提交议案于县议事会或参事会,掌管一切公牍文件,其余依据法令属于该县知事职权内之事件。根据条文之规定可以看到,县议事会、参事会、县民政长三者之间存在相互制约的关系,如规定议事会或参事会之议决案,如民政长认为妨害公益或违背法令者,得说明原委事由,交令议复。若议事会或参事会仍执前议者,由民政长请省议会公断。当民政长提交议案于议事会时,应先将议案交参事会审查,若参事会与民政长意见不同,应将意见附列议案之后,提交议事会等。③ 最明显的进步之处在于规定民政长的选举制度,而最大的不足在于议事会、参事会存在明显的权限重叠现象。另外,参事会之会长由县民政长兼任,同时履行决议与执行两种职能,不免有悖于议行分离的原则。

---

① 《江苏暂行县制》,《申报》,1911 年 12 月 8 日。
② 《江苏暂行县制》,《申报》,1911 年 12 月 9 日。
③ 《江苏暂行县制》,《申报》,1911 年 12 月 10 日。

3.关于县经费来源。县经费以下列各款之收入充之:县公款公产、县地方税、公费及使用费,因重要事故临时募集之公债。当各县遇有下列各项事由时,得募集公债:为全县永远利益,为救济灾变,为偿还负债等。①

(二)江苏省暂行市乡制(结构如图4-2所示)②

根据《江苏省暂行市乡制》,市乡公所职员的选举与被选举、市乡议事会、董事会(或乡董)之权限,以及市乡经费来源等方面都与暂行县制有极为类似的规定。两者最大的不同在于:与《江苏省暂行县制》相比,《江苏暂行市乡制》严格执行了议行分离的原则,这种明确的横向分权更加符合地方自治的精神。如其明文规定:议事会议决事件,由议长呈报该管民政长查核后,移交市董事会或乡董按章执行。议事会有选举市董事会职员,或乡董、乡佐,及监察其执行事务之权,并得检阅其各项文牍及收支账目。议事会于市董事会或乡董所定执行方法,视为违背法令或妨碍公益者,得声明缘由,止其执行,若市董事会或乡董坚持不改,得移交县议事会公断,若于县议事会之公断有不服时,得呈由本管民政长请省议会公断。③

另外,与清末地方自治制相比,江苏暂行县市乡制体现出更加明显的自治精神,主要表现有二。

第一,民政长的选举制度。根据《江苏省议会议决县民政长选举章程》之规定,"县民政长,由各本县公民用复选举法选举之,先由公民选出初选当选人,再由初选当选人选定民政长"④此一规定更加有利于地方上的自治行为,苏人亦十分珍视此一权利。如奉贤光复后,民政长一席

---

① 《江苏暂行县制》,《申报》,1911年12月11日。
② 《江苏省议会议决市乡制》,《申报》,1912年12月12日、12月15日、12月16日、12月19日、12月21日、12月28日。
③ 《江苏省议会议决市乡制》,《申报》,1912年12月21日。
④ 蔡鸿源主编:《民国法规集成》,第1册,黄山书社1999年版,第180页。

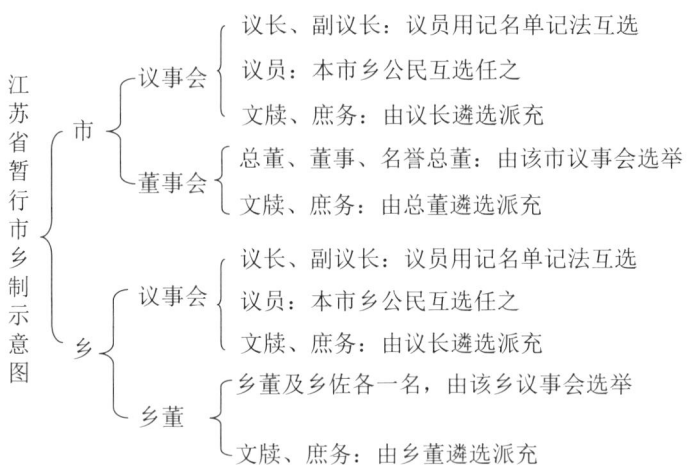

注 1. 总董以本市公民，由该市议事会选举，呈由该管县知事申请民政长委任。董事以本市公民，由该市议事会选举，呈请该管县知事委任。名誉董事，以本市公民由该市议事会选任之。
2. 乡还设乡公民会议，以本乡公民全数充之，乡公民会设议长副议长，均由会员互选。

图 4-2 江苏省暂行市乡制示意图

是由苏沪委派的，这引起奉贤绅民的不满，该邑一城四乡绅民特于旧历十二月十八日开联合大会，决定嗣后民政长仍由地方公举。[①] 最终改换公举之杨荫安接任。[②] 高邮县议事会严格按照此一规定，于1月24日选举民政长，当日到会议员22人，吴辅勋得票最多，遂当选为民政长。[③] 在此一制度实施过程中，往往受到行政官厅的干扰。苏军都督府即曾建议实行选举委任折中制，即"各县照章选举合于民政长资格者三人，由都督择任一人。至民政长之罢免，经议事会指实纠举或由人民控告得实或由都督考查，实系不称职者，均由都督罢免，照章另选"。并且，"变通民政长选举施行之期，凡县议事会、参事会、市乡各职均已成立之县，照章选

---

① 《奉贤迁治后之议案》，《申报》，1912年2月8日。
② 《奉贤迁治问题之解决》，《申报》，1912年3月11日。
③ 《高邮两受虚惊》，《申报》，1912年1月25日。

举,在未成立以前,暂由都督委任"①。可见苏军政府都督仍欲把县级行政人员的任免权把持在自己手中。但最终还是遵循了《江苏暂行县制》。当江浦公民陈士沂等具呈都督府公举民政长请委任办理时,都督庄蕴宽认为,该公民呈请核定委任民政长一事与民政长选举章程不符。② 有人专门撰文对选举与委任之利弊进行论述,结论则是选举、委任皆有利弊,但两害相权取其轻,选举更加有利于伸张民权。③

第二,行政官厅与地方自治机关之间行文程式的变化。在清末地方自治章程中,"府厅州县议事会或参事会行文府厅州县长官及监督官府,用呈;府厅州县长官行文议事会或参事会,用照会,监督官府用札;议事会及参事会互相行文及与咨议局互相行文,用知会"④。"城镇乡议事会、城镇乡董事会及乡董,行文该管地方官,用呈;彼此行文,及与府厅州县议事会、董事会互相行文,均用知会;地方官行文城镇乡议事会、城镇董事会及乡董,用谕;城镇乡议事会、城镇乡董事会及乡董,行文本省咨议局,用呈;本省咨议局行文,用知会。"⑤清末江苏金山县张堰镇自治职员认为地方官对自治团体用谕,是降其地位于保甲胥吏之列,导致地方之人都轻视自治而不屑顾问,而一般刁生劣监得以乘机窃取其权,危害百姓,因此建议一律改称照会。⑥ 这一愿望在《江苏暂行市乡制》中得以实现,其明确规定民政长行文市乡议事会,市董事会,及乡董用照会。另外,在江苏暂行县市乡制中还有其他变化,"县议事会或参事会行文民政长,用移;行文都督,用呈;都督、民政长行文议事会或参事会,用照会;议事会及参事会互相行文,及与省议会互相行文,用移"⑦。"市乡议事会、

---

① 《苏都督咨临时议会文》,《申报》,1912年3月25日。
② 《苏都督令示一束》,《申报》,1912年4月22日。
③ 《中国用人制度宜从选举不宜从委任》,《申报》,1912年6月28日、6月30日。
④ 《国风报》,第一年第5号,第11页。
⑤ 故宫博物院明清档案部编:《清末筹备立宪档案史料》,中华书局出版1979年版,第740页。
⑥ 《江苏金山县张堰镇自治职员呈请改正文书程式文》,《申报》,1911年8月13日。
⑦ 《江苏暂行县制》,《申报》,1911年12月11日。

董事会及乡董,行文该管民政长,用呈;彼此相互行文,及与县议事会、董事会、省议会互相行文,均用移"等。① 虽然只是行文程式的变化,但却进一步彰显平等精神。当然,也不能无限夸大这种进步精神,时人曾有如此公允的评价:

> 江苏暂行县制及市乡制,其大部分固多采自治章程,然市乡权限,新制(指江苏暂行制)与旧章(指前清自治章程)所差者,惟市总董选举正陪一事,其他虽稍有出入,无甚重要。想县会权限,则新旧比较相差甚巨,旧制府厅州县长官,对于议事会与参事会之议决有迳行撤销之权(见五十六条),有停止议会之权(见五十八条),监督官署对于县会议决之预算有消减之权(见九十七条),有更正及批驳议案之权(见九十八条),至行文程式,议事会参事会对于府厅州县长官须用呈,是议参两会直生活于县行政官厅权力之下,一任其指挥监督。②

在专制盛行的氛围下,制度的理性并不代表行为的理性。江苏都督即认为新的地方机构是官治与自治的结合体,"各县之地方行政,官治自治虽未显然划分,而暂行之地方制近似地方官制,实仍含有官治性质;暂行之县制本于前清县自治章程,实仍含有自治性质。民政长之列入县制,系以参事会会长之资格为监督自治起见,而委员即为自治中之一人,应受民政长之监督,故亦列入县制。若佐治职,既办署中公务,有官治性质,纯由民政长进退监督,自不待言"③。此一认定将对此后苏省地方自治的推行产生重大影响。

---

① 《江苏省议会议决市乡制》,《申报》,1912年12月28日。
② 《商量恢复地方自治之制度》,《申报》,1916年9月8日。
③ 《江苏都督府令汇录》,《申报》,1912年4月1日。

二、暂行县市乡制的推行

随着江苏各地的次第光复,一个极为尴尬的局面出现了:清末地方自治刚刚起步,但马上就面临着被取消的命运。在新制度未颁布之前,各地不免陷入迷茫状态。如新成立之苏州公权研究会①即呈请都督设立参事会,而瓜州镇自治公所则呈请设立民政支部处理各项地方事宜。对此,程德全皆答以等新的地方制度法令颁布之后再行办理。②

南京临时政府成立之后,基层政权的第一个变化是把知府、知县更名为民政长,如苏州光复之后,新任民政长江绍杰马上发表示谕一道:

> 奉都督府札饬,将苏州府长元吴三县裁撤,并除去知府、知县等名目,设立苏州民政长一员,驻扎苏城,管理三县民政事宜等。因查府治原领九县,长元吴三县附廓辖境较广,今既设州,凡州境民政事宜,均归本州管理,不兼领各县。其余各县均归都督府管领,所有州境,除词讼、监狱、警察各事应归提法司、审判厅、巡警总监直接管理外,其余民政事宜,如租税、学务、实业等项,均在本民政长职权以内之事,兹于十月初四日开始办事,合行示谕,阖属绅民人等一体知悉,凡地方应办事宜,仰即迳行来州呈请办理。③

此一更名预示着地方制度将发生新的变革。但在新制度未颁布之前,旧有之地方自治机构继续履行职责。1911年12月1日下午,苏州州议事会在元妙方丈开临时州议会,城镇乡自治职员到者六十人,议长周祖培主持会议,讨论关于五漊泾乡自治提议该乡汛防裁撤等案。④ 在州

---

① 由前出使奥国参赞汪钟霖等号召多人组织成立。
② 《苏州新记事》,《申报》,1911年11月30日。
③ 同上。
④ 《苏间言论机关之近状》,《申报》,1911年12月3日。

议事会召开的同时,苏省临时议会亦进入紧张的工作中,相继审查并通过新的县制、①民政长选举章程、市乡制等。② 这些规章制度成为未来相当一段时间内江苏地方自治立法的基础。

暂行县市乡制章程(1912年文本)颁布之后,苏州城自治公所即呈请都督要求更名为市公所,此举得到程德全的认可,并批示不必另行选举,并可暂用旧时图记,如果该公所已届自治职员改选之期,可照新章程如期改选。③ 不久,苏州城将"城自治公所改为市公所"④,这种只改名称不另选举的方式表明民初对清末制度的继承性。

更名之后的市公所,很快便进入工作状态。1912年1月2日,苏城市公所召开议董两会联合谈话会,会员到者三十余,主要议决议、董两会的人事变动问题。⑤ 市董事会则根据市乡制暂行选举章程进行改选。⑥ 前任总董刘雅宾因迁居乡间,具书辞职,该市议事会特于二十四日召集议员,用记名投票法重行补选,并决定定期补开冬季议会。⑦ 另外,市公所还积极接收属于职权范围内的各种公款公产,如育婴堂、男女普济堂、保婴局、仁济堂、洗心局等。议案主要来自民政长交议、董事会交议。⑧

随着基层改革的不断深入,江苏都督程德全,批准江苏省临时省议会的议决,根据暂行县市乡制将旧时州厅县一律改为县,县设民政长。同城州县均裁并为一,府及直隶州均行裁撤。⑨ 此一指令的下达,促进江苏地方省县二级制的确立,但是进程比较缓慢。1912年,江苏省民政司

---

① 《新苏州纪事》,《申报》,1911年12月4日。
② 《苏间新气象》,《申报》,1911年12月6日。
③ 《自治公所之改名》,《申报》,1911年12月31日。
④ 《新苏州咫闻尺见》,《申报》,1912年1月15日。
⑤ 《金阊新气象》,《申报》,1912年1月5日。
⑥ 《苏州通信》,《申报》,1912年2月23日。
⑦ 《新苏州咫闻尺见》,《申报》,1912年1月15日。
⑧ 《苏州通信》,《申报》,1912年2月22日。
⑨ 《江苏都督府指令一束》,《申报》,1912年1月19日。江苏省地方志编纂委员会:《江苏省志》,江苏人民出版社1999年版,第29页。

在给江苏都督庄蕴宽的呈报中称:暂行市乡制、暂行县制及办理市乡选举事宜期限表、办理县选举事宜期限表已颁发多日,而各县呈报者,大半是临时机构,且组织方法互有异同。亟应厘订办法,统一县级建制,并督促各县迅速设立市乡职及县议事会、参事会,准县议事会议员额数由清末之以人口为准变为以税额为准,以尽快完成基层组织从临时机关向正式机关转变,此一建议得到庄的支持。①

在省署的一再督促之下,江苏省市乡公所在部分地区陆续成立并开展工作。如苏州城自治公所在改为市公所之后,于1912年4月7日,召开议事会临时会议。② 因为从城镇乡自治公所向市乡公所过渡时,未届选举日期,为了方便起见,只是更名而已。等市乡选举届期,各地市乡公所才按照《江苏暂行市乡制》进行改选。苏州城市公所在1912年4月17日、20日才相继选出市之乙级、甲级议员。③ 松江市公所则迟至7月29日、30日才相继选出乙级、甲级议员。④ 议员选出之后,则是议长、副议长、董事会成员的互选事宜。

改选之初的市公所,显示出更加积极的精神。在6月20日苏城市公所召开的夏季议会中,议员到者共五十人左右,一片热心为从前城自治公所所未有。⑤ 但是这种热情并未坚持多久,在11月16日召开的苏州市议事会冬季常会中,自"开会以后,连日议员到者不过数人或十余人,均未达半数之额,从未开议一次"。最终市议会汪议长不得已特别通告各议员,请自28日起,连开全日会三天,以期将各议案议决,并且不再拘三读之例,"务乞准时早到"⑥。这种类似乞求的做法并未打动各议员,以致"到会者终不及法定人数,故提议要件每多因循,虽经催促,到会者

---

① 《江苏都督府令汇录》,《申报》,1912年4月1日。
② 《市公所记事》,《申报》,1912年4月9日。
③ 《苏市公所乙级议员揭晓》,《申报》,1912年4月19日、4月21日。
④ 《松江甲级选举揭晓》,《申报》,1912年8月1日。
⑤ 《苏市公所议事会记事》,《申报》,1912年6月22日。
⑥ 《市会暮气》,《申报》,1912年11月30日。

163

仍不及半数，无法开会"①。

更为不理想的是，部分地方市乡公所迟迟不能成立，导致县级与省级选举窒碍丛生。6月，苏都督即令饬各县民政长督促各县市乡按照既定时间表加快自治职员的选举；②9月，其再批评说："查照办理市乡选举事宜期限表，将届乙、甲两级公民投票之期。除市乡公所已经成立各县甚属寥寥外，其余呈报办过调查资格、编造名册等事宜者，尚不多见。如此因循，市乡各镇未能成立，县议事、参事二会无从组织，自治前途，其将奚赖？凡我公民须知，县市乡制所定之选举、被选举权，在个人固视为权利，在地方则视为义务，长此放弃公权，莫明责任，必至市乡公益事宜，欲求地方自办，转成一事不办。影响所及，即国家行政亦将无所措施，民国前途，何堪设想！地方行政官厅负责督促之责任，试问能当此重咎否耶？因此令催各民政长再次督促办理。"③从市乡公所之成立及运行状况来看，当时人们公权意识尚不发达。

与市乡公所的成立及运行相比，县级议事会、参事会之筹办更显拖沓。以吴县议事、参事二会为例。

1911年12月1日下午，苏州州临时议事会开会，重点讨论州临时自治机关之地位问题。城自治职员吴本善等认为，以城镇乡自治职员组织临时州议会，互选正副议长，而议员无从确定名额，究竟非正式机关。在州县制未颁布之前，先准备案，等州县制公布，再行重新组织。都督程德全指示，应等省议会议决公布新制后再行遵办，但可以暂时备案，等正式州议会组织成立后，再行刊发钤记。州临时议会认为，既然承认本会会员确系公民资格，应继续议事，以为临时言论机关，于是照章投票选举审

---

① 《市会议案》，《申报》，1912年12月5日。
② 《苏都督府通令一斑》，《时报》，1912年6月12日。
③ 《苏都督催办市乡选举之通令》，《申报》，1912年9月21日。

查员。① 12月2日下午,继续开州议会,议决提交各案。② 12月3日下午,再开临时州议会,又对州议会及议员名额问题进行争论。议员汪炳台所提重行组织州议会案被否决;而王宗保所提暂行临时州议会议员名额案却得到与会人员的积极响应。③

根据江苏暂行县制,长、元合并于吴县,原临时州议会应向县议事会过渡,而实际情况是,在新的县市乡制颁布之后,临时州议事会继续执行职权,并且有向正式州议事会发展的可能,"副议长孔康侯君仍于二十一日开会集议补选议长。是日,市乡自治职员代表到会者仅有三十余人,不过三分之一,当推孔君为正议长,补选汪纲之为副议长"④。旧有自治职员的恋栈行为由此可见一斑。

为了督促县议事会早日成立,5月28日,吴县叶德澍、汪炳台二议员,邀集当选之县议员,暂借城市公所开会集议。并由汪君具呈都督请速撤临时州议会,以促使正式县议会组织完全。⑤ 叶、汪之建议得到都督的支持,而吴县民政长却持一再拖延的态度。因此,苏州城区县议员不得不再次发出通告,召集市乡被选议员,并于7月21日在元妙观方丈城市公所开谈话会,集议进行方法,公推代表谒见都督,恳其限催民政长赶速召集议员,正式开会。⑥ 在上、下双重的压力之下,苏州民政长才有所行动,对于"尚未选举之各乡,亦一律限催选举,以便汇齐知会,定期召集"。7月12日,县议员叶、汪等通知各市乡当选县议员,在元妙观方丈内开谈话会,预备组织开会一切事宜。⑦ 民政长并委托叶小峰主持预备

---

① 《苏间言论机关之近状》,《申报》,1911年12月3日。
② 《新苏州纪事》,《申报》,1911年12月4日。
③ 《新苏州纪事》,《申报》,1911年12月5日。
④ 《苏市议会补选议长》,《申报》,1912年4月23日。
⑤ 《苏州市县两议之近况》,《申报》,1912年5月29日。
⑥ 《苏州县议员之热心》,《申报》,1912年7月23日。
⑦ 《吴县议会成立先声》,《申报》,1912年8月26日。

开会前的一切事宜。①

通过以上种种努力,吴县县议事会于 9 月 11 日在元妙观方丈内开成立大会,②县议事会在千呼万唤之下,终于诞生。但很快又陷入另外一个困境,因县议员缺额太多,不能召开。③ 在补选议员时,吴县又陷入无穷尽的选举诉讼中。④ 直到 12 月 23 日,吴县议事会才正式开会议事,并于 24 日、25 日、27 日相继召开会议。⑤ 逐渐步入正轨。从章程颁布到正式开议,吴县县议事会经历了一年之久,可见动作之迟缓。

吴县议事会之所以长久迁延不决,原因主要有三:一是因为县自治筹备公所筹备工作迟缓;二是临时州议会从中梗阻;⑥三是因为民政长的动作迟缓。临时州议会从中阻梗有地方精英害怕权力交割会失去旧日社会地位的因素,而民政长之所以迟迟不肯执行定章,大概与暂行县制规定民政长由县议事会选举产生有关。只要县议事会不成立,旧有各员都可以安坐其位,一旦县议事会成立,则前途未卜。"迄今各县议事、参事两会及市乡各职,遵照现行定制及迭颁通令正式成立者,尚属无多,缘此,县民政长选举章程能施行者实鲜。本年时届十月,核诸选举章程所定四月选举日期,将逾半载,所有县民政长初选复选事宜,统限于本年内遵照法令正式组成,县市乡各职俟呈候核准。"⑦从这个通令中,略可以推测民政长的一般心理。

与县议事会的迁延相比,参事会之行动效率略高。参事会员一旦选出,便积极开展工作。吴县参事会于 11 月 2 号在民政长署开成立会,参

---

① 《议会将成》,《申报》,1912 年 9 月 9 日。
② 《吴县县议会开幕纪事》,《申报》,1912 年 9 月 13 日。
③ 《县会先声》,《申报》,1912 年 11 月 30 日。
④ 《吴县又定期改选县议员》,《申报》,1912 年 12 月 3 日。
⑤ 《续开县议会》,《申报》,1912 年 12 月 29 日、12 月 30 日。
⑥ 《苏州县议会之迁延》,《申报》,1912 年 7 月 8 日。
⑦ 《苏都督催办自治机关之通令》,《申报》,1912 年 10 月 8 日。

事员十三人,全数均到。共同议决多件议案。① 并均能按章办事。②

以上并非个别现象,在苏军都督府的一则饬令中,对江苏各县议事会、参事会的成立速度极为不满:"各县应设市乡职及县议会、参事会,叠经府令通告,并刊发暂行市乡制县制各在案,迄今为日已久,而各县呈报成立者尚属寥寥,且多临时机关,未尽正式组织,亟应督促进行。"③由此可见各县行动之迟缓。

但是,这并不能抹杀前此一阶段江苏在地方自治推行过程中所取得的成绩,据统计,江苏自治至民国初年已规模大备,"全省市乡议事会、董事会有一千数十所,议员有一万五千四百人,乡市董事三千三百余人;经费合附加七成,征收特税约百万元"④。

总之,在暂行县市乡制推行之初,江苏都督程德全曾命令各自治机关在未届选之前,人员可以补选而不必改选,直至届选之期。因此,在地方自治职员改选之前,清末之自治职员仍然在新的自治机关中占据着主导地位,地方精英的成分并未发生大的变化。改选之后,自治机关中地方精英的成分才发生改变。以青浦县为例,据《申报》记载,按照县市乡制,青浦县重行选举自治职员,新当选的自治职员,"新多旧少,如内阁制推翻重建者然"⑤。在新的青浦县自治机关中,只有钱静方一人具有科举背景,占总数的5%。与清末青浦县自治机关的8.7%相比较,其比例进一步下降。并且,钱静方的特殊身份更让人能感觉到时代的变化。钱静方原名钱学坤,青浦镇人,幼习举子业,清宣统元年(1909年)为岁贡生。后赴日本留学,入士官学校专攻警务。在日期间,接触民主思想。辛亥革命青浦光复,钱充《青浦报》主编。县民政署成立后,钱与章汉秋等人

---

① 《吴县参事会成立》,《申报》,1912年11月5日。
② 《续开参事会》,《申报》,1912年11月7日。
③ 《江苏都督府令汇述》,《申报》,1912年3月21日。
④ 《江苏要闻》,《申报》,1916年7月20日。
⑤ 《青浦城自治之新议员》,《申报》,1912年7月6日。

发起组织青浦政论会,效法西方民主,协助民政长,办理县政事务,钱任副会长。"①根据钱静方的经历,可以肯定,其虽然具有贡生的身份,但此时更属典型的新式士绅。作为此次重组自治机关中的核心人物,势必对青浦县地方自治的发展产生重大影响。

第二节　江苏地方自治的沉浮与地方精英的应对

1914年2月,袁世凯政府下令停废地方自治,至此之后,江苏地方自治一度陷入沉寂状态。此后中央政府即使作出某种恢复地方自治的姿态,而能够贯彻执行者甚是寥寥,此种局面之形成受诸多因素的影响:一是中国政局之动荡严重阻碍了地方自治的恢复;二是行政官厅缺乏恢复地方自治的诚意与决心;三是地方精英在地方事务中始终处于弱势地位。在此一阶段,南通地方自治一枝独秀,却进一步彰显了在与国家博弈过程中,地方精英的弱势地位。

一、袁世凯政府停办地方自治

1914年2月,袁世凯根据各省民政长呈文,以各属自治机关"良莠不齐,平时把持税捐,干涉词讼,妨碍行政"②为借口,下令停办地方自治。2月3日,袁世凯下令停办各级自治机关,2月6日,停办京师自治会,2月28日,下令解散各省省议会。

时任江苏省省长韩国钧于2月9日通令江苏省各县知事,停办各县市乡自治机关。2月12日,韩再通电各县知事,为了顺利完成自治机关

---

① 上海市青浦县县志编纂委员会编:《青浦县志》,上海人民出版社1990年版,第785—786页。
② 《政府公报》,1914年2月4日,第627号。

之交接事宜,订定执行细则九条,①要求"各该县知事迅即参酌习惯,慎选本县市乡公正士绅,分别委任接收保管地方财产款项,并责成维持现状,保留旧有精神,以为将来设施基础"。

根据停办地方自治九条细则,江苏各县次第停办地方自治。镇江丹徒县遵照省长训令,一律停止进行各自治机关。但为防止议案、文牍散失,由县刘知事派委王某等四人为接收自治机关委员,所有自治学务、慈善、公款公产收支各委员亦于一月末日撤销,其执行诸事务由县知事所委派四人接手。② 上海县洪知事亦派委人员对上海县各级自治机关进行接收。③ 吴县宗知事电陈该县县市乡,定三月底为自治停止之期。④ 但是,此次停办地方自治所带来的影响是深远的。上海县在自治停办之后,还出现了索还公款的事情,原来,在上海县自治机关存在期间,曾向地方商人与团体借款,现在自治机构取消,引起债权人的担忧。泉漳会馆在致前市政厅董事会的函件中写道:"敝会馆所借与市政厅之公债,一为地方自治因公益而需款,一为诸公历年以来热心任事,为众商所信仰,

---

① 《南京政闻纪要》,《申报》,1914年2月13日。细则九条的具体内容:第一条,本省各级自治机关应遵令一律停办,所有各该机关经理事项及所管财务,限三月三十一日以前完全结束,悉数移交,并将钤记图记缴销,勿得逾限。第二条,县议事会、参事会所有文卷、房屋、文件及用余银款,由各该主管人造册,移交县知事收保管之。第三条,凡公署有之公款公产及其收入款项,现由地方士绅以自治委员名义经理者,改由县知事委任经理之。前项经理士绅受县知事之委任,须将不动产或存典公款生息之收入及开支各款,细数按月造具四柱清册,呈请县知事查核。第四条,凡向为市乡不能担任经费,认归县办之学务公益各项事宜,由县知事委任本县士绅分别继续办理。第五条,凡各市乡自治公所所有文卷房屋物件及用余银数,由各该主管人造册呈送县知事验收,由县知事委任本市乡士绅保管之。第六条,市乡公款公产及其收入款项现由市总董或乡董经理者,改由县知事委任各该市乡士绅经理之,前项经理,士绅按月造报,准第三条第二项办理。第七条,市乡现已举办之各项公益事宜,由县知事委任各该市乡士绅继续办理,委任员数得由县知事酌量事务繁简委任之。第八条,凡现充自治委员或市董事会职员及乡董乡佐,管理公款公产而未得县知事继续委任经管者,非交代清楚,不可擅离职守,如有侵蚀情事,即予按律追办。第九条,全县地方现设之自治机关一律停办后,由县知事将接收日期汇报省公署查考。《苏省停办自治之执行细则》,《申报》,1914年2月14日。
② 《接收自治机关办法》,《申报》,1914年2月13日。
③ 《接收自治机关之手续》,《申报》,1914年2月14日。
④ 《南京政闻录》,《申报》,1914年2月16日。

故允为借款。今既停止自治机关改为官办,以前公债即应清还,以昭信用,盖所借之款乃借与自治机关,非官治机关也。"在华成总公司致前市政厅董事会的函件中,亦如是说:"尊处市政厅另改名称,已归官办,所有上年底尊处向敝公司押款规元二万五千两,现在既归公家办理,此款应得厘楚,因清界限。"①

虽然江苏省在下令停办自治机关的同时,还就某些地方必办事项做了补充说明,②但是,并非所有的地方事业均能赓续办理,特别是在附加税通归省财政厅支拨之后,地方事业陷入困顿。如扬州江都县农务分会因开办无资,因请县署在自治机关附加税之中拨给部分经费,而省令是,附加税已拨充行政经费,不能拨用。③ 因此,地方人士为争取办理地方事业的主动权,把争取附加税的支配权作为一个重要目标。吴县教育会以附税名目取消,入款提归省库,地方教育公益事业恐致停滞,亟应研究维持方法为由,特定于7月9日下午三时邀集各市乡教育会会长、学务委员及学款绅董并县立各校校长,在旧学前本会事务所开特别大会。④ 太仓县公款公产经理稽核士绅陈某等则具禀县知事请转详省署,认为"地方附税一项系人民自行担负,以为地方教育、慈善、积谷、河工各项善举之用",理应归诸地方管理。⑤ 亦有人借助舆论,发表意见,"前此自治名目取消,政府曾声明地方教育及公益各事照常进行,省长亦力任维持,此

---

① 《停办自治机关之余闻》,《申报》,1914年3月4日。
② 在地方教育事业方面,韩国钧函电各县知事说,自治机关虽奉令停止,但地方教育仍应积极进行,该县市乡设立各学校,务照地方行政预算支拨经费,毋稍停滞。(《南京政闻纪要》,《申报》,1914年2月12日。)镇江在市乡自治机关取消后,就对学务与善举两项做了较好的善后工作,该地善举原来由同善、安仁各善堂经办,学务则由市乡自治机关向公署领取附加税提拨,自治机关停办之后,学款由知事署支配,按期分拨,所节省之自治机关用费则仍归公益之需。(《自治取消后之办法》,《申报》,1914年2月16日。)又如,在瓜州东岸至扬子桥一带圩岸的修筑问题上,因前瓜州市总董沈廷铭,善里市议长刘世廉等曾经呈请县知事转恳省长拨款兴修,自治机关虽然停止,韩国钧仍饬令县知事在解省附加税内如数支拨。《瓜州修圩费有着》,《申报》,1914年4月25日。
③ 《附加税不能拨用》,《申报》,1914年3月21日。
④ 《苏垣教育会定期开会》,《申报》,1914年7月8日。
⑤ 《江苏又有力争附税者》,《申报》,1914年7月8日。

自治之所以不尽消灭也。今因地方税名目取消，而饬将地方收入，由省支配，将来之支配如何，诚不敢事前逆料。收缩与否且缓论，惟当此通盘筹划之际，支配决非一时所能了如，必俟其确定而后支用，则事业之停滞已多。……当道既有维持之宏愿，又有通饬照常进行之誓言，其必能鉴此苦衷也乎！"①

县市乡制被取消，地方精英再一次被排除到体制之外，地方事业之创办撤掉了一股重要的力量。没有自治制这一合法渠道，地方精英马上感受到一种前所未有的压抑。

当袁世凯政府停办地方自治时，并不见江苏地方人士的反对之声，这种局面之出现，大概与前此一段时间自治职员选举过程中层出不穷的舞弊与不法行为有关。既然政府是暂停地方自治，人们寄希望于新的自治制。然而实际情况却是，旧制已废，新制未立。因为袁政府迟迟不颁布新的自治法令，人们则开始怀念已经停办的县市乡制了。"各县办地方自治，诚不敢谓其处处得力，然其利赖地方亦自不少。今撤销将及一年矣，据各地报告，因自治废而停闭学校者有之，因自治废而农田水利道路工程无人顾问者有之，因自治废而地方秩序荡然，伤风败俗之事公行乡曲，而无人为之董正者有之，夫不欲授人以权，亦宜尽力行使官权，以弥其阙，今则因不自治而遂不治矣。恢复！恢复！改良！改良！迟之久，迟之又久，杳乎！未有闻民未享自治之福，先受不治之苦，民怨气有所归哉！"②

在自治机关停办的同时，政府透露出此次停办只是暂停，而非终止的信息。当湖南民政长拟将自治经费提请省用时，遭到内务部的拒绝，"今自治虽奉令停办，其机关仅一时中断，并非永久废止，本部正在厘订新章，自治机关转瞬即将重组"③。袁世凯在召见某国驻京公使时亦说：

---

① 《市乡用款可停滞耶》，《申报》，1914年6月26日。
② 《地方自治之去思》，《申报》，1914年7月21日。
③ 《内务部保存自治经费之坚决》，《申报》，1914年3月3日。

"中国国体已永决为共和,自不能无立法机关,惟各旧机关既不良善,自不能(不)舍旧谋新云云。"①此为袁氏之自治制出台埋下了伏笔。

因为前此一段时间办理地方自治效果不佳,对于将来推行什么样的地方自治,官方进行了一次讨论,《地方自治之最近主张者》一文对各省意见作了如下总结:

> 严格监督:湖南民政长对于自治制度,主张采严格的官督自治制。其理由谓我国自治制度发生五载,于兹未见自治之效,首蒙自扰之害。官厅发一布告,自治会每以有碍商民,不便施行为词,不知受人指挥,甘心反对。收税则从中渔利,办事则朋比为奸,尤其小者。今若改订,非严格监督不能收效监督之责,县知事负之,县知事对于该会有指令改革及惩戒议员之权,冀清流弊而收实效云。
>
> 折中干涉:陕西内务司长杨开甲来电,对于自治主张采用折中之干涉。略谓近来民气大开,法律智识亦其进化,倘采严行监督,非共和原意;若采放弃主义,非目前所能,舍折中干涉外,别无良法。惟应注意者,即扩张县知事之权限。民国成立,凡县知事应有之权,如判词讼、征收钱粮、捕拿盗贼,均放弃责任,甚至匪势危迫,弃城而逸。现既重订,非使知事有监督之权,断难见效云。
>
> 变通办理:闻某司员上书内务部,废弃自治制度,规复旧时保甲。所陈利害,切中时局,故日前考试县知事时,朱总长以之命题,……②

总体来看,舆论较倾向于保守地对待地方自治。另外,古德诺亦宣扬当时中国应该师法古代的乡官制,由富人、大地主、儒士及曾任高等文

---

① 《民国近今两要题》,《申报》,1914年2月20日。
② 《地方自治之最近主张者》,《申报》,1914年3月7日。

官的人组织地方参事会(省参事会、道参事会、县参事会)，辅助官治之不足。"夫然后使民知所以参与政事之方，以渐扩充于地方自治之组织也，夫然后直接由民选举之参事会，或得免于凌杂也。吾窃谓中国改革，事事取法欧美，而失其自然之正治修事也。"①此亦为袁氏自治制的出台提供了铺垫。

纵观官方之态度，实以对地方自治实施限制为主，如此一来，地方自治即使恢复，必将陷入官治的泥淖。

1914年12月29日，在地方自治停办将近一年之后，袁世凯政府颁布《地方自治试行条例》，该条例因浓厚的官治味道，而倍受后人訾议，"地方政权，一切操诸县知事"②，既便如此，仍是拖延不行。1915年4月19日，袁政府再颁布《地方自治条例施行细则》，把地方自治分为调查、整理、倡导与实行几个时期，实则是把地方自治的推行延宕到遥不可及的未来。

事实证明，袁政府所颁布的自治条例并未付诸实施，而是成为袁世凯政府的陪葬品，"自治停辍后，续订施行条例，不久随袁政府以俱废"③。袁世凯死后，黎元洪递补为大总统，地方自治有再次复活的迹象。

二、黎、徐时期江苏各级地方自治的复活

袁世凯死后，黎元洪继大总统位，国会、省会相继恢复，此举激起了地方绅民重新推行地方自治的热情。江苏士绅亦奔走呼号，在各地县市乡掀起恢复原有之自治机关的运动，显示出民气的高涨，对此，申报如此记载："共和再造，民意大伸，省会已著手预备开会手续，市乡议员已有为一区域之运动者，惟事关全省，似应联合为组织之预备，有志者正在进

---

① 《古德诺氏之中国地方官制说》，《申报》，1914年4月17日。
② 《苏社社员整理省政之意见书》，《申报》，1923年3月30日。
③ 《赞复地方自治意见书》，《申报》，1922年3月20日。

173

行中。"①

袁世凯时代的结束,被江苏人民视为行政官署帝制时代的结束,虽然有人认为县市乡会员额数众多,三年以来,人事变迁,必然难以组织,应徐缓进行。② 但是这种顾虑并未削弱人们要求恢复基层自治机关的热情。在恢复地方自治机关的运动中,镇江丹徒县议会走在了时代的前列,其认为自治机关在"癸丑年奉令取消,即行停办,今旧约法已奉明令恢复,则县议会自然有效,本县各议员已会议恢复之法,会议后即经杨议长将办事处仍设于万寿宫内,并将该会从前一应案牍及未完事件逐项清理,以资筹备。"③丹阳县紧随其后,该县议员王某,特具函县市乡各议员,请开临时会议,共同要求恢复。④ 扬州之江都县公民张某等认为旧约法已经恢复,县议会有连带之效力,因请积极筹备县议会之恢复。⑤ 松江县议会亦积极呼应,筹备县议会恢复事宜。⑥ 南通县会议长于振声则在有斐旅馆延请议会议员及官绅,讨论议会召集办法。⑦ 上海市议会在也是园开谈话会,商讨恢复自治的问题。⑧ 由此可见人们要求恢复地方自治的强烈心声。

为了推动地方自治尽快恢复,江苏省各团体还建立联合组织,准备协同进行。为此,丹徒县议会函请江苏各县市乡议会发起江苏县议会通讯处(又称江苏县议员通讯处)。丹徒县的号召首先得到松江县五库乡议会的积极响应,在致丹徒县市议会的函件中如此写道:

---

① 《江苏要闻》,《申报》,1916年7月20日。
② 《江苏要闻》,《申报》,1916年7月8日。
③ 《恢复自治之筹备》,《申报》,1916年7月10日。
④ 《县议员请求开会》,《申报》,1916年7月14日。
⑤ 《函请筹备县议会》,《申报》,1916年7月18日。
⑥ 《县会预备之动议》,《申报》,1916年7月30日。
⑦ 《议会长□宾》,《申报》,1916年7月31日。
⑧ 《恢复自治之谈话会》,《申报》,1916年8月14日。

读七月十日申报载贵会通告,具证诸公伟见,无任赞同。敝议会自奉令取消,即行停办,三年以来,深受官厅压制,有甚于清之季世者。所有乡公所卷牍公件,均被县署接去,自治两字早成风流云散。现约法业已规复,县市乡议会为约法之一部分,当然继续有效,急□进行。若待官厅召集,则自治会固不便于官吏之行为,必至延三约四,闭会无期。此事全在吾民,以一致之行动,为积极之筹备。一面依法请求县署,发还公件。贵会拟设自治联合会,务希急起直追。……①

除此之外,江苏各县市乡议会纷纷致函表示赞同。如泗泾乡议员共表赞同,并建议地点设于上海。② 太仓县议会公推陆元华、张文华为赴申代表,共商县市乡议会恢复问题。昆山县对于江苏县议会通讯处之设立深表赞同。③ 吴江县议会推举费玄韫、周维新为驻沪县议员通讯处代表。仪征县临时县议会公推周恩均、欧阳洛书为赴沪代表。沛县议会对县议会通讯处之行为甚表支持,并表示将派员前往。④ 此外,还有宝应县议会、兴化县议会、江阴县议会、⑤金山县议会、⑥松江县议会、⑦南汇县议会、靖江县议会、江都县议会、盐城县议会、⑧宜兴县议会、砀山县议会、无锡县议会等,均次第函复表示赞同。⑨

1916年8月26日,江苏省议会通讯处在上海也是园召开联合大会,莅会者共计上海、吴江、金山、常熟、东海、如皋、丹徒、江阴、青浦、松江、

---

① 《五库乡议会答丹徒县市议会书》,《申报》,1916年7月15日。
② 《泗泾乡议员复丹徒议员函》,《申报》,1916年8月1日。
③ 《江苏县议会通讯处之函牍》,《申报》,1916年8月12日。
④ 《江苏县议会通讯处之函牍》,《申报》,1916年8月14日。
⑤ 《江苏县议会通讯处纪事》,《申报》,1916年8月15日。
⑥ 《江苏县议会通讯处之函稿》,《申报》,1916年8月16日。
⑦ 《县会推定代表》,《申报》,1916年8月20日。
⑧ 《县议会通讯处之函稿》,《申报》,1916年8月20日。
⑨ 《县议会通讯处之函稿》,《申报》,1916年8月24日。

吴县、昆山、嘉定、宝山、泰县、阜宁、泰兴、沛县、宜兴、宝应、江都、太仓、川沙、奉贤、丹阳、武进、仪征、砀山、丰县、崇明、金坛、无锡等三十二县代表。有部分县虽未派代表参加,但致函深表赞同。会上通过联合会临时规约:一、定名:江苏县议员联合会,以江苏各县县议员代表组织之;二、宗旨:联络感情,交换意见,取共同促进,恢复县会之志趣;三、职员:选举干事员若干人主持会务;四、权限:干事员权限于促进恢复县会范围以内之事件,得有完全行使之职权;五、经费:由承认各县先行筹垫,俟县会恢复后,平均摊还等。①

江苏县议员联合会一成立便积极开展活动,首先致电北京大总统、国务院总理、内务部总长,北京参众两院,江苏齐省长,以求得到行政官厅的支持,现将电稿三件摘录如下:

北京大总统国务院总理内务部总长钧鉴:国省会先后召集,县会及市乡自治自应连带回复,应请明颁明令,赶日恢复,以继法治而餍人望。江苏县议员联合会叩

北京参众两院公鉴:省县议会同时停止,今省会已奉明令召集,县会尚未同时回复,自治停顿,民意不宣,应请主持提议县市乡自治机关一律回复,迅咨政府明颁命令,以遵约法而顺舆情。江苏县议员联合会叩

江苏齐省长钧鉴:地方自治为宪政基础,省议会已奉明令召集,县会及市乡自治尚未回复,法无偏废,众望喁喁,乞公主持电呈中央,迅复各级自治机关,以振法治精神,而餍人望。江苏县议员联合会叩②

---

① 《县议员联合大会旁听录》,《申报》,1916年8月27日。
② 同上。

同时,其还致函参众两院江苏省参众议员,请他们立即提出紧急动议,咨请政府命令各县市乡自治机关一律恢复。在致江苏省议会函中,则请求对县市乡自治的恢复予以主持。① 另外,县议员联合会还委托干事员杨左熙赴京请愿;通函各省县议会正副议长协力进行;通告各县议员通讯处调查各该县议员额数、姓氏及现在有无缺额,是否需要补选等情;对于县议会有未经成立者,函请各该县教育会、农会略告情形,协谋进行之法,等等。②

而联合其他省的县议会一致进行,则是该组织进一步发展的表现。1917年,江苏县议员联合会拟联合各省县议会所举代表进京请愿,是年2月11日下午二时各省代表在京开会,到者有福建、湖北、江苏等三省代表,并得十二省表示赞同之复函。会议提出议案四条:一、函请各省县会速推全省代表于3月1日以前来京请愿,二、具呈国会请愿,迅速恢复自治原状,以餍民望,三、设立请愿恢复地方自治代表通讯处,四、北京通讯处费用暂由江苏、福建两省代表筹垫,下次开会议决公摊等。③

就整体情形看,恢复自治运动的推动者主要是苏南各县,苏北地区热情不高。如通海地区各县就没有派代表参加全省各县议员联合大会。为此,通海旅沪公民张吉丞、沈邦桢等致函本籍各级自治机关,极表遗憾与鞭策:"吾通海素号开化之区,距沪咫尺,交通之便利,消息之灵通,实为全省各县冠。且辖地不广,可朝呼而夕应,召集同人计议进行,事甚易易。诸公之对于沪县议员通信处,毫无表示,慑于前此之积威耶,抑别有原因欤? 诚百思而莫得其故也。然亡羊补牢,犹未为晚,兹届地方自治将行回复之时(得确息与省会同日召集),一切筹备宜着手进行。若再悠游林下,置若罔闻,必待令始动,不特于组织上之手续,至多仓卒不及之虞,而天职上之责任,恐亦难免。群情之诘难,且向日号为开化之名誉,

---

① 《江苏县议员联合会要函》,《申报》,1916年8月28日。
② 《县议员联合会第一次干事会记》,《申报》,1916年8月29日。
③ 《自治请愿代表函告在京会议情形》,《申报》,1917年2月15日。

亦即与之俱堕。"①但是，苏北之情形亦不能一言以蔽之，如淮安县，在地方自治被停办之前，自治机关尚未建立，此次面临复活，则能积极接受苏省县议员联合会的建议，由淮安县教育会、农会协助组织。② 而丰县则被称为自治恢复的好模范。原来，丰县县议会在取消期间，得到县知事孙君的维护，根基得以保存，值恢复之际，积极而迅速。③ "讷"还专门著文对此一模范进行赞扬。④

在这次声势浩大的恢复运动中，除了江苏县议员联合会的努力，还有上海地方自治研究会、上海策进地方自治会等组织。

上海地方自治研究会由上海县公民沈润挹、贾季英等发起，宗旨在于"为地方谋公益，为自治求进步"。该会草章如下：

> 一、定名：上海地方自治研究会，集合全县公民组织之。二、宗旨：联络感情交换意见，研究地方自治事宜，以促进改良为志趣。三、权限：凡关于地方应兴应革事宜，有共同讨论，随时陈请之权。四、会费：由发起人担任，暂不收费。五、会员：凡有公民资格者，由会员二人以上之介绍，均可入会。六、职员：先选举干事员若干人主持会务，其各项职员暂不设置。七、会期：每年开大会一次，每月开常会一次，如有发生特别事件，由会员若干人以上之请求，得开临时会。八、会所：假定也是园。⑤

与县议员联合会相比，该组织规模较小，会员主要来自上海县，提议也相对缓和，以研究自治为主，故而比较容易得到政府的认可，"今上海

---

① 《通海旅沪公民张吉丞沈邦桢等致本籍各级自治机关书》，《申报》，1916年9月3日。
② 《淮安县筹备自治之报告》，《申报》，1916年9月20日。
③ 《恢复地方自治之好模范》，《申报》，1916年9月26日。
④ 《丰县之自治》，《申报》，1916年9月26日。
⑤ 《发起地方自治研究会》，《申报》，1916年9月5日。

自治研究会已膺政府之认可，或者政府以人民程度为不足，故许其研究而未许其回复，然而上海人得此，亦聊胜于无矣"①。但是该组织因为得到上海士绅的支持，能量并不小。

1917年3月2日，上海自治研究会开会，并邀请前内务总长孙洪尹、国货维持会会长王文典演说。② 政府的认可及孙洪尹等人的演说进一步激发人们对地方自治研究的热情，各地纷纷设立自治研究会或分会，如苏州、③无锡、④丹阳、⑤溧阳⑥等县，皆有自治研究组织的出现。

策进地方自治会亦是上海一地的组织，系由该县公民谢强公发起，以联络客民，对地方自治共策进行，以期实行地方自治之实为宗旨。⑦ 因此，该会亦可视为地方自治研究会的姊妹会，有相互补充之妙。在开会时，谢强公曾进一步阐述此一组织的宗旨："现今共和复活，国民责任繁重，对于地方皆有应尽之义务，欲食共和幸福，须从自治做起来，欲求完全自治，须从剔弊着手，鄙人发起是会，即本斯意。"⑧由此可见，策进自治会的主要目的在于探究以往地方自治之弊端，以策进美好制度之恢复。策进地方自治会不但关注本地方自治事业，对国内外局势亦倍加关注，1917年3月11日，上海策进地方自治会邀请地方各团体讨论当前外交问题，会后致电北京大总统国务院参众两院："外交危迫，本日特开大会讨论利害，加入协约国实背民意，国民誓不承认，电请遵从民意，勿徇私利，以固国本。"⑨这表明，该组织已经超越了区域限制，力图成为更广范围内之民意的代表。

---

① 《自治研究会立案》，《申报》，1917年2月28日。
② 《自治研究会开会记》，《申报》，1917年3月3日。
③ 《自治研究会成立》，《申报》，1917年3月7日。
④ 《自治分会成立》，《申报》，1917年3月11日。
⑤ 《自治研究会开会记》，《申报》，1917年3月14日。
⑥ 《自治研究会成立》，《申报》，1917年3月27日。
⑦ 《发起策进地方自治会》，《申报》，1916年9月10日。
⑧ 《发起策进自治会续纪》，《申报》，1916年9月12日。
⑨ 《策进自治会讨论外交问题》，《申报》，1917年3月12日。

在苏南要求恢复自治运动的影响下,苏北亦有联合组织之成立。如地方自治促进会,该会发起人即前番反对选举金钱运动之徐淮海松四属省议员,该会会址设在龙王庙堂子巷。驻会干事为许苏民、刘伯昌、杨友熙等。"据闻该会徐淮海松四属议员仍抱定打破金钱运动选举之弊,以达人才选举之目的。"①

总之,在此一阶段,地方精英无疑成为自治恢复运动的主角,他们在各地方纷纷建立联合组织,或以恢复旧自治制为目标,或以研究地方自治为宗旨,总体上表明人们对地方自治认识的加深。

受民间自治恢复运动的感染,江苏地方行政官厅亦有所表示,但是显得顾虑重重。在省行政官厅看来,地方自治复行举办,在今日已刻不容缓,只是停办时久,一切经费挪用殆罄,一时恢复,恐怕不易。但是听说中央将有明令恢复自治,为防止临时措办不及,齐省长在1916年7月29日通饬各县知事,先期预备,"各县知事,迅即查明各该县,自地方自治停办后,每年收入自治经费若干,支用于地方公益事宜者若干,抵作他用者若干,现有存款若干,限十日内分别详列细册,报明核办,毋稍漏延"②。接命令后,松江县李知事请各自治委员,在十日之内,将市乡自治经费年来收入支出及现存数目详细开报,为改组市乡议会之预备。③ 无锡县公署则调查自治停办后之余款。④ 镇江丹徒县公署则规定所有丹徒县地方自治经费不得挪为他用。⑤

但是,从中央政府一再拖延的态度看,对于县级自治机关的恢复似乎并无兴趣。在地方吁请之下,中央最初的反应是恢复前清旧制。⑥ 这引起江苏绅民的强烈不满,江苏县议员联合会赴京代表杨静山认为,县

---

① 《地方自治促进会》,《申报》,1917年2月10日。
② 《苏省地方自治之筹备》,《申报》,1916年7月30日。
③ 《规复自治之预备》,《申报》,1916年8月3日。
④ 《饬查地方自治停办后余款》,《申报》,1916年8月5日。
⑤ 《通令禁挪自治经费》,《申报》,1916年8月26日。
⑥ 《恢复各级自治之京讯》,《申报》,1916年8月30日。

议会恢复前清旧制有阻本省自治之进行。① 并致函江苏县议员联合会，将此情况加以通报。当接到杨静山的信函后，江苏县议员联合会马上召开谈话会讨论此事。② 结果一致反对当局此一行为，认为"咨议局章程之不能适用于省议会，犹府厅州县自治章程不能适用于县议会也"③。"宇"对此一事件评论是："前清地方自治之旧制，不能适用于今日，此显而易见之事也。盖前清为专制时代，前清之地方自治集权于县行政官，虽曰自治，仍专制之自治也。以专制之时代而欲行自治，不得不计如此之自治制。今则为共和时代，而非专制时代矣，如谓共和时代之自治，仍可沿用专制时代之旧制，其将来何以解于共和之真义乎？此而曰可，则共和二字，亦可以专制二字易之矣，其如世界仅有共和民国，而无专制民国何？"④在另一篇文章中，他还对赞成恢复前清旧制的人进行了严厉的批判。⑤ 在官绅博弈的过程中，实质上是把自治恢复一事搁置下来。最终，中央政府认为，以往地方自治之所以"成效未彰，非自治之不良，实由于立法未周，易滋误会，废止不举"等故，⑥因而"拟将各项自治法案从速编订，提交国会，议决施行"⑦。这不啻于又一拖延之法。

在反对恢复前清旧制的同时，江苏省县议员联合会提案争取民元暂行县市乡制的恢复，但是该提案需要经过参众两院、国务员、内务部等复杂程序，在政府对此并不感兴趣的情况下，结果必然导致拖延现象。当省议会向江苏省公署转请恢复自治机关时，省公署的回复是："查恢复各级自治机关一案，业经国务会议，议决缓议。"⑧镇江县议会先遵省电，进

---

① 《县议员联合会之要函》，《申报》，1916年9月2日。
② 《县议员联合会定期集议》，《申报》，1916年9月7日。
③ 《商量恢复地方自治之制度》，《申报》，1916年9月8日。
④ 宇：《旧制之不适用》，《申报》，1916年9月14日。
⑤ 宇：《专制之臭味》，《申报》，1916年9月15日。
⑥ 《大总统地方自治法令》，《政府公报》，1917年1月20日。
⑦ 《恢复自治案又交复议》，《申报》，1917年2月9日。
⑧ 《恢复各级自治机关之失望》，《申报》，1916年10月31日。

行筹备,已布置就绪,后因部令暂缓召集,所以并未正式开议。① 在《自治延宕之真因》一文中,有人如此评价:"参议院恢复自治议决案之提交复议也,政府固谓拟将各项自治法案从速编订,然是项法案今方经由国务院会议,退回内(务)部修正,既使内务部迅速办理,而修正后之程序,既须经过国务会议提出两院,而议决而公布而著手筹备,其施行之期,正不知何日,而况内务部之修正,尚未闻有所进行耶! 政府之处理此事务,取纤徐为妍,已幸国民之望矣!"②

不久,内务部致电各省,命令各省分三期切实调查各地现在情形:在第一期内,调查地方原有公益事业办理情形及公款公产之管理方法;在第二期内,调查自治事业因革兴废及自治经费之筹办方法,并收入成数;在第三期内,调查自治事业停止继续及自治经费保存移拨情况等。并将"利弊得失之所在,比较指陈,造具清册,随时承转咨部,以资考鉴"③。当内务部要求各省对地方自治发表意见时,江苏省省长齐耀林在复内务部电文中说:"自治制度,各国不同,要在体察国情,方能导扬民气。前清自治章制,取法东临,行之数年,不无扞格。弊在分区过多,资格过宽,员额过繁冗,监督过于放任,成事不说,来轸方遒。及此厘订之初,应有折中之论,拟请规定办法,以组织县地方自治为第一期,俟完全成立,再就其县酌划第三四或五六区,定名为区自治,不必再标为城镇乡名称,以杜争议。至资格、员额、监督三者,皆为重要问题,因噎废食,固属不宜,得鱼忘筌,尤非真谛,深望权衡至当,制定良规,自治前途庶其有豸!"④齐之言论对江苏省恢复民元县市乡制的运动无疑是一种打击。

因此,就行政官厅之态度来看,对地方自治之恢复并无诚意。仅无穷尽的讨论就把地方自治陷入长期的延宕之中。怪不得江阴县参事代

---

① 《会议回复自治问题》,《申报》,1917年1月26日。
② 庸:《自治延宕之真因》,《申报》,1917年2月22日。
③ 《内部分期调查各省自治》,《申报》,1917年3月29日。
④ 《苏鄂滇三省长之自治意见》,《申报》,1917年5月4日。

表费洪声痛陈道：

> 吾江苏之县自治，继省自治而组织通讯处，而成立联合会，兹一年于兹矣。期间请愿于省会，省会非不介绍也，而省长则以未奉命令为辞！请愿于国会，国会非不建议也，而开议又以重行组织为辞！千呼万唤，尚未产出，……今幸矣，齐省长上意见于内务部，对于自治以组织县自治为第一期；五月八日之阁议，又以县市乡制决交国会；吾知一转瞬间，其范围自治当然产出，吾于未回复之前，为自治之旧议员勉急起直追，踵省自治而发起县自治之研究会，省政既需研究，县治转付阙如，可乎哉？①

1917年之后，中国政局进入更加动荡时期，府院之争余波未平，又有张勋借调停府院之争复辟帝制事件。大总统黎元洪被迫躲进外国使馆，江苏督军、副总统冯国璋代理总统职务，联合段祺瑞声讨张勋。张勋战败，冯国璋出任总统，段祺瑞出任国务院总理和陆总总长，中央政府处于皖、直两派军阀的共同控制之下。两派实力军阀共掌政权，为争权夺利而钩心斗角。在这种情况下，把地方自治之恢复寄希望于中央政府，无异于痴人说梦。

就江苏省来看，仍然把自治恢复建立在呼吁当局认可的基础之上。有人在《说江苏人》一文中，如此批评："江苏人者，事事后于人者也，证之前例，已不少矣，人皆谓宜急，而江苏人则曰需之，人皆谓宜急抗，江苏人则曰待之，至需之无可需则稍举焉，至待之无可待，则稍抗焉，此江苏人之习性也。虽然江苏人之习性即中国人习性之代表也，特江苏人为中国人中之尤甚者。"②

---

① 《费鸿声之县自治感言》，《申报》，1917年5月13日。
② 讷：《说江苏人》，《申报》，1918年8月24日。

1918年2月,江苏省议员李国铨、马骏"以地方自治恢复在即,此项经费应长款存储,以免临渴掘井"为由特别提出议案,"咨请省署重申前令,通饬各县知事一体遵照"。齐省长根据其请,通令各县不准挪用。① 但是,并不见有恢复自治的迹象。

1918年9月,苏省长再颁发地方自治编制大纲六条,内容如下:一、上级自治县会提前办理,其选举应择限制主义。二、下级自治市乡会应采取直接选举主义。三、应以省议会选举之资格为限,以免滥竽。四、权限及公费均为限制的,监督机关为积极的。五、议员均为名誉职,不准额外增加公费。六、其预算制须经上级官厅照会计法核准。② 在此一大纲中,可以看到限制颇多,进一步突出官厅监督的作用。然而,在无实际行动的情况下,此仍不啻于一张空头支票。

1918年,在民国政府第二届总统选举中,冯、段矛盾尖锐,徐世昌渔翁得利,于是年10月出掌中央权柄。以非军阀背景的徐世昌出任总统,给人以自治恢复的新希望。江苏省议会对地方自治的关心也增加了不少,在本年江苏省第五号议事日程中,即有多项议案涉及地方自治问题,如徐瀛提议请愿政府先行恢复县自治紧急动议案;顾希曾提出请咨电部速定地方自治制度建议案;屠宜厚提议恢复本省县市乡自治并联合各省请求中央速颁地方自治法制案;宋铭勋等提议恢复县市乡自治案;盛元音提议各县应宣布自治经费案;朱积祺等提议各县带征附税杂捐,均应切实公布以维地方公益经费案;顾作宾等提议清查各县自治经费案等。③ 姑且不论议决结果如何,但就如此集中提出议案的情形,即可见地方自治与政潮之间的密切关系。

徐世昌继位后,首先忙于调停军阀之间的矛盾,希图通过南北议和达到偃武修文的目的,对于地方自治则持暂时搁置的态度。直到1919

---

① 《自治费不准动用》,《申报》,1918年2月28日。
② 《奉到地方自治大纲》,《申报》,1918年9月17日。
③ 《苏议会之第二次大活动》,《申报》,1918年10月10日。

年9月,徐世昌政府才颁布《县自治法》,地方自治又有复兴的势头。但是《县自治法》颁布后,地方自治并未立即推行。中央政府认为,当前之急务在于培养自治人才,方式则是由"内务部拟于中央设一地方自治模范讲习所,俟毕业后送回各道以次推行"。对于这一方式,苏省会议员卢瀚荫提出异议,提议江苏六十县应自行组织地方自治讲习所,无俟中央为之代谋。又有高议员等提议,"地方自治讲习所应由人民组织,以发挥民主之精神",并在提案中详细分析由中央统一培养自治人才的弊端,以及由各地自行培养自治人才的益处。① 比较中央与苏议员所提两者方式,后者更加适合于苏省,既然自治为当前之急务,辗转传授不如就地办理为宜。由此亦可以揣度中央政府的诚意。果不其然,苏省建议并未被采纳,中央仍坚持设地方自治模范讲习所,各省选派人员进京培训。实际情况正如所预料的那样,自治人才培养的速度明显降低了。就江苏来看,1921年1月,方有江苏金陵、沪海、苏常、淮扬、徐海五道筹设自治讲习分所之说。② 1921年4月,才有苏常道自治讲习分所之设立。③ 如此培养自治人才,真不知何时才能普及。但是,既然中央有所表示,苏省绅民也就未放弃恢复县制的希望,并在此后一个阶段又有进一步的活动。

第一,苏社及其他地方自治组织的成立。

1920年4月1日,江苏地方人士,鉴于本省各项事业,渐落后于他省,遂由张季直、韩紫石、黄伯雨等十八人筹商,分函各地同志,共同发起苏社。宗旨在于谋江苏地方自治之发展,并以实业、教育、水利、交通四者为应,且郑重声明,"不涉政党,不为私人利用,不与官治为敌"。后经各地同志复函加入,定于5月11日在南通开成立大会。

松江县为此建立地方自治筹备会。宗旨为:甲、促成地方自治,乙、废除障碍地方自治之制度,丙、研究地方自治学,丁、唤起全县公民注意

---

① 《苏议会对地方自治之提议》,《申报》,1919年12月13日。
② 《筹设道自治讲习分所之省批》,《申报》,1921年1月5日。
③ 《道自治讲习所开学》,《申报》,1921年4月17日。

地方自治。① 上海市公民姚文楠请恢复上海南市地方自治,公民吴履平等则要求收还上海闸北两市自治款产,②等等。

第二,江苏省会议员亦主张恢复地方自治。

江苏省议会部分议员认为,本年为恢复地方自治的最佳时机,"近段徐失败,安部逃亡,刷新政治,此其时也。然以武力铲除武力,吾民若不乘此时机,自悟自决,从严监督,难保有武力者不再受此客播弄,酿成二次军阀之争"。因而提出四点主张:一、裁减军队;二、取消军阀傀儡之旧国会,安福国会;三、恢复县市乡自治;四、省县行政长官,概由民选。对于地方自治的恢复,其表现出更大的热情,"吾国县市乡自治,自被袁逆非法取消后,万恶官僚,视此为愚弄吾民压抑吾民之良好时机。故七八年来,从无提及恢复者。共和其名,专制其实,腾笑外人,贻祸苍生,莫此为甚。宜从速恢复县市乡自治,以符共和之实"③。

1920年10月,又有关于政府制定自治推行时间表的说法,"政府决定于下月实行地方自治,以本年七月一日起,至本年十二月三十日止,为筹备时期,明年一月起,为试办时期,明年七月起,为实行时期,至民国十二年十二月,为普及时期,内务部已预备顺序,施行计划,并于九年度预算,增加地方自治之经费"④。不久,内务部又咨行各省,"筹备自治,为现在紧要之举,对于潮流所趋,自须积极进行。各地方所原有之自治经费,应饬所属妥为保存,以待举办自治之用。兹定十年一月起,先将县自治提前恢复,至十年七月,则各地自治机关,须依次成立,务期恢复二年时自治之状况云"⑤。另有电报说:"内部订明年元旦起,先将省自治恢复,七月朔起,各地方自治机关,依次成立。"⑥总之,苏省绅民关于恢复自治

---

① 《松江地方自治筹备会章程草案》,《申报》,1921年1月13日。
② 《电请恢复自治》,《申报》,1921年1月15日。
③ 《苏省议员之四主张电》,《申报》,1920年8月8日。
④ 《实行地方自治先声》,《申报》,1920年10月23日。
⑤ 《政府筹备自治消息》,《申报》,1920年11月8日。
⑥ 《北京电》,《申报》,1920年11月29日。

的呼声在此一段时间充斥文末报端,对当局产生极大影响。

在地方自治恢复的声浪之下,中央拟召开地方行政会议,由各省派代表讨议自治恢复事宜。对于此一行为,人们并不买账,有人揭露说:

> 自治必先有办法,今日之办法,中央方召开地方行政会议,待各省派员赴京,而后会议,会议之后,又须经若干手续,则办法之公布,遥遥不知何日也。
>
> 自治必先有经费,然从前之经费,各地早已挪用罄尽,欲另筹的款,而各省财政之穷,又如出一辙,则欲经费之有着,又遥遥不知何日也。
>
> 如此情势,而欲待官力以希望自治,则自治之恢复,安有希望!故今日地方人士果热心自治者,惟有就已成之办法,固有之款产,而尽力自谋之,向之办有基础者,就其基础而扩张之自治,乃得早日实现。……①

此文进一步揭露中央政府拖延恢复地方自治的行径。

对此,张内长的解释是,政府对于地方自治并无阻挠之心,主要是因为各省对地方自治之范围要求各有不同,难以制订一部让各省都满意的法令,因此延宕至今。② 既然制订让各省都满意的法令被政府视为当前复活地方自治的主要障碍,人们的目光开始集中到地方自治法的制订上。根据中央命令,负担此一任务的机构是地方行政会议。1921年5月6日,中央地方行政会议召开,第一议案即为内部提出之《县自治施行细则》。③ 该条例共21条,对县自治法的施行做了详细的规定。④ 同时该会

---

① 《上海之自治》,《申报》,1921年1月15日。
② 《张内长之选举自治谈》,《申报》,1921年2月19日。
③ 《北京电》,《申报》,1921年5月7日。
④ 吹万:《北京通信》,《申报》,1921年5月15日。

还制订《县议会议员选举规则》《市自治制》《乡自治制》等。但是这些条例很快便引起人们的质疑,江苏省议员徐瀛于5月28日致电北京内务部地方行政会议,诘问市乡自治为什么凡不如前清城镇乡自治制。①

一个署名"默"的人在《申报》上撰文写道:"中央新公布之自治制,在人民视之为非法,不过一种缓和自治潮流之作用而已,无研究内容之价值也。然即宽一步以论,政府纵有实行自治之诚意,此次行政会议纵为合法之会议,所议决之自治制纵为依据民意之自治制。而以自治之原理言之,市之组织各地情形不同,各有个性之存在,非普通市与特别市两种所能包尽,若必欲强立一法,以范围一切,表面上非不整齐划一,然究其实际,则终不能强使一律执行,既行亦足以阻碍其个性之发展。故与其立一有名无实之法,徒供人指摘,则毋宁听任民自谋之,为愈盖欲以自治制缓和自治潮流,用意故非,即欲以自治制迎合自治潮流,亦未为得也。"②

可以说,中央地方行政会议召开并颁布新制,是自治被停止后,中央政府又一次恢复自治的表示,但因新制中官厅色彩过于浓厚,因而遭到地方人士的强烈反对,并由此卷入了一场是执行新制还是恢复旧制的争论之中。

三、新制与旧制之争:江苏地方自治的恢复问题

在新市乡自治制制订的过程中,苏议会认为内政部所召集地方行政会议几乎被各省省长代表控制,省议会代表几无发挥作用之余地,为防止被官方利用,苏省议会首先撤回代表。③ 这实际表明,苏人对此次会议所制订新自治制度并不认可,这一点为此后的新制与旧制之争埋下了伏笔。事实上,在新自治制颁布之后,并未马上付诸实施,就上海县来看,

---

① 《南京快电》,《申报》,1921年5月29日。
② 默:《新自治制》,《申报》,1921年7月8日。
③ 《苏省会议撤行政会议代表》,《申报》,1921年5月26日。

"今岁九月,始奉县知事训令饬调查,如有可以施行自治者,先行认定,切实声叙呈复,以凭核转。当将可以施行自治情形,切实声复在案,事隔数月,尚未奉到指令施行之期,故尚未着手筹备,合即奉复"①。

1922年1月,开始有人在报纸上揭露政府自治言论之虚假。② 更有人警告,慎勿为非驴非马之官僚式的自治所迷惑。③ 根据内政部八月元电,苏省长对苏省恢复地方自治的条件及筹备情形作了一个大致的概述:

> 查苏省滨江界海,本为文化之区,民智开通,多数倾心于自治。惟各县原有自治经费,前经令饬查复,均以民国三年自治停办后,移作他项用途,现图自治恢复,亟待设法筹还。适值上年各属水灾,地方凋敝,求饥拯溺之不遑,更难别有所筹集,虽同抱依法程功之愿,寓多怀无米为炊之忧。迭经令催各道尹,调查所属各县,凡可以施行自治者,均令切实认定具报,其实系被灾经费难筹各县,姑准暂从缓办,仍随时筹备进行。兹据各该道尹先后分别呈报前来,本省长复核无疑。除将未能施行自治之县,令准暂缓一年为限外,相应分别开单咨送。所有认定施行自治县分,即希查照县自治议员选举法所定程序,以本年四月一日为施行日期,转呈公布,俾资筹备,实纫公谊。调查表册,俟另案咨送,合并声明。④

经调查,认定之各县有江宁、六合、句容、溧阳、金坛、上海、松江、崇

---

① 《市经董答复询问自治函》,《申报》,1921年12月25日。
② 讷:《元旦自治令》,《申报》,1922年1月4日。
③ 《恢复自治与市政督办》,《申报》,1922年1月17日。
④ "以地方自治,所有施行区域及施行日期,亟应呈请公布实行,嘱为迅速调查,将可以施行自治之县分,先行认定电达,并照调查册式造具表册,另案送部,其余暂时未能施行县分,可俟具有施行之资格时,随时咨部,呈请公布。"《苏省施行自治之筹备》,《申报》,1922年3月3日。

明、青浦、南汇、金山、川沙、太仓、嘉定、宝山、奉贤、吴县、常熟、昆山、吴江、武进、无锡、宜兴、江阴、靖江、南通、如皋、泰兴、淮阴、江都、仪征、东台、泰县、宝应、铜山、萧县、砀山等三十七县,拟请转呈大总统教令,以本年四月一日为自治施行日期。展缓之各县有：溧水、高淳、江浦、丹徒、丹阳、扬中、海门、淮安、泗阳、涟水、阜宁、盐城、兴化、高邮、丰县、沛县、邳县、宿迁、睢宁、东海、沭阳、灌云、赣榆等二十三县,拟准暂缓一年施行自治。① 非常明显,暂缓者以苏北各县为主,苏南基本上能够按时筹办。

根据以上江苏省省长的呈文,意图按照内政部所颁新制在江苏推行地方自治,这与苏人要求恢复暂行县市乡制(旧制)的呼声产生冲突。

先是江苏各县议会及团体纷纷响应恢复旧制。1922年3月,上海县议会通函全省各县议会,呼吁恢复民三被袁氏解散之县议事会。② 不久,常熟县第一届县议会议员狄恩霖等致上海县议会,主张沿用元年制："缘我国自癸丑以还,地方自治,本由中央以命令停办,即今日无难以命令回复,正不必舍旧谋新,强人民以未完善之法制,使各级自治团体,亦如国会之发生新旧疑问也。……翌年(1921)六月,始由部召集地方行政会议,惟于根本法并未遵令修正,谨将县自治法施行细则,及县议员选举规则,省参事会条例,乡自治与市自治法等草案,提交会议。我江苏省议会,以所议各法不完不备,当开议省参事会条例时,即电部反对,撤回代表。第三届省议会成立,复一致否认省参事会预算案,咨还省长,是我苏对于中央,实无民意公认之地方法案。施行自治,与其强制更张,转为省宪期成之口实,孰若暂行旧制,可免另案筹备之纷歧,况停办之与复活,原为对待。则主张沿用元年制,似较有充分理由。"③吴县各社团集议,号

---

① 《苏省施行自治之筹备》,《申报》,1922年3月3日。
② 《江苏自治之鼓吹声》,《申报》,1922年3月16日。
③ 《赞复地方自治意见书》,《申报》,1922年3月20日。

召恢复旧县议会。① 松江、青浦、泰县、金山、②宝山、太仓、③阜宁、常熟、④沭阳、灌云、⑤嘉定、太仓⑥等县,纷纷响应,主张恢复旧制。

江苏县议员联合会的提倡,增加了恢复旧制的砝码。在 4 月 22 日的会议上,该会提议各县应取一致态度,方家珍认为,"地方自治,以议会为主体,但亦有良否？官治分子多,民治分子少,诸君请注意组织善良之团体,乘此机会,尽力做去"。梁鸿卓则道,"本会主张恢复,不是反对中央命令,只因中央所布之令,不适用于现在。故主张恢复旧会,本会不是命令取消的,是无形解散的,最要之点,在主张恢复自治之决心,积极进行,咨请省长,恐未必违背民意"。陈传德说:"各省比较起来,以江苏自治为最善,现在遵照命令做事,从前是停顿,现在是继续,并无违反命令之处,以本人地位论,恢复职权,亦是人民应尽之义务。"⑦据此,县联合拟派代表赴省、请愿一致恢复旧制。⑧ 同时,江苏县议会联合会还致江苏六十县各法团函电,请求主持公道,协力进行恢复民元旧自治制。⑨ 并要求江苏诸父老昆弟赞助。⑩ 5 月 22 日,县联会代表赴南京省议会,以"自治新制,官治太重,民治太轻",请愿恢复旧自治制。⑪

其中,亦不乏个人与舆论界的呼吁,如松江教育会会长张芝请恢复旧县市乡议会。⑫ 国闻通讯社亦云,"推行自治之实行方法,各方面尚多意见,最重要者,即一部分人士,颇以为政府所颁行之自治法规,实系违

---

① 《恢复旧县议会之运动》,《申报》,1922 年 3 月 30 日。
② 《又有四县主张恢复县自治》,《申报》,1922 年 4 月 6 日。
③ 《恢复县议会之继续响应》,《申报》,1922 年 4 月 9 日。
④ 《又有三县赞同恢复县自治》,《申报》,1922 年 4 月 13 日。
⑤ 《关于恢复县议会之函牍》,《申报》,1922 年 4 月 15 日。
⑥ 《又有二县赞成恢复县议会》,《申报》,1922 年 4 月 16 日。
⑦ 《江苏县议员联合会纪》,《申报》,1922 年 4 月 22 日。
⑧ 《江苏县联会致省会电》,《申报》,1922 年 4 月 25 日。
⑨ 《县联会致全省各公团函》,《申报》,1922 年 4 月 29 日。
⑩ 《江苏县议员联合会继续开会宣言书》,《申报》,1922 年 4 月 29 日。
⑪ 《县联会代表赴省请愿》,《申报》,1922 年 5 月 21 日。
⑫ 《恢复旧县市乡议会之请议》,《申报》,1922 年 4 月 16 日。

法性质,宜由苏省议会自订法条,以重民意"①。

对于新制与旧制之争,有人指出"近者苏省以自治之施行,起官民之争执,在人民方面,则要求恢复元二年之条例,在官厅方面,则筹备中央行政会议议决之条例,盖一则欲实行民治的自治,一则欲制造官治的自治,根本相差过甚"②。时人曾如是评价:"地方自治一问题,究竟何时解决乎?县自治也,民曰恢复,官曰新组;自治筹备处章也,民曰单行章程,官曰部令;特别市自治也,民欲速复,官则主缓。"③生动地反映了当时官民之间在自治恢复问题上的激烈矛盾。

1922年7月,内务部颁布新的市自治施行细则,④江苏省要求恢复旧县制的呼声也随之鹊起。江苏县议员联合会上书韩省长国钧,请求恢复县议会。⑤韩国钧比较支持县联会建议,但认为应待省议会召开并讨论之后行之,韩的许诺让苏人看到一丝希望。⑥

9月12日,江苏县议员联合会致电北京众议院要求迅速议决恢复旧自治制案,其中转述8月16日众议员张善与提议恢复县自治一案,"公道在人,深慰海内喁喁之望,嗣付审查,尤殷翘企,乃时逾浃旬,尚未公决。今日阅报,悉贵院定于18日闭会,而此案尚在悬搁,殊深惶骇。总之,同属议会,贵会两次恢复,省会一次恢复,独令县会向隅,不平孰甚。当此宪法尚在审议,正式县制未定以前,惟有恢复非法停办之各省县自治,藉以发展民治。伏乞贵院将此案,于闭会前议决,以符法案,而顺舆情,自治幸甚!全国幸甚!"⑦

不久,江苏县议员联合会又函电内务部,摆明了对新自治制的看法,

---

① 《苏省自治问题》,《申报》,1922年3月27日。
② 《提议制定江苏自治单行条例》,《申报》,1922年5月2日。
③ 无用:《问力争地方自治者》,《申报》,1922年4月11日。
④ 《内务部新订市自治施行细则》,《申报》,1922年7月22日。
⑤ 《请求恢复县议会之新进行》,《申报》,1922年7月24日。
⑥ 《县联会请愿代表返沪》,《申报》,1923年7月28日。
⑦ 《县议员联合会致北京众院电》,《申报》,1922年9月13日。

"县自治法为第二届国会所议决,而县议员产生之选举规则,仅由贵部拟议,业经公布在案。惟比者第三届国会议员,尚以徐大总统退位而同归无效,则此项县自治法,人民更无公认之理由。况参众两院,合开宪法审议会,县制问题,正在讨论起草,第三届开会时,必有解决。然则县自治法于法律上、事实上,苟属可行,两院亦何必另行审议,其为不承认明甚。应请贵部对于各省省长咨请遵行新自治制时,加以郑重考虑,静候国会解决,勿谓案关公布,将来决无纷扰也。自治幸甚!全国幸甚!"①10月18日,江苏县议员联合会致参众两院江苏议员电,请在第三届国会常会中,提议恢复地方自治机关。②

在县联会坚持不懈的努力下,恢复自治制之呼声产生了一定的效果。10月20日,江苏省署电令委派内务部模范讲习所毕业学员金克荣赴各县,对各县有关水利、风俗、交通、农业、教育、卫生、地方款产、保卫团、慈善事业、清查户口等自治事项进行调查,以为自治恢复之张本。③苏省议员杨而墨等提出折中办法,各县市乡议会,应否恢复原有议会,抑依新颁法制重新组织,宜听各县自决。④ 最终,江苏省议会议决,拟于1923年1月1日恢复旧制。⑤

同时,此事还得到江苏省参众议员的支持,在致上海县议会的函电中,明确指出赞同苏省恢复自治,并在京积极运动。⑥ 同时指出"内务部所订条例,未经国会议决,当然无效。现由省议会议复旧县会,系本省单行法,能否支用县款,应由各地方自决,尚希尊重民意,立予回复"⑦。

但是,苏省长韩国钧因中央未颁明令而陷入犹豫不决的状态,此一

---

① 《县议员联会对新自治制意见》,《申报》,1922年9月24日。
② 《县议员联合会致国会苏议员电》,《申报》,1922年10月19日。
③ 《实行地方自治之先声》,《申报》,1922年10月26日。
④ 《举办自治通融办法之提议案》,《申报》,1922年10月27日。
⑤ 《恢复县会声中之又一办法》,《申报》,1923年1月31日。
⑥ 《参众议员赞同恢复自治》,《申报》,1923年1月10日。
⑦ 《参众议员电促回复自治》,《申报》,1923年1月11日。

态度对苏省自治的恢复产生决定性影响。先是韩省长伪造省议会议长徐果人的私函,"通令六十县知事禁阻县会动支公款"①,后是韩省长提出另一个办法,即仿照山西办法,办理村自治。② 可以说,后一种办法既不违反中央命令,又对苏民有所交代,可谓两全其美。但实际上已有不少县份根据省议会的决议进入实质性恢复阶段,"现苏省各县县议会,于本月已开会者,计有三十七县"③。其已难以忍受这种长久拖延不决的状态。

既然省长是在等待中央明令,县议员联合会又转而加强对中央政府的吁请,请其依照恢复自治原案从速公布,并对政府不恢复旧制的两个理由进行批判。④ 2月30日,江苏县议会联合会,又分致南京韩省长、北京内务部电,催促其恢复旧自治制。⑤ 在是年3月30日的苏社大会上,有社员提议说:"去岁十一月九日,省议会又议决恢复,迳咨省长,省长不负责任;咨请内务部核议,延宕至今。本年二月三日,众议院又咨催政府公布恢复自治。总之,苏省自治,议员任期未满,自应继续有效。如谓单行制不能全国统一,试问各省省议会是否单行制,此案凡在苏人,亟应共同援助,毋令官厅遏阻。苏籍国会议员既已一致赞成,岂吾社诸父老反置之度外乎!"⑥可以说,苏社的加入使恢复旧制的力量进一步壮大。

同时,苏人对苏省长不敢于负责的态度表示不满,⑦在4月18日江

---

① 《恢复县会声中之又一办法》,《申报》,1923年1月31日。此一事件很快便被揭露出来,县联会曾通电如是说:关于自治恢复问题,"韩以不利己身,百端遏抑,据捏名徐果人伪函,通令全省禁支公款,迨徐声明,迄未撤销,已成故意行为"。《县联会催复自治之通电》,《申报》,1923年4月21日。
② 《恢复县会声中之又一办法》,《申报》,1923年1月31日。
③ 《县会联会致苏籍国会议员电》,《申报》,1923年1月31日。
④ 《县议员联合会致众议院电》,《申报》,1923年2月27日。
⑤ 《县议会联会催复自治之近电》,《申报》,1923年3月1日。
⑥ 《苏社社员整理省政之意见书》,《申报》,1923年3月30日。
⑦ 对于自己的态度,韩国钧曾屡次以部令示众。《省长咨询恢复自治之难点》,《申报》,1923年5月14日;《苏省长请复县自治之部复》,《申报》,1923年5月15日;《恢复县自治之省署复函》,《申报》,1923年5月30日。)表示自己有不得已的苦衷,但是其对恢复自治态度之不坚决,已甚为明显。

苏县联会大会上，主席李味青指出，省长对于恢复县议会问题，全无诚意。有人提议重行请愿省议会恢复自治；有人请省议会弹劾省长，并向国会请议查办；也有人主张各县自行定期开临时会，并分别质问省长及向省议会请愿；还有人要求通电在京同乡赞助，这些提议，皆获多数人赞成。①

与省长相比，省议会表现得比较积极，6月11日，江苏省议会议决恢复县议会，并迳咨省长执行。② 在省议会的支持下，江苏省县联合会开会，一面致电省长迅速恢复自治、一面致电各干事出席会议讨议办法。③并公推李味青等三人赴宁向省署催请恢复自治。④ 在多方压力下，韩省长正式通令六十县知事，恢复县市乡各级自治。⑤ 省令下达之后，县联会即通告各县派代表赴沪，公同讨议恢复自治后之进行办法。⑥ 苏省各县恢复旧制已成大势所趋。

至此，新制、旧制之争暂告一段落。在此一阶段，苏省地方精英以各种方式与行政官厅展开博弈，并最终获得胜利，进一步彰显民气上升的事实。

四、江苏地方自治的"黄金时期"

在县自治恢复的过程中，县联会仍然起着主导作用，不但负责各县恢复自治过程中疑义的解释，⑦而且还直接指导各县自治事务的筹办，以为各县在恢复旧制时争取最多的权利。⑧

---

① 《江苏县联合开会纪》，《申报》，1923年4月20日。
② 《省议会议决恢复县议会电讯》，《申报》，1923年6月12日。
③ 《恢复自治声中之县联会要讯》，《申报》，1923年6月14日。
④ 《县联会代表催请恢复自治》，《申报》，1923年6月22日。
⑤ 《南京快信》，《申报》，1923年6月23日。
⑥ 《省令恢复自治后之县联会电》，《申报》，1923年6月25日。
⑦ 《恢复县议会后之疑义》，《申报》，1923年7月6日；《县联会解释县制》，《申报》，1923年7月18日。
⑧ 《电请诠释参事会与知事权限》，《申报》，1923年8月27日。

  1923年8月,江苏省署颁布县市乡选举期限表,①根据此项期限表,苏省的县自治恢复工作进入到实质性阶段。在自治恢复过程中,因各县自身情形不同,不免有参差不齐的现象,"兹查颁定市乡选举事宜期限表内列县知事发给当选执照,并呈报省长,以一月八日为止;县选举事宜期限表内列县知事分配各选举区应选议员额数,发出选举告示,并呈报省长,以一月十三日为止。现在限期已满,而各县具报者尚属少数,甚至已经成立者,应补办各县,亦有延不具报。如此玩视要政,殊属不成事体",因此,省署通饬各县"合在通令严催,凡各级自治原未成立各县,务遵表列期限遵办;必须展期办理者,统限于文到三日内,将不能如期遵办理由,详细具报侯核"。② 如苏州就发出恢复市议事会的通知,其文如下:

  迳启者,
  案准吴县公署函开本年六月二十日奉江苏省公署第5541号训

---

① 具体内容为:甲,办理市乡选举事宜期限表,县知事查明所属应办选举各市乡分别揭示并呈报,九月十日止;选举人名册成立,十月二十日止;宣示人名册,十月二十二日;本人声明错误遗漏及请求更正,十一月十一日止;乙级投票,十二月二十一日;乙级开票,十二月二十二日;甲级投票,十二月二十三日;甲级开票,十二月二十四日;榜示当选人姓名,及知会书,十二月二十五日;当选人答复应选,或答复应何级之选,十二月三十日止;县知事发给当选执照,并呈报省长,十三年一月八日止;议员会集互选正副议长并总董董事及名誉董事或乡董乡佐,一月十三日止;议长将议事会选举总董姓名履历及得票数目册,呈报县知事,申请省长任用,及呈请县知事任用乡董乡佐,给予执照,并由县知事申请省长存案,一月十八日止;县知事给予总董事及名誉董事市乡董乡佐执照,一月二十三日止;议事会开会,二月二十一日。左列期限,凡新选及期满改选者,照此办理,其补选而同时人名册尚未逾选举期限者,仍应适用旧人名册,其旧人名册,已逾期限,或已减失者,均照规定期限办理。乙,办理县选举事宜期限表,县知事分配各选举区应选议员额数,发出选举告示,并呈报,十三年一月十三日止;选举人名册告成,二月十三日止;宣示人名册,二月十五日;本人声明错误遗漏及请求更正,三月七日止;投票,四月八日;开票,四月九日;榜示当选人姓名并呈送县知事,四月十日;县知事发通知书,四月十一日;当选人答复应选,四月十六日;发给当选执照,四月十九日;议事会互选议长副议长及参事员,四月二十六日。左列期限,凡县市乡议会未成立地方,应即如限举办,其有市乡议会,已完全成立,而县议会未成立者,得将县选举提前筹办,由县知事查照表列期限,依次缩短,分别开具日期,呈报侯核。《省长定办理县市乡选举期限》,《申报》,1923年8月31日。
② 《通饬各县赶办自治之训令》,《申报》,1924年1月21日。

令,迭准省议会咨请恢复旧县市乡议会。查县市乡各级自治为民治基础,徒以新旧法制争执久未解决,兹准省议会以根据去年建议案,应将各县市乡议会先以省令恢复,讨论结果,多数赞同,答复前来,自应查照,将民国元二年间全省县市乡制各级自治一律恢复,合亟通令各该县知事遵照办理,……查县市乡各级自治为民治基础,前经停办兹准前因,理应即时恢复,兹于本年七月一日遵照省令将苏州市议事会恢复,除呈报恢复日期外,相应函请,查照。此致苏州总商会

苏州市议事会启　七月二日①

在县自治恢复过程中,县联会以自治筹备处原为奉行新自治制而设定,现在该机构对于各县解释法案,枝节横生,是对地方自治推行的障碍物,请求裁撤。②该请求很快得到省署的同意,③此又是民气大张的一种表现。对于自治恢复态度消极各县,县联会亦加以督促,"南通、江宁等八县县知事玩视通令,延不举办自治机关,昨(十日)呈请省长厉行自治"。④

至此,江苏已有五十二县恢复旧制。此后一段时间,可视为江苏地方自治推行过程中的"黄金阶段"。之所以有此结论,主要证据有二:第一,因为民元旧县市乡制本身具有较强的自治精神,现在各县自动恢复,原有议员亦自动复职,少了选举不法,多了实际效果。第二,各县市乡自治机关,在经过长时间的停办之后,更加珍视这来之不易的恢复,大部分

---

① 《本地七月一日起恢复议事会通知》,苏州市档案馆藏,苏州商会(民国)档,I14－002－0127－054。
② 《县联会请裁自治筹备处》,《申报》,1924年1月5日。
③ 《自治筹备处已裁撤》,《申报》,1924年2月11日。
④ 南通、靖江两县,旧时向有县市乡自治机关,迄今并无举动;江宁、六合、江浦、淮安、宿迁、扬中六县,旧时尚无自治机关,现亦延宕不办。《县联会呈请厉行自治》,《申报》,1924年2月11日。

能够就本地方之自治事务,切实办理,取得一定成绩。

以下就恢复初期的松江县市乡自治机关的活动为例做一简单分析:1923年10月13日,松江市议长吴前枢,总董闵飞,为办理选举,及市乡附税问题,召集二十四市乡议董联席会。其中主要议案如下:

表4-1 1923年松江市二十四市乡议董联席会议决案统计

议 案	决 议
县市乡选举调查,应取如何方针案	县市乡选举调查,一致取严格主义,核实调查。
县知事行文各市乡议董会,应用照会案	应根据民国二年,经省议会修正之暂行市乡制第一百〇六条办理。
郁崇光提议组织市乡联合会案	就松市公所,设二十四市乡联合会,推吴叔子起草简章。
蒋薇章、陆元爵、杨绍时提议,撤销自治委员案	由未移交各市乡,函知县署,请知照各自治委员即行移交。
蒋薇章、杨绍时、陆元爵提议,将附税款产归自治机关管理案	由漕泾、张泽、叶榭、泗泾、钱河、小西泾、龙兴、亭林、五库、金山卫等市乡,用戴怡僧君呈稿,请县□执行。
联合会经常费案	由各市乡将县立工场借款四千之息金三百二十元,作为经常费用。

资料来源:《市乡议董联席会议纪》,《申报》,1923年10月14日。

此次会议对于松江县市乡自治的恢复,有着极为重要的作用,如选举调查的指导思想、行政官厅与自治机关之间的行文格式、肃清官治弊端、增加自治经费来源等几个方面确立了恢复时期的重要原则。

1924年1月1日下午松江市议会开临时会,议案如下:

表4-2 1924年松江市议会临时会议决案统计

议 案	决 议
审查员报告收回米捐案	审查员报告书,照案通过,应请董事会酌定办法,妥速进行。(三读会省略)

续表

议　案	决　议
董事会交议追缴金山劝学所拉租案	应请董事会开明细账,再行严追。
董事会查复收回寿嗣双延局办理棘手案	该案即据董会报告,催请县署谕保召佃,仍无消息,应请董会依法诉追,以重市产。
董会查复验看电灯公司合同案	该案前经电灯公司请定合同,现接吴董报告,该公司所执合同并非正式,应由董会另订办法,或收回自办,或与该公司续订合同,请择一办理。
董会交议接收盐基地,应否树立界石案	该案前经期内决定,请董会收回树立界石,自应查照前案办理。
董会交议归出警所市有各捐,呈请县署久搁不复,如何进行案	市款异常支绌,市有各捐,应请董会剋期再催县署,请于本年一月一日起,划归本所接收。
董会查复收归谷水道院,请定入手办法案	该案应请董会查照本会三读议决案,从速收回,自定入手办法。
董会驳复清洁河道案	该案董会称,顷据报告,究系何人,又称该地系宋吴二姓自产,有何契据验看,模糊答复,本会无从核议,至复称本会议案似误,应毋庸议等语,似与市乡制规定权限不符,碍难承认,当即退回。
董会交议电灯公司收费案	俟本市电灯,由本会订定办法后,再行核办。
董会交议修理南门水关桥梁案	该桥既当南内要冲,自应从速估价修理,以重路政。
催请董会速交本会审查预算案暨辅德预算案	本年度预算,前经本会审查,复交董会核复在案,现常会已满,尚未复到,本届预算,无从结束,现定于本月十五日再开临时会,请董会于十日以前,将预算案交到,以便油印复议,至辅德预算,亦请一并提出,庶本所预算案,得以完全成立,俾便结束呈报。

资料来源:《松市议会开临时会》,《申报》,1924年1月3日。

通过市议会十一项提案的议决情形来看,其严格按照议行分立的方式进行,当议事会、董事会在清洁河道产生不同意见时,出现驳复与退回的争执,自治机关显示出较强的独立人格。当行政官厅在收回寿嗣双延局一事拖延不办时,议事会议决由董会依法诉追,这种维护自身权益的自觉意识是自治精神发展的表现之一。另外,预算、自治经费问题仍然是议事会讨论中的主角。

松江县参事会是在县议会之前召开的。1924年1月6、7两日,松江县参事会连续召开会议,主要讨论金山卫乡选举人李楠申诉选举争议请公断无效一案,在县参事会的审查下,对李楠申诉一案严格按照自治法规进行解决,被诉当选人姚崇德,是现任松江县警察所检查员,为警察官吏之一,应判当选无效。①

松江县第一次县议事会不久亦召开临时会,这次临时会共开五次会议,一次举行开会式,四次大会讨议提案。开会式于1月10日举行,②12日、14日、16日、19日召开四次大会,四次大会共讨议32次,现将主要议案列表如下:

表4-3 1924年松江县议事会部分议决案统计

提 案	决 议
1 县署交议筹集户籍经费,带征忙漕申捐案	朱文彦以本案既已规定开办经常等费,自属省办性质,毋庸县费补助;李修则以前清政治虽属恶劣,然永不增加人民赋税定案,尚属差强人意,况县署征收忙漕手数料每元四分,实用只二分八厘,今议会恢复,不但所余之一分二厘不予发还,以欲增加人民负担,无异加议员以恶名,本席实难承认;周樸请以成立不成立付表决,多数起立,认为不成立。
2 县署交议烟案发封房屋,如何执行处分案	李修则以本署交议意旨,实欲使县警察所得一巨款收入,本席极端反对;朱文彦以没收房屋,房屋非供犯罪之物,自属非法处分,本席认为应即启封发还,主席主付法律股审查,多数起来赞成。
3 县署交议十二年度县经费经临门预算案	主席主副全体审查,多数可决。

---

① 《参事会连日开会记闻》,《申报》,1924年1月8日。
② 《县议会正式开会》,《申报》,1924年1月11日。

续表

提　案	决　议
4　县署交议漕粮带征经费案	李修则以警费应取省款,万无增加人民负担之理,况本县无漕田亩不在少数,若照原案办理,事涉偏枯,尤难承认;朱文彦赞成李说,主席即以李说付表决,多数赞成,认为不成立。
5　县署交议补列县农事经费预算案	蒋议员认为农场为县有事业,应由县费担负,主席拟与十二年度预算案并付审查,众无异议。
6　烟案发封房屋如何执行案审查报告	周复谓,本案照法律论,房屋本非犯罪物,照事实论,系县知事查封后之处分方法,就事论事,该项房屋,应由市乡董估定价格,呈报县署处分,该款充市乡公益,主席以此表决,多数赞成,即付三读书,修改为"议决烟案发封房屋,由县知事委任该市乡董,估定价格,呈报县署处分,该款充所在地市乡公益之用"。
7　十二年度县经费经临时门预算审查报告	陆家麟以经常门内,银行息典当息等款,均未列入,不啻是张一览表,立即退回,周复主照审查报告,由本会备文退回,主席以周说付表决,全体赞成。
8　李修则提议催促县志纂修,从速出版,紧急动议案	(初读)周复、陆家麟主迳咨县署,结果议决,由会备文函询县署,将县志纂修情形,及迟不出版之理由,答复本会。
9　陆家鳞提议开办县道案	周复、周樸、李修则,均以县道当然要办,惟须要先有详细计划,主由原提议人提出计划书,交会再行讨论,主席付表决,全体起立。
10　公民胡常惠请议组织县市乡公报案	周复主张成立,付请议股审查。主席付表决,全体赞成。
11　吴在栋提出紧急动议,十二年度预算,应否依照十一年度决算以示限制案	陈家麟、周复、李修则、吴在栋相继发言,讨论结果,公决由会通知县署,于十二年度预算尚未成立以前,除警察费外,暂照十一年度预算动支,其议参两会及常任委员经费,由县款产绩存项下借拨。(连带二三读会均通过)。
12　催缴奉贤金山拉租案	公决由会备函通知县署,向该县将说收本县教育及善堂租款,连同存息,尽数赶速归还,以遵省令。

续表

提　案	决　议
13　本县各项公益应定分存办法案	陆家麟谓银根紧急时,地方公款,存在一处,非常危险,故主分存各处;陆锡爵以常任委员细则中,定有办法,可不必立议案;李修则赞成分存;周复谓,对于分存办法,可由常任委员规定,惟检查系本会职权,自应实施;陆家麟主由财政股检查。主席表决结果,由财政股内互推四人为检查员,会同常任委员检查各项款产,至公款分存办法,由常任委员接收后,自行规定,报告本会(连二三读均通过)。
14　撤销松江医院案	周复谓,究竟该院是否系属县立,内容如何,应先审查,沈纯潜赞成周说,结果认为成立,交付财政股法律股,合并审查。
15　叶榭乡第一小学改设松立第七小学案	因提案人漏签名字,决于散会后补签,列入下届议程。
16　设置初级中学案	公决交教育股审查。
17　选举慈善款产董事案	选举四人,用记名连记法投票,开匦结果,略。
18　选举七县学校联合会会员案	投票选举,结果,略。
19　县知事提出常任委员,征求同意案	投票表决,结果,略。
20　钱维桂等提议撤销六磊堂厘卡紧急动议案	公决由会电请省署及财政厅迅予撤销,以纾民困。
21　杨正青等提议电请省署修理金山嘴海塘紧急动议案	公决由会电请省长将该塘损坏各段,赶紧兴修,一面函请致县署将历年带征之海塘经费,积存若干,存放何处,函复本会。
22　草拟松江县议会坚持规则紧急动议案	讨论结果,先以该规则成立不成立付表决,大多数赞成成立,再以该规则交法律股审查付表决,仍多数成立。
23　叶榭乡第一小学添设高级部,改为松江县公立第七小学案	公决成立议案,付教育股审查。

续表

提　案	决　议
25　复议县署交议筹办户籍经费案	辩论终局,决由本会函请县署,将户籍经费撙节规定,再行交议,多数可决。
26　提议活典田亩钱洋计算问题案	公决付全体审查员实地审查。
27　白沃乡请议本会,公断该乡与泗泾乡区域争执案	李修则、朱文彦主维持现状,以牛泾港为界;屠少波则以保之区域,为乡界区域。结果决由本会将原提案意见书,咨会泗泾、白沃两区绘图贴说,送交本会,再付法律股审查。
28　参议两会,及常任委员经费案	决照原案删除零数动支,常任委员经费,则以前款产处原有开支,由各员就职后编制预算,交会核议。
29　李议员芳镛辞职案	公决照准。
30　审查报告筹设初级中学案	公决照原报告请县令行教育局,于下年度列入预算,交会核议。
31　审查报告组织县市乡公报案	公决以县公报名义,由县公署发行。
32　审查报告撤销松江医院案	公决照审查原案,即日撤销县立两字,补助于本年度为止,于十三年度编制预算时再行改组,一面由会函致该院,切实改良。

资料来源:《县议会开第一次临时会》,《申报》,1924年1月13日;《县议会第二次大会》,《申报》,1924年1月15日;《县议会第三次大会纪》,《申报》,1924年1月17日;《县会第四次大会》,《申报》,1924年1月20日。

根据上表可以看到,此次会议提案涉及预算、教育、慈善、公益、自治经费、赋税征收、诉讼争端等地方事务的各个方面,自治机关显示出更加独立的人格与精神,主要体现在以下几点。

第一,对行政官厅不合理之提议进行否决。因县署交议之筹集户籍经费带征忙漕串捐案、漕粮带征经费案徒增人民负担,不利于人民生计,而皆遭到县议事的否决。十二年度县经费临时门预算在审查时,发现银行息典当息等款均未列入,因由议事会公决备文退回。

第二,为地方公益积极请愿于当局。当钱维桂等提议撤销六磊堂厘卡紧急动议案时,得到多数议事会议员的支持,最后公决由会电请省署及财政厅迅予撤销,以纾民困。

第三,严格按照自治法规定程序办事。议案一般要经过三读会方能决议;对于需要审查之提议,成立相关股进行审查;通过投票选举产生各种公职职员。最为明显的例子则是:叶榭乡第一小学改设松立第七小学案,因提案人漏签名字,即被推迟到下届议会议程,并责令于散会后补签。对于程序的重视,本身就是一个极大的进步。

总之,地方自治机关恢复之后,能够严格按照章程行事,显示出地方士绅对自治含义理解的进一步加深。这种良好的态势一直保持到1924年9月江浙战争爆发,在此之后,战祸成为阻碍江苏地方自治事业发展的梦魇,各县市乡不得不把地方治安作为自保的重点。需要指出的是,此一阶段江苏省所推行的自治——无论自治机关,还是自治职员——多是对1914年停罢前自治的恢复,这种情形决定了地方管理权仍然把持在少数人手中的事实。对江苏基层社会秩序冲击最为严重的是1927年北伐军的到来,革命者不但要在军事上打破北洋军阀的割据统治,还要在政治上建立新的统治秩序。打倒土豪劣绅及其扩大化,对传统乡村秩序产生强烈的震荡,也为新型管理者渗透基层社会廓清道路。当以党部为主体的革命者纷纷进入基层社会时,基层社会的整合不免打上浓厚的党化色彩。

五、一个特例:南通地方自治

在江苏地方自治陷入沉寂之时,南通却一枝独秀,成为推行地方自治的模范,这与张謇兄弟积极务实的精神、坚忍不拔的毅力有着密不可分的关系。"南通事业俱为张氏昆仲心血所创,无不与之有关系,其次序,先实业、次教育与慈善、再次交通市政与自治等,有条不乱,故至今沛然可观,大生纱厂为商业之母,通海垦牧为农垦之母,代师为教育之母,此三项事业,人才经济皆富,所以生出其他各项事业也。"①其中,又以张謇的苦心孤诣为主。

(一)徘徊于中央、地方之间

清末之际,张謇已经把地方自治视为发展中国的重要途径,但其建议并未得到清廷的重视,乃退而以南通为实验点,以实现其村落主义。"盖欲办自治必兴教育,欲兴教育必需经费,欲筹经费必当自实业",在此情况下,大生纱厂应时而生。大生虽历经波折,但因得到张之洞、刘坤一等封疆大吏的支持,张謇仍然能在经费极端支绌的环境下为南通打拼出一片天地,并且能够"以余利创办各项事业",当清廷颁布地方自治章程之后,南通积极响应,"市乡俱已采行,及民国又有县议会之产生"②,地方自治中断之后,张謇仍然坚持村落主义不懈,力图把南通打造成一座模范城市。

根据北洋政府时期张謇的活动,行止可以分为两个阶段:1912—1915年间接或直接参与新的中央政府时期;1916—1926年返回南通经营村落主义时期,后一阶段又可以1920年12月南通县自治会的成立为分水岭,前一时段为张氏兄弟独创南通自治之阶段,后一个时段则为众绅推行南通自治之阶段。

作为袁世凯的积极支持者,当袁世凯践位以后,张謇并未马上参与新政府的组建,而是以在野的身份与新政府保持着密切的关系。章开沅先生列举他此时的三项重要活动:第一,积极为袁世凯政府组建政府党——共和党,以与同盟会相抗衡,随着国民党的组建与实力的增长,该党与梁启超发起的民主党合组为进步党。第二,积极为袁物色得力助手,其中以拉拢梁启超、岑春煊为主要表现,梁启超因张謇等人的积极"疏通"与造势得以顺利从日本归国,并开始倾向于袁政府;岑春煊则因

---

① 南通自治会编:《二十年来之南通》,南通县自治会中华民国二十七年印行,第21页。
② 同上书,第19—20页。

为对袁世凯政府的顾虑而婉言谢绝。第三,协助袁世凯接收南京政府和裁撤南方剩余的革命军队,在庄蕴宽入主南京的同时,1912年6月14日,黄兴结束南京留守府,并大力裁减革命军队,以上史实皆与张謇有着密切的关联。①

在新政府的组建阶段,张謇虽然保持着超然的姿态,但却是以积极支持袁世凯政府的面貌出现的,此种对袁政府积极支持的态度让他获得充足的政治资本:中央以袁世凯为奥援,地方上以程德全、庄蕴宽为依托,通海地区则处于三哥张詧的控制之下。这些良好政治关系为他下一步经营南通地方自治打下了坚实的基础。

张謇谢绝担任新政府的职务,固然与他的政治兴趣淡然有关,同时也与该年一次与李提摩太的会晤有关,在这次谈话中,李认为:"中国非真能实行普及教育、公共卫生、大兴实业、推广慈善,必不能共和,必不能发达。行此四事,一二十年后,必侪一等国,能行二三事,亦不至于落后三等国,此比练海军为强,究竟有几省能试行否?"张謇猝无以应,勉强答之曰:"或者沿江各省州县能行者,但一时不易偏及耳。"李云:"有二三处作模范即善。"②此次谈话对张謇的震动较大,并进一步强固了他要以南通为试点,开一代风气的决心。

当张謇认为大局已定之后,便返回江苏。为了专心于地方事业,他先后辞掉咨议局议长、盐政总理、宪法起草委员会委员和国会议员等政治职务,并在致袁世凯信函中表明心志说,"謇自前清即矢志为民,以一地自效。苏人士嗤为村落主义。牵率而预一省之事,非素志也;况已垂老,何能以察察之身与涅泥扬波者角?……抑謇之所以辞国会、省会,而终以村落主义自享也"③。回到南通后,他"除了继续经营大生纱厂等企业外,还先后在南通设立了幼稚园传习所、图书馆、盲哑学校、盐场警察

---

① 章开沅:《张謇传》,中华工商联合出版社2000年版,第261—266页。
② 沈云龙主编:《张季子九录·自治录》,文海出版社1983年印行,第1837页。
③ 张謇研究中心等编:《张謇全集》,第一卷,政治,江苏古籍出版社1994年版,第212页。

长尉教练所、贫民工厂、医院、养老院、残废院等单位,并且还规划了狼山森林苗圃,扩充了新育婴堂",可谓硕果累累。①

在部分自治事业中,南通尚可自办,但是有些事情仅靠地方财力是难以为继的。以南通的保坍事业为例,晚清之际,江岸在南通境内多次崩坍而泛滥成灾,张謇等地方士绅虽数次求助政府,皆以无果而终,在此情况下,张謇自捐资延请荷兰工程师奈格测量勘估,自行保坍。因为保坍所需经费过巨,不得不通过其他途径筹款。就当时情形看,筹款方式主要有二:或商借于外国洋行(此项需要政府的许可),或求补助于政府,并在此后通过可行方式偿还。② 因此,张謇电致大总统袁世凯及财政部、农林部,希望得到中央的支持。此请得到袁世凯政府的认可,"幸以个人力请之至诚,得政府权宜之许可"③。根据此一事件可以看到,张謇立足南通,举办保坍事业,这种方式无疑使其具有地方自治的某些性质。在国家与地方社会之间,张謇凭借此前与政府所建立的良好关系,迅速得到了政府的回应,凸显他在政府与民间社会之间的中介与桥梁的作用。

再一次参与中央政府的工作,是在袁世凯的拉拢下,出任农商总长一职,"光复而后,国体改革,以为自治中一切实业、教育之障碍,渐可解除。重承大总统再三之命,促就农林、工商之职"④。1913 年 10 月,张謇走马上任,加入"第一流人才内阁"。在农商总长任内,张謇的主要工作在于为经济立法,以为农商发展之法律保障,但是大部分法令流于空文,未能执行。在任职农商部长期间,张謇仍然关注地方自治事业,1914 年,袁世凯悍然下令废除南京临时政府所颁之地方自治章程,但是在强大的舆论压力下,又很快颁布了新的自治章程,这被张謇视为发展地方自治的绝佳机会,并催促南通迅速编订地方自治成绩册,以加强袁政府对地

---

① 章开沅:《张謇传》,中华工商联合出版社 2000 年版,第 265 页。
② 沈云龙主编:《张季子九录·自治录》,文海出版社 1983 年印行,第 1839—1841 页。
③ 同上书,第 1841 页。
④ 同上书,第 491—492 页。

方自治的重视。1914年6月26日,在致张詧的信函中,张謇如是说:"昨闻人言,洹上注意自治,故有即编南通各项自治事业之函。顷午谒谈,垂问甚殷。当答以各县人力、财力、风俗、习惯,各各不同,未为遽为蓝本直抄。第意编订之序,宜先实业,次教育,次公益、慈善,此为三大总。而中间小理之程序,应按年分之,先后联为一系,列成简表,不必拘定一类。……自治本无消灭之理,此次复活,未尝非民国生机也。"①同时,张謇还致信给当时的南通县长:"昨谒极峰,于南通自治,垂询甚殷。似六月十八日调查自治之申令,非尽官样文章。无论如何,均自治之生机也。政事堂电省征通成绩,想早转到,请属各事业主任,照辛亥议稿,分别汇编为要。"②由此可见张謇对地方自治事业之热心。

随着袁世凯专制独裁的加强与复辟帝制步骤的加快,张謇于1914年11月,提出辞去农商部长职而专任水利局务,"窃自前清通籍,遁蛰泥途,历十八年,未涉政界。而自乙未以后,国势日亟,知非教育不足以图存,非事业不足以自治,乃以绵力经营地方;亦时虑一得之愚,强聒于当时之政府,始终迄不见纳。故自持村落主义益坚"③。当袁世凯与日本签订卖国求荣的《二十一条》时,张謇认识到事不可为,遂挂职南返,并于1915年11月,正式辞去全国水利局总裁以及参政职务,与袁世凯中央政府断绝关系。

在此一阶段,张謇作为国家精英,兼顾中央与南通地方事业的发展,并利用他与袁政府所建立的良好关系,为南通地方事业的发展创造了一个良好的氛围。当张謇与袁世凯中央政府断绝关系之后,他开始退出国家精英的圈子,而重走地方精英的路径。

袁世凯死后,中国政局陷入更加混乱的时期,军阀割据、地方主义勃兴,这种情况给张謇的地方事业带来了新的困难,他敏锐地意识到,要维

---

① 杨立强等编:《张謇存稿》,上海人民出版社1987年版,第60页。
② 同上书,第64页。
③ 张謇研究中心等编:《张謇全集》,第一卷,政治,江苏古籍出版社1994年版,第310页。

持南通地方事业,就要与地方政府处理好关系。因此,他开始经营新的社会关系网,把地方军政长官作为拉拢的对象。章开沅先生认为,此次退却标志着张謇退出全国范围内的政治舞台,并期在军阀的庇护下发展自己的大生企业系统。① 此后历届北洋政府虽多次邀请张謇参加新的中央政府,都被张謇以经营村落主义婉言拒绝。以下略举几端予以证明:

1916年1月6日,致赵凤昌函:"尘网幸已摆脱,惟有仍致力于村落主义,求自治之进步。前谋教育、慈善基本地,久而未得。今幸有可藉手,但须下本耳。"②

1916年4月,附答周应时等函:"夫南通今日得为孙系之人日思尝其一脔肉者,鄙人积二十年之血汗,艰难辛苦,而仅成之者也。外人日月来观,许为中国自治模范,腾之彼报,而于鄙人绸缪缔造之志愿尚未达也。"③

1916年,为劝告袁氏退休致徐菊人函:"下走自辛壬癸三年以来,须发日白,故去秋南旋,杜门谢客,日惟以书生结习自遣;为慈善事不给,至于鬻宇;以是为乐。"④

1916年6月,复陆徵祥函:"走南归以后,经营村落,对于政治,性味淡然若水。"⑤

1916年6月,致段祺瑞电:"村落贡献,不胜拳拳。"⑥

1916年6月,复段祺瑞函:"村落之事,半载以来厄塞支离,几成痿蹩。疏解休养,殆非日月间事。躬负其责,宁能委之而去。"⑦

1917年3月27日,致段祺瑞函:"下走老矣,饱尝世变,实不愿再涉

---

① 章开沅:《张謇传》,中华工商联合出版社2000版,第291页。
② 杨立强等编:《张謇存稿》,上海人民出版社1987年版,第146页。
③ 张謇研究中心等编:《张謇全集》,第一卷,政治,江苏古籍出版社1994年版,第334页。
④ 同上书,第352页。
⑤ 杨立强等编:《张謇存稿》,上海人民出版社1987年版,第152页。
⑥ 同上书,第152页。
⑦ 同上书,第154页。

政界。近以夙昔村落主义,欲图一县旱潦有备之水利,积铢累寸,期以五年而成。"①

由此可见张謇经营村落之决心,同时,他充分利用自己的威望与社会影响,与地方政府军政官员保持着良好的关系。

表4-4 民初江苏省主要军政长官一览

都督(代)	庄蕴宽	1912、1—1912、4	程请假
民政长	应德闳	1912、11—1913、9	
都督(代)	章梓	1913、7	程弃逃
都督	张勋	1913、9—1913、12	
民政长 巡按使	韩国钧	1913、9—1914、5,1914、5—1914、7	改任
都督 将军 督军	冯国璋	1913、12—1914、6 1914、6—1916、6 1916、7—1917、8	改任 改任
巡按使 省长 督军(代)	齐耀林	1914、7—1916、6 1916、7—1920、9 1917、7—1917、8	改任
督军	李纯	1917、8—1920、10	
省长	王瑚	1920、9—1922、6	
督军	齐燮元	1920、10—1920、12 1920、12—1921、9 1921、9—1924、12	代理 署理
省长 督办(兼)	韩国钧	1922、6—1925、2 1924、12—1925、1	
督办	卢永祥	1925、1—1925、8	
省长 督办(兼)	郑谦	1925、2—1925、11 1925、8	
督办	杨宇霆	1925、8—1925、11	

---

① 张謇研究中心等编:《张謇全集》,第一卷,政治,江苏古籍出版社1994年版,第356页。

续表

都督(代)	庄蕴宽	1912、1—1912、4	程请假
督办	孙传芳	1925、11—1927、3	
省长	陈陶遗	1925、12—1926、12	孙任命

资料来源:中国人民政治协商会议江苏省委员会文史资料委员会编《民国江苏的督军和省长(1911年—1949年)》,江苏文史资料第四十九辑,《江苏文史资料》编辑部1993年版,第314—315页。

在上表所列的主要军政长官中,除与张勋不睦外(张勋在江苏仅仅待了几个月,便在张謇等人的运动下被调离),张謇很注重与其他人发展关系。如庄蕴宽是在张謇的推荐并力促下入主南京的;张勋去职而冯国璋来苏,亦与张謇的支持有直接的关系。"韩国钧是张謇的故交,长期相处无间。"①虽然在人事问题上(苏省省长及财厅长的任命问题)李纯与苏省人民产生很大矛盾,张謇仍然表现出雍容大度,在李纯做寿时大发赞誉之词:"恭维秀山督军福庇江淮,勋隆崧岳。庶几江左夷吾,允媲淮西节度。河鼓焜耀,指上将于江南。天柱巍峨,握中台之枢轴。同李文定生,清节、机权、经济。锡郭汾阳福,富贵、寿考、康宁。谁陈千秋金鉴之书? 如闻八月紫云之曲。"②李纯死后,张謇在废督问题上模棱两可,当废督运动兴起之后,张謇在致北京诸同乡函中说道:"诸君子为国为乡,贤劳可念,□□此举诚欲为地方除民治障碍,亦实为中央解政局纠纷,对事问题非对人问题,报载在京苏军官计划,同人深佩,并乞致意,笔舌之效,所恃惟心,居者行者愿共努力。"③可见在废督没有十分把握的情况下,张謇是不会轻易得罪地方当局的。当齐燮元被任命为代督之后,张謇仍然及时致贺电云:"奉电知公代督,欣贺无似。抚众善后,知在荩筹。惟是人之多言,不谅贤者。根于惩羹而吹齑,乃至看朱而成碧。"④可见其务实

---

① 章开沅:《张謇传》,中华工商联合出版社2000年版,第278页。
② 杨立强等编:《张謇存稿》,上海人民出版社1987年版,第250—251页。
③《苏人废督运动之激昂》,《大公报》,1920年10月1日。
④ 杨立强等编:《张謇存稿》,上海人民出版社1987年版,第256页。

的态度。第二次直奉战争中,直系失败,齐燮元下野,张謇不得不向新军阀"示好"。1925年11月13日,在致孙传芳函电中,张謇说道:"叠奉捷电,欣承战状。卢陈虓奋,将士铺敦。徐方既同,淮浦斯截。苏围之戡,总司令之赐也。尅日会师,谋定而动。既就不留不处之绪,益振如山如川之声矣。特电志贺。"①对于张謇的这种做法,章开沅先生如是评价,"张謇在自己生命的最后10年中,煞费苦心地酬应周旋于相互对立争战的各派军阀之间"②。为了保持南通的"一方乐土",张謇确实有难言的苦衷!

总之,张謇拥有一般地方精英所不具备的政治资本,是成就南通地方事业的主要因素之一,亦即是说,张謇此时的成功不是取决于地方精英,而是行政官厅,这一成功的范例实际上进一步彰显大部分地方精英与国家博弈过程中不对等的地位。

虽然全国大部分地区处于动荡之中,但因有张謇的苦心经营,南通的地方事业仍得到稳步发展。自张謇辞去中央政府的职务之后,其所创办的地方实业有大有晋、大豫、大纲、大赉、华成、大丰、新南等盐垦公司;教育有纺织专门学校、医学专门学校、甲种农校、甲种商校、女工传习所、蚕桑讲习所、工商补习学校等;公共事业有博物苑、图书馆、五山苗圃、南通医院、残废院、盲哑学校、栖流所、济良所等。1920年,淮海实业银行,伶工学社、更俗剧场、俱乐部等相继成立,以上事业的发展对于南通地方上金融、通俗教育、娱乐等,不无裨益。而地方之自办大学,亦于当时动议,纺织医商农各校升格,而因需要之急切,故首先成立农科,并开始建造价值十余万元之新校舍。1921年,农大之新舍址俱告成,而大生第八纱厂,南通电厂亦于是时动工等。但这种强劲的势头在19世纪20年代初期开始走下坡路。1923年,因受风水潮虫灾,南通地方事业特别是盐

---

① 杨立强等编:《张謇存稿》,上海人民出版社1987年版,第515页。
② 章开沅:《张謇传》,中华工商联合出版社2000年版,第312页。

垦农业迭受影响,百业因以凋敝。至张謇去世之前,进入既定计划而未实现者,有南通大学及大生四、五、六、七纱厂,南通电厂,新运河等。①

南通事业之所以由盛转衰,有主观、客观两个方面的因素:就客观方面来看,除了受风水潮虫灾害的影响,还有一战结束后,随着帝国主义生产力的恢复,进一步加强对中国经济的侵略;主观方面则是因为张謇经营策略的失败。章开沅认为,由于大生纱厂在前此一段时间经营特别顺手,冲昏了张謇一贯冷静与稳健的头脑,为了建立新的企业,任意调拨大生一、二两厂的余利甚至公积金。"造成整个大生资本集团的恶性信用膨胀,从而最后成为金融资本重利盘剥和严重侵蚀的牺牲品。"②在缺乏财政支持的情况下,自治事业亦必随着实业的衰落而陷入困境。

(二)南通自治会与"众绅"自治

在南通地方自治推行的过程中,南通自治会的成立可视为南通自治史上一件划时代的大事。南通自治会成立于1920年12月10日,发起者为南通县商会、农会、教育会等各团体,③此会的成立,得到张謇之子张孝若的大力支持(张孝若实是第一发起人),在张孝若致好友陈心铭的信中,对此事有详细的交代:"弟日来思发起一团体,此团体即代表南通全县人民之团体,以谋南通全县实业教育交通各种事业之改进与发展。"④此团体之发起,被视为南通地方自治恢复的标志,在江苏省水利警厅第四区第十八队颂词中,即有"今日为十一月一日,即南通恢复自治第一日"的赞誉。⑤ 之所以称之为具有划时代的意义,除了南通地方自治机关恢复的标志,还有引导南通地方自治从绅治向"民治"转变的趋势。"自此而后,南通自治将由绅治渐蜕而为民治,将由一二人之责任渐卸而为

---

① 南通县自治会编:《二十年来之南通》,南通县自治会1938年印行,第24—26页。
② 章开沅:《张謇传》,中华工商联合出版社2000年版,第301—302页。
③ 《张君孝若演辞》,《南通县自治会报告书》,1921年印行。
④ 《张君孝若致陈君心铭书》,《南通县自治会报告书》,1921年印行。
⑤ 《江苏省水利警厅第四区第十八队颂词》,《南通县自治会报告书》,1921年印行。

代表全县人民数十人之责任。"①因此,此民治实为众绅之治而已。

之所以成立南通县自治会,与大生实业集团有着极为密切的关系。

其一,破除外界对南通自治的"个人事业"之讥。南通自治向为绅治,这一点在当时已经遭到部分人士的非议。张孝若在自治会筹备会上曾演说道,"今之国人观察南通,辄以个人自治,老辈自治为论证,以已往之事实,宁可讳言,但南通人之觉悟匪朝夕矣,或以机缘之未至,或以人事之因循,今则潮流渐迫,事机亦熟,其一种自治向往之诚,直与海潮而同上"②。对于南通模范县之称,赞美与毁谤者皆有,赞美者引以为范,毁谤者讥之为个人事业。③

其二,为大生实业集团创造更好的环境,摆脱承包式服务于社会的现状。"此会既成之后,则以前个人系统的南通将进而为全县具体的南通,被动的南通将进为自动的南通,从此外来之侵害,将以百二十万人之力量共同抵御,未来之福利将以百二十万人之才智共同发皇,决非从前个人自治模范之南通,前者人之责望南通,不过一二人志愿之成绩,今则人之责望南通,将进而为百二十万人事业之成绩。"④此一点在地方自治议决案中可以清楚地看到,以《疏浚通境运河以利农田而便交通案》为例,大达轮船公司为张氏所办企业之一,在疏浚通境运河过程中,把其他社会团体拉进来以平摊费用,此举不但减轻了大生集团的压力,还刺激了地方团体创办自治事业的主动性。⑤ 在选择学生贷款赴美国留学的问题上,其中提及所需人才无疑都与大生实业集团有关,如"一曰纺织专门人才,一曰农业专门人才,自大生纱厂开办以后,卓著成效,现在赓续建立者有二厂、三厂,以致八厂,余如电汽、纸皂等厂亦在陆续建设,工厂愈

---

① 《南通县自治会开会词》,《南通县自治会报告书》,1921年印行。
② 《张君孝若演辞》,《南通县自治会报告书》,1921年印行。
③ 《南通报社颂词》,《南通县自治会报告书》,1921年印行。
④ 《张君孝若演辞》,《南通县自治会报告书》,1921年印行。
⑤ 《疏浚通境运河以利农田而便交通案》,《南通县自治会报告书》,1921年印行。

多,则需用人才愈切,又通属淮南各场,次第兴办盐垦公司,拓地日广,对于农业改进及虫害之预防方法,皆宜殚精研究,方足以进步"等等,现在通过贷款的方式资助留学,对于大生实业集团亦有名利双收的效果。①

其三,以制度的形式来维持南通自治事业的持续发展,避免人亡政息的悲剧。张孝若对此有比较清楚地认识,欲使南通自治事业得到持续发展,必须改变由一二人独支的局面。"南通事业韧造之祖,当首推我家二老,但南通全县之事业,断非二老个人之事业。巩固南通之事业,发皇南通之事业,其责任当南通全县人民共同担负之。庶南通之事业与日月而俱长,不因二老而兴废。况二老在南通所韧筑之根基与指导之方向,已足为南通人民开自动之源发先锋之阵矣,则南通人民较诸他县人民所获利益与地位,已不测量矣。总之,南通人民须自居于主人与自动之地位,二老不过发起端启其机耳,固愿南通全县优秀分子代表全县人民聚集一堂,从容讨论全县各种事业,具体之规划,依次进行之方法也。"并且他还进一步指出:"自治之真义与共和立国之精神,皆以法治而不以人治,人治暂而法治久也,人治力弱法治力厚也。"②

南通县自治会章程规定,自治会应办自治事宜涵盖教育、实业、交通、水利、工程、卫生、慈善、公共营业等各个方面。自治职员包括会员、理事及主任理事、各股委员及主任委员三个部分。其中委员会共分十股,包括财政、统计、教育、实业、交通、水利、工程、卫生、慈善、公共营业等,为自治事宜的直接执行者。南通自治会成立之后,首先议决并颁布一系列自治法规,如《本会议事规则》《本会旁听规则》《理事主任理事互选规则》《理事办事细则》《各股委员会服务规程》《各股委员会办事通则》《财政股委员会办事细则》《统计股委员会办事细则》《文牍课办事细则》《庶务课办事细则》《公费支给规则》《薪水支给规则》等,以为该会此后运

---

① 《选择学生贷款赴美国留学案》,《南通县自治会报告书》,1921 年印行。
② 《张君孝若致陈君心铭书》,《南通县自治会报告书》,1921 年印行。

行之指导。

根据南通自治会所颁各项规章来看,它并非一个完全自治性质的机构。

第一,南通自治会是一个典型的议行合一的机构(虽然内部有明确的分工)。根据自治会章程的规定来看,南通自治会所议决事件部分由地方团体或政府办理,部分由自治会各股直接办理,"(本会)议决事件由本会交由委员会执行,并陈明行政公署"[①]。"主任委员、委员对于大会议交执行案件须剋期办理,并将办理情形报告于下届大会。"[②]这是与此前地方自治极为不同的一点。

第二,从自治会员的产生来看,在自治会筹备之时,虽然宣称采取选举或推选两种制度,但是同时规定,在"南通人民之程度一旦整齐,各种之设备一旦完美"之前,先实行推举制度。[③] 在自治会所推举会员中,区域代表34人,社会团体代表16人,这种社会团体与区域代表并重的做法能够更大程度上扩大代表的范围,但对会员资格的严格限制[④]则把一般民众排斥在代表之外,既然如此,广大民众的利益也就难以得到保障。因此,可以断言,南通自治会的成立使地方自治从一二大绅的自治变成了众绅自治。

既便如此,该自治会的成立仍然具有积极性,其中最重要的一点则是它有把地方自治由个人事业引向众人事业的趋向。此处以南通自治会第一次会议的议决案为例,做一简单分析。

南通自治会所议决的事件主要分四类:制订地方单行规章,筹集自治经费、咨复县公署提交的议案与咨询案,以及其他有关地方自治的

---

① 《南通县自治会章程》,《南通县自治会报告书》,1921年印行。
② 《南通县自治会各股委员会办事通则》,《南通县自治会报告书》,1921年印行。
③ 《张君孝若演辞》,《南通县自治会报告书》,1921年印行。
④ 即同时要符合下列条件之一:"曾在中等学校毕业者;年纳直接国税十元以上者或有不动产价值五千元以上者;具有自治经验成绩者。"《南通县自治会章程》,《南通县自治会报告书》),1921年印行。

事宜。

第一，制定地方单行规章。自治会成立之初，张謇、张詧兄弟便提出募集地方自治公债的方案，其中提到"南通自治事业赖地方人士与愚兄弟合力经营，二十余年，计日程功，尚虞不给，循名课实正恐多疏"，自治"应举之事不可胜数，皆非有巨款不办"，而目前所定之自治经费来源尚不足以支持所有自治事业，因此提出募集地方自治公债的议案。① 根据该项议案，南通自治会很快就通过了《南通县地方公债条例》《南通县地方公债施行细则》两个单行法规，并明确规定南通县发行公债的规则及实施办法。特别在《南通县地方公债施行细则》中，将公债募集的任务分到各团体、各市乡身上。② 这样既可以保证自治经费的来源，又可以减轻大生实业集团的压力。

第二，议决与自治经费有关的问题。如《统一地方财政案》，根据有关规定将各项自治经费与自治事业一一对应，并列入预算，不得随意挪用。③《筹备自治经费案》，向商业附加部分税收，以充自治经费之用。④《拆卸城垣以兴市面案》，认为拆除城垣有利于商业之发展、交通之便利、环境之改良等，并且拆除之城砖还可以移作其他工程建筑之用。⑤《疏浚通境运河以利农田而便交通案》，认为该工程不但于"农商交利，蓄泄有资"，而且对于船只通行特别是对大达轮船公司内河之营业必有增进，所需费用由水利会与大达公司各任半数，共同举办。⑥《修筑市乡道路案》，"所需筑路及造桥费用由各市乡按区分担"。以上议案的提出及议决，亦有由众人分摊自治经费之意图。⑦

---

① 《请议募集地方自治公债案》，《南通县自治会报告书》，1921年印行。
② 《南通县地方公债施行细则》，《南通县自治会报告书》，1921年印行。
③ 《统一地方财政案》，《南通县自治会报告书》，1921年印行。
④ 《筹备自治经费案》，《南通县自治会报告书》，1921年印行。
⑤ 《拆卸城垣以兴市面案》，《南通县自治会报告书》，1921年印行。
⑥ 《疏浚通境运河以利农田而便交通案》，《南通县自治会报告书》，1921年印行。
⑦ 《修筑市乡道路案》，《南通县自治会报告书》，1921年印行。

第三,咨复县公署提交的议案与咨询案。在自治会第一次会议中,县长瞿鸿宾提交两项议案:《自治村如何筹设方可无弊案》《筹办各市乡游民习艺所收纳游民以利地方案》。在前一提案中,县公署认为村长副应由自治会员或本市乡董事推荐,报经自治会审查核定后咨县给委。然后设立自治讲习所,以期养成,回村办理各项自治事宜。① 自治会咨复说,应先设自治讲习所,由各区酌选学员送所学习,以毕业并成绩优美者为村长村副。② 并未提及县公署在其中的作用。对于后一提案,自治会认为应该由官署统一办理为妥。③ 对县公署所提经费问题不予置理。另外,该会因民国三年自治停办导致经费混乱,提出对民国六七八三年县署的收支状况进行审查。④ 根据各项议案议复情况,可以看到自治会对县署的强势地位,而之所以产生这种情况,当与张氏在南通的地位有关。

第四,其他有关地方自治的事项。在《慎重选政以维国本案》中,拟定方法三条,以维选举之公正。在《严禁烟赌案》中,"由本会分咨县公署及警察局,切实施行,一面函请各区董事办事处,相机辅助"。另外,还有《查照中心河原议咨请水利会筹办案》《建筑南通县自治会会所案》《设立登记所及调查户口与自治村同时进行案》等。

根据自治会议决案内容,可以看到以下两种趋势:第一,自治经费不再由大生实业集团单独出资,而是转变为各社会团体、各市乡共同担负,这样有利于刺激更多的人关注地方自治事业。第二,自治会对县公署起到一定的监督作用,自治的味道更加浓厚。

根据以上分析,可以看到,南通地方自治,其实质更侧重于"自理"与"自立"。在南通自治会成立之前,仅仅是以张氏大生实业集团为依托的一二大绅的自治,对此一点,张謇曾非常明确地指出,"以国家之强,本于

---

① 《自治村如何筹设方可无弊案》,《南通县自治会报告书》,1921年印行。
② 《咨复县署筹设自治村案》,《南通县自治会报告书》,1921年印行。
③ 《咨复县署筹办各市乡游民习艺所案》,《南通县自治会报告书》,1921年印行。
④ 《咨复县署查核六七八三年收支地方款项案》,《南通县自治会报告书》,1921年印行。

自治;自治之本,在实业、教育;而弥缝其不及者,惟赖慈善。謇自乙未以后,经始实业;辛丑以后,经始教育;丁未以后,乃措意于慈善"①。自治会成立之后,则变为众绅自治,虽然有了众绅的参与,但仍然缺乏近代地方自治所应有的民主精神——基层民众的广泛参与。在地方与国家之间,张謇所扮演的角色仍然是中间人的角色,不管是"通官商之邮",还是"通官民之邮",地方士绅的缓冲作用至为明显。正如1919年张謇在《交通警察养成所开学演说》中所说的那样:"南通事业向系自动的,非被动,上不依赖政府,下不依赖社会,全凭自己良心做去,即此次举办交通警察,亦非受政府及社会之督促而为之也。"②因此,南通地方自治仍是绅治而非民治。根据乔治·比尔多的意见,民主作为一种政治制度,目的在于在"政治家"的人们与"公民"的人们之间建立一种新型的关系。在"民主社会"中,人们应当"文明地"共同生活和建立社会关系,因此人们的行为准则不是服从,而是积极参与,因为"公民"拥有平等的权利和义务。③ 在张謇所创办的地方事业中,很难看到普通民众的参与,即使存在民主的成分,也仅仅是在绅商阶层内有限地实现。

另外,南通县对于20年代初期江苏地方人士所共同要求恢复的地方自治似乎并不感兴趣。前文已经提及,当江苏省公署要求按照民二县市乡制恢复地方自治时,南通县知事玩视通令,延不举办。④ 后来,南通通邑官绅两界,在城南总商会讨论恢复县议会筹款及补选办法,其中列席者有张退庵、张啬庵、张孝若等。协议结果,定期召集各区董事开会,拟先筹款三千元,为县议参两会恢复开办之用,至于如何筹措常年经费及举办补选手续,日后择日一并讨论。⑤ 所谓的择日,则定于1925年1

---

① 沈云龙主编:《张季子九录·自治录》,文海出版社1983年印行,第1854页。
② 同上书,第1874页。
③ 〔意〕萨尔沃·马斯泰罗内著,黄华光译:《欧洲民主史:从孟德斯鸠到凯尔森》,社会科学文献出版社1990年版,前言,第2页。
④ 《县联会呈请厉行自治》,《申报》,1924年2月11日—1924年7月10日。
⑤ 《官绅会议县议会纪闻》,《申报》,1924年7月30日。

月内实行恢复。① 至是年4月,南通县虽然成立县议会,但因一二市乡尚未完全选出议员,导致人数不足,不能开议。而县知事则以此为借口,延不召集会议,或不发给通知书及执照。希望议会永不成立之意图进一步彰显。② 南通市乡议会更是到10月份仍未恢复,在南通县议事会的一再函催下,县户知事才通令,"以县议参两会既已相继成立,各区自治机关,亟应赓续办理,业于十三日分函各市乡董事,嘱先调查市乡议员,有无缺额,或任期届满,须即改选,俟函复县署后,定期依法办理,以冀早日恢复"③。而事实上,各市乡自治机关因"旧有人员,大多迁徙他处,死亡者亦颇不少,昔日案卷散佚不全,难于稽考",所以迟迟不得成立。④ 这一系列的事实表明,在20世纪20年代初期,南通地方自治的恢复已经远远落后于其他各县,这种局面的形成,可能与南通地方行政长官的拖延有关,也可能是受南通地方自治向来由一二大绅控制的影响。1926年,张謇去世,其后继者再难恢复曾经的荣光,大革命则加快了这种衰落的步伐。

第三节　联省自治下的江苏省自治

一、联省自治思潮的发展与演变

联省自治一词,首创于章太炎与张继。1920年7月,谭延闿通电湖南自治,并邀请章太炎回湘赞助。章太炎主张湖南与四川联合结成自治同盟,以抗拒南北客军的侵扰,并将此事与刚从欧洲回国的张继计议。张建议将"自治同盟"改为"联省自治",此建议得到章太炎的赞许,因有

---

① 《补选县议员纪闻》,《申报》,1924年12月12日。
② 《县联会请愿省议会厉行自治》,《申报》,1925年4月30日。
③ 《恢复市乡议会之预备》,《申报》,1925年10月15日。
④ 《筹备恢复市乡自治》,《申报》,1925年12月25日。

"联省自治"一词的产生。11月,章太炎在《联省自治虚置政府议》一文中论述道:"自今以后,各省人民,宜自制省宪法,文武大吏,以及地方军队,并以本省人充之;自县知事以至省长,悉由人民直选;督军则由营长以上各级军官会推。令省长处省城,而督军居要塞,分地而处,则军民两政,自不相牵。"①这是对联省自治概念的第一次系统阐述。

该思潮虽然勃兴于20世纪20年代,根源却是前此一度影响中国之联邦制思想。"省自治运动者,实即包含于联邦运动之中。其最终目的,即联合自治之各省,而组织为联邦也。故叙述省自治运动,当自联邦运动始。"②中国最早引进西方之联邦思想则源于维新运动前后,改革派与革命派都对美国联邦制进行介绍与鼓吹。1901年,梁启超在《卢梭学案》的结尾部分对联邦制有如下评论,"卢氏以为瑞士联邦诚太弱小,或不免为邻邦所侵轹。虽然,使有一大邦,效瑞士之例,自分为数小邦,据联邦之制,以实行民主之政,则其国势之强盛,人民之自由,必有可以震古铄今,而永为后世万国法者"。梁还为此作案云,"我中国数千年生息于专制政体之下,虽然,民间自治之风最盛焉。诚能博采文明各国地方之制,省省府府,州州县县,乡乡市市,各为团体,因其地宜以立法律,从其民欲以施政令,则成就一卢梭心目中所想望之国家,……果尔,则吾中国之政体,行将为万国师矣"③。革命派则在《民报》上发表赞成联邦制的文章:"共和政治也,联邦政体也,非吾党日以为建设新中国无上之宗旨乎?使吾党之目的而达,则中国之政体,将变为法国之共和,美国之联邦"。④

至辛亥革命时,联邦制思想得到进一步发展,"其时各省相继宣告独立,南京会议即由独立省分各派代表集合而成。……是时联邦空气,至

---

① 《联省自治虚置政府议》,《益世报》,1920年11月9日。
② 圃:《述联省自治运动》,《申报》,1922年1月1日。
③ 张品兴主编:《梁启超全集》,北京出版社1999年版,第509页。
④ 自由:《民生主义与中国政治革命之前途》,《民报》,1906年第4号,第107页。

为浓厚,时机亦极适合,南方政治家主张以独立省分为单位,组织联邦。"①山东咨议局在宣布本省独立时,向清政府提出八项要求,其中明确提出"宪法须注明中国为联邦政体"②。并有部分省份纷纷出台省宪法,"江浙两省并已订成临时省宪法,选举民政长。再进一步,联邦制即可实现",这些都是联邦制思想盛行的表现。③ 南京临时政府筹备期间,也明确宣布:"美利坚合众国,当为吾国他日之模范。"④而《临时政府组织大纲》则是对此一宣言的具体落实,其多仿照美国独立时十三州会议有关总统选举和参议院组成的规定,凸显联邦制精神。然而,"南北和议成立,革命告终,舆论对联邦说,颇加訾议,谓为有妨统一。卒使革命初年之联邦运动,等于昙花一现"⑤。

袁世凯践位,重新推行专制独裁,地方实力派为分享权力,再次擎出联邦制法宝,要求在宪法上划清中央和各省的权限。张东荪、丁世峄、章士钊等纷纷撰文宣传联邦制,"鉴于现行无条件之中央集权,其流弊至无所底止,于是地方分权论大昌"⑥。袁世凯死后,中国进入军阀割据的时代,武力统一与南北议和的思想相继占据时代主流,联邦制思想一度沉寂。在南北对立、战乱不断的情况下,武力统一的理想似乎并不能实现,此为联邦制的再度复兴埋下伏笔。

开启联邦制新一轮讨论的是熊希龄,熊本来是支持中央集权的,因为武力统一无效,转而支持联邦制,在其通电中,熊如是说:"双方既以武力争法律,苟有一方可以战胜攻取,屈服群雄,统一中国,未始不可以慰

---

① 圃:《述联省自治运动》,《申报》,1922年1月1日。
② 全国政协文史资料研究委员会编:《辛亥革命回忆录》(第五集),文史资料出版社1981年版,第294页。
③ 圃:《述联省自治运动》,《申报》,1922年1月1日。
④ 杨幼炯:《近代中国立法史(增订本)》,台湾商务印书馆1966年版,第75页。
⑤ 圃:《述联省自治运动》,《申报》,1922年1月1日。
⑥ 中州退叟:《吾国省之价值于国家之组织》,《新中华》第1卷第2号,1915年11月1日。

人民云霓之望;无如彼此均衡,各无把握,一波未平,一波又起。"①李剑农则著《民国统一问题》一文与之呼应。② 1919年,第二次南北议和失败,阻断了通过和谈实现南北统一的道路。1920年7月,直皖战争爆发,直系掌握中央政权,此后军阀混战加剧,社会更加动荡不安,"北方自皖直战争,南方自粤军回粤后,两方都失去了统一的中枢势力,从此入于南北各军阀的混战时期。此时期之内,护法的旗帜,虽然尚未销减,但护法二字,已不为一般人所注意"③,在此背景之下,联邦制思想以新的面孔——联省自治——再次出台,进而勃兴,成为救时稻草。

静观认为,"各地自治热潮之激荡,几如河决山崩,不可遏抑,抉其原因,约不外两种:一、军阀专横,蹂躏民治,人民恶感既深,遂发生发动作用。二、世界新思潮,澎湃东渐,自主自决之精神,因之勃起,湘中一战,既肇其端,近畿一战,益彰其焰"④。黄抱一进一步论述说,民国初立,一般学者盛倡中央集权,结果遂为洪宪一度利用。袁氏垮台,既无从以法律上之权能谋根本之建设,更莫能以政治上之手段,奏统一之成功。湖南首倡省自治,继之者有苏有鄂有皖,其始盛倡某省人治某省,继乃由人治主义一变而为法治主义。⑤

由此可见,联省自治与联邦制在思想上有一脉相承的渊源,都体现出中央与地方分权的精神。但是,两者亦不完全相同,因为联邦制是一种国家政体的组织形式,而联省自治则不过是通向联邦制的路径,是一种过渡形态;如果说联省自治是解决时局的手段,那么联邦制则是目的,由联省自治而达联邦制,这是一个过程。另一个区别则是前者往往止于理论上的阐释与呼吁,很少付诸实践,后者则在部分地方军阀的支持下,

---

① 转引自李剑农:《最近三十年中国政治史》,上海太平洋书店1920年10月印行,第465页。
② 剑农:《民国统一问题》,《太平洋杂志》1917年1卷第8期、1918年1卷第9期。
③ 李剑农:《最近三十年中国政治史》,上海太平洋书店1920年10月印行,第461页。
④ 静观:《各地方自治思潮之趋势》,《申报》,1920年9月29日。
⑤ 黄抱一:《省自治》,《申报》,1920年10月10日。

做了一些尝试性的试验。

二、联省自治在江苏省的三个阶段

江苏省对于联省自治的呼应是以自保为主导思想的,大致可以分为三个阶段:第一阶段为驱齐废督以达苏人治苏阶段;第二个阶段为制宪废督以求自保阶段;第三个阶段为制宪弭兵以达自保阶段。以下分别叙述之。

(一) 驱齐废督以达苏人治苏阶段

对于此一阶段苏省的省自治运动,静观曾有如下总结:

> 江苏主张苏人治苏之议,亦已数月于兹,但溯其经过,颇有递嬗之迹可言。其始驱齐运动,发生于省议会,非纯粹苏人治苏论也。继之者乃有苏社,对于省会单纯驱齐之主张,未能十分表同情,因创为苏人治苏之说。嗣以继长问题,喧呶多时,未能遽决。苏人之负时望者,既不肯毅然肩苏长之任,而督军之荐剡既上,势且不可挽回,两害相形取其轻,乃暂抛弃苏人治苏之主张。只就贤不贤以定取舍。此南通已有电,向政府声明者也。惟未逾数日,该省局势又变,其故因闻督军又有保荐继长之电,政府又迁延不决,以为太不尊重公意,乃复有铣电到京,计列名者二十五人,仍主苏人治苏。政府接到电后,仓卒议决,以王瑚长苏之令发表,盖因旅京苏人本有欢迎王氏之表示也。同时苏人派有代表四人赴京,此四人者为苏社所推举,专任与政府交涉者。旅京苏人如庄思缄、张仲仁等,原拟日内作一度欢迎王瑚之会,请其早日就任,但因四代表业已到京,暂将欢迎之事,暂缓举行,而先与代表接洽焉。①

---

① 静观:《各地方自治思潮之趋势》,《申报》,1920年9月29日。

正如时人所言，引发"苏人治苏"的导火线不是因为战祸，而是驱齐与继长问题。驱齐源于时任省长齐耀琳长苏期间的渎职行为，对此，《申报》有如此报道，"苏人与齐省长感情之恶，其最大原因，由各县知事之纵毒，省署则一意包容，甚且愈控告而其地位愈稳固"。但取蓝光策一例言之，"蓝为某道尹之私人，某道尹与齐私交甚深，故蓝始不容泗阳而调靖江，不容于靖江而调昆山，最近不容于昆山而调武进，……武进素号难治，闻蓝之来，阖邑惶惧。……又闻昆山人民，尚在控告，省署即委与蓝最有关系之某道尹查复，其宏奖贪黩，可谓至矣！"①因此，苏人对齐耀琳长苏的意见颇大，苏省议员屡次通电弹劾之。② 因此时正值联省自治风起云涌之际，为迫使齐耀林去职，苏人打出"苏人治苏"的旗号。对于齐耀琳的去职，向来务实之江苏大绅张謇等人甚至吝于形式上的挽留，可见齐在江苏已无可留的余地。③

齐耀林去职之后，继任省长的人选问题，又成为苏人与江督李纯矛盾激化的导火线。江督李纯先向国务院推荐齐燮元，苏民以齐长于军事不宜就民政长官为由加以反对；后推荐王克敏、王瑚二人，因王克敏在当时声名狼藉而再次遭到苏人的强烈反对。苏人之意是仿照浙江先例，公推苏人张一麟、庄蕴宽、徐鼎康三人，任择其一为下届省长，后因为张、庄并辞不就，乃力推徐鼎康出任④，但此动议被李纯以徐鼎康资历太浅予以否决，致此苏人与李纯在继任省长问题上陷入僵局。除此之外，李纯还委派义子文龢出任江苏财厅长一职，导致其与苏人关系降至冰点。⑤ 继任省长问题迟迟不决，引起苏省民众的猜忌，此极不利于苏省社会之安定，因有苏人进一步倡导"苏人治苏"的出现，张謇在致北京大总统、国务

---

① 《江苏政治之一斑》，《申报》，1920年9月2日。
② 《苏议员去齐之激昂》，《申报》，1920年9月2日。
③ 张謇研究中心等编：《张謇全集》，第一卷，政治，江苏古籍出版社1994年版，第416页。
④ 同上书，第428页。
⑤ 《李督与苏人感情日恶》，《申报》，1920年10月7日。

院的电文中说道:

> 江苏省长问题,同人前经发表苏人治苏主张,迟久不决。易说建议,但论贤否,又久不决。贤者观势而逊志益坚,否者蹈瑕而觊觎益重。枝节愈多,群情愈惑。窃以为直曹、浙沈、皖聂、豫张,具有成规,初非创例。苏省人材,何至独后,就地择人,搜采自易。至军民分治,为人民心理所同,李督身绾军符,凤明大体,偶有推毂,不过举其所知,决非挟持中央强予位置,致与民意相违。伏愿中央尊重约法主体在民之规定,远稽初元各省自治之绩,近鉴鄂人发生争议之原,讯就苏人中择贤任命,俾尽故乡公仆之责。民意所属,谁能侮之!尚乞立赐裁夺,以慰众望,而杜纠纷。①

在1920年苏社秋季理事会上,苏人治苏的问题十分瞩目,略谓:"现在中央既失用人能力,一听武人之所为,断不能知人善任。不如得一本省人,一方可以容纳地方之公意,一方可以得社会之助力。"大会讨论的结果是,"省长与自治关系极重,必先达到苏人治苏,然后自治方案可以次第实施"。因拟先联名电请中央,援直豫皖浙成例,迅选苏人长苏。②

1920年9月17日,张謇再发筱电,主张苏人治苏。③ 19日,苏社开临时会,仍然强调此一问题。④ 苏人亦知道由中央明令宣布苏人治苏的可能性很小,因而退而求其次,在频繁通电呼吁的同时,活动由王瑚长苏。⑤ 王瑚是李纯保荐者之一,与张謇颇有渊源,虽是旧官僚,但官声不错,亦能为苏人所接受,因而成为最后的胜出者。就驱齐与继长问题的

---

① 张謇研究中心等编:《张謇全集》,第一卷,政治,江苏古籍出版社1994年版,第446页。
② 《苏社秋季理事会纪事》,《申报》,1920年9月16日。
③ 《北京电》,《申报》,1920年9月20日。
④ 《苏社临时会议事纪》,《申报》,1920年9月19日。
⑤ 《北京电》,《申报》,1920年9月20日。

解决可以看到,所谓"苏人治苏"不过是苏人实现其目的的手段,而并非坚持真正的苏人治苏。是李纯的出缺导致苏人治苏向纵深发展。

当苏人正在活动王瑚长苏之际,江督李纯突然自戕,一时震动全国。① 当苏人听到李纯自杀的消息之后,马上号召发起废督运动,1920年10月14日,《申报》连载三封专电:

其一,北京电:苏同乡定议废督,并联络皖赣废巡阅,实行根本的地方自治,明日苏馆大会取决。(十三日下午十□)

其二,北京电:昨晚苏社四代表,议催王瑚速赴苏,财厅严家炽,速发表,苏督巡阅,缺而勿补,为废督张本,今午十时,张一麟以此意谒靳面陈。(十三日下午四钟)

其三,旅京苏省人民,一致认江苏应趁此废督,日内将向政府请愿。(十三日下午四钟)②

在废督运动过程中,旅京苏人的行动最为积极。为了防止其他势力插手苏省事务。旅京苏人于10月14日下午在江苏会馆开会,讨论废督之事,孙几伊认为:"先举代表,向政府请愿废督,然后再由苏公民与苏省会合拟江苏自治法规,以求达苏省真正自治之目的。"10月25日,苏同乡会干事会在京召开,决定电本省各团体,一致主张废督自治。③ 会后通电上海八大报馆,转省教育会、农业会、商会、六十县各公团,"一致主张废督,以为自治先声,务乞贵处一致进行"④。不久,南汇各公团、淮阴商会等即通电禁止武人干政,要求废除督军制。⑤ 更有甚者,在苏同乡会干事

---

① 1920年10月12日凌晨3点(有的报纸报道为4点45分)不同报纸记载不同,前者是《大公报》报道,后者是《申报》报道。
② 《北京电》,《申报》,1920年10月14日。
③ 《专电》,《申报》,1920年10月27日。
④ 野云:《北京通信》,《申报》,1920年10月29日。
⑤ 《江苏各县公团催促废督电》,《申报》,1920年10月30日。

会上,陈匡石等提议组织省自治法起草会并推举起草员案,全体一致赞成通过;张煊则提议反对政府以命令颁布自治法规。① 这种以制订法规来扩大战果的行为,表明苏省自治运动已有新的发展。除此之外,江苏旅京同乡省自治法起草委员会还请苏省各公团迅速组织自治研究会,以促进苏省自治问题。② 有人署名"一士"在《申报》发表文章对旅京同乡会的废督自治运动如是梳理:

> 旅京苏人之改组同乡会,始于民国九年之秋,维时废督、裁兵、自治三种空气,正□满都门。旅京苏人士,应此潮流而起,其中主干人物为张仲仁氏,干事六十余人,迭开干事会,以筹议苏省重要事务者,已十有九次矣。近数月间,虽不能依期开会,然对于自治一事,仍旧积极进行。前曾举定精通法律十余人,将省自治大纲,完全拟定,日内即提出干事会,逐条公决,即提交该省省议会,请其采用。又该会同人,颇多主张于此处苏省制定省宪时,由会中推出十人回省,参与其事,……③

苏南之外,苏北亦有在京专门团体或个人积极响应,如徐淮海旅京学会,即由苏省淮安、徐州、海州三属旅京人士所组织,其中有官吏,有议员,有学界之教员,及专门以上之肄业生,虽然"所议之办法,虽属一纸空文,但足以唤起舆论亦不少也"④。"一部分旅京淮徐海人,亦复以异军苍头,起而作桴鼓之应。"⑤

除了旅京苏人与苏省派遣代表在京积极运动废督,苏人还在省内积

---

① 《关于自治运动之三大会》,《申报》,1920年11月10日。
② 《请迅速组织自治研究会》,苏州市档案馆藏,苏州商会(民国)档,I14-001-0497-038。
③ 一士:《旅京苏人与省自治》,《申报》,1921年7月26日。
④ 野云:《北京通信》,《申报》,1920年10月20日。
⑤ 《旅京淮徐海人之废督运动》,《申报》,1920年10月28日。

极响应废督号召,其中有团体,也有个人。如江苏省议会于10月16日致电大总统徐世昌:"李督猝然出缺,公布遗书有和平统一寸效未见,求同胞勿争权利,救我将亡国家等语,……谋国之士不得已倡议废督,外人之爱我者亦多以此言,……李督遗缺籍为统一先声,应请速颁明令废置江苏督军,风示天下以旌李督忠诚。"①接着,省议会又形成废督议案,以加强法律效应。江苏公民陆规亮等在致大总统的电文中说:"吾国督军制之应革除,无俟赘陈,此次李督自戕,足证已能觉悟,光明磊落有烈士风,钦佩曷已,应请此后苏省勿简督军,如克实行,他省必闻风兴起,既践总统文治之宣言,复偿国民自治之渴望。"②江苏省教育会、浦东同人会、公民顾树森等通电要求趁李纯去世之际,实现废督,苏省先为之,其他省遇缺即废。③当时通电要求废督以确定自治基础的还有:上海各公团、自治研究会、东北城联合会、昆山各公团、川沙各公团、钮永建、朱叔源等。④江宁旅沪同乡会、宝应商会、韩国钧、朱叔源、沈凤岐等,相继通电,均主张废督以应民意。⑤由此,可见苏人废督自治呼声之强烈。

同时,苏省还主动联合其他各省,共同致力于废督运动。"废督为改制问题,非仅一省所能解决,故主张废督各省有联合进行之预备,先由苏省发起,鄂省首应之。"⑥10月22日,旅京各省人士,闻苏议会通过废督案,多主一致组织进行,纷纷与苏代表联络。⑦同日,苏省废督运动代表张一麟等在中央公园健行会开代表会,议决联络各省组织废督运动联合

---

① 《江苏之继督废督观》,《大公报》,1920年10月18日。
② 《苏省废督争督之热闹》,《大公报》,1920年10月19日。
③ 《苏人主张废督之代电》,《申报》,1920年10月14日。
④ 《汇纪苏人主张废督之公电》,《申报》,1920年10月15日。
⑤ 《苏人之废督运动》,《申报》,1920年10月19日。
⑥ 吹万:《北京通信》,《申报》,1920年10月25日。
⑦ 《北京电》,《申报》,1920年10月24日。

会,①"各省废督运动联合会,经苏省提倡而后,响应者甚多"②。10月30日,苏皖鄂闽川赣甘粤豫鲁十省旅京同乡,开会决定成立各省自治联合会,一致以废督裁兵为主旨。③11月4日下午,苏鄂等十四省区代表在苏省会馆召开大会,正式定名为"各省区自治联合会",宗旨为"限制军费,废除督军,及类似督军制度,以实行国民自治为宗旨"④。此后,随着该会势力的不断壮大,在废督自治运动中发挥着越来越大的影响,在该会第八次会议上,进一步明确该会宗旨:"本会唯一之宗旨,即实行国民自治是也。本会所□向之国民自治,非政府颁布数十条自治法案之自治,乃全国国民自行立法、自行刑法、自行司法之自治也。前者政府所予,政府能夺之,后者我民之所自定,亦我民之所自守。无论何人,不得而动摇之,斯为真正之自治,斯为真正国民自治。"⑤11月4日下午,旅沪各省区自治联合会在苏社开筹备会,确定宗旨为"实行各省区自治",为实行该宗旨,并确定主张如下:"(甲)各省区自治法,由各省区自定之;(乙)废除妨害自治之督军,及类似督军等制度"等。⑥该会之成立,与北京之各省区自治联合会形成南北呼应之势,使废督自治运动进一步猛烈发展。"直言"积极评价道,苏人联合各省之废督运动,以得真正民治为归宿。⑦亦有人评价说:"近自李苏督逝世,因利乘便,正废督之良好时机。于是苏省人民倡之于前,各省继之于后,积极进行,殆有不达目的不止之势。"⑧

在苏人大力倡导废督自治的同时,政府亦有所表现。1921年1月,

---

① 《苏人对于省治之活动》,《大公报》,1920年10月24日;《北京电》,《申报》,1920年10月24日。
② 吹万:《北京通信》,《申报》,1920年10月24日。
③ 《北京电》,《申报》,1920年11月1日。
④ 《各省自治运动之联合大会》,《申报》,1920年11月6日。
⑤ 吹万:《北京通信》,《申报》,1920年11月21日。
⑥ 《筹备旅沪各省区自治联合会》,《申报》,1920年12月5日。
⑦ 直言:《北京通信》,《申报》,1920年10月21日。
⑧ 《废督问题与各方面》,《大公报》,1920年10月25日。

长江各督秘密协商,力主试办联省自治。其中有电文一条为证:"长江各督密商对时局意见,主缓办选举,试行联省自治,已电直曹征意见,吴佩孚甚赞成,曹嘱暂勿与闻。"①但这一通电很成问题:第一,这是由长江各督提倡的;第二,该动议似乎是在秘密中进行。由此,让人怀疑各督军提出此问题的意图。

大总统徐世昌与总理靳云鹏亦表态说:"废督为民国必经之阶级,政府若予以反对,殊多不便。诚如张謇所言,废之前、废之时、废之后均须格外注意,……废督固佳,不如减轻督军权限为尤佳,盖所争者,权也,权轻则无人来争。"②这话虽是事实,但是明显带有敷衍的色彩。敷衍之词不但没有缓和废督言论,反而使废督之声更为响亮。③ 于是中央不得不把废督一事形成议案,以共同讨议办法。该议案重点在于"南北是否同时入手,抑应分出次序进行,为实行应用何种名称维持秩序,至于督军制废止,如何位置以及是否同时分划军区"云云。④ 议案的出台是一种积极的表示,但给人的印象却是前途一片黑暗。

果不其然,苏省废督的最终结果是齐燮元代理江督,苏省废督运动陷入囹圄。

(二)制宪废督以求自保阶段

虽然废督没有成功,苏省自治却呈方兴未艾之势,并与响彻云霄的联省自治运动合流。与湖南、广东、浙江等省的自治相比,江苏属于第三个梯队,但亦有自己独特的一面:一是把立宪作为达到自治的手段,二是把自保作为最基本的目标,三是坚持废督为自治之前提。

第一,制宪的进行与延宕。

在废督运动之时,江苏省已经把制定省宪作为争取自治的手段。

---

① 《北京电》,《申报》,1921年1月31日。
② 《徐靳最近之谈话》,《大公报》,1920年10月26日。
③ 《废督裁兵之趋势》,《大公报》,1920年11月1日。
④ 《废督问题已列成议案》,《大公报》,1920年11月4日。

1921年4月,江苏省议员张援等提出议案,其中规定了组织起草省宪委员会的若干细节问题,如提出组织法九条:

> 第一条,江苏省宪法由江苏省起草委员会起草之;第二条,江苏省宪法起草委员,由下列各员组成:1.省议会推举四员,2.省教育会推举四员,3.省商会推举四员,4.省农会推举四员;第三条,各会所推举,不以各该本会会员为限,其各该本会会员被推荐者,不得逾全数之半;第四条,除各会会员外所推举者,应具左列之资格:1.具有公法之学识者,2.非现执务于南北政府者;第五条,置顾问,无定额,由起草员第一次集会是推定之;第六条,顾问不限于本省籍;第七条,顾问与起草员同席会议;第八条,起草以三十日为期,若遇必要,将延长十日;第九条,本法自议决日有效。①

细读此议案,哪一条曾经照顾到军阀的利益,既然如此,前途可想而知。不可否认,苏人制宪的动机仍是以自保为主,这在张援等提议《组织省宪法起草委员会,俾制定省宪法以图省自治案》中有详细说明,"年来国事纠纷,政治趋势,多注重在省自治一途,是以湘省早将自治大纲,通电全国,川省继之。鄂与湘省,亦均提出草案若干条,此无他,人民在法治上欲求自保,舍自谋治理外,实无他法故也"②。但同时也可以看出此次为苏人制订省宪的诚意。

6月,省议会形成省宪法审查报告。制订《江苏省制宪规程》,该规程共四章二十条,并在议会三读通过。③ 这令苏省人民极为兴奋,人们开始欢呼省宪时代的到来。《申报》报道说:"苏省宪案,今照审查报告,三读

---

① 《江苏制定省宪法之动机》,《申报》,1921年4月19日。
② 《江苏制定省宪法之动机》,《申报》,1921年4月19日。
③ 《苏省宪之审查报告》,《申报》,1921年6月2日、6月3日。

通过,议会明午,开会庆祝。"①但不幸的是,在万事俱备,只欠东风的情况下,宪法的起草却步入漫长的延宕时期。

之所以拖延不决,原因主要有三。

第一,苏省议会陷入金钱运动不能自拔。《江苏省制宪规程》制订不久,苏议会便宣布闭会,议长钱崇固、鲍贵藻、孙儆均回里,议员在省者已不满二十人,省宪起草委员,决议下届开会选举。②而下次省议会选举议员却陷入无穷的金钱运动与选举诉讼之中,时人在《省会初选》一文中评述道:"今日省会又初选矣,初选云者,即初次卖人格之谓也。……流氓地痞卖人格之雇役也,乡董绅士则卖人格之经纪人也,选举投票所则卖人格之场所也,卖一次不已,则两次三次,一人之卖不足,则两人三人争卖,明目张胆,以卖全省之人格,而被卖之选民,一任其喝价贩卖而不之问,大奇大奇!"③据统计,在此次选举中,诉讼达一百八十余起,其情形千奇百怪,主要有四种:一、公民放弃公权,致为调查员所利用,伪造选举人名册。二、办理选举官吏,苟求选举办成,不详查选举人名册之是否确实,调查员监察员投票人之是否舞弊。三、选举人廉耻道丧,以买票为权利,不知选政之关系民治根本。四、热心省政者,慨目前选政之无从补救,惧一省大权尽为无耻之徒所操纵,亦忍痛买票当选,以图抵制,故自实际上言之,各县之选举可谓无一合法,无一可以有效者。④如此而选出的议员,其能否肩负起制宪的重任则大可怀疑。议员勉强选出后,互选议长又陷入激烈的金钱运动中,如此,省宪之制订尽被抛在脑后。⑤正如时人所说:"一般有识之人对之(省议员初选)淡然也,无识之徒则正以今

---

① 《南京电》,《申报》,1921年6月4日。
② 《南京快信》,《申报》,1921年6月23日。
③ 默:《省会初选》,《申报》,1921年7月1日。
④ 箴:《苏省会选举讼案百八十余起》,《申报》,1921年7月19日。
⑤ 《苏议会开幕纪》,《申报》,1921年10月2日。《苏议会之争长潮》,《申报》,1921年10月8日、10月10日、10月13日、10月14日、10月21日、10月22日、10月23日、10月25日、10月27日、10月28日、10月29日、10月31日。

后议会之事繁责重,一若有大利可图,益挟其金钱之力以运动,试问以如此无人格之议员,负议会重大之责任,江苏自治前途危乎不危!"①

部分苏省议员的妥协,也是省宪不能迅速制订的原因之一。当江苏旅京苏人正在起草省宪大纲之际,苏议员华彦铨等 11 人通电,主张国宪与省宪并重,以统一为归宿,此一言论引起旅京苏人的不满,认为显然受政府中人的运动,因而通电攻击,"阳尊自治,阴谋集权"②。

再者,督军的掣肘。无可置疑,督军想得到的宪法是督军宪法,他们的联省自治或许只是"联督割据"而已,齐燮元亦不例外。既然制宪并未反映军阀们的利益,其必然持消极态度。在武人统治之下而不得武人支持,欲实现自治无异于画饼充饥!

第二,把自保作为最基本的目标。1921 年 7 月,湘鄂战争爆发③,引起周边各省的军事干涉,但是齐燮元一再宣言,"对于时局,个人决不有所主张,对于自治潮流,亦决不压抑,惟知保境安民"④。并且,他还标榜仍然以承中央之命是从,"决服从中央保卫地方,不加入任何方面"⑤。为防止齐燮元派兵参战,有人积极劝告江苏不要卷入,以维自保之局。⑥ 苏议员董永成请齐督明白宣布宗旨,不能出兵援鄂。⑦ 齐燮元于 8 月 2 日下午通电说,"援鄂军已多,苏省迭次裁兵,无可征调,惟有努力维持长江下游"⑧。苏社、张謇亦呼吁齐燮元不能出兵,应该保江苏一地之治安。在复苏社、省议员董永成以及张季直的函电中,齐督再次表达了不出兵

---

① 讷:《苏人对于省选之冷淡》,《申报》,1921 年 6 月 29 日。
② 吹万:《北京通信》,《申报》,1921 年 7 月 27 日。
③ 1921 年 7 月 20 日,湖南军阀赵恒惕以援鄂自治为由出兵驱逐王占元,其由岳州进攻湖北,占领蒲圻、通城等处。王占元去职后,吴佩孚率军入鄂,战胜湘军,进兵岳州。
④ 《南京快信》,《申报》,1921 年 6 月 20 日。
⑤ 《北京电》,《申报》,1921 年 6 月 25 日。
⑥ 默:《战局与苏》,《申报》,1921 年 7 月 31 日。
⑦ 《苏议员为出兵事致齐督函》,《申报》,1921 年 8 月 3 日。
⑧ 《北京电》,《申报》,1921 年 8 月 4 日。

援鄂的决心,并保证"只要与我素持之宗旨上下不受如何危害,决不轻出一兵"①。这其实表明苏人在军阀混战之际,极力要求自保的目的。为了达到此一目的,在此后历次战争中,地方精英都劝告江苏当局要坚守不干涉的态度。

1922年4月29日,第一次直奉战争爆发。江苏省虽然并未参与此次战争,但是为了防止苏省的参与,苏人再一次回到了省自治以图自保的讨论中来。江督在致江苏省各县议员联合会的函电中保证:"以保境安民,亲仁善临为职志。"②

可以说,正是因为苏人的大力维护,苏省才能在战乱中坚持中立的态度,这进一步彰显苏人自保的心态,也算是苏人的一项成绩,"民国十年中,其他各省或受兵争苦痛,或被政局搅乱,人民日日处水火之中,而江苏独晏然无事,吾不能不为江苏幸"③。总之,此一阶段的苏省自治运动仍是以求自保为主的。

第三,当他省在各省督军的支持下推行联省自治时,苏省仍然坚持废督以实现自治的方针。

第一次直奉战以直系的完胜为结局,吴佩孚重新打出武力统一的旗帜,各地方军阀则打出联省自治的旗号与之对抗。苏省此时亦有所动作,但其初衷不改,仍然把废督作为省自治的前提,江苏平民自治会在请齐督辞职书中说:"咸望公即日宣布辞职,实践前言,促成统一,树万世之矜模,为各阀之续倡。"④旅京苏人大会亦致函齐燮元,"勿落浙皖豫鲁之后,实施废督裁兵"⑤。旅京苏人顾澄等一百三十余人,还通电江苏省议

---

① 《齐燮元复董永成函》,《申报》,1921年8月6日;《苏督长复张季直等电》,《申报》,1921年8月12日。
② 《齐苏督重申对于时局之意见》,《申报》,1922年5月4日。
③ 默:《国庆后之江苏》,《申报》,1921年10月11日。
④ 《江苏平民自治会请齐督辞职》,《申报》,1922年6月24日。
⑤ 野云:《北京通信》,《申报》,1922年6月29日。

会、总商会、教育会、农会、各法团、各报馆等,坚持废督。① 除了废督,苏人还进一步呼吁解除苏省内部各军职。② 在旅京苏人对苏政建设的建议中,亦明确提出:"吾苏欲行自治,亦宜先精神而后形式",而当前最切要的任务之一便是:增练警备营队,废督裁兵。③ 在号召废督裁兵的同时,苏人治苏的口号再次提出,省议会还积极促使江苏海安人韩国钧出任苏省长,实现苏人治苏。④ 苏省士绅段书云等亦连催韩省长到位。⑤ 韩国钧既是本省人,又非军人,是以得到苏人的欢迎。⑥

此一点表明苏人深刻认识到,在军事强权之下,想实现自治是不可能的。这种认识与时人对联省自治的评价颇为相近:"今之联省自治说,迷信武力者反对之,其主张欲以武力结合武力以达巩固地盘之目的。所谓联防联盟等名词,皆缘此而起。质言之,可谓联省武治,此种联省武治政策,愈发展而战事愈多,且经一度战事而联省武治愈进一步。"⑦ 外人对中国的联省自治亦有极为准确的评价,字林西报十四日北京通讯云:

> 统一运动进行,已促成各省督军相互联盟,标榜联省自治,借以抵抗中央集权,而保全其固有之特权,如唐继尧、卢永祥、李厚基、张作霖辈忽行拥护联邦主义。其实若辈于此主义,未尝有丝毫了解,试观关于此类之通电,往往有居最高位置之大人物,尚不能辨别地方自治与联省自治。夫地方自治含有民选官吏之意义,而联省自治,就意义言,不必定为民主政府,固可以世系王公控制各省,依此解释联省自治,将为督军所乐道,而非人民之所愿闻。地方自治,则

---

① 《旅京苏人热心废督》,《申报》,1922年6月29日。
② 《苏议员促废督军护军使镇守使电》,《申报》,1922年7月5日。
③ 《旅京苏人建设省政》,《申报》,1922年8月13日。
④ 《苏议员之两电》,《申报》,1922年6月29日。
⑤ 《苏绅再催韩省长莅任》,《申报》,1922年7月6日。
⑥ 默:《苏议会欢迎韩省长》,《申报》,1922年7月19日。
⑦ 讷:《联省武治》,《申报》,1922年7月14日。

通省官吏自县长以至省长,概须民选,此将于督军特权,施以莫大打击,其势实远过于中央集权,此殆为督军所不乐闻,而为人民所欲行。今此二者于督军脑筋中混淆不分,使一旦明白此数字之意义,则必将唾弃不谈。盖人民既不愿见独立之督军统治独立之行省,于是当局将知彼等所欲之联省自治,非人民所欲之联省自治,且又惧为人误解为赞成地方自治,自不敢再倡此说矣。平心论之,以中国各省交通不便,共和时代中央政府不能如昔日专制时控制力之雄厚,实行联邦制度,为将来改造之基础,意非不良,但当今军阀方以此为保全督军制之别名,恐行之亦未必有利也。①

所以,苏人坚持废督自治的方针是具有洞见的。

(三) 制宪弭兵以达自保阶段

1923年6月,直系军阀首领曹锟指使党羽对黎元洪进行"逼宫",此一事件激化皖直两派之间的矛盾,江浙之间颇有风雨欲来之势。苏人此时的目标是通过制宪与弭兵的方式来实现苏省自治或江浙联治,以维持东南一隅的和平之局。

为了消弭战争,苏社理事会函请督军联浙,实行保境安民,并议决先促省议会举定起草员,并请各法团一致敦促,以制订省宪。② 1923年6月25日,在苏社理事会致六十县商会、农会、教育会的函电中说道:

前以制定省宪事,函求各县法团意见,先后接奉复函,多以省议会所定制宪规程,久不举行,应由各公团自动,间有主张先促省议会举行,如再延迟,即由各法团自动者。此次本社理事会常会,同人佥以中央政局如斯,从此恐无宁岁,若不急图省治,必将无以自救。而

---

① 《外人道破联省自治说之内幕》,《申报》,1922年7月20日。
② 《苏社理事会纪事》,《申报》,1923年6月16日。

应急之方,惟有先请省议会按照制宪规程,选举起草委员,较为便捷。已于本月函促议会,兹将原函附寄詧阅,务祈贵会一致敦促。如经过省议会开会期间,仍不实行,再筹其他方法,是否有当,敬希卓裁。①

苏议会议员则电上海各报馆转苏浙两省各法团:

天祸民国,军阀横暴,国会助虐,逼走元首,劫取印玺,……目今根本解决,舍国民自决外,别无他策。惟念苏浙唇齿相依,安危攸共,此次既未卷入漩涡,自当以保境安民为唯一宗旨,应由我两省各法团自行联络,切实敦劝军民长官,互相结合自卫,勿助外□,以保持东南和平,为人民留一线生机,明达长官不难谅解,两省人民之福利,愿共图之。②

同时,有苏省议员请求议长即日特开省宪起草员选举会,并由同人选举起草员,按照旧府十一属平均支配,先各属自开协商会,以备届期选举。③ 有人对制宪迟滞的原因进一步透漏说,"乃以部分人成见之难融,坐荒大业"④。省议会闭会后,各属议员,因本省制宪声浪甚高,尚多留宁者,以便观望形势。⑤ 沈桐叔则对制宪人员人数、资格、地点、期限、顾问等等加以说明。⑥ 侯兆圭通电赞成开选举起草委员会。⑦ 省议会亦宣布,经集议,一致主张在下半年常会开始时,定期选举省宪起草员,以完成本

---

① 《苏社促制省宪之要函》,《申报》,1923年6月26日。
② 《苏议员来电》,《申报》,1923年7月1日。
③ 《苏议员督促省宪电》,《申报》,1923年7月2日。
④ 《苏议员宣布制宪迟滞原因电》,《申报》,1923年7月3日。
⑤ 《南京来信》,《申报》,1923年7月5日。
⑥ 《沈桐叔之国民制宪意见》,《申报》,1923年7月5日。
⑦ 《苏省宪之又一督促者》,《申报》,1923年7月9日。

省大法。① 为了增加弭兵的砝码,安徽也被拉进联合的圈子。三省士绅为保持和平召开会议,维持江浙公约,并促使皖省加入和平运动。②

1923年10月,皖系卢永祥通电不承认曹锟贿选,并与奉系张作霖、广东孙中山结成反直三角同盟,导致皖卢与直系齐燮元矛盾进一步尖锐化,战争一触即发。部分苏籍人士为消弭战争,电驰纷呈,劝告苏浙长官不能因全国政局的变化而影响东南一隅的和平稳定,其意是走联治的道路。1923年,上海、南京、杭州总商会通告说:

> 上海为江浙两省要冲,全国商务中心。华洋辐辏,百货云集。江浙两省之安危,上海一隅,实为门户,尤大局治安、全国商业盛衰之关键也。比来谣诼纷传,报章腾载,两省舆情,亦多疑虑。敝会等悬焉终日,惟有恳请江浙两省耆旧硕彦、商界巨子,即日筹商办法,吁请两省长官切实维持,保障东南,并电中央顾全大局,捍卫商民,以定人心而维市面。③

张謇对此通告积极响应,认为"和平之诚意,虽根于两省人民,而治安之保障,仍在两省当局。但求政变自政变,江浙自江浙,江浙不愿供政变之牺牲,政变亦勿用江浙为矛盾。"④

在苏省地方人士奔走呼号弭兵之际,更多人还把消弭战祸的希望寄托于省自治的实现上。在此后的一段时间内,江苏省县议会联合会(简称县联会)与江苏省自治法会议组织法筹备会⑤起到了十分重要的作用。

---

① 《省议员对于制订省宪之宣言》,《申报》,1923年7月7日。
② 《江浙皖和平运动之继续进行》,《申报》,1923年9月29日。
③ 张謇研究中心等编:《张謇全集》,第一卷,政治,江苏古籍出版社1994年版,第567页。
④ 同上书,第568页。
⑤ 1923年12月15、16两日,县联会在上海开会,认省自治法极关重要,故组织筹备会,共有135团体加入。

1923年12月,县联会号召苏省各公团、职业团体迅推代表参与制宪会议。① 1924年1月2日,江苏县议会联合会委员会,及江苏省自治法会议组织法筹备会常驻筹备员,开联席会议,讨议省自治法之问题。② 省自治法筹备会并通告苏省耆老,请一致赞助省自治法的制订。③ 在县联会与省自治法筹备会的共同努力下,苏省各法团纷纷参加到制订苏省自治法的运动中来。1924年2月,省自治法筹备会响应推举筹备员的号召,函复到会者,计四十四个县的县议会,及江苏省教育会,上海律师公会,江宁等教育会,武进等农会,泰县等商会,各法定职业团体,亦有三十余处。④

作为苏省的立法机关,省议会的反应却不能令人满意,对于制订省自治法事,省议员响应者寥寥。并因此遭到省自治法筹备会的责问。⑤ 就正常程序观之,缺乏省议会的赞助,即使制订省自治法,合法性仍然值得推敲,因此苏人的策略不是推开省议会,而是积极争取。因而有请省议会开临时会议,选举代表参加省自治法筹备会之请求。⑥ 有人对省议员寄托厚望,希望省议会迅速议决省自治法会议代表选举法,以利省自治法之制订。⑦ 在省议会迟迟不开的情况下,章太炎致函韩省长,主张宪法先由苏省公民投票公决。⑧ 沙延楷则敬告江苏省议会及议员,"本届江苏省议会议员行将满期,而《江苏省自治法会议组织法》《江苏省自治法》《江苏省议会议员选举法》亟待制定。将来江苏能否有省自治法,江苏能否有省议会,江苏能否有法律,此三种责任,均系于现任省议员之一身",

---

① 《省自治法会议之筹备》,《申报》,1923年12月22日。
② 《前日两团体之联席会议》,《申报》,1924年1月4日。
③ 《省自治法筹备会通告耆老》,《申报》,1924年1月12日。
④ 《省自治法筹备会之进行》,《申报》,1924年2月14日。
⑤ 《省自治法筹备会责难省会》,《申报》,1924年2月20日。
⑥ 崧:《敦促江苏省自治法会议进行之我见》,《申报》,1924年2月25日。
⑦ 权:《促进江苏省自治法之我见》,《申报》,1924年4月3日。
⑧ 《章太炎致韩省长书》,《申报》,1924年3月3日。

在职者不得不注意自身职责之所在。① 江苏省自治法会议组织法筹备会常驻委员李味青等在致省议会的函电中,更是以公意施加压力,"计县议会已过十分之七,法定团体亦有六十余处,全省心理,于兹可见"②。但是因受闸北水电厂案及议长被控案的影响,本届苏议会之第二次临时会从开始迄今,未开一次大会,谈话会亦一次未开。③ 又如何指望其议决省自治法呢? 只是到了最后几日,苏省议会突然开成几次大会,将《江苏省自治法会议组织法》《江苏省省自治法程序法》等匆匆提出。④ 但这颇令人怀疑,⑤本届苏议员在临时会即将届期之时,才提出如此多的议案,是良心发现,还是借此寻求再开临时会的借口? 果不其然,为了完成立法程序,江苏县议会联合会、江苏省自治法会议组织法筹备会两团体先后督促省议会、省长召集第三次临时会。⑥ 1924年7月15日,第三次省议会临时召开,在本次会议上,议决各项自治法规成为主要任务,《江苏省省自治法会议组织法》及《江苏省省自治程序法》相继议决。⑦ 但是在议决过程中,却出现严重的违法行为,《江苏省省自治程序法》本非省议会职权范围,此次一并提出决议,颇有包办之嫌疑,苏省教育会首先发表反对言论。⑧

对于省议会议决省自治法会议组织法及省自治程序法两案,省长亦认为与宪法条文未尽符合,因咨内务部请示办法。苏省地方人士,更是函电交驰,报纸腾说,因议论分歧,导致法规进行停顿。⑨ 各项法规尚在

---

① 沙延楷:《敬告江苏省议会议员》,《申报》,1924年4月3日。
② 《请促进省自治法案》,《申报》,1924年4月29日。
③ 《苏议会停滞之原因》,《申报》,1924年5月15日。
④ 《省自治法会议代表选举法之审查报告》,《申报》,1924年6月28日。
⑤ 箴:《苏议员之最后觉悟》,《申报》,1924年6月16日。
⑥ 《省自治法筹备大会纪》,《申报》,1924年7月3日;《两团体电请省长召集省会》,《申报》,1924年7月6日。
⑦ 《省议会之三议决案》,《申报》,1924年7月29日。
⑧ 《省议会拟议省自治法至反响》,《申报》,1924年7月26日。
⑨ 《苏人纠正苏议会自治法案电》,《申报》,1924年8月21日。

商讨之中,苏省议会临时会已届最后之期,按照法令规定,本届议会将届期,只好等新的省议会产生之后,才能重新讨论,省自治法再陷囹圄。

随着军阀争夺战的加剧,江苏不可避免地陷入战争的旋涡。1924年9月,江浙战争(齐卢之战)全面爆发,此次战争以卢永祥下野为结果。战争既起,地方士绅仍积极运动弭兵。唐文治记载说:"余逆知战事必不能免,先期电达曹锟、吴佩孚,并齐、卢两处,痛哭流涕,求其和解。曹、吴未复,齐、卢复电,均称倘人不犯我,我亦不犯人也。至七月下旬,事益亟。江浙绅士惶急,主议缓冲。乃浙卢派员到会,而苏齐杳然。至八月三日,遂开战。"①

战争给江苏人民带来巨大灾难,"兵士骚扰淫掠,百姓流离,残不忍言"②。"散兵游勇的劫掠烧杀,奸淫掳掠,无所不至。据调查嘉定、宝山、太仓、昆山、宜兴、上海、松江、青浦、金山、奉贤等县,先后'为齐燮元所蹂躏而损失者约计六千万有奇。'其中如浏河'被炮火全毁之房产,计一百五十四户,共一千五百二十九间,炮弹炸坏房屋约三千三百余间,综计损害断在七十七万元以上,而屋内之财物不与焉。''昆山夏桥乡人烟断绝,十室九空;'松江城内商店'以存货倾尽,关门者达百分之九十五',无锡受战争影响,纱厂'大都停工,工人生活困苦万分'。"③这些给江苏各县之自治事业带来巨大影响。

同年,第二次直奉战争爆发,奉系胜利,并在以援助卢永祥的口号下,乘势向南扩张势力,其先鼓动段祺瑞下令免去齐燮元江苏督军的职务,后任命尚在日本的卢永祥为苏皖宣抚使。齐则联合孙传芳抗拒奉系的南侵。奉、卢联合对齐、孙之联合,南方政局一度紧张。为缓和局势,段祺瑞采取离间计,安抚孙传芳、孤立齐燮元,孙传芳中计,放弃援助齐燮元,孤立无援的齐燮元宣布下野。齐燮元下野后,奉军源源不断开进

---

① 唐文治:《茹经先生自订年谱》,文海出版社1986印行,第88页。
② 同上书,第88页。
③ 沈嘉荣主编:《江苏史纲》,江苏古籍出版社1993年版,第321—322页。

上海,导致与孙传芳的矛盾不断尖锐化。1925 年 10 月,孙传芳不宣而战,奉浙战争爆发,战争以孙传芳的胜利而结束,孙控制苏浙皖闽赣,自任"五省联军总司令"。此次战争因争夺对江苏的控制权而起,又以江苏为主战场,必然进一步加重江苏人民的灾难。

同时,各派军阀为了在舆论中站住脚,都纷纷擎出省自治或联省自治的大旗。如 1924 年 12 月 11 日,段祺瑞下令免去齐燮元所兼各职,以省长韩国钧督办江苏军务,并特派卢永祥为苏皖宣抚使,而"苏军各将领为保江苏现状,通电表示拥护韩国钧,但反对段祺瑞另派军事大员入苏、危害苏皖。江苏绅民及各社会团体也认为卢永祥是江浙战争的罪魁祸首之一,没有'宣抚'江苏的资格,纷纷通电反对卢永祥南下,掀起'江苏废督和上海永不驻兵'运动"①。

齐燮元下野之后,奉张为实现了其囊括江苏的野心,竭力排斥卢永祥,还借口"苏人治苏",要求段祺瑞于 2 月 14 日任命他的秘书长江宁人郑谦为江苏省省长。但是,此"苏人治苏"绝非苏人所要求的"苏人治苏"。

第三届苏省议会虽已届期,但鉴于苏省此时所处的特殊环境,特增开一次临时会,"因兵灾之后,地方一切要政,亟须共图整理,爰订四月一日召集临时会,会议各项善政(后)事宜"②。在本次临时会上,先后通过《江苏省修正制宪规程》、③《省宪起草委员会之选举草拟办法》等,④但因各属选举起草人,屡起争潮,最终无果。⑤ 随着本次临时会的结束,苏省省议会正式退出历史的舞台。再一次恢复,已是大好河山沦陷之下 1941 年了。应该说,江苏省宪未能颁布,除客观因素之外,省议会及其议员应负主要责任。

---

① 沈嘉荣主编:《江苏史纲》,江苏古籍出版社 1993 年版,第 323 页。
② 《苏议会临时会开幕》,《申报》,1925 年 4 月 2 日。
③ 《江苏省议会开会纪》,《申报》,1925 年 4 月 24 日。
④ 《苏议会之制宪谈话会》,《申报》,1925 年 4 月 26 日。
⑤ 《苏议会宪草选举会》,《申报》,1925 年 4 月 30 日。

省议会结束之后,县联会再次挑起制宪的担子,5月1日,县联合召开大会,宣言说:"自十二年十二月十六日,本会召集大会时,公决组织省自治法会议组织法筹备会,并议决各县职业团体及其他各团体,均应加入,即通告各职业团体,计各县法团加入者,五十一团体,职业团体九十八团体。至去年曾在也是园召集开会,议决督促省会开会议决省自治法组织法。嗣因时局变更,未能实现,但我苏省两经兵灾,创巨痛深,若不从速制宪,不足以苏民困云云。"会议议决另组"江苏省宪协会",以促省宪制定之进行。① 该会此后虽然做了颇多努力,但最终也未能为苏省制订出一部自治法来。

奉浙战争之后,孙传芳得以控制苏浙皖闽赣五省,马上打出"保境安民"的旗号,通电宣称"人不犯我,我不犯人"。但此一口号与苏人所要求的苏人治苏已是志趣大异,不可同日而语。1926年广东革命政府出师北伐后,联省自治的口号无人再提,苏人治苏也被淹没在历史的故纸堆中。

第四节　军事强权下的国家与地方精英

在民国成立后的十余年间,中央政府虽然不能对江苏省实施有效的统治,但历届江苏军政长官却能与北京政府保持基本的一致。在地方自治推行的问题上,中央政府并无多少诚意,江苏省军政长官亦往往抱此一态度。虽经政局屡次变更,苏省地方精英始终未放弃对地方自治的希望,特别是在呼吁自治恢复的阶段,表现可谓不遗余力。总之,国家与地方精英对此一时期地方自治的推行都产生重要的影响,因为目标与利益不一致,两者不可避免地产生矛盾。

---

① 《县联会讨论省宪大会纪》,《申报》,1925年5月2日。

一、进退失据的江苏地方精英

（一）体制内与体制外的尴尬

清末地方自治的推行，使部分地方精英从体制外进入到体制内，产生了一批以体制内强制力量为后盾的"权绅"①，这是地方精英在国家与社会博弈过程中，向国家靠拢的一种体现。民初继续推行地方自治，权绅作为国家在基层社会的"代理人"，继续维持其在区域社会的巨大影响。当袁世凯政府废止地方自治时，权绅们则面临着一个十分尴尬的局面——再一次被排除到体制之外。权威资源的突然消失，使权绅们区域社会管理者的地位遭到了严重的挑战，大部分人不得不退回到原来的身份，或者是转向其他领域。"正如巴雷·巴肯在对江苏省的研究中所观察到的，袁的这项举措可能使县议会中的许多地方精英的政治热情投向了其他活动，常常是商业领域，这在随后的数年里尤为明显。"②

按照一般逻辑，既然权绅的权威资源来自体制内强制力量，那么其不遗余力地去恢复地方自治的行动也就有了一种新的解释，即重新进入体制内的政治诉求。因为袁氏地方自治制官味太浓，并未给这些地方精英留下多少施展的空间，因而遭到一致的反对。袁世凯之后，历届中央政府对推行地方自治并无多大兴趣，它们对恢复地方自治之推脱敷衍让地方精英极为不满。循此思路，权力分割成为国家与地方精英之间博弈的根源。当然，这并不是否认民气上升的事实，因为地方精英要求民主参与的过程与追求恢复失去的权力的过程，是并行不悖的。经过江苏地方精英的不懈努力，1923 年，江苏省正式恢复暂行县市乡制，但在自治停办十年之后，立即恢复并非易事，其面临着种种现实困难，如缺额议员的补选、自治经费的拨还、新形势下暂行县市乡制的适用问题等。并且，江

---

① 王先明：《历史记忆与社会重构》，《历史研究》2010 年第 3 期。
② 巴肯：《权力的型式》，第 203—206 页。转引自〔美〕张信著、岳谦厚等译：《二十世纪初期中国社会之演变——国家与河南地方精英 1900—1937》，中华书局 2004 年版，第 193 页。

苏省县市乡制度的恢复,合法性主要来自省级行政官厅的默认,而不是中央政府的认可。这又为江苏地方自治的推行抹上了一丝阴影。

在此一阶段,所谓的地方自治既非西方近代地方自治,又非中国传统的绅治。在引进近代西方地方自治的某些要素的同时,又延续了由少数地方精英控制区域社会管理权的传统。事实证明,在此一阶段,地方精英不仅未能起到调和与润滑国家和社会的作用,反而是形成与两者关系都渐趋紧张的态势:为恢复地方自治而与国家进行不断的博弈,导致其与国家关系的紧张;为了追逐名利而不顾区域社会的利益,导致其与基层民众的隔阂,这在江苏省并不是偶然的现象。① 另外,在一定时期,地方精英又会因为某种需要向国家或者民间社会靠拢,这种若即若离的状态使地方精英实际上成为游走于国家与民间社会之间的投机力量。当大革命到来时,成为首先被抛弃的对象。

(二) 省自治中的江苏地方精英

在寻求"苏人治苏"、苏省自治的过程中,江苏地方精英往往表现为一种犹豫不决的状态:他们既不能像湖南省那样,在督军支持下,制订省宪,宣布自治;又不愿如北方各省,甘居他人之后。因此,所谓的苏省自治经常表现为自治口号下的自保行为。这种严重的内在矛盾与冲突导致苏省既未能实现自保,也未能为苏省制订出一部自治法。

1. 在继长、废督问题上的犹豫不决

"苏人治苏"是从驱齐开始的。在此一问题上,其一方面表示为以"苏人治苏","爱父母之邦而强为善,畏乡里之多言而不敢为不善也"。一方面又表示"实则果贤何必苏,果不贤也何为苏;是当辨贤与不贤,不必论苏非苏"。② 这种前后矛盾的说法证明苏人对于实现苏省自治并无

---

① 群僻在《为我邑士绅们进一忠告》一文中,特别强调士绅一旦与自治结合在一起,"总是愈弄愈糟"。并指出这些人之所以看中代议士的职位,不过是有利益可图罢了。《吴江》,1923年6月1日。
② 张謇研究中心等编:《张謇全集》,第一卷,政治,江苏古籍出版社1994年版,第431页。

决心,而只是借"苏人治苏"以达驱齐的目的。此一结论在张謇对湖南省自治的评价中亦能得到证明,"省自制宪,湘先行最好。但吾观谭组庵客气胜,私见不净,恐尚非其时也。自治云者,须有事实。事实无小大,期于成,非空言所能振发"①。以张謇在江苏省之地位,其言行势必产生重大影响。总之,此时苏人治苏更多是去齐的策略,并非要实现苏省自治。

驱齐之后,是继长问题,在此一问题上,苏人亦未能始终坚持"苏人治苏"的原则。这除了要与李纯调和关系外,主要还是与苏人实现苏省自治的决心有关。在活动王瑚长苏时,苏人认为,只要王瑚能照苏人所拟之治苏方针办理,是否坚持"苏人治苏"倒在其次。② 事实证明,王瑚基本上满足了苏人的要求,独对自治问题不能承诺,苏人亦并未坚持。③ 并且,在李纯已殁的情况下,苏人亦未对王瑚的"非苏人"身份提出任何异议。可见,此时的苏人治苏仍非最终目的,而是苏人对抗李纯的武器。

李纯自戕,苏人治苏与废督成为密切相连的两个问题,自此之后,苏人始终坚持只有废督才能实现真正自治的理念。与其他省相比,这是苏省较具特色的一点。也表明苏人对武人统治下的政局有更加清醒的认识,但是两次废督都没有成功,失败的根源仍在于苏人这种思想深处的矛盾性。当李纯自戕后,苏人积极废督,但是废督的同时,其已经带有了妥协的心理。当王士珍坚辞不就苏省督军一职,北京政府拟调王占元督苏时,"苏之同乡京官以纵不能达废督之目的,不得已而思其次,则赞成王聘卿(士珍)为特使"④。这是第一次妥协的暗示。后来旅京苏人再加两个条件:"(一)王士珍如出任苏督须在北京遥制督军事,否则决不承认;(二)王士珍对苏省财政民政及一切其他政务均不得借口过问,以免

---

① 张謇研究中心等编:《张謇全集》,第一卷,政治,江苏古籍出版社1994年版,第432页。
② 《苏人对于省长问题之解决办法》,《申报》,1920年9月20日。
③ 《北京电》,《申报》,1920年9月30日。
④ 《废督声中之宁讯》,《大公报》,1920年10月23日。

混乱权限。"①张謇当时的态度亦是徘徊于可与不可之间,"李督猝逝,未尝非废督之机。但时机似尚未熟,求贤则吴、冯,顺势则齐庶几"②。张謇还进一步指出:"目前废督之议未决,为事、为地、为人,代李者以齐为宜,更调他人,或滋他虑。"③张謇既有此论,唯马首是瞻之其他江苏士绅亦必大声附和。

因此可以说,正是江苏地方精英这种犹豫不决的态度,导致其在争取苏省自治中一再失利。

2. 在自治、自保之间的犹疑徘徊

在寻求苏省自治的过程中,苏人之所以坚持废督以求自治,说明其对军阀政权有着清醒的认识。因为对于军阀政权的清楚认识,所以对联省自治往往抱悲观态度。1921年,张謇在致友人的一封信函中指出,此时实行联治,并非其时,"北方职帜之言曰统一,南方职帜之言曰自治。……二者皆蔽,蔽各私所私。私故不明,不明则所相见者,徒以不诚为市;甚至北视南为寇仇,南斥北为伪逆。而操纵播弄其间者,朝纵暮横,阳此阴彼,即颠倒此统一自治之名,以为举足轻重之用"。并进而指出,"自治事不止制省宪百数十条文而已,实业、教育、水利、交通,何止万端,未遑举一"④。非但如此,张謇对通过联省自治以废督裁兵的想法亦给予批评,"至裁兵废督者,走前闻之,即以为书生之谈。事无预备,而遽发大难,恐求治而适得乱。故以为事机尚早"⑤。此一点在《论省自治答赵炎午函》中说得更加清楚:"……湘乱甚矣! 创不可谓不巨,痛不可谓不深,抑不独湘也;不独湘而湘祸为先,怵之者乃思以省自治脱于南北,乃有继之者以联省自治,各自为谋,以脱于彼此之争;盖亦人民鉴于覆车

---

① 《中央政闻汇纪》,《大公报》,1920年10月28日。
② 张謇研究中心等编:《张謇全集》,第一卷,政治,江苏古籍出版社1994年版,第436页。
③ 同上书,第437页。
④ 同上书,第460页。
⑤ 同上书,第462—463页。

亟图自救之心理。然国内之喧腾是说，又有年矣。拭目而观能自治者几省？省不各自治，以何为联？今湘布省宪，湘去督军，涣汗大号，公又有此宣言矣。环四境而视听者，其非图视听此大号宣言而已。"①

可以说，张謇的认识不无道理，也极具代表性。但在实践中，苏人又往往把维持自保之局寄托于省自治法的制订，表现出一种对强权之下立宪自保的幻想。

当苏省频遭战乱之后。苏人将弭兵之失败归因于省自治的失败。旅京苏人庄蕴宽等为此发起省宪促进会，"鉴于本省自治不能实现，以致任人宰割，早经痛心疾首，亟思联合成强有力的团体，一方促进省宪之成功，一方树立自治之根本。……认定苏人欲收回自主之权，其凭藉全在省宪，应由全省公民群起运动，以期到达圆满目的，在省宪未产生以前且应有一种公约，以资代替"②。与务实精神相比，此又不啻于苏人的一种幻想。

总之，在苏人的思想深处，自保的理念贯穿省自治的始终。在一定程度上讲，自保与自治是相统一的，通过省自治来抗拒客军对江苏的骚扰，以形成彼此互不干扰的局面。但是自保绝对不能与自治划等号，自保是因为战争环境而发生的一种人的自然反应，是被动而非主动的；自治则是仿照西方联邦制而确立一套与中央分权制衡的制度，这种制度以分权为基础，以实现地方上的自主性为目的。通过"省自治——联省自治——国家统一"的路径来结束当前军阀割据是联省自治鼓吹者所坚持的，而自保的行为最多停留在第一个环节上，也就是说，苏人所倡导的苏省"自治"缺乏一个连贯性的思维。

二、军事强权下的国家、社会、第三领域

因为数千年专制思想的影响，北京政府往往把实现高度中央集权作

---

① 张謇研究中心等编：《张謇全集》，第一卷，政治，江苏古籍出版社1994年版，第491—492页。
② 静观：《旅京苏人发起省宪促成会》，《申报》，1925年1月11日。

为最高的治国目标,既然如此,必然把与中央分权的地方自治视为"异类"。袁世凯废止地方自治,而代之以袁氏自治制,自然与加强中央集权的目标有关。袁世凯之后,虽然北京中央政府多次打出地方自治的旗号,但真正的态度却是虚与委蛇,推脱延宕,此一点在江苏省暂行县市乡制的恢复以及省自治法的制定过程中有着集中的体现。

中央加强集权的过程,也是国家对基层社会渗透与整合的过程,但在北京政府时期,国家对基层社会的整合可谓是最大的败笔。之所以产生这一结果,主要是军阀割据的局面使然。袁世凯执政时,尚能维持全国形式上的统一;袁世凯之后,中央政权要么由某一派实力军阀控制,要么是徒有虚名,政令不出京畿。在中央政府不能有效控制全国的情况下,其当然不可能制定出一部切实可行的自治法来。因此,可以说,北京政府时期的国家是弱势的,这种弱势导致其对基层社会鞭长莫及。

北京政府时期,苏省地方士绅的表现可圈可点。经过清末地方自治的初步实验,地方士绅已经把地方自治视为重新整合基层社会秩序的武器;特别是在军阀混战年代,地方自治更是成为人们寻求自保的工具。在江苏地方自治推行的过程中,由地方士绅控制基层社会的局面并未发生太大的变化,化鲁在其《地方自治与乡村运动》一文中这样描述:"前个月我回家里去,刚值我们乡里办理县议会选举,很使我得了一些感想。因为就我所见,选民的名册大概是捏造的,投票的人大概是雇佣来的,当选的只是几个'绅士'和'准绅士',占地方人口大多数的农工阶级,不但对于选举并不发生兴趣,而且竟不知道是怎么一回事。所以这一种地方自治只是'绅治',并不是民众代表的自治。这不单在我们县里是这样,便在别处,恐怕也未必不是这样呢。"①随着地方主义的泛起,地方士绅控制基层社会的欲望不断增强,最集中的体现则是,江苏省地方士绅反对中央统一制订之自治法,而对民元苏省自定的暂行县市乡制情有独钟,

---

① 化鲁:《地方自治与乡村运动》,《东方杂志》1922年第19卷第6号。

这种行为无疑是对国家权威的一种直接挑战。但是，自清末以来，地方士绅出现整体的劣化倾向，反映在地方自治中，则是部分人把"当选"看作谋取个人私利的机会，结果严重削弱其与国家博弈时的威力。随着大革命中打倒土豪劣绅的扩大化，地方士绅逐渐退出地方社会管理者的角色。

在此一阶段，基层社会的广大民众因缺乏必要的唤醒机制而基本上处于沉默状态。与清末地方精英对自治的介绍、宣传相比，北京政府时期则很少能看到这种迹象。在民智未开的情况下，希图民众自己觉悟起来，实现自主管理，实是不可能的。在朝不保夕的状况下，谁还会在意那向来就无多大兴趣的自治权利！另外，清末推行地方自治过程中，由少数人把持地方事务，自治民变此伏彼起的印象仍在，基层民众对地方自治并无好感。所以，在此一时期地方自治推行的过程中，广大基层民众基本处于失语的状态。

总之，在军事强权之下，国家与地方精英都处于一种弱势。最终的结果往往只有破坏，而无建设，地方社会始终处于一种失序状态，基层社会的失序为新的社会整合力量提供了历史的机遇，谁能够抓住这个机遇，谁就能主导中国的未来。

第五章　党国体制下江苏地方自治的嬗变

在民初十余年的动荡不安中,民主共和始终处于风雨飘摇状态,无论哪派军阀执掌中央政权,都会紧握此一旗帜,以形塑政权的合法性。南京国民政府成立之后,虽然仍以民主共和相期许,但却不能掩盖一党专政已经形成的事实。对于这一结局,人们多从民族国家的建设、宪政民主的阶段性等宏观视角去考察,尚缺乏微观分析。在近代中国政治转型的过程中,仅着眼于上层政治制度建设,而忽视基层社会结构变动的做法,无疑是一种缺失。因此,有必要把视线下移,进一步观察南京国民政府成立前后基层社会结构的变化。

第一节　大革命时期江苏基层社会秩序的重建

第一次国共合作,使近代以来革命的力量空前增强,革命的国民党与更加革命的共产党都主张通过暴力来完成中国社会的改造问题。循此思路,革命成为时代的最强音,除此之外,所有的言行都被视为"保守的"。革命最主要的表现有二:革命的理论与革命的行为。就理论上讲,重新阐释的三民主义革命性明显增强,并成为国共两党一致遵守的革命纲领;革命的行为除以军事力量摧毁封建军阀的统治外,更加重要的是如何撼动传统地方精英在基层社会的统治基础,以建立新的社会秩序。受西方政党理论的影响,国共两党更加重视革命过程中政党的作用。以党建国、以党治国成为此后中国国家政权建设过程中的一大趋势。政党建设成为革命的重要任务之一,它是国共两党合作的开始,也是两党联合阵线由分裂走向决裂的重要诱因。在实际行动中,为了避免北伐战争的流寇主义,国共两党加强对新占领地区的政权建设,此一项工作主要留给以军队为依托的各地党部来做。

一、党部、接收与新建制

党部主要是指国共第一次合作后建立的从中央到地方的中国国民党的各级组织,其分内工作是负责党的事业,如发展党员,宣传党的主义,扩大党的影响等;而在实际政治生活中,往往超越自己的职权范围,对行政进行监督,甚至直接干预行政。它是革命势力渗透基层社会不可忽视的一种力量。

在1927年清党之前,党部是由国共两党联合组建的,且大部分党部是在共产党的倡导与帮助下建立的。在北伐军抵达各地之前,它们的活动是秘密的,北伐军抵达以后,各地党部开始公开化。1927年清党之后,共产党被清除出党部,党部逐渐演变成国民党一党的统治工具。以上情况,可就镇江县市党部的发展历程证明之:

1924年6月,时任国民党上海执行部宣传部秘书恽代英,在镇江人嵇直(社会主义青年团团员)的陪同下到镇江做社会调查。恽代英返沪后,即与嵇直及正在筹建国民党江苏省党部的侯绍裘(共产党员)研究镇江的社会情况,决定在镇江建立国民党组织。1924年底,镇江国民党小组成立,成员包括陈景福、杨植之、陈斯白、柳健、黄始鸿等。因为北洋政府将国民党视为非法组织,为便于公开活动,国民党小组以"三五同志会"的名义开展革命活动。

1925年5月,镇江成立国民党第一区分部,党员七人,柳健为常务委员,陈景福为组织委员,陈斯白为宣传委员。随着党员人数的不断增多,第二区分部、第三区分部相继建立。1926年夏,国民党镇江第一区党部成立,党员51人,常务委员柳健、组织委员杨公崖、宣传委员陈斯白。

随着国民革命军北伐的节节胜利,为了适应革命形势迅速发展的需要,国民党江苏省党部决定在镇江成立市党部。1927年初,有20多名国民党员出席第一次党员代表大会,选举了镇江市党部第一届执行委员会。柳健任常务委员,胡健民任组织部长,韩天眷任宣传部长,李西侯任农人部长,曹秉乾任青年部长,马志英任妇女部长,金铸人任商人部长,候补委员闵春华任工人部长。代表大会还选举杨公崖为监察委员,董国章为候补监察委员。3月23日,北伐军抵达镇江,镇江市党部开始公开活动。由于国民党组织公开活动和革命形势的发展,要求参加国民党的人数增多,组织发展工作也从市区扩大到丹徒全县,至是年4月底已有党员300余人。

1927年4月12日,蒋介石发动政变。4月27日,南京市公安局长温健刚到镇江,就与驻军研究在镇江的"清党"事宜。5月9日,东路军总指挥部宣布镇江无组织市党部之必要,令其停止办公。镇江市党部解体,许多国民党左派分子纷纷逃离镇江,避居他乡。①

以上是镇江县市党部发展的一般历程,其他地方党部的兴衰多与此类似,此处不再列举。可以清楚地看到,国民党党部的作用以1927年的清党为分水岭,形成泾渭分明的两个时期。

江苏各地在光复之后,因为缺乏现成的行政管理人才,而中国国民党又力图把影响扩大到基层社会,所以,在军事占领的同时,地方党部成为地方政权接收的主角。

仍以镇江县为例,在镇江光复之后,地方党部马上主持召开联席会议,商议接收事宜。1927年4月8日午后二时,市党部借商团本部开各

---

① 《镇江市志》,http://szb.zhenjiang.gov.cn/htmA/fangzhi/zj/1001.htm。

界联席会议,以常务委员柳健为主席,议决要案:(甲)平米价。(乙)收回教会学校,由教育局、市党部、商会、教育协会等每团体派一人,并县视学等五人组织委员会,办理调查接收事宜。(丙)由县公署、市党部、商会、西医公会组织委员会,维持美国人所设之基督医院及妇孺医院等。① 并且,镇江市党部还查封自强报馆,组织新镇江日报,作为党的喉舌。②

其他地方党部亦在本地光复后积极办理接收工作。在北伐军到来之前,无锡县知事张修府已弃职携眷赴沪,临行前委任第一科主任殷舍农代理。署内行政司法各事,已完全停顿。北伐军到达无锡后,殷舍农便把印信送交市公所保管,各科人员亦都星散。一时间,地方上几乎陷入无政府状态。23 日,国民革命军赖军长到达无锡,当县市党部代表及团体领袖进见时,赖军长告诫大家:"县长人选问题,急应解决,庶负责有人。当即由国民党无锡县市党部召集联席会议,并由省党部委员□辉为监选员,选定秦效鲁为公安委员,孙静安为土地委员等。各部委员推定后,马上通知秦君,请即日就职。另外,无锡国民党市党部执行委员,亦于同日开会集议,组织市政务委员会。会议结果,以赵夔为市政局局长,下设财政、建设、土地、教育、工商五科。随即公函市总董钱孙卿知照,并呈请赖军长加委,于当晚八时前往接收。钱君将印信存款一一点交。接收后,再行举定各科员。"③

无锡原来的自治机关也将由党部来接收。3 月 28 日,国民党无锡县党部议决,旧有之县议事会、四乡公所,须一律接收,并推定常务委员高大成前往接收。29 日,高君前往接收,并将县党部即日迁至四乡公所开始办公。④

松江县党部于 3 月 27 日下午四时开执行委员会,在通过的议案中,

---

① 《党部联席会议》,《申报》1927 年 4 月 8 日。
② 《市党部组织党报》,《申报》1927 年 4 月 8 日。
③ 《县市两政府成立纪》,《申报》,1927 年 3 月 29 日。
④ 《县党部迁地办公》,《申报》,1927 年 3 月 30 日。

有多项议案反映了相同的问题,如议决即日接收县议会、参事会,推定徐伟声、陆伯周、陈逸尘、陈秋实四人前往;追认所定接收二十四市乡公所办法及所定接收人员等。①

另外,苏州、奉贤、常熟等地党部也纷纷接收旧的地方政权,此处不再赘述。总之,北伐军锋颖所指,纷纷出现地方党部接收事件。党部人员对基层组织的接收,是对传统基层社会士绅统治秩序一次有力的冲击。接收者与此前的基层社会的管理者不同,他们与区域社会缺乏直接的地缘和血缘的关系,不代表某一区域社会的利益,而是未来国家意志的直接代表。

地方旧政权被接收的过程,亦是新政权建设的过程。各级党部在接收之后,立即着手新制度的建立,其一般程序是:

在县一级,由县党部召集地方团体及人士召开联席会议——选举临时委员(或由党部委任),建立县临时行政委员会——建立其他组织,如农民协会等。不久,《江苏省县政府组织条例》公布,该条例共十二条。县政府的组织包括:1.民治科,掌理社会事业,人民生计,地方自治,警务行政,土地户籍,教育风俗,党务宗教,交通实业,工程水利,及农工商组合各事项。2.财政科,掌理天赋捐税,调查地方经济,编制预算、决算各事项,以上两科掌理事项,在设有财政局、建设局、教育局之县,凡关于财政、建设、教育事宜,应归并主管局办理之。3.总务科,掌理会计、庶务、收发文件、典守印信,及其他不属于各科事项。各科设科长一人,科员一人至三人,秉承县长办理主管事务。其中"县长于不抵触中央或省之法令范围内,得发布县令,并得自订单行法规,呈省政府核准施行"②。

在市乡一级,则由区党部接收市乡公所,以便另行重组。后组织市政务委员会或市政局或临时市公所等类似组织。如在奉贤第六区党部

---

① 《县党部重要议案》,《申报》,1927年3月30日。
② 《苏政府制定县政府条例》,《申报》,1927年7月30日。

开会时,就明确提到改组并接收市公所的问题,议决结果是:改组问题由本党部提交县代表大会议决之;改市公所为临时市公所,办事人员为市政委员;推定之接收委员,办理接收完竣后,即为市政委员;决定接收委员兼市政委员人数为六人,除王聘伊已由执行委员会推定外,另推曹晋梅、徐勉乎、张功一、袁少如、潘叔尊等五人,并推范尚志为候补等。① 为了进一步规范市乡行政建制。江苏省还公布《暂定江苏省市乡行政制度大纲草案》,该大纲共十二条,规定市乡行政范围为:财政及公债事项;公安风纪及消防事项;土地之测量及登记事项;港务及航政事项;公产之管理及处分事项;户口物价,劳动状况,及人民生计职业之调查及统计事项;农工商之提倡改良,及保护事项;慈善教育及辅佐党化宣传事项;交通、电气、电话、自来水,及其他公用事业之经营及取缔事项;街道、沟渠、水利、桥梁,及其他关于土木工程事项;卫生及公共娱乐事项;县政府委任办理事项等。由此可见,市乡所办事项基本是原来所规定之自治事项。并且条例还特别规定:市乡行政区域,暂以原定之自治区域为准,但属于中央指定为特别市者,不在此限;市乡行政费,以原有之各区自治经费充之等。② 在市乡行政大纲的指导下,吴县开始成立市乡行政局,并划全县为27区域,每区域内设一行政局长,计市行政局长4人,乡行政局长23人,其局大都为原有之市乡公所改组而成。③ 砀山县"市乡行政经费,应以原有自治经费充之,其区域则以自治区域为准"④。由此可见,县市乡之职能基本替代了以前之自治组织的功能,并且县级组织逐渐向细密化、科层化方向发展。需要注意的是市乡各局直接统属于县政府,县属各局与市乡各局并无直接统属关系。⑤ 同时,市乡行政局长是通过考

---

① 《六区党部开会纪》,《申报》,1927年3月31日。
② 《苏省市乡行政制度大纲》,《申报》,1927年7月6日。
③ 胡瀚、何子竞述:《吴县县政》,1932年1月,南京市图书馆藏(手抄本)。
④ 《泰县呈报筹备市乡行政情形》,《江苏公报》1927年第27期,第18页。
⑤ 《县府各局对市乡行政局行文用函》,《江苏公报》1928年第66期,第11页。

试或者荐任的方式而产生,并不具备自治选举的性质。①

此时能够反映自治性质的组织只是在乡村一级,即村制的恢复与改革。"村制者,使村民成一自治团体,地方政府为之组织,予以治权,置办事人,有理事权,事属村办,村人自理之,事属县办,村人助理之。"②

江苏村制肇源于 1923 年初省长韩国钧提议江苏仿照山西村制办理江苏村自治,前文已经叙及。无锡虞嘉甦亦言:"五六年前,早有盛倡扬□试办村自治之章程,呈奉韩前省长核准令行。"③根据当时有关法令,江苏村制有如下之规定:三十岁以上,公正朴实,粗通文字,无嗜好而有正业者方有资格为村长副;村长副由市乡局长于村民内加倍选出,保请县长择委,后呈民政厅备案。其职权范围有:行政官厅委任之事项,村长会议议决之事项,一切执行事项,报告废止事件及处理状况,宣传行政长官之委托事项等。村长副任期一年,得连任,为无给职;有劳绩由县请奖,如违公或阻挠,由县请撤换等。④ 由此可见,当时村制亦非完全自治的组织,曾有人历数村制之不足:自治组织之不健全、缺乏村约、立法行政紊乱、选举不普遍等。⑤

至南京国民政府成立前后,村制进一步规范化。1927 年 9 月,《江苏省各县村制组织大纲》颁布,村制建构包括村(街)—闾—邻三级,村长副由村民会议加倍选出,县长择委;闾长由本闾居民推选;邻长由本临居民选举。其会议机关有村民会议、村监察委员会两种,前者之职权主要有:选举村长及村监察委员、息讼会公断员;省县法令规定应议事项;行政官厅交议事项;村长副请议事项;本村兴利除弊事项;村民二十人以上提议事项。后者之职权则是清查村财政,举发执行村务人员之弊端。村公所

---

① 《市乡行政局长任免暂行条例》,《江苏公报》1927 年第 3 期,第 22 页。
② 吴城湖编:《村制法规》,中央村制研究社 1929 年版,第 35 页。
③ 《虞嘉甦条陈修订村制组织大纲》,《江苏公报》1928 年第 68 期,第 22 页。
④ 黎文辉:《中国地方自治之实际与理论》,商务印书馆 1926 年版,第 75—86 页。
⑤ 同上书,第 87—89 页。

为执行机关，主办行政官厅委办事项，村民会议议决事项，其他一切应行执行之村务，报告职务内应办情形及特别发生事件。另外还设有保卫团、息讼会等。村之经费主要来自基本财产及罚金，如遇紧要事件，可由村中各户进行摊派。村约是村制中的一个重要的组成部分。① 虽然如此，仍然没有弥补此前村制之不足。有人对新村制提出几点改进意见：组织须绝对民主化、健全村议会、巩固行政之独立、自治团体切实执行法人权责等，②颇有借鉴意义。

虽然国民党党员很少直接参加村制的推行，但国民政府亦强调村制人员应有党的认识，如江宁村制推行过程中，就提出这样的要求："今中国之一党治国之国家也，在一党领导之下，谋各阶级之均平发展，此为国民党施政之原则，故无论农工商学等运动，皆须以党之意志为意志，以党之精神为精神，行动既不能越乎党纪，设施尤必须遵乎党纲，村制既为革命之重要建设，负有改良农村组织，增进农民生活——对内政策第十条——之使命，关系党国之基础，则凡村制人员，固不必尽属党员，然对党之主义政纲，不可不有相当之研究与认识也。设彼等对党义党纲毫无认识，则不落于旧绅董之面目，亦必不可得而所谓村制者，不近乎军阀时代所倡之封建式之自治也。"③非常明显，国民政府是要将党的意志贯彻到最基层的农村。

相比较而言，南京国民政府时期的村制显得更加完善，但是推行效果却并不好，"迄今期年，希望甚大，而效果甚微？"因此，有人提议由县直接领导村制，对过去旧图董及村制之上的区、市乡政局之设置加以废除，"窃以为欲行街村制建设真自治之基础，必先废除其格不相宜之障碍物，为入手之先务。旧制市乡机关，图董制度，实为真真自治之街村之障碍；若不明令先予废除，则街村长直接承商县长办理之精神，必为剥商无余。

---

① 吴城湖编：《村制法规》，中央村制研究社 1929 年版，第 40—51 页。
② 黎文辉：《中国地方自治之实际与理论》，商务印书馆 1926 年版，第 101—103 页。
③ 江宁县政府村政处编：《江宁村制初编》，江宁县政府村政处 1928 年版，第 254—255 页。

无论如何,街村制告成,必为一旧图董之变态,机械式之迹象而已"。如欲实行真正之自治,则"必先将现有市乡行政当局之管理地方自治之权能,及原有图制完全废除;使自今以后地方自治区域只有纯一之街村,而再无市乡图之旧制横杂其间"。① 与此类似,江宁县在推行村制的过程中,也提出暂缓推行市乡行政。理由是由县直辖村街,减少中间环节,村制更易推行;在人才难求之时,防止误用而产生大的危害;在财力有限之际,应重点投入等。② 然而,村制之建设并未成为大势,1929 年 3 月,南京国民政府县组织法出台,村制遂被间邻制取代。

因为形势所迫,地方党部并没有迅速完成基层机构的重组任务。奉贤县对此抱怨甚大,"奉贤自革命后,所有市乡公所机关,均各停顿,听待解决。惟地方各务,向属于公所处理者,以负责无人,完全搁置。其中如水利、道路、春赈各大端,办未结束者有之,正在进行者有之,所受损失甚巨"③。"泗泾乡因自旧有之乡公所预备移交以来,地方行政,无人主持,四乡盗贼,任意横行,因由国立政治大学学生倪士奎君,于本月三日,以私人名义,发表宣言,定四日邀集士绅,筹办临时乡政委员会,暂维治安。当日到会二百余人,推定程访瑚等五人为执行委员,周郁文等四人为监察委员。"④ 为了避免这种各自为政的情况,松江县党部不得不命令由各区指导员,立即召集本市乡各界人士推举市政委员。"松江市方面,由第一区指导员沈、陆二君,通函本市工商学各会及公正人士张省三等数十人,定期 5 月 12 日下午开会,推选五人以便呈报而维市政。"⑤

总之,北伐战争过后,党部在新的地方政权建设中,起到了十分重要的作用。接收的过程亦是重建的过程。虽然初期效果并不佳,但是却反

---

① 《虞嘉甡条陈修订村制组织大纲》,《江苏公报》1928 年第 68 期,第 22—23 页。
② 江宁县政府村政处:《江宁村制初编》,江宁县政府村制处 1928 年版,第 5 页。
③ 《请示解决市乡公所办法》,《申报》,1927 年 5 月 3 日。
④ 《泗泾筹办临时乡政委员会》,《申报》,1927 年 5 月 8 日。
⑤ 《定期选举市政委员》,《申报》,1927 年 5 月 10 日。

应了革命党人力图重建基层社会秩序的努力。

二、1927年清党前后的打倒土豪劣绅

与组建地方政权机关相比,在地方上扎根则是一个更加困难的问题,因为清末以来所形成的"权绅",仍然把持着区域社会的管理权,他们不退出权力的舞台,则新的政权终究如浮萍,无法稳定下来。因此,欲建立新的秩序,必须消除旧势力在地方上的影响。王先明对乡村权势阶层阻挠国民党乡村重建的情形进行详细研究之后,指出:"当国民党努力于国家政权的建构并试图深入乡间社会时,打破权绅的权力控制就成为题中应有之义。"①因此,对于中国国民党来讲,建设新秩序与铲除旧势力是同步的。国民政府对时代的过渡性是有着极为深刻的认识的,"在新道德未建设,旧道德已衰落,新制度未健全,旧制度已废弃之际,人群失驭,进退无据,脱羁长途,折楫巨浸;以是言治,宁非至难?"②

为了在舆论上站住脚,新政权对被打倒或将要被打倒的传统精英往往冠以"土豪劣绅"的称号。什么是土豪劣绅? 此一概念在实际操作时甚为模糊。毛泽东"将土豪劣绅的称谓加之于那些大肆进行高利贷剥削的农民暴发户",意指那些以剥削为生存法则的乡村社会精英。孔飞力则认为,所谓的土豪劣绅,是指:"帝王时代较低级乡村精英的残余分子。他们因着传统流动渠道失通而无可奈何,且难以适应新时代的要求。他们与城市中上层精英势力的社会联系日渐衰微。"③此概念则扩大到所有的传统乡村社会精英。在湖南农民运动中,"有土皆豪、无绅不劣"之口号的提出表明,在实际运动中土豪劣绅的范围被明显扩大化了。可以

---

① 王先明:《历史记忆与社会重构》,《历史研究》2010年第3期,第21—22页。
② 《江苏省政府十七年度施政大纲》,《江苏公报》1927年第40期,第7页。
③ Mao,1990[1930];Averill,1990;Knhn,1975:293.转引自〔澳〕费约翰:《"土豪劣绅"与中华民国:广东省例析》,载牛大勇编《中外学者纵论20世纪的中国——新观点与新材料》,江西人民出版社2003年版,第314—342页。

说,对土豪劣绅的认定,在理论上是按照毛泽东的标准,而在实际运动中则如孔飞力所言。

最先制订惩办土豪劣绅条例的是湖南、湖北等省,江苏等后光复省份,往往仿照湖南、湖北省条例,制订本省法规,以指导如火如荼的打倒土豪劣绅的运动。

在清党之前,人们可以看到,党部的行动是积极而猛烈的,这与共产党和国民党左派的促动不无关系。以无锡县为例,1927年3月22日,无锡光复。① 不久,无锡便卷入到打倒土豪劣绅的热浪中去,据《申报》报道:

> 万安市总董孙霖甫及前董事孙屏东家,前日由多数民众击毁。屏东与霖甫系同居一宅,各为三开间五进楼房,器具均极精致,内有藏书楼,储图书集成一部,兹亦一并撕破,田单契据亦撕毁无余。孙戚蔡吕氏年已七十一岁,图逃致□楼毙命。事后经孙霖甫、孙屏东等报告县署,请求将为首之袁士魁、冯梦魁等,拘案尽法惩治,并请派员下乡泹验。县长秦效鲁据呈,即派公安局长许颂时,承审员徐柏铭到乡相验,至下午,忽有该乡农民数千人,组织请愿团,各持"打倒土豪劣绅"之小旗,并在各街市张贴"打倒土豪某某"及"打倒劣绅"之标语,沿途随发传单,……请民众共同起来奋斗,并蜂拥至县政府请愿,要求县长秦效鲁立时出票,拘提孙屏东、孙霖甫、孙济如等到案,组织法庭公判。经秦县长当面允许,再三劝慰,讵民众犹不肯散,后由秦氏立即出票,并派公安局长许颂时立即带警前往捕拿。另由民众方面,推举市党部代表从旁监视,民众始各散归。又西门棉花巷律师张桐住宅,昨日亦有多人,前往击扣,惟该门异常坚固,击扑良久,未曾打破,遂将律师铜牌除去,涂以秽物,并遍贴"打倒臭

---

① 《军民联欢会之盛况》,《申报》,1927年3月29日。

律师"之标语而散。又昨日午后起,城厢内外各处墙壁,忽发见多数新式标语,其最堪注目者,则为"打倒伪革命"、"打倒不革命"之市政厅,反对非法市执政等语,自此类标语发见后,凡平日不洽舆情者,莫不懔懔危惧。

县政府因民众的呼吁而将原告变被告的行为,极为深刻地反映了当时打倒土豪劣绅运动的激烈程度。为了引导运动向正常化发展,4月4日,无锡县政府民众团体开谈话会,议决组织人民裁判委员会,以处置土豪劣绅。经议决由县市党部、县政府、市政局及民众团体,各推代表,共同组织。办事简章,则依据湖北省政府已颁布之惩治土豪劣绅条例,并根据本地情形略加修改删减后,分送各机关团体,以资参考。①

在此一条例的指导下,无锡县打倒土豪劣绅的行动迅速展开。4月4日,驻扎无锡之十四军全体将士联合无锡民众团体,在火车站举行反英讨奉大会,当游行队伍经过市政厅门前时,多数民众以市政厅措置乖方,有反革命行动,激动众愤,因而出现攻击市政厅行为。根据惩治土豪劣绅之条例,既然市政厅成员有反革命行为,其无疑属于土豪劣绅之列。又因市政厅成员并不辞职,无锡县各团体乃公推代表举行联席会议,以"集中革命力量,施行监督政治,实现民众解放"为宗旨,打出"否认非法市政厅""严办非法市政厅委员""否认与市政厅狼狈为奸之市执行""市政厅应交真正市民管理""巩固革命基层""打倒假革命""为全市民众奋斗不惜牺牲""拥护真正人民团体"的旗号。② 市政厅因之被捣毁。

无锡县之农民协会亦有积极表现,该会是由县属怀下市安镇人安友石等所组织,以前县议事会为会所,对于惩治四乡土豪劣绅一事,异常积极。"凡稍有田产,性情苛刻者,或捣毁或罚捐,几难幸免。"③

---

① 《组织人民裁判委员会之筹备》,《申报》,1927年4月6日。
② 《市政厅捣毁后情形》,《申报》,1927年4月9日。
③ 《县农民协会之查抄》,《申报》,1927年4月18日。

据上文描述，不难看出，此时打倒土豪劣绅的行为是相当激进的，"各级董事会议事会，在打倒'土豪劣绅'口号下，都匿迹销声"①。但是，这种势头很快就被国民党的清党事件打断。同打倒土豪劣绅一样，清党之行动亦先于相关法令的出台。在无锡市清党会议召开之前，县农民协会于4月16日遭到武装人士的查抄。② 无锡总工会，亦被赖军长正式封闭，而以新的工界联合总会代之。③ 与此同时，还发生力邀前述被捣毁之市政厅赵子新重新复职的事情。④ 这表明国民党对土豪劣绅的态度开始发生变化。

4月19日，无锡市在第三师范大礼堂召开清党会议，到会者包括市党部执行委员及各区部党员约三百余人，军政治部代表陈毓材列席指导，卫质文为主席。会议就无锡县清党的方法、步骤、领导组织等问题进行详细的讨论。其中过持志提出四乡县党部各区分部，假打倒土豪劣绅之名，任意敲诈乡民，骚扰不堪，应请设法一案。议决结果是请县党部设法取缔。⑤ 此议案的通过势必削弱无锡县此后打倒土豪劣绅的力度。

无锡县党部在4月21日紧随其后，进行清党前的动员。会议首先由王主任报告广东、浙江及上海、南京等处清党进行的情况；并言及无锡市党部清党委员会情形。宣称县党部为全县各党部之表率，清党一事，亟应从速进行。经列席诸人共同讨论，议决四项：一、由政治部会同县党部组织清党委员会；二、自即日起，由县党部知照各区暂停工作；三、清党手续，先从未公开前着手，依次进行，已公开后成立之区部，作为候补党员；四、清党委员，由县党部开单交由政治部委任。⑥

---

① 韩寿恒：《江苏省民政厅概况及各种行政》，南京图书馆编《二十世纪三十年代国情调查报告》，第18卷，凤凰出版社2012年版，第73页。
② 《县农民协会之查抄》，《申报》，1927年4月18日。
③ 《工界联合会总会成立》，《申报》，1927年4月19日。
④ 《市政厅长辞职赴宜》，《申报》，1927年4月18日。
⑤ 《市党部清党会议纪》，《申报》，1927年2月20日。
⑥ 《县党部议决清党》，《申报》，1927年4月22日。

1927年5月17日,中央清党委员会在中央党部正式成立,成立伊始,即通令各地自动组织之清党委员会在5月30日前,将其组织经过及工作状况呈报该会。5月21日,中央执行委员会颁布中央清党委员会所制定之《清党条例》,该条例是根据中央执行委员会5月5日第八十八次常务委员及各部长联席会议之清党原则六条订定的,共十一条,对清党的方法、步骤进行了比较严格的规定,其所清除之人主要是"共产分子、土豪劣绅、贪官污吏、反动投机腐化恶化分子"等。① 这是国民党中央为了进一步规范与强化清党而制定的法律条文。

接着,松江、青浦、江阴、昆山、常州等相继呼应,进行清党。就连江苏省党部亦被江苏省党部特别委员会取代。② 新的省党部特别委员会委员包括葛建时、廖世劭、徐恩曾、余心一、王宝善、叶秀峰、廖上炎等,都是铁杆的原国民党党员。③

为了指导地方党部的清党与重组工作,江苏省还通过了一个《江苏省党部特派员条例》,在该条例中明确规定:"特派员接受省特别委员会之委任,分赴各市县视察,并指导党务。"职权为:"一、调查并指导各县党务,但非报告省特别委员会,奉有命令,不得变更各县党部之议决;二、未有党部之地方,特派员得进行指导党务组织,须随时呈报省特别委员会及组织部;三、召集或参加各种会议,在各种会议上作政治报告,及党务报告;四、考察社会状况;五、调阅各种记录及表册;六、调查地方行政人员对于本党之态度;七、应注意县党部、区党部及区分部成立日期与前省党部C.P.方面之关系;八、审查党员履历,入党时间,介绍人及其工作能力;九、如有反动派捣乱党务反革命行为显明时,得会同地方长官,为紧急之制止;十、注意土豪劣绅及投机分子混入,以免腐化本党;十一、注意忠实党员之能力,并须予以指导;十二、得会同该县特别委员会,指导群

---

① 《中央清党委员会通告清字第一号》,《申报》,1927年6月1日。
② 《县党部之两代电》,《申报》,1927年5月10日。
③ 《党部消息》,《申报》,1927年6月3日。

众运动；十三、对于县特别委员会，有监督权。"①这就进一步加强了省党部的权力，是党部集权的一个先兆。

随着清党的逐步完成，江苏省又制订《各县市特别委员会组织条例》，以指导各县市成立特别委员会，并规定该委员会"接受省特别委员会之命令，及省特派员之指导，办理改组县党部及一切党务进行事宜"②。实是着手组建由国民党一党包办的地方党部。

与清党之前的党部相比，清党之后的国民党地方党部出现了某种"倒退"迹象。仍以无锡为例，因为前一段时间党部的过激行为，导致无锡政局出现混乱局面，因此无锡县政府对以往的政策进行了调整：

> 四月二十九日下午二时，县政府召集十六市乡士绅在闻喜堂开会。到会六十余人，各市乡人士出席旁听者四五十人。大会情形如下：秦县长为主席，报告开会宗旨，略谓地方改革以来，乡政负责无人，原有市乡董事，均已预备交代，势难再问政事。各级党部当此举办清党期间，党务当然停歇，而新人物又无从产生。欲谋解决，宜各市乡推举乡政筹备员三人，报县加委，于省政府未成立或省政府于未定市乡制度以前，暂行处理乡政。惟须能廉洁自持者担任，前景云市劣董杨益三之流，万万不可再充任云云。然后，与会者孙中一等相继发言，旋经议决，各市乡已成立乡政局者，一律将职员名单报县，由县加委三人为乡政筹备员；其未成立乡政局者，即日召集民众公推三人报县加委。逾期由县遴员委任，以重乡政。③

这样，被打倒的"土豪劣绅"再次回到失去的舞台。

---

① 《江苏省党部特派员条例》，《申报》，1927 年 5 月 19 日。
② 《各县市特别委员会组织条例》，《申报》，1927 年 6 月 22 日。
③ 《市乡推举乡政筹备员》，《申报》，1927 年 5 月 2 日。

同时无锡还通过禁约八条：一、严禁借党报复私仇；二、严禁妄用标语；三、严禁非法集会；四、禁止罢业要挟；五、禁止排外暴动；六、禁止强占公私房屋；七、禁止售吸鸦片；八、禁止私行需索贿赂。① 非常明显，该八条实际上是针对前一段时间过激的民众运动的。

另外，奉贤、松江等地也出现要求维持市乡自治原状的请求：奉贤要求参照上海成例，仍由原有市乡公所暂维现状。② 松江县署则在5月4日下午，通函二十四市乡总董、乡董，"所有各市乡自治事业，在未经改组以前，均应暂仍其旧，以维现状"③。

从以上所举各例可以看出，在1927年清党之后，江苏省各县又开始求助于传统地方精英来维持地方，这种做法正好暴露出国民党在革命上的弱点。在革命尚未成功之前，先自回转，向旧势力示好，这不但不能保障胜利果实，还有丧失革命阵地的可能。杨奎松认为："国共合作以及北伐战争时期在许多基层社会曾经一度被颠覆了的旧有的统治秩序，经过'清党'又迅速恢复。多数地方的豪强或士绅又重新成为政权与下层民众之间的联结枢纽。"④用之佐证国民党革命性的减弱，此论甚为恰当。

三、江苏基层政权的党化倾向

从前此一个阶段来看，江苏省县各级行政机关的成立基本是由党部包办的，党在地方上处于绝对威权的地位。并且其还直接干预地方上的各项行政事务。以吴县临时行政委员会三次行政会议中的部分议决案观之（见表5-1），我们可以看到，党部所办事务并未限于党务，而是把触角伸向行政生活的各个领域。

---

① 《县政府布告禁约八条》，《申报》，1927年5月2日。
② 《请示解决市乡公所办法》，《申报》，1927年5月3日。
③ 《市乡自治暂维原状》，《申报》，1927年5月7日。
④ 杨奎松：《1927年南京国民党"清党"运动研究》，《历史研究》2005年第6期，第61页。

表 5-1　吴县临时行政委员会会议部分议决案

时间	议案
3月31日	提出本会拟订款产审查处组织及办事大纲草案十条,修正通过,征求市党部同意。
	提出市党部函,据天一丝厂主申诉,海关职员高子泉违法情事,如何处理案,议决由财政局核办。
	提出市党部函,周庄税所无人看管请处置案,议决交财政局查明办理。
	提出市党部函,近日米价每石又加二角,请严令减折以利民生案,议决转知公安局及商会察酌办理。
4月1日	主席提出市乡公报馆机器,前经扣押,兹已查明,系由前吴县租给该报馆,是所有权不在该报馆,应否收回改拨国民日报馆应用案,议决本系公产,应改拨县市党部应用,并由民政局向市乡公报馆清算租金。
	提出市党部函,请分别拨用陆钦痒、徐汉等房屋,为商民协会及各界妇女联合会会所案,议决照办,由市党部会同公安局接洽。
4月2日	提出市党部请调查县市乡议会经费确数案,议决交民财两局查复。
	提出市党部查询东西山行政署已否接收案,议决交民政局查复。
	提出县市党部送到改造县政计划大纲,应如何讨论案,议决印送各委员先行研究,下星期六再行提出,共同讨论。

资料来源:《苏州之行政会议》,《申报》,1927年4月7日。

这种情形给新的基层政权带来很大的后遗症,而最为严重的则是党政不分。为了防止地方党部对地方政府与地方团体的过度干涉,南京国民政府颁布了由陈果夫提出的《县党部与县政府之关系条例》。① 在此一条例的指导下,江苏省于7月16日发布了党政分权的命令:"准中央政治会议记录,……'各级党部不可干涉行政机关,须守住监督行政之界限,如行政机关有过失时,各级党部可举事实及意见,报告中央党部,再

---

① 主要内容为:1. 县党部对于县政府有监督之权,及建议之责,但不得强制县政府执行,(县党部非正式成立时,只以努力党务工作为限)。2. 县政府于县党部有维护之责,不得干涉党务之进行。3. 如县党部不满意县政府之措施,应提出意见于省党部,由省党部转咨省政府处理;如县政府对于县党部之措施有不满意时,亦提交省政府,转咨省党部处理,各不得直接行动。4. 各县民众团体之组织,应由临时或正式县党部指导,县政府不得干涉,成立后由县党部交县政府立案。5. 如民众团体互相发生纠纷时,县党部与县政府均有调解之责。《县党部与县政府关系:中央政治会议已规定四项》,《申报》,1927年6月30日。

咨由国民政府,全改善之,此为保持行政系统起见,应请由中央党部通令各机关党部实行之。'请查照办理等由,经本会第一零三次会议议决照办,除函复政治会议外,合行令仰该党部,并转知所属党部,一体遵照,切切此令。"①另外,江苏省教育厅也提案江苏省政府,提议县党部不得任意变更地方教育行政,要求通令各级党部,对于一切行政,居于监督指导之地位,不得直接干涉。②

1927年7月29日,江苏省党部召开谈话会,对于党政关系提出若干意见。

首先,就党政关系而言。各级党部对于政府根据政纲所定之新建设,应积极宣传;各级政府须马上组织党部,在各该地党部指导下,进行党的训练工作;每周举行总理纪念周时,省政府派委员来会,报告行政,本会派委员前往,报告党务;各县市政府除自行举行纪念周外,县市长须依照国民政府命令,每周出席县市党部纪念周,作行政报告,奉行不力者,由省党部请省政府撤换;由省政府申令各县,对于各级党部职员,非得该党部直辖之上级党部许可,不得擅行逮捕,远者立予撤换;尊重党部意见,凡土豪劣绅经省党部检举,须切实惩办;各机关行政人员,如营私舞弊,经省党部检举者,应按照党员背誓条例,严行惩办,检举失实者,党部人员应受相当之惩戒;各机关行政人员就职宣誓,应通知党部,派员监誓。

其次,指出省政府应注意事项若干。各地乡董市董,应即命令取消,由政府改行新定乡村自治制度;各地逆产,应由党部政府会同民众团体,组织逆产清理委员会清理之;全省小学教员,须受党部的检定,其检定办法,由省党部另定之;中等学校以上之训育主任,应由省党部指派;请省府协同党部,清查各县积弊,并严厉扫除之;全省各机关财政出纳,应每

---

① 《苏省党部之党政分权通令党部不可干涉行政》,《申报》,1927年7月17日。
② 《苏省党部之党政分权通令党部不得任意变更教育行政》,《申报》,1927年7月17日。

月详细公布;各县县长之介绍人,应随时公布;由省政府通令各县,凡款产委员会须有党部及党部指导之下民众团体参加;请省政府迅速编练省防军等。①

经过一系列调整,党政关系进一步规范化、成熟化,党对地方行政的控制从直接干预一变而为监督与遥控,但党的力量仍然凌驾于行政机关之上。因为,党政关系的规范化是党务与政务的厘清,并非是党对行政控制的减弱。这一点从县长、市乡行政局长的任免规定可见一斑,根据《暂行江苏省县长任免条例》规定,县长的任免分为考试、荐举、遴选三项,"凡中华民国国民,有左列各项资格之一者,得与考试:……本党忠实党员,有政治学识及经验者。有左列资格之一者,经本省政务委员三人以上,或中央政治会议国民革命军总政治部之荐举,得免考试:……本党忠诚党员,确有政治学识,曾任行政职务满两年以上,著有成绩者。左列各项人员,由民政厅长遴选,荐请省政府任用:……努力党务,学识才具有特长者"等等。② 而对于市乡行政局长的任免亦有规定:本党忠实党员,具有政治学识或经验者,可以考试合格后任免;而曾任行政职务,或办理地方自治事务人员,努力党国著有劳绩经县长保荐者,即可获任。③

由此可见,对行政人员党员身份的强调无疑是将党融于政的最好的办法。从另一个角度看,直接参与并不一定能取得较高的行政效率,反而是监督与遥控更能实现党对行政的控制。当然,党政分开还掺杂党的系统与行政系统之间的权力之争,此非本书主题,不做过多论述。

根据上文分析可以看到,北伐战争进行的过程,其实就是国民党的势力对基层社会不断渗透的过程。这一点在打土豪劣绅的运动中体现得最为明显,以党的干部替代传统地方精英掌握区域社会的管理权,这是对传统基层社会秩序的一个有力的突破。只是在 1927 年清党之后,

---

① 《苏省党政委员联席会议》,《申报》,1927 年 7 月 29 日。
② 《苏省县长任免条例》,《申报》,1927 年 7 月 7 日。
③ 《苏省市乡行政局长任免条例》,《申报》,1927 年 7 月 30 日。

随着国民党的右转,打倒土豪劣绅的力度大为减弱,国民党对第三领域渗透的速度明显减缓。但就总的趋势来讲,党的干部代表的是国家的势力,对第三领域的渗透无疑加剧了国家与社会不对等的局面。王先明认为:"'大革命'退潮之后,国民党放弃了'打倒劣绅'的政治诉求,转而选择制度重建路径实施国家权力向乡村社会的渗透。"①正是对这种现象的恰当评价。另外,国民党的势力基本上延伸到县级政权为止,很少扩张到乡镇或乡镇以下的农村。王奇生在经过细致的研究之后指出:"大革命时期,在国民党、共产党和农民三者之间,大致存在一种上层国民党、中层共产党、基层农民这样一种差序格局。共产党事实上成为国民党与农民之间联系的纽带。国民党'清党'的结果,实际斩断了这个实现与下层民众联系的纽带。"亦有人认为,清党分共导致国民党在农村基础的丧失,成为一个"城市型上层党,成为以政治控制为主的执政党",这是此后国民党推行农村改革失败的根源。②加上国民党党员人数不敷分配与大部分党员希望留在城市不愿去农村等诸多因素,导致国民党对基层的渗透,仅止于县级政权而已。③这个结论很有启发意义,因为国民党缺乏共产党打倒一切的勇气,也就不可避免地在关键时刻向旧势力妥协。最终,它不得不把整合中国基层社会的担子交给共产党。

总之,在大革命时期,国民党以党部为中心,初步建立起对地方上的有限控制。北伐战争不但改变了中国的军事格局,也改变了基层社会的政治格局。在南京国民政府成立之前,尚没有对基层社会的管理冠以地方自治的名号。在二期北伐胜利完成之后,南京国民政府重新擎出国父遗教,宣布国家由军政进入训政时期,地方自治成为此一时期基层社会

---

① 王先明:《乡绅权势消退的历史轨迹——20世纪前期的制度变迁、革命话语与乡绅权力》,《南开学报》2009年第1期,第95页。
② 查燕华:《1927年国民党清党分共对其农村改革的影响》,《中国石油大学学报》2007年第6期,第63页。
③ 王奇生:《战前中国的区乡行政:以江苏省为中心》,《民国档案》2006年第1期,第67—68页。

秩序重构的中心工作。

第二节　训政纲领与江苏地方自治的推行

南京国民政府成立之后,当政者最为关心的是如何塑造政权的合法性问题。随着二次北伐的胜利进军,以正统自居的北洋政府退出历史的舞台,这为南京国民政府提供了历史的机遇。就南京国民政府所掌握的合法性资源来讲,孙中山在国人心目中的崇高威望是一笔不小的政治财富。因此,要树立新政权的合法性,必然要求借助于这一超凡魅力型领袖所留下的合法性遗产。[①] 如此,把孙中山的建国学说奉为圭臬是南京国民政府必然的施政方针。

一、训政纲领与地方自治法令

（一）孙中山训政思想中的地方自治理论

对于孙中山的地方自治思想,学界褒贬不一,就当前研究者所持态度划分,主要有三种:其一,对孙中山地方自治思想以肯定为主。唐卫国指出,孙中山地方自治思想在中国确立了一种全新的处理中央与地方关系的模式,并对近代盛行的代议政治提出了质疑和挑战,有着深刻的历史意义,这种论述无疑给予孙中山地方自治思想以极高的评价。[②] 其二,以批判为主要格调。贺跃夫认为,孙中山的训政思想与地方自治理论本身就存在诸多自相矛盾之处,是南京国民政府实施地方自治误入歧途的

[①] 马克斯·韦伯在理想层次提出三类合法性:"一是基于传统的合法性,即传统合法性;二是基于领袖人物超凡感召力之上的合法性,即个人魅力型的合法性;三是基于合理合法的准则之上的合法性,即法理的合法性。与此相适应,政治权威也可以分为传统的权威、个人魅力的权威和理性的权威等。" Max Web: *Economy and Society*, vol. 1, University of California Press, 1978, p.80. 转引自毛寿龙:《政治社会学》,中国社会科学出版社2001年版,第63页。
[②] 唐卫国:《孙中山地方自治思想研究》,《河北法学》2001年第6期。

理论根源。① 其三,大部分论者采取一分为二的态度。曾景忠在对孙中山地方自治思想划阶段研究的基础上,得出结论:孙中山地方自治理论虽然有些地方存在矛盾的一面,但这是因为强调的重点不同而产生的,总体上看,仍是一个完整的体系,他的自治思想对今天的政治建设仍有很好的借鉴意义。② 另外,马小泉、洪英、郑永福等也都持辩证的态度。因为孙中山的自治理论被南京国民政府奉为遗教,这里不妨简单介绍。

孙中山理想中的民主共和国是一个以三民主义为经,五权宪法为纬的现代化国家。在三民主义学说中,孙中山指出,所谓三民主义就是救国主义,是"促进中国之国际地位平等、政治地位平等、经济地位平等,使中国永久适存于世界"的主义。③ 而所谓"五权宪法"则是孙中山在西方三权宪法之外另加考试权与监督权而成。孙中山认为,在古代中国也有三权宪法,只不过这三权是指君权、考试权、弹劾权,而君权则是行政权、司法权、立法权的合一。因此,孙中山把西方的三权分立与中国传统制度相结合,形成一个五权宪法——把君权三分的同时,继承考试权与弹劾权——以五权来弥补西方三权分立之不足。④ 这是孙中山一个很大的创造。⑤ 就三民主义与五权宪法的关系论,如果说五权宪法是形式,三民主义则是灵魂,两者的有机结合构成孙中山的理想之国。

同时,孙中山指出,基于中国的实际状况,要想实现这个目标,必须分三步走,亦即所谓的军政时期、训政时期、宪政时期。1906 年,在《军政府宣言》中,孙中山明确提出将来建设新国家的次序:第一步为军法之治,第二步为约法之治,第三步为宪法之治。其中又解释约法之治的任务是:"每一县既解军法之后,军政府以地方自治权归之县地之人民,地

---

① 贺跃夫:《孙中山的地方自治观与南京政府之实践》,《中山大学学报论丛》1995 年第 5 期。
② 曾景忠:《孙中山地方自治思想述论》,《广东社会科学》1988 年第 1 期。
③ 曹锦清编选:《民权与国族——孙中山文选》,上海远东出版社 1994 年版,第 1 页。
④ 岭南文库编辑委员会、广东中华民族文化促进会合编:《孙中山文萃》,广东人民出版社 1996 年版,第 595—609 页。
⑤ 其实这两权在西方也是执行的,只不过没有独立出来与立法、司法、行政三权独立并列而已。

方议会议员及地方行政官皆由人民选举,凡军政府对于人民之权利义务,及人民对于军政府之权利义务,悉规定于约法,军政府及地方议会及人民各循守之,有违法者,负其责任。以天下平定后六年为限,始解约法,布宪法",此即"军政府授地方自治权于人民,而自总揽国事之时代"。① 1924年1月,孙中山亲自起草《国民政府建国大纲》,再次强调,中华民国建设之程序分为三期,即军政时期、训政时期、宪政时期。② 可见这种建国程序说是孙中山始终坚持的,并且,他规定完成地方自治的关键时期,在于第二个阶段。

在《建国大纲》第八至第十六条中,孙中山对训政时期建设地方自治的问题给予更加详细的规定:

八、在训政时期政府当派曾经训练考试合格之员,到各县协助人民筹备自治。其程度以全县人口调查清楚,全县土地测量完竣,全县警卫办理妥善,四境纵横之道路修筑成功,而其人民曾受四权使用之训练,而完毕其国民之义务,誓行革命之主义者,得选举县官以执行一县之政事,得选举议员以立一县之法律,始成为一完全自治之县。

九、一完全自治之县,其国民有直接选举官员之权,有直接罢免官员之权,有直接创制法律之权,有直接复决法律之权。

十、每县开创自治之时,必须先规定全县私有土地之价。其法由地主自报之,地方政府则照价征税,并可随时照价收买。自此次报价之后,若土地因政治之改良、社会之进步而增价者,则其利益当为全县人民所共享,而原主不得而私之。

十一、土地之岁收,地价之增益,公地之生产,山林川泽之息,矿

---

① 岭南文库编辑委员会,广东中华民族文化促进会合编:《孙中山文萃》,广东人民出版社1996年版,第109页。
② 同上书,第710页。

产水力之利,皆为地方政府之所有,而用以经营地方人民之事业,及育幼、养老、济贫、救灾、医病与夫种种公共之需。

十二、各县之天然富源及大规模之工商事业,本县之资力不能发展与兴办,而须外资乃能经营者,当由中央政府为之协助。而所获之纯利,中央与地方政府各占其半。

十三、各县对于中央政府之负担,当以每县之岁收百分之几为中央岁费,每年由国民代表定之。其限度不得少于百分之十,不得加于百分之五十。

十四、每县地方自治政府成立后,得选国民代表一员,以组织代表会参与中央政事。

十五、凡候选及任命官员,无论中央与地方,皆须经中央考试铨定资格者乃可。

十六、凡一省全数之县皆达完全自治者,则为宪政开始时期……①

有研究者对此总结说:"训政时期由执政的中国国民党指导,训练国民学会行使民主权利。训政时期的统治权,由国民党行使,实行以党治国。训政时期的任务:一是要由国民党来指导国民,努力在政治、经济、文化等各方面实现观念之转换,为实行自治及民主做准备。二是推行地方自治,作为训练国民行使民主权力的实际操作和实验。地方自治以县为单位,一省内县自治完成过半数则标志着训政时期的结束而进入宪政时期。"②

同时,孙中山还在《地方自治开始实行法》中详细阐释地方自治实行的三个前提:第一,选择一适当区域,一县或者是联合数村而附有纵横二

---

① 岭南文库编辑委员会、广东中华民族文化促进会合编:《孙中山文萃》,广东人民出版社1996年版,第710—711页。
② 洪英:《孙中山先生地方自治思想综述》,《当代法学》2003年第8期。

三十里之田野者。第二,明确志向,即以实行民权、民生两主义为目的。第三,人民普遍具备地方自治之思想。当这些条件具备之后,然后从最基本的六件事务办起,即清户口、立机关、定地价、修道路、垦荒地、设学校。当以上六事初具规模,然后可以开创其他事业,如合作事业等。①"总而论之,此所建议之地方自治团体,不止为一政治组织,亦并为一经济组织。"②这是孙中山地方自治思想超过此前之地方自治思想的地方,以往之地方自治侧重于民权方面,对于民生往往不甚重视,孙中山的地方自治思想形成比较完备的体系。

无论学者们的褒贬,不可否认的是,孙中山对于训政时期的地方自治做了相当深刻的思考,并成为南京国民政府推行地方自治时所高扬的旗帜。

(二) 训政纲领及地方自治法令

南京国民政府成立之后,把推行地方自治作为政府的中心工作之一。1928年4月,内政部成立,作为推行地方自治之中央部门,对于训政时期完成地方自治做了大体的规划(如表5-2)。

表 5-2　训政时期国民政府施政纲领内政部主管事务进行程序
(民国十七年七月至二十年六月)

项目	第一年	第二年	第三年
选派合格人员协办自治	1. 中央设处训练,2. 各省设所训练,3. 各县现办自治人员亦应分别受训	中央训练合格之人员分派各省;各省训练合格之员分派各县	
设立自治筹办机关		1. 各省设立筹办自治专处,2. 各县划区设区公所村里设区里公所	同上第二款

---

① 曹锦清编选:《民权与国族——孙中山文选》,上海远东出版社1994年版,第251—254页。
② 同上书,第255页。

续表

项目	第一年	第二年	第三年
养成自治人才		1. 各省训练各区办理自治人才,2. 各县训练各村里办理自治人才,3. 各区训练各闾邻办理自治人才	同上
确定自治经费	1. 详查各省自治经费实况,2. 厘订各省自治经费标准	就整顿土地及公共事业之收入确定地方自治经费	同上
划定县以下自治区域		1. 县以下划分各区,2. 各区编订村及里,3. 各村里编定闾,4. 各闾分邻定户口牌	
清查户口	1. 各省实行调查户口造册报部,2. 随时办理人事登记	同上第二款	实行户籍法
训练民众试用政权			视自治进行程度先由村里试行使用政权
完成县自治			依照地方自治进行程序力促完成

资料来源:秦孝仪编:《抗战前国家建设史料——内政方面》,革命文献,第七十一辑,中国国民党中央委员会党史委员会 1977 年版,第 17—19 页。

可见任务是相当繁杂的,据当时任职国民政府内政部民政司第二科的汪振国回忆,当时"最吃重的是根据中山先生遗教以县为单位的地方自治之规划与设施"①。在江苏省政府 1928 年的施政大纲中,亦明确规定筹备地方自治的任务:编造户籍;规划各级自治区,举办自治;举办市政;举办联保;编制统计等。②

1928 年 10 月 3 日,中国国民党第二届第 172 次中央常会制定训政

---

① 江苏省政协文史委员会:《江苏文史资料存稿选编》,江苏人民出版社 2007 年版,第 22 页。
② 《江苏省政府十七年度施政大纲》,《江苏公报》1927 年第 40 期,第 9 页。

纲领。开明宗义,大纲的宗旨项首先言明:"中国国民党实施三民主义,依照建国大纲在训政时期训练国民行使政权,至宪政开始,弼成全民政治,制定左之纲领。"大纲内容共分为六条:

> (一)中华民国于训政期间,由中国国民党全国代表大会,代表国民大会领导国民行使政权。(二)中国国民党全国代表大会闭会时,以政权付托中国国民党中央执行委员会执行之。(三)依照总理建国大纲所定选举,罢免,创制,复决,四种政权,应训练国民逐渐推行,以立宪政之基础。(四)治权之行政,立法,司法,考试,监察,五项,付托于国民政府,总会而执行之,以立宪政时期民选政府之基础。(五)指导监督国民政府重大国务之施行,由中国国民党中央执行委员会政治会议行之。(六)中华民国国民政府组织法之修正及解释,由中国国民党中央执行委员会政治会议议决之。①

在此纲领中,国民政府打出孙中山之"三民主义,五权宪法"的招牌,但此训政却是经过篡改的训政,国家权力(包括政权与治权)完全集中于一点——中国国民党中央执行委员会,进一步凸显一党专政的精神。因为此时国民政府对基层社会的控制实际确立党政双轨制,②所以有必要从党、政两个方面对国民政府关于地方自治的规定进行梳理。

1929年3月,中国国民党第三届全国代表大会通过两个关于地方自治的议案:

第一,《确定训政时期党政府人民行使政权治权之分际及方略案》,强调中国革命之目标是实现三民主义,政府此后之工作是严格按照孙中

---

① 《训政纲领》,《中央日报》,1928年10月4日。
② 王奇生指出:"由国民党仿照苏俄体制在原有行政系统之外,再建立一套相应的党务组织系统。这是中国有史以来政治控制体制由单轨制向双轨制的重大转变。"王奇生:《论国民党改组后的社会构成与基层组织》,《近代史研究》2000年第2期,第64页。

山之建国程序说,实施训政。①

第二,《确定地方自治之方略及程序》,根据孙中山建国大纲和地方自治实行法之规定,拟定地方自治实施标准:"(一)确定县为自治单位,努力扶植民治,不得阻碍其发展,……(二)制定地方自治法规,定其部分,使地方自治体成为经济、政治的组织体,以达到真正民权民生目的,……(三)由国民政府选派曾经训练考试及格之党员到各县协助人民筹备自治,……(四)地方自治之筹备,宜逐渐推行,不宜一时并举,以自治条件之成就,选举完毕为筹备自治之终期等。"②

1929年6月18日,在第三届中央执行委员会第二次全体会议的宣言中,再次强调训政时期,国民党最主要的工作在于"确遵总理遗教,实施三民主义之具体建设,训练人民行使政权,以竟革命之全功,而立民国巩固之基础"。其中,"训练人民行使四权,实施地方自治,为训政时期主要工作"。而训政的时限,根据孙中山之设想,"定为六年,于民国二十四年完成之"。③

1929年6月中国国民党第三届二次全会训政时期党务进行计划案中则宣称,如果地方自治不能取得成绩,"三民主义之建设,亦将无由实现"④。并且,制定训政时期地方自治推行的时间表:1930年内依照县组织法完成县组织,同时训政人员初期训练完毕;1932年底以前,完成初期调查户口、清丈土地;1933年底,各地筹备自治机关完全设立;1934年底以前,完成县自治。其实施方案由行政院制定。⑤

1929年中央政治会议第207次会议据此通过训政时期完成县自治

---

① 《确定训政时期党政府人民行使政权治权之分际及方略案》,《中央日报》,1929年3月20日。
② 《确定施行政纲之方略及程序以定政治之实行标准案》,《中央日报》,1929年3月20日。
③ 荣梦源主编:《中国国民党历次代表大会及中央全会资料(上)》,光明日报出版社1985年版,第754页。
④ 徐幼川:《党员怎样协助推进地方自治》,正中书局1944年版,第11页。
⑤ 荣梦源主编:《中国国民党历次代表大会及中央全会资料(上)》,光明日报出版社1985年版,第762页。

实施方案。内政部则制定分年进行程序表:从1929年至1934年,以每年为一期,这六期事务进行内容又分十个大纲,分别是:(一)厘定自治系统;(二)储备自治人才;(三)确定自治经费;(四)肃清盗匪;(五)整顿警政;(六)调查户口;(七)完成县市组织;(八)训练人民;(九)初期清丈土地;(十)举办救济事业等。①

1930年3月中国国民党第三届第三次全国会议有训政时期党务工作案宣言:全党必须认真切实贯彻孙中山遗教,"萃全力于地方自治工作,俾三民主义得以从人民社会生活中茁发滋长,庶于革命救国之义"。把"集中于县及县级以下之地方社会事业"确定为此后党务之一。同年11月中国国民党第三届第四次全体会议通过关于党务工作及刷新政治两案,除了按照原定程序推行地方自治外,还将其确定为国民政府施政的中心。②

以上训政纲领颁布后,国民党为推行地方自治,在中央历次会议中提出了各项议案,这些议案的内容无不规定以总理遗教为指导方针,但却在不同程度上篡改了孙中山的遗教,如《确定地方自治之方略及程序》一案,对孙中山之建国大纲进行了概念上的偷换,把"在训政时期政府当派曾经训练考试合格之员"改为"由国民政府选派曾经训练考试及格之党员"。虽然只有"员"与"党员"之别,但却标志着党的势力将在地方自治推行的过程中起到关键作用。从宏观上讲,既然训政纲领带有明显的一党专政倾向,在此纲领指导之下的地方自治也就不免带有浓重的党化色彩。当然,地方自治能否得到发展,不能以提案内容为评判标准,而更应该通过国民政府的实践加以验证。

在政府方面,则从1929年至1932年相继颁布一批自治法规,其中较为重要的有:《县组织法》(1929年3月15日)、《县组织法施行法》

---

① 徐幼川:《党员怎样协助推进地方自治》,正中书局1944年版,第11页。
② 同上书,第12页。

(1929年11月12日)、《乡镇自治施行法》(1929年9月)、《区自治施行法》(1929年12月)、《市组织法》(1930年5月20日)、乡镇长自治职员选举法及罢免法(1930年7月10日);《县参议会组织法》《县参议员选举法》《市参议会员选举法》(1931年8月)等。其中,以《县组织法》①(如图5-1)为众多自治法令之核心。

```
县组织结构示意图
├─ 县政府
│   ├─ 县长(由民政厅提出合格人员二人至三人,经省政府议决任用之)、秘书、科长及科员(由县长呈请民政厅委任,科员由县长委任,并报民政厅备案)、雇佣事务员及雇员
│   ├─ 警察:办理催征送达侦缉调查(名额由民政厅定之)
│   ├─ 各局:公安局、财政局、建设局、教育局、卫生局、土地局、社会局、粮食管理局等(各局局长一人,各区分局长皆由县长就考试合格人员中遴选,呈请省政府核准委任之)
│   ├─ 县政会议:县长、秘书及科长、各局局长
│   └─ 县参议会:以县民选举之参议员组织之
├─ 区公所
│   ├─ 区公所:区长(由区民选任,并由县政府呈报民政厅备案)、助理员(区公所遴请县长委任)、区丁(额数县长定之)
│   ├─ 区务会议:区长、区助理员、本区所属乡镇长
│   └─ 区监察委员会:监察区财政、向区民纠举区长违法失职等事
├─ 镇乡
│   ├─ 乡镇长、副乡镇长:乡镇长及副乡镇长由乡镇民大会选举产生
│   ├─ 乡镇民大会:行使四权
│   └─ 乡镇监察委员会:监督各该乡镇财政、向乡民镇民纠举乡镇长及副乡镇长之违法失职等事
└─ 闾邻
    ├─ 闾邻长:由本闾邻居民会议选举产生
    └─ 居民会议:对闾邻长有罢免改选之权
```

注:王均安编:《地方自治施行法释义》,世界书局1920年版印行,第126—166页。

图5-1 县组织结构示意图

从各级行政人员的产生来看,县长由民政厅提出合格人员二人至三人,经省政府议决任用之。虽然规定"凡筹备自治之县,已达建国大纲第八条所规定之程度者,经中央查明合格后,其县长应由民选"。但何时能够达到完全自治的程度,实在难以预测,也就说一日不达完全自治之程

---

① 南京国民政府在1928年公布《县组织法》,其规定县以下之自治级别为区村里闾邻四级,其中村里同级。1929年则修正县组织法,改为区乡镇闾邻四级,文中图示是修正后的县自治组织结构。市以下自治组织亦分为四级区坊闾邻,其中坊同乡镇是一级。

度,则县长一日不能民选。同样,对于县政府各职员也基本采取委任、遴选的方式。按规定区长由区民选任,并由县政府呈报民政厅备案,但同时又规定区长民选是在本法施行一年后,由省政府就各县地方情形,酌定时期,咨请内政部核准。在区长民选实行以前,区长由民政厅就训练考试合格人员委任之。也就是说区长什么时候进行民选,要看政府的认定;区公所助理员则由区公所遴请县长委任、区丁额数亦由县长定之。按规定乡镇长由乡镇民大会选举产生,但是在区长民选之前,乡镇长、副乡镇长采取加倍选举由区公所转请县长择任的方式。到了闾邻长才算没有行政官厅的直接干预,基本实现了真正的选举。① 由县各级自治人员的产生方式可见其自治精神之淡薄。

再看民意机构的设立。县有参议会,但在县预算决算、募集公债方面,与县政会议有功能重复的嫌疑,也就不可避免发生行政官厅侵犯民意机关权利的可能。陈柏心指出:"近数年来,各地行政当局无不因官治与自治体制的不同,剥夺自治机关应有之权责,而将一切县市行政事务悉由县市政府及其各局直接处理,地方经费完全集中于县,仅划出极少数经费以为自治机关维持之用,自治机关毫无其他收入以为兴办事业之需,致使法令规定之应兴应革事务,完全等于具文。"② 并且县参议会要在区长民选时方设立之,在此之前,县政会议拥有一切地方行政大权。区民大会则"于内政部核准区长民选后,由区长召集之"③。也就是说,区长一日不民选,则区民大会一日不召开。直到乡镇之乡镇大会及闾邻之居民会议,才略显民意机关的味道。《区自治施行法》《乡镇自治施行法》皆按照《县组织法》制订,未有质的突破。相比较而言,自治级别越高,官治色彩越浓厚。赵如珩批评说,当前的自治法规始终未顾及人民运用政治

---

① 王均安编:《地方自治施行法释义》,世界书局1920年版,第126—166页。
② 陈柏心《地方自治之经费问题》,《半月评论》1935年第1卷第12期,第12页。
③ 王均安编:《地方自治施行法释义》,世界书局1920年版,第112页。

权能的机会,行政官厅始终处于喧宾夺主的状态。①

自治官治化渐浓的另外一个表现则是省政府明令禁止民间地方自治团体的组建。1927年8月,江苏省民政厅奉省政府令,"以现在已入训政时期,各县自治,亟应筹备。自治规程,应由省政府制定颁布,应令饬各县,于自治规程未颁布以前,所有关于自治性质之团体,一律停止组织"②。此后,清末民初兴盛一时的民间自治团体,如商会、教育会等呈江河日下之势,此一规定进一步暴露出国民政府意欲通过行政官厅推行的自治来容纳一切基层自治组织的意图。

不可否认,与北京政府相比,南京国民政府所颁布之自治法规更具有时代的进步精神,如以前的自治法规定县为行政区域,而现在的自治法则规定县不仅为一行政区域,还是一自治区域;以前的自治法规不重视"地方自治的根本条件人民自卫、民众训练、社会经济,特别是交通建设和平均地权等项",而现在的自治法规则有系统的规定;以前的自治法规定选举权是以纳税及学历行政经验为标准,而现在的自治法规主张普通选举;以前的地方自治是从上而下推行的官办或绅办自治,现在的地方自治强调从下往上的人民的自治;等等。③ 这种进步精神更明显地体现在对公民之财产、资历、性别等限制的取消上,如《县地方自治条例施行细则》规定:"中华民国人民,无论男女,年满二十岁,在本县区乡镇里邻继续居住一年以上,或有住所达二年以上,经宣誓后,即取得公民资格,有行使选举、罢免、创制、复决之权及被选举权。国外或租借地之中华民国人民,无论男女,年满二十岁者,虽于县区域内居住未达一年或有住所未达二年,经宣誓登记后,亦可取得前项之公民资格"等。④ 但是,这些进步精神还仅仅是条文的规定,能否贯彻执行尚是另外一回事。也有

---

① 赵如衍:《地方自治之实施的研究(续)》,《复兴月刊》1933年第1卷第12期,第2页。
② 《停止组织自治性质之团体》,《江苏公报》1927年第4期,第18页。
③ 甘乃光:《中国地方自治事业进行近况》,《大陆》1932年第1卷第5期,第1—2页。
④ 蔡鸿源主编:《民国法规集成》,第39册,黄山书社1999年版,第211页。

人对《县组织法》的弊病进行如此批评:县、区之对地方自治的监督权规定不明确;警察权与自治权混淆不清;区乡镇自治公约制定程序混乱;区乡镇区域划分标准不一;等等。① 另外,由中央制订统一自治法规的最大弊端,在于扼杀了地方自治因地制宜的精神。

总之,通过以上分析可以看到,南京国民政府并未严格遵循孙中山的自治思想。最终结果是国家由"党治"变成"一党专制",地方自治则由"政府协助"变成"官厅主导"。

二、江苏地方自治的推行与反思

(一)江苏各级地方自治的筹备及推行

1929年10月2日,《县组织法施行法》颁布。按照县组织法施行法规定,县之组织,江苏省应于1930年6月完成。② 经省政府委员会第235次会议决议,对江苏省办理地方各级自治组织列定了一个详细的时间表:1929年10月至12月完成县政府及各局之组织,1929年11月至1930年3月完成乡镇公所组织,1930年4月至6月完成闾邻之组织。同时,按照中央政治会议第207次会议议决《训政时期完成县自治实施方案内政部主管事务分年进行程序表》的规定,关于储备自治人才,确定自治经费,肃清盗匪,整顿警政,调查户口,清丈土地各事项,应分别筹办,希望自1929年至1934年完成地方自治,以符中央所定训政期限,而确立宪政基础。③

就苏北县份来看,在1930年5月之前,扬中县户口调查完竣,并且根据户籍册,编定村制。在区长未考试训练以前,仍由各市乡行政局长负责督率各村长办理地方水利、公安、教育、交通等事项。以为将来宪政

---

① 许崇清:《关于民国十八年南京所公布县组织法的几个问题》,《中央导报》1931年第7期,第86—90页。
② 王均安编:《地方自治施行法释义》,世界书局1920年版,第166页。
③ 胡棘园:《苏省举办保甲之由来》,《江苏保甲》1936年第2卷第5期,第1页。

之基础。① 泰县则划分为十五区,6月之前,第一期区长训练期满,并分发实习。全县划为四百八十四乡镇,闾邻重新划分,推选闾邻长副。② 阜宁县筹办地方自治则全面展开,如训导区长考察各区长成绩,分别奖惩;分配第二期区长实习地点;限期办理公民宣誓登记;举行乡镇选举;督促成立乡镇公所;选举闾邻长;举办人事登记;实行调查户口;实行田地注册等。③ 仪征全县共划分为五个自治区,区以下分为一百四十一乡镇。7月之前,区乡镇公所均组织成立。各区公所内,设区长一人,并分设二股,分掌事务。县政府所召集之区长会议,均按期开会。此外,各区公所也都自行召集区务会议及所务会议。自治乡镇长、副乡镇长陆续进行训练。同时划分闾邻。每区行政经费,每月二百五十元;事业费拟举办户捐。各乡镇公所经费,每月由县补助五元。④

各县自治筹备虽然都陆续展开,但效果并不甚佳,如阜宁县成立乡镇公所一项因经济困难,不能完全成立,而闾邻之划分及选举,亦未能整齐划一。⑤ 至于区一级的工作也不能令人满意(见表5-3)。

表5-3 阜宁区长工作成绩考核情况

区别	一区	二区	三区	四区	五区	六区	七区	八区	九区	十区	十一区	十二区	十三区
区长姓名	江国祯	朱心煜	左培心	陈德乾	吴煜新	唐翰如	剻佳材	李有鸿	赵文智	唐突	薛永恺	顾镇华	王馨舫
就职日期	十八年八月	同左	同左	同左	同左	同左	同左	同左	同左	同左	同左	同左	同左

---

① 徐祖绳:《扬中县施政概况》,《苏政》半月刊第1号,1930年5月,第38页。
② 王景涛:《泰县县政概况》,《苏政》半月刊第4号,1930年6月,第34页。
③ 王宫献:《阜宁县政府施政方针及最近政绩》,《苏政》半月刊第4号,1930年6月,第39—40页。
④ 田斌:《仪征县县政概况(续)》,《苏政》半月刊第5号,1930年7月,第36页。
⑤ 王宫献:《阜宁县政府施政方针及最近政绩》,《苏政》半月刊第4号,1930年6月,第39—40页。

续表

区别		一区	二区	三区	四区	五区	六区	七区	八区	九区	十区	十一区	十二区	十三区
办理自治成绩	训练乡镇长副	丁	丙	丁	丁	丁	乙	丁	丁	丁	乙	丁	乙	丁
	填送工作报告表	丁	丙	丁	乙	乙	丙	丁	乙	丁	乙	丁	丙	丁
	呈报区务会议录	甲	乙	丁	乙	丙	丁	甲	丁	丁	丁	丁	乙	乙
	增加识字人民减少失业游民	丁	丙	乙	乙	乙	丁	甲	乙	乙	甲	乙	丁	丁
	呈报种痘人数表	乙	丁	丁	丁	丁	丁	丁	丁	乙	丙	丁	丁	丁
	填报人民移动调查表	乙	乙	乙	乙	乙	乙	乙	乙	乙	乙	乙	乙	乙
委办各事成绩	招募志愿兵	丙	乙	丁	甲	丙	丙	丁	丙	丁	丙	丙	丁	丙
	办理田地注册	丙	乙	丁	丁	丁	丁	丁	丁	丁	丁	丁	丁	丙
	组织保卫团	甲	乙	丙	丁	丁	丁	丁	丁	丁	乙	乙	丁	丙
	呈报查禁烟赌	丁	乙	丁	丁	丁	乙	丁	乙	丁	乙	丁	丁	丁
奖惩	申诉		×	×				×		×	×			
	记过						△							
	奖励	8								8				
控告				●						●		●	●
总评		甲	丙	丁	丙	丙	乙	丙	丙	甲	乙	丁	乙	丁
附注														

注:1. 凡各区对于应办及委办各事项:按期办竣工作努力者列甲,工作迟缓者列乙,工作懈怠者列丙,办理不善工作恶劣者列丁。

2. 奖惩之符号:"×"表示申斥,"△"表示记过,"8"表示奖励,"●"表示被控,总评许以甲乙丙丁表示。

3. 资料来源:王宫献《阜宁县政府施政方针及最近政绩》,《苏政》半月刊第4号,1930年6月,第40—41页。

由上表可知,在阜宁十三个区130项事务中,甲等7项,乙等40项,丙等34项,丁等49项。可见办理结果相当不好。在7项甲等事务中,"呈报区务会议录"占两项,"增加识字人民减少失业游民"占两项,其他

"填报人民移动调查表""招募志愿兵""组织保卫团"各占一项。第一、九两区之所以获得嘉奖,是因为"呈报组织保卫团,查核颇具条例,指令嘉奖"。而遭申斥原因则各有不同,第二区是因为"该区呈报区务会议记录有依照县组织法组织保卫团一案,实属荒谬应予申斥";第三区是因为"迭饬该区搜挖蝗卵,空言塞责,指令申斥";第八区是因为"据呈该区有反□分子,前被羁押,现经释放回里,故意炫耀,请求制止,迹近藉端要挟,指令申斥";第十区因为"前饬该区造送十九年预算,据呈请免指令申斥";第十一区则因为"奉令招募志愿兵,无力招足,指令申斥"。对于控告则言之不详,亦不影响成绩总评。可见政府更重视的是政令的执行情况,而不是普通民众的感受。①

在江宁县未被辟为自治实验县之前,邹振道曾对1932年上半年江宁县的地方自治状况进行调查,结论如下:划分全县为十自治区,区设区公所;划分全县为二百九十五乡镇,设乡镇长公所;各区区长皆由县长遴委曾经训练及合格之人员;各乡镇长由公民选举由县长择委;各间邻长亦经公民选举分别委定;县政府曾令饬各区乡镇长,凡地方各种事务应协助办理;户口清查工作、人事登记之声请登记,及调查统计,均甚疏忽;各区道路,除国道县道仅筑成一二外,皆无力修筑;各区公所均无力附设国民学校;各区长兼保卫团长,匪风较靖;各区长组织自治经费保管委员会,派代表向财政局直接领拨,但收入甚少,不能维持;各区乡镇公约尚未制定。② 有人指出:"本县区乡镇间邻制实行后,……惟自治组织不健全,以致各区自治事业,建树毫无,至于各乡镇自治工作,更属空谈,……故区乡镇间邻制之在江宁者,徒具形式上之组织而已,考诸实际,区公所有时虽可闭门造车,作政府令办之等因奉此,至乡镇公所究在何处?间邻长究系何人?诚恐无人解此答案,而乡镇自治之停滞难行,

---

① 王宫献:《阜宁县政府施政方针及最近政绩》,《苏政》半月刊第4号,1930年6月,第39—41页。
② 邹振道编:《考查江宁县政总报告》,行政系普通行政组,1922年4月(手抄本),第69—70页。

不言而喻矣。"①

也就是说,县以下各级自治组织主要机构虽然基本建立,但仍不健全,自治事务办理情形或因办事人员的敷衍,或因自治经费支绌不能令人满意。

苏南以吴县为例。1928年12月29日,各县划区办法颁到吴县后,于1929年1月,开始划定新区,区自治行政机关为区公所,其组织按照自治法令规定。按照新法,吴县划区计城厢3区,乡区19区,89镇,630乡。至1931年,区自治成绩办理如下:

(一)户口调查完成。其中共199 091户,男:483 591人,女:423 999人,合计:907 590人;船户2353户,男:6358人,女:2801人,合计:9159人;商户8852户,男:45 537人,女:1038人,合计:40 575人。

(二)地方保卫。地方保卫有保卫团,该保卫团负有增进人民自卫能力,辅助军警维持地方治安的责任。若能办理完善,可以裁减国家常备兵额,可以减轻人民负担,恢复我国寓兵于农的本质。吴县保卫团全为按照法令组织实施,每闾为一牌,以闾长为牌长,每乡或每镇为一甲,以乡长或镇长为甲长,每区为一区团,以区长为区团长,县为总团,以县长为总团长。总计保卫团23个,商团支部7个,共873人。保卫团枪拥有枪支136支,子弹9084粒,经费40 665元。

(三)社会救济。吴县新社会救济机关设备有九个:第一养老院,妇女养老,第一感化院,育婴院,安节院,第一义仓,第二义仓,莲溪同仁堂,徐庄仁济堂等。经费由公款公产管理处拨给,以上各机关经费,最多者为育婴院,每年约1441元,最少者为第二义仓,每年仅48元。每年用于上列各院仓堂等经费总计为6690余元,临时费为15 120元。经费之分配:薪工占37.12%,办公费占16.18%,事业费占42.43%,杂费占5.66%,预备费占2.04%等。

---

① 江宁自治实验县县政府编:《江宁县政概况》,大陆印书馆1934年版,第1页。

（四）卫生事业。各区公所于每年春秋二季，聘请西医施种牛痘各一次，概不取费。各区公有澡堂十二所，医院六所，每逢夏季时，各区公所皆有临时防疫医院设备。除四口公共自流井之外，各区正在筹划设置粪行清洁所，垃圾桶等。①

从吴县办理地方自治的情形来看，更加注重实际，办理情形也比苏北、苏中稍好。但是弊端也不少，王维墉曾对吴县办理自治的情况进行总结，批评其所做工作不过是颁布无数自治法规、设立自治机关、委任自治职员等。而行政经费的增加，自治职员素质良莠不齐等，徒增人民痛苦。并举例说："吴县第十八区区长唐人杰任用私人，依势横行，即其例也。再就调查户口，办理保卫团而言，县政府将人口调查表发交各区，饬令按照表详填，依期详填呈交者固多，而以调查表包铜圆或填不确实者，亦不少，斯由区乡镇长自治知识缺乏，人民莫明调查为何致之。保卫团是为增进人民自卫能力，辅助军警维持地方治安而设之义务团也，然吴县各区之保卫团，多有名无实，团丁是招募之游民，非义务之公民，因之区长以区团长名义，认其团为个人之武力，武断乡曲，欺上罔下，失去该团办理之目的远矣！加之吴县绅士势力雄大，迷信观念太深，太湖土匪出没无常，自治经费异常缺乏"等，②地方自治之前途，可以预见。

总而观之，1932年之前，江苏省县区乡镇闾邻之自治组织尚不难如期完成。但就户口、土地、警卫、道路及人民使用四权情形，虽然尽力推行，但距规定程度尚远。加上社会不稳，农村残破，自治事务之推行，极为缓慢。各级自治组织，往往名不副实。③国民政府亦承认，自县组织法、区乡镇自治法颁布以来，自治推行效果并不理想，"即最初步之组织已完备者，亦无非稍具形式，离自治之真际尚远"④。并且，自治职员之选

---

① 胡瀚、何子竞编述：《吴县县政》，1932年1月南京图书馆藏（手抄本）。
② 王维墉：《吴县县政》，南京图书馆藏（手抄本）。
③ 胡棘园：《苏省举办保甲之由来》，《江苏保甲》1936年第2卷第5期，第1—2页。
④ 萧继宗主编：《十年教训》，中国国民党中央委员会1976版，第193页。

举也"仅做到闾邻乡镇长副之民选,而区长仍属于政府委任,故可谓官办地方自治"①。即使是各乡镇长副的选举,往往是"由乡民大会或镇民大会选举加倍之人数,报由区公所转呈县长择任,并由县长汇报民政厅备案",政府仍然严格把握人事的任命权。而建立之后的乡镇公所,也往往是有名无实,"各县乡镇公所,仅门口挂一牌子而已"。②至"县参议会,本省各县均未成立"③。如此一来,只有闾邻一级实现了真正的民众选举及罢免制度。王奇生指出,南京国民政府时期的区署实际上"是中国历史上首次在县以下建立正式的行政层级"④,这是国民政府对基层渗透的一个重要表现。

根据市组织法,江苏省市区坊闾邻自治也逐渐展开,以南京市与上海市为例:南京市地方自治是从1931年3月划区,7月设立南京市自治事务所,并由该所编订《南京市自治实施计划大纲》,根据大纲,南京市应成立二十一区公所,在三个月内按照宣传大纲宣传,并举行地方自治宣传周,同时成立坊公所筹备处,协助区公所办理户口调查、人民宣誓、人事登记、调查失学儿童及失学成年人数等。在区公所成立后的六个月内,由宣传而渐入社会教育工作,设立国民训练讲堂,小学及国民补习学校,平民阅报所,平民识字处,同时召集坊民大会,选举坊长,坊监察委员,成立坊公所,并设坊调解委员会等。区公所成立一年内,由各闾邻居民会议选举各该闾邻长,兴办合作,修理道路,提高娱乐,增广人民知识等。并计划,坊公所成立六个月后,如经内政部核准,即可召集区长民选。而实际上很少能够按计划完成,如自治区因经费困难而减为十一区,进而为八区,区长之人选,以年高望重,居住本地最久者为合格,并且现任之八区长皆由市长一一登门面请而出任;坊长之选举因众多不正常

---

① 《江苏省鉴》,成文出版社1983年版,第34页。
② 同上书,第36页。
③ 同上书,第35页。
④ 王奇生:《战前中国的区乡行政:以江苏省为中心》,《民国档案》2006年第1期,第69页。

现象而被迫停顿等。①

南京国民政府成立后,上海地方自治最大亮点在于临时市参议会的成立。② 在民选之前,人员是通过聘任、遴选等方式进行的。职权则包括:议决关于市单行规则事项,议决关于市预算决算事项,议决关于整理市财政募集市公债及其他增加市民负担事项,议决关于经营市公产及公营业事项,议决关于市民生计及救济事项,议决关于市教育及其他文化事项,市府交议事项,其他应兴应革事项等。③

总之,在南京国民政府建立初期,江苏省按照国府所颁各项自治法令,为自己设计了一套推行地方自治的方案,因为诸多因素,并未达到预期效果,这为江苏省县区自治实验的出台埋下了伏笔。

(二) 县区实验设计下的江苏各级地方自治

南京国民政府初期地方自治推行效果不佳是时人所公认的,"北伐完成以后,中央对于地方自治,迭经决议,颁行全国,奈所得结果,与中央及全国人民之所期望,不啻相距百倍"④。"为期已及二载,因内忧外患,颇少进展。"⑤同时,大部分人把地方自治推行效果不佳的根源归结为不能集中人力、财力的缘故,因有设置自治实验区之议。胡汉民认为,孙总理并未讲在某一年全国一齐办好自治,我们不妨"先求一省中有若干县分达到自治完成,或一县中有若干区分达到自治完(成)"⑥。具体到江苏省,有人指出,"政治的进展,无齐头并进的可能性,所以从六十一县中,指定相当县份,试办模范自治县,集中人才,限期办理,也许是促进县自

---

① 尚其煦:《中国各市自治概论》,《地方自治》1935年第3期,第507—512页。
② 1927年,根据上海特别市政府条例,成立市参会;1928年根据国民政府特别市组织法,改市参事会为市参议会;根据1930年7月国民政府市组织法,又改市参议会为临时市参议会。
③ 尚其煦:《中国各市自治概论》,《地方自治》1935年第3期,第513—515页。
④ 张德善:《江宁自治实验县地方自治调查摘要》,《地方自治》创刊号,中国地方自治学会发行,1925年3月,第138页。
⑤ 徐幼川:《党员怎样协助推进地方自治》,正中书局1934年版,第13页。
⑥ 胡汉民:《怎样训练县长》,《苏政》半月刊第6号,1930年7月,第8—9页。

治完成的有效办法"①。基于此,国民政府逐渐改变其地方自治推行的策略。

1931年11月,中国国民党第四届全体会议,鉴于制度设施有待改善,因而提出推进地方自治方案,其中就自治经费,自治限期,自治团体之任务,县长职权之提高,区长之训练,警卫之整顿,以及乡村经济之发展,做出更加详细的规定。

1931年12月28日,在第四届中央执行委员会第一次全体会议宣言中,对此前一段时间的地方自治推行状况进行了深刻反思,认为因军事及匪患问题,导致地方自治计划不能循序渐进,为了增加人民参与政治的机会,在努力推行地方自治的同时,有设置国民参与政治机关的必要。②

1931年中国国民党第四届中央执行委员会第三十三次常务会议复有提议地方自治之进行改革注意各点案,内容着重在择区实验,并设会研究。这是南京国民政府在齐头并进推行地方自治失败之后,选择重点突破的开始。

根据自治实验的区域单位来看,江苏省有自治实验县之设置,亦有自治实验区之设置。从推行自治实验的主体来看,主要分为以下几种类型:政府主导,地方党政机关合办,政府与地方人士合办,地方人士主导等。其中,江宁自治实验县则是典型的官厅主导型的自治实验。

1932年6月,蒋介石命令江苏省主席顾祝同用中央政治学校教授及毕业生办实验县。③ 7月初江苏省政府509次会议议决,以江宁为自治实验县,设县政委员会,聘罗家伦、陈立夫、叶楚伧、张道藩、余井塘、吴挹峰、梅思平、陈果夫、李范一等为委员,并以省府主席顾祝同为委员长,陈

---

① 《试办模范自治县》,《苏政》半月刊第8号,1931年1月,第2页。
② 荣梦源主编:《中国国民党历次代表大会及中央全会资料(下)》,光明日报出版社1985年版,第116页。
③ 陈果夫:《苏政回忆》,正中书局1951年5月印行,第14页。

果夫为副委员长。以中央政治学校系主任梅思平为县长,并以该校毕业生为主干职员。设立的目的,在完全推行三民主义、总理遗教学说、政纲政策等。

1933年2月,江宁自治实验县正式成立,由江苏省政府颁布《江苏省江宁自治实验县组织规程》,其中规定"江宁自治实验县,直属省政府,其实验期时间,以四年为限"①。江宁自治实验县之最高行政机关,是实验县县政府,可以处理全县行政,监督地方自治,并得发布县令,制定县单行规则。县政府受省政府及县政委员会之指导监督。县政府设县长(由县政委员会提请省政府任免之),秘书室,以及民政、公安、财政、教育、建设等五科。1935年11月再设禁烟科,增为六科。②江宁县长梅思平兼任秘书,统领县政。中央又在江宁县党政机关之上,组织设计委员会,"由中央组织委员会推派中委前往指导,其委员,则分由县长,科长,县党部执监委员,中心小学校长,各区长代表等担任,使党政双方,合为一体,先就江宁一地做起,拟扩展推及全国各地"③。自治实验县成立之后主要进行的工作为:裁局并科、整理财政、调查户籍、发展教育、注意卫生、改良生计等。

1933年10月12日,陈果夫就任江苏省政府主席。对于江宁自治实验县,陈果夫的第一个动作是改组江宁县政委员会,增聘刘振东、叶秀峰、刘允衡为委员,以叶楚伧为委员长,吴挹峰为副委员长等。④江宁自治实验县县级行政人员是由政府直接委任,乡镇长副的产生,则是"由自治指导员择各该乡镇公民中之资格相当者加倍人数,呈报县府择委之",并且乡镇长副秉承县政府及自治指导员的命令,处理各该乡镇自治事

---

① 李宗黄:《考察江宁邹平青岛定县纪实》,正中书局1935年版,第8页。
② 吴椿:《江宁自治县政实验》,燕京大学政治学丛刊,第二十九号,第6页。
③ 李宗黄:《考察江宁邹平青岛定县纪实》,正中书局1935年版,自序,第3—4页。
④ 吴椿:《江宁自治县政实验》,燕京大学政治学丛刊,第二十九号,第5页。

务;即使村里长之产生,"仍握在乡镇长副之手中,选举之法尚未实行"①。时人对江宁自治实验县所谓自治的评价是:"县政府之政权,系由上级机关所赋予,而非来自人民。然则自治之真义为何?"由此可知,江宁所谓的自治实验实是纯粹的官治。

对于江宁自治实验县,陈果夫的评价是:"实验县成立后,初办土地陈报,整理财政,得县党部上下全体同志之配合协助,确是得到很大的功效。"②其成绩在李宗黄的报告中,也可以看到:"以上两机关(县政委员会与设计委员会)与县政府,已于去年二月间先后成立,迄今一年有余,实验结束,以负责者之努力,若以数目字指出其工作成绩,则在财政收入上,由三十余万元,增至九十余万元。学校由九十所增至二百二十所,学生由三千人增至一万八千人,公安方面,亦肃清历来积弊,真正保护人民,其他如土地呈报,人口调查,道路水利农业合作仓库卫生等事项,皆有长足进步。"③可见江宁自治实验县是取得一定成绩的。

但在经历了一个比较好的开头之后,江宁自治实验工作逐渐走下坡路。"以后就不见有什么好的成绩了。县长对于委员会也不大理会,其时南京各部都想做实验工作,县长都要去拉扯拉扯,又好管闲事,所以县政毫无中心,办了四年地方自治,不见成绩。"最终的结局是在创办四年之后,取消自治实验县的称号。④

自治实验区,主要分为两种类型。第一种为政府主导之自治实验区,该类型自治实验区之设立,是在1934年1月间江苏省党部的推动下发起的,为促进地方自治起见,江苏省党部原就镇江、丹阳、武进、无锡、吴县等各县各择一区为地方自治实验区,著有成效后,再次第推行各县

---

① 张德善:《江宁自治实验县地方自治调查摘要》,中国地方自治学会,中华民国1935年版,第16—17页。在乡镇长的产生问题上,张善德的说法与梅思平的说法有明显不同。梅思平是当局者,张善德是调查参观者,在当时情形下,作为第三者的张善德的言论似更加可信。
② 陈果夫:《苏政回忆》,正中书局1951年5月印行,第14页。
③ 李宗黄:《考察江宁邹平青岛定县纪实》,正中书局1935年版,自序,第4页。
④ 陈果夫:《苏政回忆》,正中书局1951年5月印行,第14页。

区。并拟定《江苏省自治实验区施行办法纲要》，提经第十二次省党政谈话会决定通过。这种以苏南为中心的自治实验方案在中央颁布分区工作办法之后发生改变，江苏省共分为七区，每区设一中心县，省党部令每中心县设一自治实验区，集中人力财力，进行自治实验，徐图推进。因此，后来改设自治实验区于武进、松江、宜兴、南通、江都、淮安、铜山七县。①

从政府主办之自治实验区之区公所组织来看，自治色彩异常淡薄，如区长由民政厅直接委任，受县长之监督指挥；区公所分股主任及助理员由区长遴请，秉承区长之命处理区务等。并不存在自治职员选举之说，选举权犹未能享有，其他各权更毋庸谈起。因此，所谓的自治实验不具备任何自治的性质。②

除上述党、政机关所创办之自治实验区外，还有不少由地方人士主导或政府与地方人士合办的实验区，如江苏省昆山县之徐公桥、镇江县之黄墟镇及中冷新村、吴县之善人桥及唯亭农村服务处、无锡之黄巷实验区、南汇县之界沟实验乡、上海县之愈塘民众教育馆及浦东劳工新村等。甘乃光认为这是"因为政府连年多故，对于地方自治不能充分指导进行，于是这种新农村建设运动，乃愈益发展"，意图通过促进乡村组织、普及教育、发展生计、增进健康、改良娱乐等方式来完成地方自治。③

总体来看，自治实验区的创办打破了江苏地方自治推行初期毫无成就的局面，这与当时政府能够集中人力、物力的政策息息相关。就江宁实验县来说，该县所荐举的干部多是来自中央政治学校的教授与学生，他们对于现代政治理论，学有专攻，因而能够制定较为缜密的政策。从自治实验经费上看，江苏省为提高江宁实验县的成效，将历年缴解省库

---

① 《江苏省鉴》，成文出版社1983年版，第58页。
② 同上书，第59页。
③ 甘乃光：《中国地方自治事业进行近况》，《大陆》1932年第1卷第5期，第4页。

之各项税收,除用充教育专款之省附税外,悉数划为县税。① 基本确保自治经费不被大量挪用,也就确保了实验的效果。"本省各县地方自治工作,虽少成绩;但间或少数县内,设有自治实验区,尚有相当成效。"②但是效果并不能被无限夸大,与前一段时间比较而言,是有进步,但是与预期的效果,仍有不小的距离。

在自治实验区创办的过程中,中央政府对地方自治政策又有多次修正。1933年5月,中国国民党第四届中央执行委员会第七十一次常会鉴于各级党部对地方自治指导,多未重视,而各地党员及民众,亦未一致参加工作,从而导致各地地方自治成绩之推行不佳。因而特别制定地方自治指导纲领,内政部亦订有各省县市地方自治改进办法大纲。1934年2月21日中央政治会议第三九六次会议又有改进地方自治原则之发布,会议决定将内政部改进地方自治五项原则删定为三项,交由国民政府公布施行,其中规定:"确定县与市为地方自治单位。县为一级,县以下之乡镇村等均为一级,直接受县政府之指挥监督。市为一级,市以下如有乡镇村则均为一级,其组织与县同。在地域、人口、经济、文化等情况特殊之处,得立为特例,设区为自治行政区域。"因此,政府有将自治级层中之区级自治单位取消的意思。③ 是年3月,内政部又颁布改进地方自治原则要点的解释,将地方自治团体组织系统做了更加详细的规定:"县为一级,乡镇村为一级,系两级制,在情形特殊之处,可立特例,设区于县与乡镇村之间,为自治行政区域。……市为一级,系采用一级制。但市以下如有乡镇村者,得为一级,此为变例,非必须设立者。"④这一改革标志地方自治将由县—区—镇乡—闾邻四级制变为县—镇乡村二级制(或市—镇乡村二级制)。

---

① 谢清编:《江宁自治实验县县政府实习总报告》,1933年11月,南京图书馆藏手抄本。
② 《江苏省鉴》,成文出版社1983年版,第34页。
③ 蔡鸿源主编:《民国法规集成》,黄山书社1999年版,第141页。
④ 罗志渊:《区政改革检讨》,《江苏民政》第2卷3、4期合刊,1935年12月,第42—43页。

1935年11月,在中国国民党五全大会上,对前此一段时间的地方自治实施状况及成绩进行总结,其中说到"全国一千九百余县中,在此训政将告结束之际,欲求一达到建国纲领之自治程度,能成为一完全自治之县者,犹杳不可得,更遑言完成整个地方自治工作,爰有切实推进地方自治,完成训政工作案"①。由此一评价可见国民政府对地方自治推行的效果相当失望。

就前此一阶段江苏地方自治推行的过程来看,南京国民政府初始时雄心勃勃的自治计划因为人、财等客观因素的影响,不得不从全面推进收缩到重点试验,这一战略收缩导致地方自治完全变成官方的自治实验,经历了一个民治精神不断削弱,官治意味不断加强的过程。虽然也有部分精英人士试图依靠民间力量进行真正的自治试点,但是也仅仅成为官治花圃中的几点点缀,难以形成大的气候。

三、江苏地方自治推行不佳的原因

实事求是地讲,江苏省政府为推行地方自治做了不少的努力,但地方自治推行的效果仍然不佳,考其原因,主要有以下几点。

第一,自治组织或残缺不全,或叠床架屋。在视察过江苏自治状况之后,监察院监察委员高一涵批评到,江苏省各县自治机关虽然筹备成立,但大部分县份,仅到区公所而已,至于乡镇公所,或未完备,或为纸上空文。并且,区公所只有行政费,而无事业费,结果导致自治事业不能举办。大部分区长以传达公文为主要任务,更有部分不肖区长,勾结地方土豪劣绅,借机关权力,谋取个人私利。② 自治组织残缺不全的另一面却是自治机关重叠、人浮于事的现象,"苏省地方自治,自仿行村制至区乡镇制,推行七八载,实未能睹其成效。其原因虽不止一端,而组织之叠床

---

① 荣梦源主编:《中国国民党历次代表大会及中央全会资料(下)》,光明日报出版社1985年版,第325—328页。
② 《地方自治》创刊号,中国地方自治学会,1935年3月发行,第91页。

架屋,经费与人才之缺乏,事业之不知如何进行,实为其最大原因。……以致地方自治,悉操于土劣或群愚之手,又何怪其南辕而北辙?"①余井塘认为,江苏地方自治推行不力,是因为自治区域划分不当,下层组织不完备,自治职员未尽得人的缘故。具体言之,"本省各县之区及乡镇自治区域,以前划分过细,每县有多至二十区,每区有多至百余乡镇者,单位过多,人才经济俱感困难,而飞洒插花以及其他之畸形区域,以沿袭从前乡都图保区域未经纠正,故于推进事业,诸多妨碍"。"本省闾邻编制,虽于去年三月,全省已一律完成;但以各闾邻间缺乏联络,关于闾邻长之职责,亦未加以规定。致各种自治事业,每因下层组织未能严密,而难以推进。"②

第二,缺乏自治人才,除上文余井塘所言之自治人才不易得之外,更为严重的是已经产生之基层自治职员素质不高。高一涵所言之不肖区长勾结地方土劣,祁良辰所言之以土劣及群愚操纵地方自治等情形,都是对基层自治人员群体素质不高的批评。县府本为推行自治之核心,但很多县长不了解地方自治之真谛,因而对地方自治漠不关心,"视自治为无足轻重,泄沓误事者有之;但顾考成,敷衍塞责者,又往往而然"③。还有的县长只知道责成自治机关募集公债,征收捐税,办理兵差,调查人口等,④其余一概不问。至区一级,虽然江苏省在1929年举办区长训练所,并将毕业学员分发各县任用,但"数年以来,以成绩不良及因案免撤者已属不少"⑤。而至乡镇一级,真正能够了解办理地方自治之深意的乡镇公所,亦属寥寥。王官献曾亲自到江苏某县与一百三十余乡镇长谈话,能够对自治解答无误的,不及十分之一,而对于乡镇长一职,"一方面始终不为人所重视,地方上稍有资望及学识稍优者,均鄙不肯为;他方面却是

---

① 祁良辰:《江苏现行县制之缺点及其改进意见》,《江苏月报》第4卷第1期,1935年7月1日,第1—6页。
② 余井塘:《一年来之江苏民政》,《江苏月报》第3卷第1期,1935年1月1日,第11—12页。
③ 王官献:《怎样推进苏省的地方自治》,《苏政》半月刊第8号,1931年1月,第4页。
④ 赵如珩:《地方自治之实施的研究》,《复兴月刊》1933年第1卷第11期,第17页。
⑤ 余井塘:《一年来之江苏民政》,《江苏月报》第3卷第1期,1935年1月1日,第11—12页。

钻营运动,求得一乡镇长者,则又往往而然"①。

以上结论亦可以从表5-4和5-5中得到证明。

表5-4 江苏省各县区长动态调查情况(二十三年三月起至二十四年十一月止)

项目	委任人员数	调任人员数	辞职人员数	免职人员数	撤职人员数
总计	174	50	85	37	43

资料来源:《江苏省保甲总报告》,镇江江南印书馆1936年版,第279—281页。

表5-5 江苏省各县区乡镇长奖惩情形统计
(二十三年三月份起至二十四年十二月份止)

项目	嘉奖人数		记功人数		申诫人数		记过人数		免职人数		撤职人数		受刑事处分	
	区长	乡镇长	区长	乡镇长	区长	乡镇长	区长	乡镇长	区长	乡镇长	区长	乡镇长	区长	乡镇长
总计	3	159	55	0	5	0	50	5	34	26	43	71	2	12

资料来源:《江苏省保甲总报告》,镇江江南印书馆1936年版,第281—284页。

从表5-4中可以看到,从1934年3月至1935年11月一年半的时间里,共委任174名新区长,占总数的38.75%(江苏全省共449区);调任50名,占总数的11.14%;辞职、免职、撤职共85人,占总数的36.75%;如此频发的更换、调任,政策的延续性必然遭到破坏。另外,通过表5-5可以看到,在1934年3月至1935年12月这一段时间,受到不同奖励的区长有58人,乡镇长159人(江苏全省共8066乡镇);受到不同惩罚的区长有134人,乡镇长123人。总体上看,惩罚仍然多于奖励,相比较而言,区长比乡镇长更容易受到惩罚,区、乡镇长之群体如此,又如何能苛求地方自治顺利推行呢?

第三,自治经费支绌。大革命之后,各省元气未复,财政尤其困难,自治经费向来不易筹集,现在更是雪上加霜。"数年以来,各省自治经费,大都系就田赋附加,或则就地自筹,所征款项既不足供筹备自治之

---

① 王官献:《怎样推进苏省的地方自治》,《苏政》半月刊第8号,1931年1月,第7页。

需,而就地征收,更属流弊百出。以致自治进展困难,而人民负担反因以加重。"与民初相比,"尚不至如今日之窘"。① 江苏自治经费,是以原有市乡行政费为基本费,其他在田赋项下随忙漕带征,平均每年约一百一十余万元,这些都拨充区行政费。乡镇经费则以征收契税及募集特捐为主。临时费在县地方税项下筹垫。但在实际执行过程中,江苏省未能如数征收,而省政府之补助亦因省款支绌而无从拨给。江苏省有608区,依照各县各级区公所行政费支用标准,全年区行政经费共需200余万元。但全年收入总数仅达95万余元,还不到定额的一半,②可见缺口之大。另外,江苏省自治经费之困难往往缘于自治经费被挪用,有的是被移充党部经费及其他费用,有的是自治机关之间相互侵挪自治经费,最终结果导致"本省各县自治工作人员,往往忙于生活费之筹划,而区事业之难有建树,势所必然矣"③。王官献指出,县自治经费大概分为两项,一是县自治经费,现在多移供党务经费之需;一是市乡自治经费,现多移作区公所经费,而乡镇公所之经费,无规定之来源,不得不设法自筹。④ 自筹无非来自加捐加税,人民的负担有不断加重的趋势。更有人详细统计,"(一)县自治经费,以前充县议会及县参议会经费,现充党务经费及其他费用,年额582 972元;(二)市乡自治经费,民国十六年移充县行政局经费,现充区公所行政经费,年额890 738元。除此而外,其他收入,除江宁等十七县列有区乡镇公所行政经费及事业费,其余各县毫无的款"。而经本省政府委员会议决每年由省库抽助各县自治经费一百万元,"总以省款支绌,迄未实行"。⑤ 自治专用款项被挪用,省署允诺又不兑现,如何为无米之炊? 自治经费短绌的直接影响是导致自治人才无从训练,如

---

① 萧继宗主编:《十年教训》,中国国民党中央委员会1976版,第194页。
② 陈柏心:《地方自治之经费问题》,《半月评论》1935年第1卷12期,第8—12页。
③ 《江苏省鉴》,成文出版社1983年版,第34页。
④ 王官献:《怎样推进苏省的地方自治》,《苏政》半月刊第8号,1931年1月,第8页。
⑤ 《江苏省鉴》,成文出版社1983年版,第44页。

区长训练班经费由省出,而乡镇长训练则无此项经费。以江苏省1930年的乡镇长训练事宜而论,"统六十一县而言,未见曾逾十数"①。所以说,经费支绌成为地方自治推行的巨大障碍。

第四,人民组织力太弱。地方自治事业为团体的事业,要求人们要有团体的精神,但是国人向来自由散漫,难以形成有组织的力量,此为梁漱溟所持观点之一。②胡棘园认为,民众漫无组织,对于公民权利和义务均不重视,而"自治事务,责在公民。公民而不能负实行自治事务之责,则自治事务进展无由"③。张梓安强调说,"民国以来,民情之闲散,漫无拘束,奢谈自治,无异割据,于是政治基础之空虚,民众组织之散漫,已成不可收拾之现象"④。就江苏省来看,"地方自治之不能如期完成,枝节原因固多,根本则由于人民之漫无组织"⑤。此为苏省地方自治不能有效推行的重要原因之一,也成为此后国民政府将保甲融入地方自治的理由之一。

第五,社会秩序混乱,盗匪横行。南京国民政府统治前十年的江苏省,社会秩序并不安定,"匪共潜伏,随时窃发,水旱频仍,农村枯竭,自治事务之策进,益感棘手"⑥,其中又以苏北为最。有人对苏北地方制造土匪的原因归结为六个:农村经济日趋破产;极端的部落思想;严重的封建压迫;农村封建势力勾结土匪;不良驻军培植土匪;人民因智识薄弱易沦为匪等。⑦ 这种混乱局面严重影响地方自治的推行。胡棘园对此总结说,"吾苏开办自治最早。及国府奠都金陵,以首都所在地,人民期望自治益切,政府推行自治益力。然已逾完成自治之期,而自治成绩犹未见。

---

① 王官献:《怎样推进苏省的地方自治》,《苏政》半月刊第8号,1931年1月,第7页。
② 梁漱溟:《中国之地方自治问题》,山东乡村建设研究院出版,日期不详。
③ 胡棘园:《苏省举办保甲之由来》,《江苏保甲》1936年第2卷第5期,第2页。
④ 张梓安:《推行保甲声中之政教合一观》,《江苏保甲》1936年第2卷第3期,第3页。
⑤ 《绪言》,《江苏保甲》1936年第2卷6、7期合刊,第1页。
⑥ 胡棘园:《苏省举办保甲之由来》,《江苏保甲》1936年第2卷第5期,第1—2页。
⑦ 《揭出江北地方制造土匪的几个原因》,《徐报》,二月十六日,《江苏月报》,1935年3月,第3卷第3期,第4—6页。

于以知匪盗为患,自治事业,不能推行于地方未靖之先;农村破产,地方自治,不能发展于生计未庶之前"①。

另外,自治法规缺乏弹性也是地方自治不能顺利推行的原因之一。中国地域广袤,人口众多,历史悠久,各地风俗习惯迥异,统一的法令,很难适应各地特殊的需要。② 对于地方自治之因地制宜的内在要求来说,这无疑是最要命的限制。赵如衍批评说:"以千差万别之状况,归纳于同一毫无伸缩之法制中,其不改削足适履通行无碍者,盖亦鲜矣。"③

由此可见,江苏地方自治不能有效推行的原因是一个复杂的综合征,南京国民政府用于治疗此综合征的药方是推出保甲制度。

第三节 江苏地方自治与保甲制的融合

一、新保甲制的由来

保甲制度,简而言之,即"共同担保,共同责任之制度"④。该制度"始于周朝,而备于宋代,降至元明清诸世"⑤,至宋代王安石保甲法,始有保甲之名,所谓"十家为保,有保长,五十家为大保,有大保长,十大保为都保,都保有正副,为保丁者许自蓄弓箭,共习武艺"等。⑥

南京国民政府时期,最早提出恢复保甲制是在1929年13日蒋介石的通令中,现录原电于下:

各省府主席勋鉴,近来各省长官,鉴于共匪土匪之不易剔除,辄

---

① 胡棘园:《保甲之新三论》,《江苏保甲》1936年第2卷第2期,第7—8页。
② 甘乃光:《中国地方自治事业进行近况》,《大陆》1932年第1卷第5期,第5页。
③ 赵如珩:《地方自治之实施的研究》,《复兴月刊》1933年第1卷第11期,第16页。
④ 闻均天:《中国保甲制度》,直学轩1933年版,第1页。
⑤ 郎心如:《推行保甲制度之研究》,《文化建设月刊》第2卷第12期,第62页。
⑥ 闻均天:《中国保甲制度》,直学轩1933年版,第10页。

以为军队单薄所致,常谓非有若干之兵力,不能维持某处之治安,此种心理,实为谬误,以兵治匪,仅为治标救急之图,决非正本清源之计,有时匪患猝至,诚非调集部队,迅速进剿,不易扑灭,然常有兵至则匪去,兵去而匪又来者,清匪之道,实有别在,无纪律之兵,不独不能清匪,且足以驱民为匪,有纪律之兵,亦仅能止匪之扰害,不能绝匪之根株,军队集中训练,则配布难周,仍易为匪所乘,分散布防,则纪律易驰,且将与匪同化,故以兵治匪,乃不得已而为之,非可恃为长治久安者也。欲绝匪之根株,仍宜由举办保甲,清查户口入手,使人民能自动防匪,而匪徒不能混迹于乡村城市之中,兹由政府颁布乡镇自治施行法,及清乡条例,并限期清查户口,通令各省办理,应请各省政府,严切责成各县长,限期三个月,至多半年,将全县保甲,一律办竣,同时亦将户口调查清楚,列为考成,……①

其中主要论及以军队剿匪之不易,有必要建立保甲制度以补军队之不足。但是国民政府的这次训令并未能得到广泛的响应,保甲制的真正推行是从剿匪区开始的。1932年8月,蒋介石在豫鄂围剿共产党,重新在剿匪区内推行保甲制度,因对于维护社会治安成效显著,于是通令各省尽先举办。1934年2月,苏省参考新旧成规,制定清查户口编组保甲规程,举办保甲。② 之所以将南京国民政府所推行之保甲制度称作新保甲制,主要是因为国民政府所推行的保甲制在形式上、功能上,以及在基层社会权力结构中的地位,都与传统的保甲制有所区别。

从形式上看,南京国民政府之保甲制是把保甲融入地方自治组织之中,如由"县—区—乡镇—闾邻"变为"县—区—乡镇—保甲"。这种嫁接的方式是国民政府的一个创造,也是国民党推行地方自治的一大特色。

---

① 《蒋主席通电各省政府,训示肃清匪共根本计划,限期举办保甲清查户口》,《中央日报》,1929年9月15日。
② 胡棘园:《苏省举办保甲之由来》,《江苏保甲》1936年第2卷第5期,第2页。

从功能上看,南京国民政府所推行保甲制从传统的"'联保相劝''连坐相纠'等被动防范功能,转变为'稽查匪类''捕拿匪盗''严防反革命煽乱'等主动出击功能"①。如闻均天之期望,今日保甲制之推行,"变他动自治之性质,而为自动自治之性质"②。《江苏省清查户口编组保甲规程》第一条即开明宗义:"江苏省政府为安定社会,充实民众自卫能力起见,特举行清查户口编组保甲。"③江苏省民政厅所编《江苏省保甲总报告》亦强调:"保甲之效,语其末,则肃清匪源,增强自卫;溯其本,则组织民众,推行政令,训练四权,促成自治,胥有赖焉。"④这种变被动为主动,在实现自卫的前提下推进自治,是江苏省政府的思路,也是国民政府的一般思路。

从它在基层政权权力结构中的地位看,南京国民政府时期的保甲制是国民政府官僚体制的末梢,各项工作不过是执行政府之政令而已。王先明认为,"与清代国家权力不直接延伸到县以下的状况有所不同,国民政府将保甲完全纳入其行政权力系统之中,构建了县政府—区公所—乡(镇)公所—保—甲—户的权力机制"⑤,可谓一语道破。

为什么选择保甲制度?保甲与自治又有哪些联系?闻均天的解释是,"'保甲'二字之文义,自其外形上观察,则有保卫,保守,保任,或坚甲御侮之性质。若自其制度上之精神以论,则保为编户之政,甲为编伍之政,合二者政制而言之,即是一种保甲制度。……综其精义,实不外'守'与'助'两种意义之引伸。若诠释其要义,则云保甲,乃为人群以图生存为目的之守助方法之组织,吾国古时人民与政府合力维持治安之制度。

---

① 王先明:《辛亥革命后中国乡村控制体制的演变——民国初期的乡制演变与保甲制的复活》,《社会科学研究》2003年第6期,第112页。
② 闻均天:《中国保甲制度》,自序,直学轩1933年版,第9页。
③ 郎心如:《推行保甲制度之研究》,《文化建设月刊》第2卷第12期,第62页。
④ 《江苏省保甲总报告》,《江苏保甲》1936年第2卷第6、7期合刊,第7页。
⑤ 王先明:《辛亥革命后中国乡村控制体制的演变——民国初期的乡制演变与保甲制的复活》,《社会科学研究》2003年第6期,第112页。

其狭义可称为保卫政策。其广义实为地方自治制度之阶梯"①。徐幼川认为,保甲人才、经费的困难应该通过地方自治才能得到妥善解决,离开自治本位,保甲制将无意义。② 这些论述为保甲制的重新推行提供了理论支持。而更为重要的原因则在于江苏省当时社会混乱,盗匪横行的现实。

南京国民政府建立之初,社会秩序处于严重的动荡状态。江苏各县除受军事政治的影响外,更遭遇严重的水旱风灾,结果"人民流离,百业凋离,以致农村破产,伏莽潜滋,自治事务之进行,益感困难,训政六年之限期瞬届,而本省自治之完成,则遥遥无期"③。以江北地区而言,匪患极为严重。"屠村夺寨,视为固然!越货杀人,尤为惯见!淮徐海十七县已无一片净土矣!"④即使是比较安定的江南地区,"但结伙持械,横行市井之徒,亦几层出无穷,司空见惯"⑤。而"欲求自卫,必有严密之组织;欲求生产,必赖有严密之组织",当局开始乞灵于保甲制度,"独于保甲,其制尤严密于闾邻,其用尤广于闾邻。行之有素,人人能知之,人人能行之,此其所以暂置闾邻而改办保甲,以为推进自治之具"⑥。当论及保甲与自治的关系时,胡彦云把保甲视为地方自治中最重要的工作,认为"在消极方面要摧毁一切既有的危害民众的反动势力;在积极方面更在防止一切封建势力与恶劣分子的发生,使社会得到永远的安宁,地方自治工作可以顺利地进行以趋于民权普及民生发展的途径"⑦。也就是说,保甲制能够为地方自治提供一个相对稳定的社会秩序,如果坚持地方自治的本

---

① 南通县教育局编:《南通县各小学保甲周实验报告》,南通县墨林印书局1935年版,第40—41页。
② 徐幼川:《党员怎样协助推进地方自治》,正中书局1944年版,第91页。
③ 《绪言》,《江苏保甲》1936年第2卷第6、7期合刊,第1页。
④ 《江北匪患治标办法》,《江苏公报》1927年第4期,第19页。
⑤ 张溪恩:《保甲制度与社会治安的关联》,《人言周刊》1934年第26—50期,第1008页。
⑥ 胡棘园:《保甲之新三论》,《江苏保甲》1936年第2卷第2期,第8页。
⑦ 胡彦云:《地方自治中的保甲问题》,《中央导报》1931年第7期,第143页。

位,则两者可以在一定程度上相得益彰。如此,将保甲融入自治组织,成为国民政府的既定方针。

另外,保甲制的重新推行与江苏省初期推行地方自治的失败有着密切的联系,以"本省实施情形考之,自治组织虽能完成,自治实效尚鲜表现"①。余井塘认为,江苏省举办地方自治,已经历时五年。但各县自治事业,均未能如期推进,各级自治机关亦多形同虚设。② 为了改变这种自治推行不力的情形,国民政府决定通过推行保甲制以奠定地方自治之基础。通过实施保甲制度,恢复社会秩序,扫除建设的阻力,最终完成地方自治。③ 又地方自治推行不佳的原因之一是基层民众组织力太弱,因此,"在今日我国文化低落,民生凋敝盗匪如毛的社会,自治联系既不密结,事权又不集中,非特不能收统一指挥之效,且将形成散漫无纪之弊。似此情形,与其行不彻底不着实际的自治,莫如先行官督民治的保甲制度,再由官督民治进而为官民合治,由官民合治以达真正自治的完成,较为有效"④。

综上三点,把保甲制融入地方自治似乎成为顺理成章的事情。

与孙中山理想中的地方自治制度相比,保甲制度也许更能解决南京国民政府所面临的执政难题,但是,这一政策的推行又不可避免地带来了巨大的危害,即国家与民间社会在权利天平上的进一步失衡。根据闻均天的解释,保甲制是通向地方自治的有效途径。对此一点,张毅忱亦有共识,"若论保甲为自治的阶梯则可,如说保甲就是自治则不可"⑤。因此,无论从保甲制的产生,还是保甲制与地方自治的关系,都应是暂时性的、阶段性的。在战乱时期推行保甲制,尚有利于社会秩序的稳定,而将

---

① 《绪言》,《江苏保甲》1936年第2卷第6、7期合刊,第1页。
② 余井塘:《一年来之江苏民政》,《江苏月报》第3卷第1期,1935年1月1日,第11—12页。
③ 花寿泉:《保甲制度的研究及其评价》,《江苏月报》第3卷第3期,1935年3月1日,第4页。
④ 张毅忱:《保甲与地方自治》,《江苏保甲》1936年第2卷第3期,第7页。
⑤ 同上书,第6页。

保甲制长期运用于日常社会生活中,则将严重扼杀人们的积极性与主动性。事实证明,保甲制的推行贯穿国民政府在大陆执政之始终,长期的禁锢严重影响民众民主意识的成长。可以说,保甲制度的重新推出标志着南京国民政府在指导思想上正式篡改了孙中山的自治思想,将民众之四权严格禁锢在保甲制度的范畴之内。

二、江苏地方自治与保甲制的融合

之所以把江苏保甲制的推行称之为保甲制与地方自治的融合,是因为与其他省相比,江苏保甲制有自己的特色。程清舫曾将当时各省的保甲制度分为两种类型:赣豫鄂皖闽等省为一类,保甲层级为:县—区—联保—保—甲—户;苏浙湘为一类,保甲层级为:县—区—乡(镇)—保—甲—户。前面一种主要用于剿匪区,基层自治组织基本取消,后一种则用于较为稳定的地区,保甲则与以前的自治组织相衔接。① 如江西省不设乡镇长等自治职,而是在保甲长之上设立联保主任,有人把这种方式称之为"纯粹保甲制度"。② 江苏则不同,继续设立乡镇长,乡镇长既是自治职务,又是保甲的监督者。所以称之为自治与保甲的融合更为准确。"松亭"则把保甲与自治的融合称之为"化合",方法不外是把县区乡镇的三级组织改为县乡镇二级制;以保甲代替旧有的闾邻制度;县下设自治指导员指导各乡镇自治工作;保甲专门办理保甲事务,而乡镇在办理自治事项的同时,对保甲实施监督等。③ 对此,程清舫进一步指出,"江苏筹备实行保甲时,是先从改划自治区域着手的,其用意是使自治区域,兼须适合于保甲之编制;保甲区域,并须便利于自治之推行"④。

---

① 程清舫:《现行保甲组织系统的检讨》,《是非公论》1937 年第 39 期,第 8 页。
② 程方:《论保甲教育》,《是非公论》1937 年第 45、46 期,第 17 页。
③ 松亭:《保甲制度与地方自治》,《半月评论》1935 年第 1 卷第 20 期,第 14 页。
④ 程清舫:《现行保甲组织系统的检讨》,《是非公论》1937 年第 39 期,第 12 页。

江苏省将保甲融入地方自治组织的时间较早,①宣传动员从1933年冬天就开始了,1934年4月1日正式推行,"自治组织中之闾邻,亦废止而替以保甲"②。从1934年2月至1937年1月间,江苏省委会与民政厅相继颁布多项保甲法令法规,以为推行保甲之依据。如《江苏省清查户口编组保甲规程》(1934年2月13日省委会会议决通过)、《江苏省县保甲督察员服务规程》(1936年8月省委会核准备案)、《江苏省县保甲督察员训练纲要》(1936年5月省委会议决通过)、《江苏省保甲督察员训练纲要实施细则》(民政厅公布)、《江苏省保甲督察员服务规则》(民政厅呈请省府备案)、《江苏省各县保甲人员守护交通设备暂行办法》(1936年10月省委会议决通过并公布)、《江苏省各县乡镇保甲长推选补充办法》(1936年11月省委会议决通过,1937年1月修正)、《江苏省各县整理保甲办法》(民政厅呈请省政府备案公布)、《江苏省各县乡镇保甲长训练大纲》(1937年1月省委会议决通过施行)、《江苏省乡镇长训练所规程》(1937年1月省委会议决通过)、《江苏省保长训练所规程》(1937年1月省委会议决通过)等。③

　　就江苏省保甲制的推行程序来看,主要分为四步:"筹备—编查—训练—运用"。根据江苏省政府制定的《各县清查户口编组保甲限期进度表》,全部开办工作分为筹备、编组、清查三个时期,"并分别限期进展,以观厥成,务使节节依次举办,事事前后衔接"。在人力、财力的支配上,因为区公所原有职员不敷调用,所以批准各县遴派编查委员进行协助。在创办之初,各县县长未必尽合机宜,或者未尽明了保甲意义与编查方法,因特别由省分派编查委员分别讲习。各县还分别指定保甲编查费,保甲

---

① 武乾认为,直到1936年8月,行政院才有正式文件,决定以保甲代替闾邻,实行保甲与自治组织的部分兼容。武乾:《南京国民政府的保甲制度与地方自治》,《法商研究》2001年第6期,第120页。
② 江苏省民政厅编:《江苏省保甲总报告》,镇江江南印书馆1936年版,序二,第3页;正文,第2页。
③ 内政部统计处编印:《保甲统计》,1938年5月,第103页。

教育费,保甲经常费,规定预算标准,并一律呈省核实确定。每县清查户口完竣,即由省通令接办户口异动查报,因地方户口异动频繁,或查报未尽确实,或因故而未能举办,则在规定户口抽查办法之外,再举行全省户口总复查加以补救。其他如保甲人员之训练,保甲运用之原则,亦各有规定,并由省督饬各县按照规定举行训练,切实运用。江苏省保甲自1934年3月开始筹办,1935年底一律完成。①

在保甲实际编查的过程中,一般是先编组保甲,后清查户口。

第一,编组方法。以户为单位,设户长,十户为甲,设甲长,十甲(城区以二十五甲)为保,设保长,五保至十保为一乡镇。编余之户,不满一甲六户以上者,得另立一甲,五户以下者,并入临近之甲。编余之甲,不满一保六甲(城区十五甲)以上者,得另立一保,五甲(城区十四甲)以下,并入临近之保,每保只应有一个编余之甲,每乡镇只应有一个编余之保。如果一甲内有五个空户以上,则变通增加甲内之户数,但以增至十五户为限;若接连空户有十户以上,仍保留其甲之次序。平时无人居住之祠堂庙宇,仍以一户计。城乡都有亲属,其户主轮流同居者,以两户计,在调查户口时,加以注明,以免重复。每户确定户长,依次推定甲长、保长、乡镇长,并设立甲长办公处、保长办公处、乡镇公所、刊发保长乡镇长图记。编户完毕,即开始清查户口。

第二,清查方法。对普通户及船户的调查项目有:户长与其亲属及同居者之姓名、性别、是否嫁娶、年龄、籍贯、教育程度、有无废疾、居住年数、现住或他往、职业、家中有无枪械、亲属与户长之称谓、同居者与户长之关系等;对寺庙的调查项目有:户长与其徒众,常住及雇工之法名或姓名、性别、年龄、籍贯、教育程度、居住年数、现住或他往、及剃度年月日等;对公共处所之调查项目有:主管人姓名、办事人员之男女数目、其他人员之男女数目、雇工之男女数目、共计之男女数目等;对外侨住户调查

---

① 胡棘园:《苏省举办保甲之由来》,《江苏保甲》1936年第2卷第5期,第2—3页。

项目:户长姓名、性别、年龄、国籍、职业、发给护照机关、居住年月、家属人数、同居人数及其与户长关系等。在编查户口之初,因为各县原有区乡镇区域划分过细,不得不重行整理;又因属于初创,乃分期召集各县县长进行讨论;并且,特设编查委员,由各县县长召集区长,区助理员,及编查委员一并讲习调查之法。另外,加强对民众的宣传等。各县保甲编组、清查完成后,即开始接办户口异动登记,其主办人员,如果城区及市镇已设有健全的公安机关,则由公安机关主管办理,区乡镇保甲长进行协助;未设公安机关的,或者公安机关尚未健全的地方,均由乡镇保甲长负责办理,由县派户籍警协助办理。① 从以上编组保甲的程序看,国民政府等于在基层社会编织了一个庞大的网,每个人则成为网中固定的结,如果严格执行,势必产生牵一发而动全身的效果。

因为江南、江北情形各殊,江苏省办理保甲的进度采取先江北,后江南的顺序。江北的南通、盐城、淮阴、东海、铜山五行政督察区所属各县,先分三期进行:第一期定为三十日,在此一时期内,由县长主办筹备工作,如整理自治区域,选择区公所地点,选任区长及助理员,刊发区公所钤记,制订编查经费预算,编造各区总预算,遴选并分配编查委员,召集区长助理员,编查委员会开讲习会,决定挨户编号日期,及一切宣传事项等。县长并须亲赴各区加以巡视。第二期为五十日,在此一时期,由县长督饬区长及编查委员分别办理编组保甲各项工作,如挨户编号粘贴门牌,确定户长,推定及委任保甲、乡镇长及乡镇公所事务员,设立乡镇公所及保甲办公处,召集户长及保甲、乡镇长及事务员讲习,刊发乡镇保甲长图记,印制表册切结门牌各事项等。在此一时期,县长亦须亲赴各区巡视。第三期为四十日,在此一时期,由县长督饬区乡镇保甲长及编查委员分别办理清查户口及其他各项工作,如决定编查日期及程序,颁发表册切结门牌,并指示填写方法,查填户口调查表,换给木质门牌,核造

---

① 内政部统计处编印:《保甲统计》,1938年5月,第2—3页。

区户口统计表,登记民有枪炮,查报壮丁人数,签订保甲规约,取具联保连坐切结,绘制保略图,及关于抽查各事项等。县长仍需亲赴各区巡视及讲演。

从保甲编查程序的详细程度、县长在每一期工作中的作用,都可以感觉到国民政府对推行保甲制的重视。另外一个明证则是区长的任免直接与保甲办理的成绩挂钩:成绩优良,准予加委;成绩平常者,准予代理,留职查看;成绩毫无者,即予撤职。①

因为江北五行政督察区保甲办理卓有成效,江南及江都区所属各县则赓续办理,"吾苏自二十三年举办保甲,先推行于铜山、东海、淮阴、盐城、南通五行政督察区所属二十七县,无论江南江北人士,莫不称之曰便"②。只是程序及进度有所修正:

> 一、关于整理自治区域及遴委区长助理员各事项,前订之限期进度表,系列入第一期工作。江南及江都区所属各县举办保甲,后于通盐淮海铜五行政督察区所属各县,所有整理自治区域及遴委区长助理员各事项,早经办理完竣,毋庸再行列入。
>
> 二、关于刊发乡镇长图记各项,前订之限期进度表,系列入第二期工作,江南及江都区所属各县,亦早经办竣,毋庸再行列入。
>
> 三、关于印制表册门牌切结,前订之限期进度表,系列入第二期工作,但通盐淮海铜五行政督察区所属各县,往往因印制过迟,赶办不及,故改列入第一期工作。
>
> 四、前订之限期进度表,第一期之期限为三十日,第二期期限为五十日,第三期之期限为四十日。江南及江都区所属各县,因整理自治区域等繁重工作,业经办竣,筹备事务较简,故将第一期之期

---

① 《自治区长须保甲编组完成后考核成绩后加委任》,《苏民新闻》,1934年11月9日。
② 胡棘园:《保甲之新三论》,《江苏保甲》1936年第2卷第2期,第5页。

限,缩短为二十日。又以第三期工作繁重,期限四十日,似嫌过促,故将第三期之期限,延长为五十日。①

根据此一时间表可以看出,江南保甲之推行更多地继承了前期地方自治组织办理自治的成绩。这在一定程度上反映了江南地方自治水平高于江北,并且江南有进一步把地方自治作为重点来推行的可能。

根据江苏省民政厅的统计,1935年1月至10月,该省自治、保甲同时办理,成绩则主要在完成自治区域的整理、继续编组保甲等方面。

首先,就各县自治区域的整理来看,截至1934年底,乡镇自治区域已有丹阳等54县呈报,1935年1月份继续呈报并经核定者,有吴江、南通、泗阳等三县;2月份则有海门、崇明、灌云等三县,至此,除江宁实验县外,本省各县自治区域整理完竣。各县自治区域划定后,陆续造送区乡镇地图及调查表。2月份呈报经核准备案者有金坛、宜兴、溧水、江阴、昆山、吴江、南汇、宝山、仪征、如皋、淮阴、东海、丰县、邳县等十四县;3月份则有溧阳、丹阳、镇江、无锡、太仓、金山、奉贤、青浦、泰兴、高邮、六合、江浦等十二县;4月份则有南通、启东、阜宁、兴化、泗阳、涟水、沭阳、萧县、睢宁等九县;②5月份有海门、淮安、灌云、砀山等四县;6月份有川沙、扬中、上海、盐城、宝应等五县;7月份有常熟、松江、靖江、宿迁等四县;8月份有嘉定、泰县二县;9月份有句容、武进二县。③至此,已经有52县将乡镇地图及调查表送厅备案。

其次,就编组保甲来看,2月份有东海、灌云、沭阳等三县呈报完成第三期工作,涟水县完成第二期工作,江南及江都区各县则正在赶办第三期工作。3月份,南通、盐城、淮阴、铜山、东海等五行政督察区所属各县,除涟水一县尚在办理第三期工作外,其余均已完成第三期工作。江南及

---

① 《江苏省保甲总报告》,《江苏保甲》1936年第2卷第6、7期合刊,第12—13页。
② 《民政厅行政工作概要》,《江苏民政》第1卷第2期,1935年6月,第10页。
③ 《民政厅行政工作概要》,《江苏民政》第1卷第3、4期合刊,1935年12月,第3页。

江都区各县据报已完成第三期工作者，有江浦、上海、溧阳、川沙、吴江、昆山等六县；行将完成者，有丹阳、扬中、吴县、常熟等四县；第三期工作尚在进行中者，有六合、南汇、溧水、青浦、奉贤、太仓、嘉定、宝山、宜兴、武进、江阴、泰兴、仪征、镇江、松江、高淳、金坛等十七县；已开始办理第三期工作者，有句容、无锡、金山、高邮、泰县等五县。只有江都一县奉办较迟，尚在进行第二期工作。4月份，吴县、金山、宝山、青浦、高淳、太仓、丹阳、扬中等九县呈报将第三期工作办理完竣；行将完成第三期工作者，有江阴、奉贤、镇江、六合、泰县、溧水、武进、句容、无锡、金坛、嘉定、松江等十二县；第三期工作尚在进行者，有南汇、宜兴、泰兴、仪征、高邮等五县，江都一县仍在进行第二期工作。① 截至4月份，江北各县，除涟水一县外，均已完成；江南及江都区所属各县，亦有上海等十五县完成第三期工作。5月份，仪征、松江、金坛、武进、江阴等五县完成第三期工作，6月份，涟水、嘉定、句容、宜兴、六合、奉贤、泰县、溧水、南汇、泰兴等十县完成第三期工作，7月份，无锡、高邮、镇江、江都等四县以宣告完成。② 非常明显，在乡镇自治区域划定上，江南、江北之速度基本持平，而在编组保甲的进度上，江南则明显处于落后状态。此反映出江南地区对保甲制的抵触情绪，对此，沈家祺曾指出："江北几个区的保甲确是能够办得灵活、生动、团团转；江南的几个区，虽然也在那里推动，但是总觉得微旋、缓转、慢慢走的神情。"③

另外，江苏省还进行以下几项工作：如令饬各县利用时间赶办船户保甲并令沿海各县造具渔船清册，指示各县整理及更换门牌表册切结办法，召集江南及江都区各县县长及保甲指导员来省举行保甲谈话会，派员分赴各县调查，制定各县训练壮丁办法大纲令饬淮阴铜山两行政督察

---

① 《民政厅行政工作概要》，《江苏民政》第1卷第1期，1935年6月，第10—11页。
② 《民政厅行政工作概要》，《江苏民政》第1卷第3、4期合刊，1935年12月，第3—4页。
③ 沈家祺：《三年来对于本省办理保甲的观感》，《江苏保甲》1936年第2卷第16期，第6页。

专员公署先行试办,制定各县保甲暂行奖恤办法。① 另外,在督促各县办理户口异动查报,筹设各县户籍警,增设政教实验区等方面亦取得不小的成绩。②

就1934年4月至1935年12月的总体成果来看,江苏省保甲制度之推行颇有成绩。自卫方面,设置守望所11 507所,建筑碉堡3931座,编组巡逻队5592队,成立检查船只办公处1397处,各县保甲长协助查缉匪案2187起,获匪2340名。建设方面,就筑路方面,征工人数共1 459 328人,筑成土方共8 902 762方;就濬河方面,征工人数共349 768人,疏浚土方75 884 628方;造林方面,植树6 830 689株;合作社方面,共增设2541处;禁烟方面,被查挤出之烟民几经劝导自新登记之烟民,已达102 076人。③

保甲制与地方自治的进一步融合,主要体现在国民政府的"新县制"中。1939年9月,南京国民政府颁布《县各级组织纲要》,1941年8月,又公布《乡(镇)组织条例》,根据这两项法令组织而成的县级政权被称为"新县制"。其中,保甲继续取代闾邻,并在保一层级设置保民大会、保办公处、保长等,其中保民大会为议决机关,保办公处为执行机关,保长由保民大会选举产生,承乡镇长之命办理本保自治事务等,保成为正式的自治团体,保甲与自治渐融为一体。对于此一制度,民政司第二科汪振国一语中的:"保甲是绅治,是官治,不是民治,不是自治,是绅权不是民权,与中山先生《地方自治开始实行法》的精神不符。"④因为江苏沦陷较早,新县制并未展开,故非本书所论。

如果说以官厅为主导的地方自治的推行是南京国民政府通过控制第三领域以渗透基层社会的过程,那么保甲制融入地方自治则是国家对

---

① 《民政厅行政工作概要》,《江苏民政》第1卷第2期,1935年6月,第12页。
② 《民政厅行政工作概要》,《江苏民政》第1卷第3、4期合刊,1935年12月,第3—6页。
③ 《江苏省保甲总报告》,《江苏保甲》1936年第2卷第8、9期合刊,第49—51页。
④ 江苏省政协文史委员会:《江苏文史资料存稿选编》,江苏人民出版社2007年版,第26页。

基层社会直接占领的表现。"因为保甲编组成功,即是民众有了组织,政府无论要举办一种什么事体,只要下一个命令。就可以由保甲长直接达到每个人家。"①在中间缺乏缓冲地带的情况下,民间社会将直面国家的渗透,以当时穷、弱、愚、私的民间社会来对阵强大国家,弱势地位是明显的。可以如此假设,如果保甲制度能够切实有效地推行,则有可能形成国家对民间社会的直接占领,实现南京国民政府整合基层社会的愿望,可是南京国民政府的保甲制度并未取得理想的效果,这直接导致其对基层社会渗透的失败。

三、新保甲制的成败得失

就江苏省整体情形来看,保甲制的推行的确取得了一定的效果。江苏省民厅长余井塘曾对1935年江苏省推行保甲制的成绩进行总结:

第一,实施保甲教育。订定乡镇长保甲长各项训练办法:乡镇长之训练,由行政督察专员负责办理,其未设专员各区,由民政厅直接办理;保长之训练,由各县县长负责办理;甲长训练由各区区长负责办理。现六十一县之乡镇长,共计8066人,均经分别训练完毕。全省共68 360保,已办保长训练者计五十七县,已受训之保长共64 007人。全省共717 786甲,已办甲长训练者计铜山等十县,受训之甲长共148 697人。自经分别施训后,各乡镇保甲长,对于保甲意义以及政府现行法令均有相当了解。保甲教育之普及对于保甲制度之推行多有裨益。②

表5-6 全国保甲统计

项目	联保数	保数	甲数	经费(元)	受训联保主任占其全体(%)	受训保长占其全体(%)	受训甲长占其全体(%)
总计	88 922	779 581	6 468 952	23 656 146	83.30	75.85	29.94

---

① 刘文襄:《保甲长底基础知识》,《北碚月刊》第20期,第69页。
② 余井塘:《一年来之江苏民政》,《江苏民政》第1卷第3、4期合刊,1935年12月,第3页。

续表

项目	联保数	保数	甲数	经费(元)	受训联保主任占其全体(%)	受训保长占其全体(%)	受训甲长占其全体(%)
江苏	8036	68 360	717 783	2 299 581	—	100	54.21
浙江	3997	46 968	464 020	1 620 030	97.82	99.03	0.01
安徽	3152	29 341	300 301	1 752 540	79.12	75.12	51.74
江西	2359	24 328	248 335	93 049	88.66	73.45	39.94

资料来源:内政部统计处编印《保甲统计》,1938年5月,第25页。江苏浙江的联保数系乡镇数。

表5-7 江苏省保甲长的受训情况

县别	乡镇数	保数	甲数	经费(元)	保甲长已受训练状况					
					乡镇长		保长		甲长	
					人数	占全体乡镇长%	人数	占全体乡镇长%	人数	占全体甲长%
总计	8066	68 360	717 786	2 299 581	—	—	68 360	100	389 183	54.21
镇江	167	1077	12 964	36 979	—	—	1077	100	12 964	100
句容	66	600	6145	18 356	—	—	600	100	0	0
溧水	52	357	3867	15 626	—	—	357	100	3867	100
高淳	69	481	5163	16 583	—	—	481	100	5163	100
江浦	36	258	2966	16 728	—	—	258	100	0	0
六合	101	649	6803	24 011	—	—	649	100	6803	100
丹阳	159	1125	11 734	46 413	—	—	1125	100	11 734	100
金坛	72	538	5714	23 179	—	—	538	100	5714	100
溧阳	127	817	8246	35 809	—	—	317	100	8246	100
扬中	53	344	3663	14 086	—	—	344	100	3663	100
上海	42	260	2649	16 615	—	—	260	100	2649	100
松江	135	815	9293	56 464	—	—	815	100	0	0
南汇	111	1135	11 587	34 401	—	—	1135	100	11 587	100
青浦	92	573	6319	44 317	—	—	573	100	0	0

续表

县别	乡镇数	保数	甲数	经费（元）	保甲长已受训练状况					
					乡镇长		保长		甲长	
					人数	占全体乡镇长%	人数	占全体乡镇长%	人数	占全体甲长%
奉贤	81	478	5016	24 739	—	—	476	100	5016	100
金山	63	365	3809	29 998	—	—	365	100	3809	100
川沙	27	292	3047	13 724	—	—	292	100	0	0
太仓	93	694	7363	32 668	—	—	694	100	0	0
嘉定	76	574	5995	24 402	—	—	574	100	0	0
宝山	55	368	3933	24 426	—	—	368	100	0	0
崇明	89	956	9738	44 706	—	—	956	100	0	0
启东	64	593	5939	19 228	—	—	593	100	0	0
海门	120	1255	12 638	35 404	—	—	1255	100	0	0
吴县	279	1953	24 267	85 356	—	—	1953	100	0	0
常熟	259	2176	22 323	109 367	—	—	2176	100	23 323	100
昆山	65	446	5359	62 617	—	—	446	100	0	0
吴江	159	1098	11 771	52 000	—	—	1098	100	0	0
武进	188	2004	21 958	63 001	—	—	2004	100	0	0
无锡	200	2002	23 426	68 612	—	—	2002	100	23 426	100
宜兴	148	1197	12 432	40 088	—	—	1197	100	0	0
江阴	128	1498	15 694	42 010	—	—	1498	100	0	0
靖江	125	751	7681	35 481	—	—	751	100	0	0
南通	327	2660	27 051	61 391	—	—	2660	100	0	0
如皋	282	3078	30 891	71 402	—	—	3078	100	0	0
泰兴	199	1893	18 580	34 590	—	—	1893	100	18 580	100
淮阴	75	759	8176	17 446	—	—	759	100	0	0
淮安	208	1623	16 364	46 877	—	—	1623	100	16 364	100
泗阳	142	1102	10 800	23 971	—	—	1102	100	10 800	100

续表

县别	乡镇数	保数	甲数	经费(元)	保甲长已受训练状况					
					乡镇长		保长		甲长	
					人数	占全体乡镇长%	人数	占全体乡镇长%	人数	占全体甲长%
涟水	148	1093	11 126	25 367	—	—	1093	100	11 126	100
阜宁	272	2158	21 721	57 018	—	—	2158	100	0	0
盐城	265	2344	23 861	79 082	—	—	2344	100	23 861	100
江都	244	2367	26 062	54 940	—	—	2367	100	26 062	100
仪征	64	415	4278	21 852	—	—	415	100	0	0
东台	187	2474	25 139	47 137	—	—	2474	100	25 139	100
兴化	164	1307	14 081	41 186	—	—	1307	100	14 081	100
泰县	272	2199	23 427	49 930	—	—	2199	100	23 427	100
高邮	105	1286	13 594	36 662	—	—	1286	100	13 594	100
宝应	143	931	9908	42 104	—	—	931	100	9908	100
铜山	203	2029	21 214	56 455	—	—	2039	100	0	0
丰县	89	673	6551	31 192	—	—	673	100	6551	100
沛县	69	748	7723	23 209	—	—	748	100	7723	100
萧县	108	1095	10 828	56 994	—	—	1095	100	0	0
砀山	69	704	7287	17 052	—	—	704	100	7287	100
邳县	118	1190	11 788	23 633	—	—	1190	100	11 788	100
宿迁	156	1374	14 248	30 747	—	—	1374	100	14 248	100
睢宁	116	1017	10 740	29 221	—	—	1017	100	10 740	100
东海	114	951	10 140	18 148	—	—	951	100	0	0
灌云	143	1057	10 940	26 930	—	—	1057	100	10 940	100
沭阳	161	1250	12 956	40 580	—	—	1250	100	0	0
赣榆	122	856	8810	27 171	—	—	856	100	0	0
江宁	—	—	—	—	—	—	—	—	—	—

资料来源:江苏省民政厅《江苏省保甲总报告》,1936年4月。江宁原系办理自治,未编保甲。该省除表列各县外,尚有连云市保甲数未据列报。

就以上数据显示,江苏省保甲长的受训比例高于全国平均水平,亦高于浙江、安徽、江西。就江苏省内来看,江苏省保长百分之百进行了训练。江南甲长受训者有13县,未受训者17县;江北甲长受训者19县,未受训者11县(其中淮北13县中,受训者8县,未受训者5县)。江北受训比例明显高于江南水平。此中原因大概是江北社会动荡,江南社会秩序相对安定,政府把更充分的人力、物力投向江北地区。另外,江北起步较早亦是客观原因。

第二,运用保甲制度。"保甲制度果能运用尽善,实为推行政令发扬民力重要机构。惟推行伊始,未能责以烦重工作,诚恐各级保甲人员组织甫成,力或未逮,任务殷繁,难期尽善。"①因此,经省政府委员会会议通过,决定暂以防治盗匪、禁烟禁毒、征工浚河、强迫识字教育等四项作为1935年度保甲运用的范围。其余各项等基础巩固之后,再行酌量推进。

经实践证明,收效最为显著的是防治盗匪一项,"苏北之徐淮海等地,匪风素炽,去年青纱帐起,闾阎均能安堵,尤以淮阴区自前次举行剿匪后,地方安谧,实近年所仅见,保甲运用之效,于此可见其大端"②。1935年6月17日,上海《字林西报》对淮阴治安好转的情形发表评论说:

> 最近二三月来,此间情况,大有变更,颇足称述,即前此土匪遍地人民夜遭掳赎之淮阴,今则四郊宁谧矣。考此次有些良好之现象,其资治方法,虽数年前已经采用,但以现当局运用得当,证明为一良法,殆无可疑。盖今日政府只需极少廉介得力之官员,即可维持治安,纵有土匪横行数年之区域,亦能使之平靖无事。上述资治方法,极为简单,名曰保甲,其办法将全县划为区及乡镇等等,使类似昔日之保甲制,……本县自此制度施行后,有大批土匪因而捕获

---

① 余井塘:《一年来之江苏民政》,《江苏民政》第1卷第3、4期合刊,1935年12月,第4页。
② 同上。

处决,同时其他匪徒亦相继鼠窜他方。保甲制度最良之成效,在凡知有盗匪藏匿本地者,必立即通报官方,使难遁隐,故日来夜夜不闻枪声,与过去每夜必呈恐怖之情形迥异,各处街衢,皆通行无阻,二十年来,地方平靖,未有逾于今日者也。①

以武进县为例,保甲制实施效果非常明显。在治安方面,武进县历年以来,每月必发生盗案数起,破坏甚多,且总不能消灭,引起民众的极大不满。但军警力量有限,防范难以周全。但自保甲完成后,情形明显好转,表现如下:(1)地方游民地痞无人肯保的,立向县政府检举,传讯之后或解回原籍,或发交游民习艺所习艺。(2)人民深知联保连坐的利害关系,外来生人,随时注意,如有可疑,即报告保甲长,因此有许多拐逃妇女和私售非法彩票及其他不良行为者,到本县境内不到一二天即被查获。(3)从前做过凶手或盗匪在逃未获者潜回故里,保甲户长会立时发觉报告。② 根据表5-8可以明显看到,保甲制实行之后,武进县盗案发生的数量明显递减,以往积案亦相继告破。

表5-8　1934年9月—1935年8月武进县发生及破获盗案统计

年月别	发生盗案数	破获盗案数	备注
二十三年九月	3	4	破获盗案非仅本月所发生
二十三年十月	8	8	
二十三年十一月	2	3	
二十三年十二月	4	7	
二十四年一月	6	6	
二十四年二月	6	6	
二十四年三月	8	8	

① 辰侯:《苏省保甲运用之检讨》,《江苏保甲》半月刊第3卷第7期,1937年5月1日,第4页。
② 侯厚宗:《武进保甲之组织训练与运用》,《江苏民政》第1卷第3、4期合刊,1935年12月,第38页。

续表

年月别	发生盗案数	破获盗案数	备注
二十四年四月	无	6	保甲系三月完成
二十四年五月	无	4	
二十四年六月	无	无	
二十四年七月	无	3	
二十四年八月	2	2	系随即破获

资料来源：侯厚宗：《武进保甲之组织训练与运用》，《江苏民政》，第1卷第3、4期合刊，1935年12月，第38—39页。

其次，各县办理土地陈报及烟民查挤等，亦多依赖保甲制度的运用。① 如武进县在查挤烟犯方面也取得不错的成绩（如表5-9），在禁绝烟毒的措施中，为保障检举人，实施秘密检举的方式；对于执行懈怠之保甲长处以罚金等，提高保甲长禁毒的积极性。

表5-9　1935年四月至七月底武进县查挤烟犯毒犯统计表

类别	检举烟犯		检举毒犯		备注
	起数	人数	起数	人数	
	721	747	158	193	
合计	721	747	158	193	烟毒犯总计940人，计879起

资料来源：侯厚宗：《武进保甲之组织训练与运用》，《江苏民政》，第1卷第3、4期合刊，1935年12月，第40页。

再次，征工浚河方面也取得不错的效果。1935度各县征工总数达40万人。"即如筑堤防黄，动辄集数万人，而征湖西堤一役，不崇朝即鸠合十余万工伕，于两星期间筑成百二十里之长堤。工程迅速，更可见保甲制度运用之效能。"②武进县征工浚河方面成效亦比较显著，各区征工开浚，共42河，长134.72公里，共成土方数520 123.5立方公尺，征工

---

① 余井塘：《一年来之江苏民政》，《江苏民政》第1卷第3、4期合刊，1935年12月，第4页。
② 同上。

239 135 人等。①

但是,保甲制也不是时人所宣传的那样,是包治百病的灵药。

第一,保甲制的实施严重影响地方自治的推行,主要表现在以下几个方面。

首先,挪用自治经费而阻碍地方自治的推行。保甲之经费分为编查费、训练费、常年费。江苏省保甲经费之筹划拟不新增加人民负担,于是挪用自治经费之全部用作保甲经费。省政府最初的想法是以区域重新划分后,减少之若干区乡镇之自治经费充保甲经费。② 在江苏筹办保甲之始,省政府委员会决议:"办理保甲各县,移地方自治经费之全部,为办理保甲之用。"各县原有之自治经费,实际全年收入已经不敷使用,以之移办保甲,更是不敷甚巨,如此则自治更是无从发展。

其次,自治与保甲本来就是性质截然相殊的两个事物,韩寿恒从六个方面论述了自治与保甲的区别:"(1)自治与保甲性质上之区别。自治是地方人民自己办理本地事务而不需要政府之协助,其程序是由下而上的,保甲则是官督民治由上而下的。(2)自治与保甲主体上之区别。自治团体具有法律上的人格,得为权利义务的主体,在一定范围内,可以依其一己的意志,处理一己的事务,而且地方公民都可依法表示他的意志,其方式乃注重会议制,是和平的;而保甲在法律上无独立的人格,也不能为权利义务的主体,完全是政府行政之一部,他只能在政府的指挥监督之下,执行其所应做的任务,不注重会议制,而含有军事化性质的。(3)自治与保甲任务之区别。自治团体以办理自治达到民主政治,而保甲是以组织民众,训练民众的方式推行庶政,以达到复兴民族为目的,军事上的作用较多于政治方面。(4)自治与保甲组织之区别。自治的组织

---

① 侯厚宗:《武进保甲之组织训练与运用》,《江苏民政》第 1 卷第 3、4 期合刊,1935 年 12 月,第 40 页。
② 陆占亚:《江苏省保甲推行之实况》,《时事月报》,1936 年 10 月号,第 296 页。

是以公民个人为单位的，主张采取个人主义的，而保甲则以一户为单位，采取集团主义。(5)自治与保甲运用之区别。自治的组织只有区乡镇间邻，名义上纵的一层一层的系统，而没有纵横密切的联络，组织泄沓，缺乏机能，不易运用，而保甲不但有纵的区乡镇保甲户间密切的联属，尤重在横的户与户的连锁，并注重在共同担保共同责任，运用很是灵活。(6)自治与保甲人员之区别。自治人员纯粹由于公民开会票选，而保甲人员名义上虽然由于推选，但是最后的抉择权，则完全操之于政府。"①

由此可见，自治是为了实现民之选举、创制、复决、罢免之四权，而保甲恰恰是对民权的扼杀。以保甲促进自治，结果往往是喧宾夺主，自治反而被置于边缘。在内政部的调查中如此评论："近年以来，各省市对于地方自治工作，或因办理保甲，不暇顾及，或拟俟县市自治法公布后，再事积极推进，以免纷更。就大体言之，固无特殊进展之可言。"②另外，保甲制对于民生也产生不小的消极影响，严密的网络式控制导致基层社会流动性明显减弱，妨碍了乡村商品经济的发展。

第二，保甲制的推行还遭遇种种困难，这导致其效果远远低于南京国民政府的预期。如南通县在筹办、推行保甲制时，就屡陷困境。当保甲筹备期间，因改划乡镇区域而时起争端，"乡镇长及地方顽固有力分子，每囿于畛域之见，或为权利之争，捏词控告，分别请愿，致划并问题，迁延不决，影响保甲进行"。在区乡镇勉强划并后，又常因争夺公所驻址而发生纠纷。在新乡镇长产生之前，"原有各乡镇长，每多借词推诿，对于奉办案件，不愿力行，编组时即发生影响"③。在保甲办理过程中，问题更加复杂，因为甲长多为有闲阶级，向来独善其身，地方观念极为淡薄，

---

① 韩寿恒：《江苏省民政厅概况及各种行政》，南京图书馆编《二十世纪三十年代国情调查报告》，第18卷，凤凰出版社2012年版，第70—72页。
② 秦孝仪编：《抗战前国家建设史料——内政方面》，革命文献，第七十一辑，中国国民党中央委员会党史委员会1977年版，第334页。
③ 南通县教育局编：《南通县各小学保甲周实验报告》，南通县墨林印书局1935年版，第12页。

常常是尸位素餐；而办事干练者，本身多有职务，因而无暇办理保甲；且乡区甲长，除少数能办事者外，大都智识幼稚，甚至目不识丁，工作无从表现；保长中能办事者，较甲长为多，但亦不免有上列情弊发生。既然保甲长多不负责任，乡镇长之责任遂觉太重，加上乡镇长多有职务，势必雇员办理，在经费毫无，筹垫困难的情况下，保甲工作进展缓慢。更有甚者，部分乡区不良分子因求为乡镇保甲长而不能如愿，遂破坏或阻挠保甲要政等。① 南通一县就出现如此众多的问题，其他各县更是五花八门。时人如此记载，"各地甲长有因惮于事繁，竟愿出代价将甲长卖给别人者；有一甲之内无人愿充甲长，全甲按户出钱雇甲长者；有感觉事繁，不胜其任，弃职远逃者；亦有怕负责任，以老幼残疾或无智识的顶名冒替者。凡此种种，虽经当局多方制止，未让实行，然即此可知对于保甲长没有深切的认识；对于保甲的地位也没有充分的信念。保甲基础既然这样不稳固，在事实上当亦难期有效"②。并致"地方土劣痞棍，乘机而起，百计钻营；或推诿到一般目不识丁的农民身上，致纠纷叠出，弊窦层见"③。

人们之所以逃避担任保甲长，原因不外以下几种。

第一，职权不分导致保甲长任务过于繁重。就当时人们的一般心理观之，都认为保甲是推行政令的工具，因此，不管是哪个机关的责任，一齐都推到保甲身上，结果导致甲长务繁责重；而甲长能力有限，又都是义务职，日常生计已经自顾不暇，哪里还有专心从公的可能。④ 就江苏省来看，"保甲运用之原则与范围，当局原有极详明之规定，当事者苟能循此而进，至少可减妄用滥用之弊。但考诸实际，其能恪遵此项原则与范围循序渐进者为数恐不多见。甚至政府有一政令，乡镇保甲长即有一种工作，直认保甲为一种万能之工具。据熟谙实际情形者言，即联保连坐一

---

① 南通县教育局编：《南通县各小学保甲周实验报告》，南通县墨林印书局1935年版，第15页。
② 苏农：《训练甲长的观感》，《江苏保甲》1936年第2卷第5期，第4页。
③ 黄强：《中国保甲实验新编》，正中书局1935年版，第247页。
④ 苏农：《训练甲长的观感》，《江苏保甲》1936年第2卷第5期，第4页。

端，有多至五六种者，如除毋为盗匪之联保外，尚有毋吸售烟毒之联保，毋隐报土地之联保，禁赌之联保，检查烟毒犯之联保，……当事者果能认真执行，乡镇保甲长及一般民众动辄得咎。以现时政令之繁，随在均委之于无权无给之乡镇保甲长，直使乡镇保甲长无法应付。驯至善良之辈唯恐出任乡镇保甲长，而好事热中之徒则趋之如鹜。其结果不仅将召百废俱兴一事无成之讥，保甲之机能与效用亦必因之而罢废。此情此景，虽非各地一般之现象，从知苏省保甲运用之事的问题，固不因当局有原则与范围之确定而稍减其严重性也。至于现时保甲本省组织，尚欠健全，亦为运用过程中之一大阻梗"①。这势必出现大部分正直之士纷纷逃避的现象。

第二，保甲长的地位过于低微。民国时期的保甲长虽然不是旧时的地保总甲，但人们总将其视为征役呈差的头目，洁身自好或稍具德望才干的人士，皆不愿担任。"更有教甲长酸心者，凡遇到公事，责令甲长如何负责，奔走如奴隶一般，稍有差错，则施以打罚，因之惹起各户藐视甲长地位，视甲长如玩物，甲长遭此多方刺激，不要说怎样认真做事，恐怕连敷衍都谈不到，简直说就是置若罔闻。这样继续下去，保甲是不是成了虚伪的？装潢的？空有保甲之名，而无保甲之实，收效恐怕微乎其微吧！"②结果导致"贤者避而远之，不肖者趋而近之"的局面。③因此有人建议，要想取得较好的效果，必须做到两点：树立保甲长的权威，进行严格的训练。④

第三，保甲经费支绌。根据保甲法令规定，江苏各县乡镇公所每月办公费六元至十元不等，保长办公费每月仅二元。然而，在南京国民政

---

① 辰侯：《苏省保甲运用之检讨（续）》，《江苏保甲》半月刊第3卷第8期，1937年5月，第2—3页。
② 《江苏保甲》1936年第2卷第5期，第4页。
③ 程清舫：《保甲运用的检讨》，《是非公论》1937年第39期，第10页。
④ 金半欧：《自治与自卫的一种观察》，《地方自治》1935年第3期，第4页。

府时期,仅江苏省就有8066乡镇,68 380保,717 786甲。① 其需用仍然浩大,所以,在省府经费支绌的情况下,即便如此少量之经费,亦常常捉襟见肘,最终结果是严重影响保甲的正常推行。② 杜赞奇在对二三十年代的国民政府的县级政权进行研究之后,指出,"县政府不是利用不断增加的税收来巩固和提高已有设施和机关的办事效率,而是在省政府的命令下,不断地创立机构,增加'近代化'职能",结果导致"机构重叠,使有限的财源更显紧张"。③ 辰侯则进一步指出,保甲经费支绌是当局最头痛的问题,以苏省而论,将保甲融入自治,保甲经费系来源于自治经费,自治经费原本有限,保甲经费亦难充沛。"无米之炊,虽巧妇亦难为,矧经费为推进事业之原动力,保甲制度施行而后,区乡镇保甲长之任务既繁,而最少限度之经费且不敷,得人固难,推进事业尤不易,欲收保甲运用之实效,岂不难能!"④

第四,乡镇保甲长的智识与道德水准问题。张梓安认为推行保甲的障碍主要在于乡镇保甲长的智识水准过低、保甲经费支绌。⑤ 陆占亚亦指出,保甲长程度不高是无可讳言的事情。⑥ 金半欧则批评说,保甲长大都不识字,对于保甲章程,保甲规约等一概不懂,而有知识的人往往还不如没有受过教育的人热心。⑦ 保甲制实施以后,乡镇、保甲长的成分更加复杂:"考察各地之乡镇保长,固不乏其人,而人选欠当者,亦比比皆是:消极者则不负责任,怠忽其职务;积极者则从而操纵,惹起地方之纠争。保甲运用之效率,遂因之而微薄。至若甲长职微权小,人数众多,人才难

---

① 《江苏省各县区乡镇保甲户口总统计表》,《江苏保甲》1936年第2卷第6、7期合刊。
② 庄继曾:《我国历代之户口编审及保甲制度评述》,《国衡半月刊》1935年第4期,第41页。
③ 〔美〕杜赞奇著,王福明译:《文化、权力与国家:1900—1942年的华北农村》,江苏人民出版社2003年版,第56页。
④ 辰侯:《苏省保甲运用之检讨(续)》,《江苏保甲》1936年第3卷第8期,1937年5月,第2页。
⑤ 张梓安:《推行保甲声中之政教合一观》,《江苏保甲》1936年第2卷第3期,第1页。
⑥ 陆占亚:《江苏省保甲推行之实况》,《时事月报》1936年10月号,第300页。
⑦ 金半欧:《自治与自卫的一种观察》,《地方自治》1935年第3期,第2页。

得,更无论矣。虽有乡镇保甲长训练之实施,而人众品殊,短期之教育(训练期间均仅三星期),收效甚微,遑论不识字之乡镇保甲长亦大有人在也!又若一般民众智识之低下(尤以乡村民众为最),亦为保甲运用之极大阻力。各地民众对于保甲运用固不知所以,即令其确报人口数目年龄等等,亦每多隐瞒,其他可以想见。"①

另外,人们对于保甲制的各种各样的误解亦是保甲推行中的一大障碍。如办理联保连坐切结时要求每个人在名下捺指印,但很多人认为只有犯罪之人才会如此,以为捺指印为不祥,因而产生抵触情绪。② 江苏省还有更为特殊的情况,"在匪患未靖之区疾痛已深,易与乐成,地方较安之处,好逸恶劳,难以图始"。因而出现苏北推行保甲总体上优于苏南的情形。③

总之,江苏省保甲制推行的过程中,有成绩亦有不少弊病,成绩主要在社会治安、查挤烟毒、公共建设方面,消极方面则是严重阻碍了地方自治的推行。这与国民政府变被动为主动的目标相差甚远。并且,因为诸多因素,保甲制亦未能很好地贯彻推行,这是南京国民政府渗透基层社会的又一失败。

第四节 地方自治的质变与第三领域的萎缩

一、县级政权权力结构的分析

欲透视国民政府控制整合基层社会的意图,则有必要对国民政府统治下县级政权权力结构进行简单剖析。民国成立之后,县级政权权力结

---

① 辰侯:《苏省保甲运用之检讨(续)》,《江苏保甲》1936年第3卷第8期,1937年5月,第2页。
② 徐英吾:《年半来从事保甲工作之回顾》,《江苏保甲》1936年第2卷第3期,第27页。
③ 胡棘园:《苏省举办保甲之由来》,《江苏保甲》1936年第2卷第5期,第2页。

构的变化主要体现在局、科设置以及两者之间关系的调整上。① 对此,有学者曾进行比较细致的梳理:1921年以前多设某所,1921年以后开始设局,可称之为"局之萌始时期";国民政府成立后,于1928年颁布县组织法,各省多依规定而分科设局,可称之为"局科分设时期";1932年后,因第二次内政会议有裁局并科的提议,加之水灾困难的影响,地方经费支绌等因素,各省之县,或合署办公,或裁局并科,可称之为"局科合并开始时期";1934年后,因受南昌行营颁布剿匪省份裁局改科办法大纲的影响,各省开始由裁局并科进而为裁局改科,进入"裁局改科开始时期";至1937年6月,行政院公布县政府裁局改科暂行规程,裁局改科的原则正式确定。② 以下则以南京国民政府时期局、科关系的嬗变为主线来分析江苏基层政权的权力结构问题。

(一) 裁局改科之前的县级权力结构

孔充认为,"国民党的政制主张,既不是中央集权,又不是地方分权,乃是均权。换言之,既不是国府集权,也不是省府县府合拢以分权,乃是均权;均权的一方面为国府,另一方面为省府县府"③。并进一步指出,均权的结果是上层权力重心在国府,下层权力重心在县府,省在中间起联络作用。而在实际生活中,这种均权模式并未实现。最为明显的例子是县政府在南京国民政府成立之初所处的尴尬地位。

根据《县组织法》,财务局、公安局、教育局、建设局是县政府的四个直属机关。但各局局长的任命权却不在县政府,其或由厅直接委任,或由县长推荐三人,由上级主管机关选任。各局的课长亦有此种情形,或者由局长迳直委任,或者由局长呈请上级主管机关(省厅)委任,或者呈

---

① "县之局为县政府外部之行政组织,县之科为县政府内部之行政组织,二者似不可并为一谈。"钱端升等:《民国政制史(下)》,上海书店1989年版,第198页。
② 钱端升等:《民国政制史(下)》,上海书店1989年版,第198页。
③ 孔充:《"县为自治单位"与江苏之县的行政系统》,《苏政》半月刊第4号,1930年6月,第4页。

请县政府核准后转上级主管机关委任。结果导致局长要对县府及省厅同时负责的现象。孔充批评之为："一媳而事二姑。"① 在现实生活中，局长之"应奖应惩，亦大都惟主管厅之命令是从"②，在权衡利弊之后，局长一般选择直接负责于省厅，往往视县政府如无物。在县政推行过程中，这种县局关系势必导致相互掣肘的局面。王维墉在调查吴县县政时，即明确指出：各局局长产生于各主管厅，受主管厅与县长两方面之指挥监督，且不得随县长为进退，是以各局长有时与县长意见相左，各自为政，加之平日公文往还，多由厅局直来直往，致县长责大权小，县政无法推进。③ 蒋介石在赣鄂督师剿匪时，对当时县政弊端进行极为严厉的批评："比年以来，县政废弛，成绩莫观，多归咎于县长不得其人，此虽为原因之一端，然县政府权责不能集中，组织尚不完善，实有以致之。盖现制县组织法，县政府谨设两科，其下分设公安、财政、教育、建设四局，各局局长，多由主管各厅指派，自成系统，各树壁垒，对下则迳发局令，对上则迳报本厅，县长高临其上，既非自辟之掾属，复多顾虑其背景，自无从充分行使监督指挥之权，既甲局与乙局之间，亦只图个别之发展，缺乏统一之意志，县之工作中心，无从确定，且各局即立，规模扩张，更不能不分科设课，滥置职员，以装潢门面，于是地方经费，悉拨之以养此各局之冗官，尚虞不足，致各县预算中，只有机关而无事业费之可言，既有贤吏，何能奏绩。"④ 县政之改革，势在必行。

局之下是区一级，江苏各地区公所是 1929 年成立的，多是从过去之行政局变相改造而来。根据《县组织法》，区长实行民选之前，由民政厅就训练考试合格人员委任之。即区长的任命仍然绕过县政府，这导致县

---

① 孔充：《"县为自治单位"与江苏之县的行政系统》，《苏政》半月刊第 4 号，1930 年 6 月，第 9 页。
② 萧继宗主编：《十年教训》，中国国民党中央委员会 1976 版，第 197 页。
③ 王维墉：《吴县县政》，南京图书馆藏（手抄本）。
④ 徐幼川：《党员怎样协助推进地方自治》，正中书局 1944 年版，第 17 页。

政府对区长指挥往往失灵。并且区长大多数是本地人,与县长多不能融洽相处。因此"县长之不能绝对的指挥区长,已为推想中之当然事实。诚然,也有不肖的县长,不督促之事务,而利用其工作不完整之所在,向上峰作毕命的攻击。区县风潮,常常有者,其事态虽殊,其本源或则一也"①。"文武"认为,县长不易为,最主要的原因在于局长、区长之不易指挥。"局长以为大吏所委,应局直接行文。县政府一呈启处而已,无足置轻重。""区长者亦自命小绅士,假自治息讼之美名,往来于官府,百姓,民刑,原被之间,皇皇然不能终日。……各自目空一切,谁敢说区长之分毫?"②

按照《县组织法》规定,在乡镇公所之乡镇长副实施民选之前,县长对乡镇长副有部分择任权与罢免权,但是这种权力仍受区公所及民政厅的钳制。闾邻长基本由选举产生,县政府也只剩下备案之权了。由此可见县政府地位之尴尬。另外,因局与各区之间的关系并无明文之规定,尚能相安无事,"区长之于各局,区长虽有扩大区的建设教育等事业的欲念,但限于财力,一时自认为不可实现;局长方面,则丝毫无想指挥区长的信念,只要区经费不按月向局长紧迫催索,则已大幸矣,故县行政系统当中,厥惟区局,能比较的相安无事"③。

为了解决当前县级政权所面临的难题,孔充建议:厅局直接行文绝对禁止;民政厅对于区公所的政务,除任用区长由民厅主持外,余悉放任于县政府依法处理之。④

1932年,受大水灾影响,加之地方经费困难,因有第二次内政会议各县实施裁局并科的提议,但并非取消各局,真正的裁局改科是在1934年

---

① 孔充:《"县为自治单位"与江苏之县的行政系统》,《苏政》半月刊第4号,1930年6月,第12—13页。
② 文武:《或问》,《苏政》半月刊第7号,1930年8月,第43页。
③ 孔充:《"县为自治单位"与江苏之县的行政系统》,《苏政》半月刊第4号,1930年6月,第12—13页。
④ 同上书,第22—23页。

底之后。

(二) 裁局改科之后的县级权力结构

1934年12月,南昌行营相继颁布《剿匪省份各县政府裁局改科办法大纲》、《剿匪省份各县分区设署办法大纲》及《剿匪区内各县编查保甲户口条例》。①

根据《剿匪省份各县政府裁局改科办法大纲》之规定,其目的在于"为谋县政府权力责任之集中并充实其组织,以增进县政府效率"等。② 裁局改科后,原局所属重要职员,如警佐、技士、督学等地位得到提高,直接承县长之命,辅助主管科长办理公安、建设、教育等事项。③ 此举得到很多人的支持,持这种意见的人,其理由主要有二:第一,县局分立,则事权不能集中,因而指挥监督不灵,公文往来周折,工作步骤难以一致,行政效率比较低下;第二,改局为科,则可以节省经费,在现在地方财政困难时期,不失为节流的一种方法。而问题的根本,则是要提高县长的权限。④

在江苏,较早进行裁局并科的是江宁自治实验县,实验县设立之初,便把裁局并科视为行政上的必要措施,因此,其首先裁并财政、教育、建设、公安、土地各局;另设民政、财政、教育、建设、公安、土地六科。改科之目的有三:集中县长权力、节省经费、增加行政效率。⑤ 科长由县政府任免,加强了县长的权威。在陈光国的调查中,江宁自治实验县县长的地位及职权都有了极大的提高:"县长之权比设局之县为高,因为设局之县,局长对于主管事业有最后决定之权,县长仅为监督之义。而在改局设科之后,凡县府中所有事务,不问性质属于何科,概须县长之核准,方

---

① 徐幼川:《党员怎样协助推进地方自治》,正中书局1944年版,第17页。
② 蔡鸿源主编:《民国法规集成》,黄山书社1999年版,第39册,第78页。
③ 钱端升等著:《民国政制史(下)》,上海书店1989年版,第210页。
④ 侯厚宗:《县政改革问题》,江苏民政厅编:《江苏民政》第1卷第2期,1935年6月,第16页。
⑤ 吴椿:《江宁自治县政实验》,燕京大学政治学丛刊,第29号,第14—15页。

能实施,亦必以县长名义行之。……县长之地位,在行政系统中,最为重要,江宁自治实验县之设立,其目的在改善县政,推进县治,县长所负之使命,更为重大。"县长的职权则包括:处理全县行政,监督地方自治,发布县令并得制定县单行规则,县长以下一切公务员之任免,县政府会议为主席等。① "二十三年后因受南昌行营剿匪省份裁局改科办法大纲之影响,各省之县除公安局有存者外,其余各局一律裁撤。"②事实证明,此举对于县政的推行有极大的好处,因此在江苏及其他省份大力推广。

裁局改科的同时,是分区设署。在《剿匪省份各县分区设署办法大纲》中,明确规定,分区设署之目的,在于"充实县组织,俾确能协助县长增进县政效率",区长之任务则在于"承县长之命",办理区内各项事务。区长之任免权实质上皆决定于县长。③ 如此,区署则正式成为县政府的垂直机构。至此,区的性质发生质的变化,不再是一级自治单位,而是县政府的派出机构,在县政府与乡镇之间起联络之效用。区之性质发生变化,亦可以从其经费来源上加以辨别:自治区之经费来源于各县之自治费项下,而区署之经费则明确规定,"不得就地筹措,应先就各该县政府裁撤各局之经费,及原有区公所办公费,支配抵补,不敷之数,由省库补助之"④。区自治层级之取消,还与国民政府对自治系统的改革有关,当时不少人认为,"以前县市自治组织,分区坊乡镇闾邻等数级,层级过多转为自治之障碍,改进地方自治原则,规定市采一级制县采二级制"⑤。江苏省比较特殊,并未遵令废除区公所,而是对区政进行两大改革,一为"划并区自治区域",一为设立"农民教育馆长兼任区长实验区"。划并之后的自治区,比先前"减少一百五十个,此于'集中人力财力以举办事业'

---

① 陈光国:《江宁自治实验县县实习总报告》,南京图书馆藏。
② 钱端升等:《民国政制史(下)》,上海书店1989年版,第199页。
③ 蔡鸿源主编:《民国法规集成》,第39册,黄山书社1999年版,第75页。
④ 蔡鸿源主编:《民国法规集成》,第41册,黄山书社1999年版,第65页。
⑤ 秦孝仪编:《抗战前国家建设史料——内政方面》,革命文献,第七十一辑,中国国民党中央委员会党史委员会1977年版,第236页。

之义,不无裨补也"。农民教育馆长兼任区长实验区则体现了政教合一的精神:区长有民教两厅委任并由两厅监督;区组织分为行政股、教导股两股,另设立设计委员会等;确定区政事业总为政教两端。① 此一政教结合的精神是对近代以来政教分离的再次整合,具有以教兴政的意味。

《剿匪区内各县编查保甲户口条例》则开始了以保甲代替乡镇闾邻的过程,这是对自治层级的再一次修正。保甲制内部的权力关系为,"各户户长除保甲公约及联保连坐切结内规定各项义务外,于户口上之异动。对甲长负报告之责,甲长承保长之指挥监督,负维持甲内安宁秩序之责,及其他规定职务,保长承区长之指挥监督,负维持保内安宁秩序之责,及其他规定职务,区长直接受县长之指挥监督,执行职务对县长负责"②。江苏仍然具有本身的特色,保留了乡镇自治组织,仅仅以保甲取代了闾邻,但硕果仅存的也只剩下乡镇自治组织的名号而已。可以说,县政改革是县各级机关权力的再次分割,同时也将自治压缩到了最小的范围。因为基层社会的各种权力将集中于县政府,最终形成"县长专制"的局面。

二、基层权力结构中的地方精英群体

(一) 自治、保甲人员的产生及其成分分析

1. 县长

孙中山指出,在训政时期,县长仍应由民政厅委任或经考试选拔。③ 根据《县组织法》,县长在民选之前,"由民政厅提出合格人员二人至三人,经省政府议决任用之"④。但在江苏省沦陷之前,县长始终未实现民选。也就是说,在此一阶段,基本上沿用了县长由上级任命的方式。

---

① 罗志渊:《区政改革检讨》,《江苏民政》第1卷第3、4期合刊,1935年12月,第44—46页。
② 《各省市保甲组织及编查保甲户口办法概要》,《内政统计季刊》1936年第1期,第268页。
③ 晓平:《地方自治与民权政治》,《平等杂志》1931年第1卷第3期,第12页。
④ 王均安编:《地方自治施行法释义》,世界书局1930年版,第123—124页。

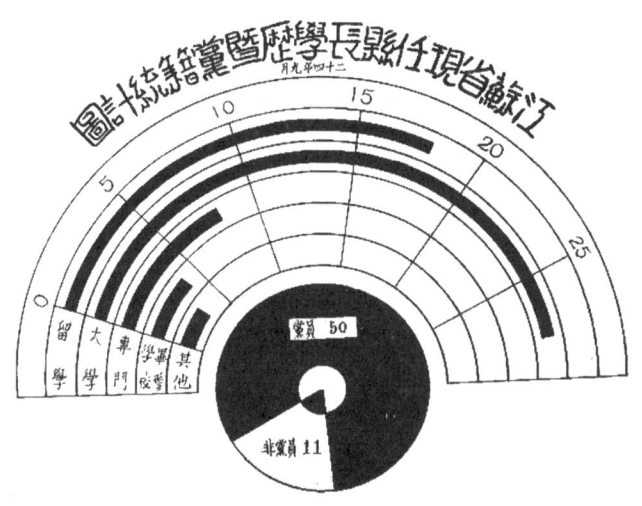

图 5-2　江苏省现任县长学历暨党籍统计

图片资料来源：《江苏民政》第 1 卷第 3、4 期合刊，1935 年 12 月。

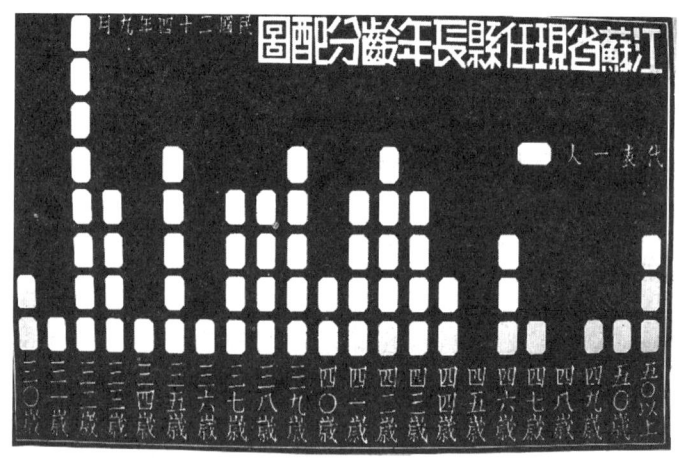

图 5-3　江苏省现任县长年龄分配

图片资料来源：《江苏民政》第 1 卷第 3、4 期合刊，1935 年 12 月。

据图 5-2 可知，1935 年 9 月，在江苏 61 位现任县长中，以有大学文凭者为最多，有 28 位；留学者次之，有 18 位；专门学校 8 位，毕警学校 4

位,其他3位。据此可以断言,在江苏省,县长的文化水平并不低,大部分接受过新式教育,传统地方精英或纯粹的旧式士绅所占比例极小。在61位县长中,党员有50人,占总数的81.97%,可以看到国民政府力图通过党化控制县级政权的意图。

而图5-3显示,在61位县长中,30—39岁之间的县长有35位,占绝对多数;在40—49岁之间的县长有22人;50岁及以上者仅有4人。根据年龄统计来看,这部分人主要出生于1885—1905年,其中1885—1894年出生的占总人数的36.07%,这部分人成长于传统教育风雨飘摇的时代,在科举废除时最多20岁,虽曾受传统教育影响,但却很容易接受新知识;而1895—1905年出生的占总人数的57.38%,这部分人在科举废除时最大的仅十岁,其受传统教育的影响不明显,基本是在新式教育滋润下成长起来的新式人物,这就大大地降低了传统地方士绅在县长中所占比例。总之,在南京国民政府时期,县长一职主要由接受过新式教育的地方精英担任,传统地方精英不占主导地位。

但对这样一个知识水平较高的群体,人们的评价并不高,有人将其称之为"玄色染缸":"江苏历来的县长,也有外国的博士,也有中国的举人;也有考取的,也有荐任的;也有着西洋装的,也有带红帽顶的;也有老的,也有少的。谁落得一个循吏的下场?岂凡人皆坏欤,县制不完整使然欤?抑民气嚣张,民风刁狡,社会只知小我之利害,不计大公之是非欤?但不管由于哪一种,县长阶级,似乎已成为一个玄色染缸了。任何颜色进去,总是说他带着黑的出来!"[①]这种评价之产生,原因大概有三:其一是因为县长任期短、交替频繁,结果产生"三日京兆"之心,而少有政绩可言;其二是在南京国民政府建立初期县级政权的设计中,县长是省厅与下级各局之间的传声筒,并无实权,因而产生敷衍的心态;其三是因为县长以下之区长应付公事,乡镇长则由地方权势人物把持,致使政令

---

① 《县长阶级是玄色染缸》,《苏政之言》,《苏政》半月刊第7号,1930年8月,第1页。

不通等。

2. 区长

根据县组织法及区自治施行法之规定,在民选之前,区长由民政厅就训练考试合格人员中委任;区长违法失职时,由县长呈请省政府罢免。① 在民选之后,区长由区民选任并由县政府呈报民政厅备案。② 因此,区长是通过考试与委任相结合的方式产生的。在江苏省沦陷之前,区长亦未实现民选。如郭培师能够到镇江做第三区的区长乃是"幸得师友的同情,允许给我一个实验区政的机会"③。这很能说明问题。

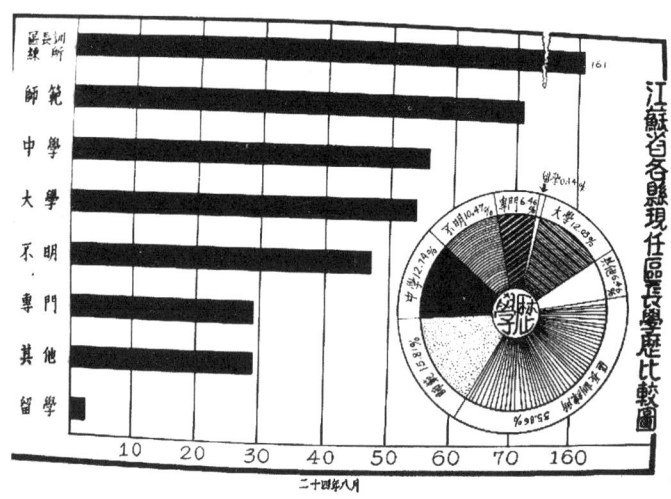

图5-4 江苏省各县现任区长学历比较

图片资料来源:《江苏民政》第1卷第3、4期合刊,1935年12月。

从图5-4可以看到:在1935年江苏省所有的区长中,出身区长训练所者最多,占35.86%,如吴县各区区长基本都是由江苏省区长训练所毕业人员充任的;④其他依次为师范,占15.81%;中学,占12.74%;大学,占

---

① 王均安编:《地方自治施行法释义》,世界书局1930年版,第157页。
② 同上书,第154页。
③ 郭培师:《如何做区长》,《服务》1939年第1期,第25页。
④ 王维堉:《吴县县政》,南京图书馆藏(手抄本)。

12.03%；专门，占 6.46%；留学，占 0.44%；其他，占 6.46%；不明者，占 10.4%。与县长的学历背景相比，区长明显降低。但曾受新式教育的地方精英仍然占据重要的地位；区长训练所虽然不是正规的新式教育，但因为来自行政官厅所设之训练所，亦具备了新式地方精英的基本条件（即通过训练使其产生与行政官厅的亲和力，并把执行政令视为当然）。

从年龄段分布来看，除了年龄不详者，区长主要集中于30—45岁，25—29岁也占一小部分。可见区长平均要比县长年轻得多，这表明，区长中的传统士绅必然不占大的比重。但是年轻造成大部分区长"年力甚低，经验不富，初未能获得地方之信任，即分派各县充任区长，故少数有能尽职者"①。这种情形表明，新式地方精英在基层社会中往往因缺乏威望而无所作为。最终，国民政府不得不进一步改善地方自治人才的罗致办法，对"区乡镇长等领袖人才，就地方乡望素孚，或有正当职业而能热心任事者物色之，并加训练"②。这实际上为传统地方士绅提供了复出的机会。

在现任区长中，曾经担任过区长的占绝大多数，占46.77%；曾从事教育工作的次之，占11.80%；曾从事党务工作者占8.69%；其余依次为区助理员7.57%，县政工作者6.24%，区行政局长2.90%，乡镇长2.00%，区保卫团长1.56%，其他2.90%，不明者9.57%。可见现任区长往往是由平级调动或以县级佐治人员调任为主，由区级以下之自治保甲人员升迁者绝少，这是造成基层自治职员工作积极性不高的原因之一。在升迁无望的情况下，人们很容易陷入应付公事的状态。另外，"区

---

① 赵如珩：《地方自治之实施的研究》，《复兴月刊》1933年第1卷第11期，第17页。在《推进地方自治案》中对此有更加详细说明："盖今之区长，青年居多，学识既无素养，世情尤所未谙，虽经短时间之训练，对于自治并非有深切之认识，一旦使之莅事，不谙条例方法，以致动辄龃龉，其有沾染腐化者，则俨然官僚习气，深居简出，绝少与民众相接近，二者之弊，过犹不及，要之皆不能深入民众，以引起同情而得其助力，民众对之信仰亦为薄张。"萧继宗主编：《十年教训》，中国国民党中央委员会1976版，第198页。
② 秦孝仪编：《抗战前国家建设史料——内政方面》，革命文献，第七十一辑，中国国民党中央委员会党史委员会1977年版，第236页。

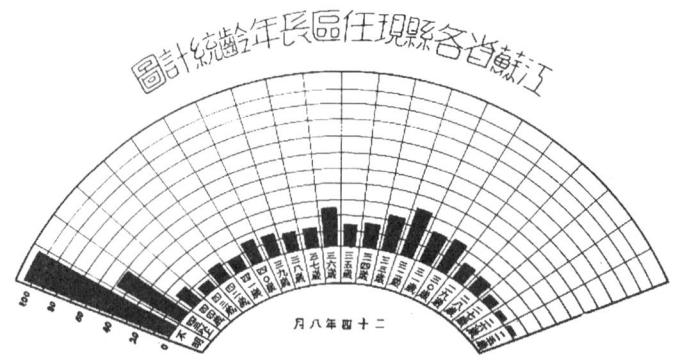

图 5-5 江苏省各县现任区长年龄统计
图片资料来源:《江苏民政》第 1 卷第 3、4 期合刊,1935 年 12 月。

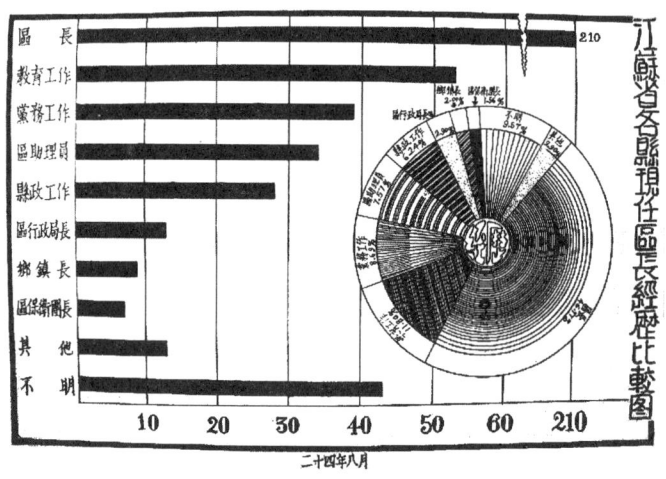

图 5-6 江苏省各县现任区长经历比较
图片资料来源:《江苏民政》第 1 卷第 3、4 期合刊,1935 年 12 月。

长即以贤能者任充,亦每因人力财力之不敷支配,尝集中力量办理甲项工作,而乙项工作之毫无成绩,至消极辞职,或受处分而去职。社会上一般资望较著,薄具才能之士,亦多以区政繁难,而怀有戒心,终至区长一职,演变为低能的失业者竞逐之标的"[1]。同时,区级行政人员常借机加

---

[1] 王其用:《一年来从事区政的感想》,《江苏保甲》1936 年第 2 卷第 16 期,第 6 页。

捐、以权谋私的行为,必然增加人们的不满情绪,如铜山县,"各区区公所经费自去春(1934年春)起,亦大大增加,往往临时派款,超过原定数额,甚至所中差役,3年以来均购置田产至30—40亩左右"。又有捐税,纯系"区长乡长巧立名目,以饱私囊",被农民称为"平地起撅"。① 最终导致区政难以取得预期的成绩。

3. 乡镇长

根据县组织法及乡镇自治施行法规定,乡镇长由乡镇民大会选举产生,但是在区长民选之前,乡镇长、副乡镇长采取加倍选举由区公所转请县长择任的方式。② 因为区长在抗战前未实现民选,乡镇长副则无由进行民选。在实际操作中亦有突破成规的情形,如吴县,在县组织完成之前,"各区之乡镇长,由区长遴选数人,呈请县长择任,并由县长汇报民政厅备案"。1931年12月底,吴县完成县组织,虽然区长并未民选,"各区之乡镇长,除城厢三区及第二十区未由民遴外,其余均由宣誓登记之公民选举,重新组织乡镇公所,并监察委员三人或五人,组织监察委员监督各该乡镇财政及乡镇长副违法失职等事"③。

有人对1935年度江苏省各县乡镇长的教育程度进行统计,在61县乡镇长8000余人中,不识字者130人,受私塾教育者3946人,受小学教育者1284人,受中等教育者2026人,受大学教育者185人。④ 与区长相比,乡镇长的教育程度进一步降低,且以受私塾教育者为主,这将决定乡镇长副群体的保守性,此一点亦可以从1933年无锡县六个区235名乡镇长副的身份统计中得到证明(见表5-9)。

在235名乡镇长副中,地主明显占据着主导地位,表明在南京国民

---

① 李惠风:《江苏铜山县的农民生活》,《中国农村》1935年第1期,第76页。
② 王均安编:《地方自治施行法释义》,世界书局1930年版,第161—163页。
③ 王维塘:《吴县县政》,南京图书馆藏(手抄本)。
④ 程方:《论保甲教育》,《是非公论》1937年第45、46期,第18页;《江苏省保甲总报告》,镇江江南印书馆1936年版,第212—215页。

政府成立之后,乡镇一级的统治权仍然掌握在地主土豪的手中。

表 5-9　无锡六个区的乡镇长副的性质(1933 年)

项目	总户数	地主	%	富农	%	中农	%
乡镇长	119	107	89.9	8	6.7	4	3.4
乡镇副	116	77	66.4	24	20.7	15	12.9
合计	235	184	78.3	32	13.6	19	8.1

资料来源:李衍:《中国农村政治结构的研究》,《中国农村》第 1 卷第 10 期,1935 年 7 月。转引自李德芳:《民国乡村自治问题研究》,人民出版社 2001 年版,第 168 页。

从表 5-10 和表 5-11 可以看到,在江苏省 8066 名乡镇长中,以 30—49 岁这个区间的人占主导地位,其他依次为 50—59 岁,20—29 岁,60 岁以上者占极少数。并且这些人中以务农者占绝对多数,其次为商、学等,这进一步证明乡镇政权仍然掌握在地主土豪手中的事实。

表 5-10　1935 年江苏省各县乡镇长年龄统计

项目	20—29 岁	30—39 岁	40—49 岁	50—59 岁	60 岁以上	备注
总计	1045	2810	2524	1236	451	共 8066 名

资料来源:《江苏省保甲总报告》,镇江江南印书馆 1936 年版,第 75—77 页。

表 5-11　1935 年江苏省各县乡镇长职业统计

项目	农	工	商	学	公务	自由职业	其他	备注
总计	4225	60	1655	1316	314	236	260	共 8066 名

资料来源:《江苏省保甲总报告》,镇江江南印书馆 1936 年版,第 77—79 页。

从图 5-7 可以看出,其以 30 至 40 岁者占绝对多数,30 岁以下及 50 岁以上者占很少的一部分。从图 5-8 可以看出,按比例从大到小排列,依次为:农、商、公正士绅、中学、自治讲习所、医、专门学校、小学教师、小学、大学等。这与江苏全省的情况基本一致。与县、区长成分相比较,乡镇长的成分要复杂得多。

在这种复杂的结构中,公正士绅所占比例已经相当小。有人对抗战前江苏区乡镇长这一群体进行考察,认为"在南京国民政府时期县以下

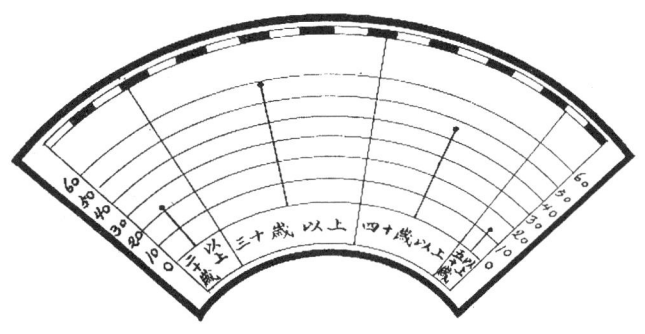

图 5-7 仪征县全县乡镇长年龄统计

图片资料来源:《仪征县政府县政会议统计表》,《苏政》半月刊,第一号,1930年5月。

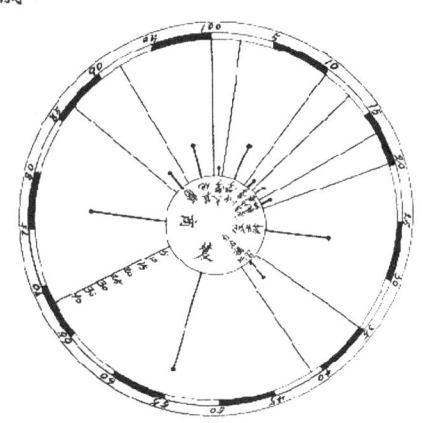

图 5-8 仪征县全县乡镇长资格统计

图片资料来源:《仪征县政府县政会议统计表》,《苏政》半月刊,第一号,1930年5月。

的地方基层政权建设过程中,中国乡村中产生了一个新的社会精英阶层——新乡绅阶层,其主体是为国民党政权服务的区乡镇行政人员"①。这些新乡绅主要是地主土豪,他们代表国家对基层社会进行管理,是国家渗透与整合基层社会的工具。

4. 保甲长

保甲长之产生有公推、选举、遴选等各种不同的方式,根据《内政部统计季刊》所说:"每户设户长,由该户内之家长充任为原则,甲设甲长,由本甲内各户长公推,保设保长,由保内各甲长公推之。甲长之推定或变更,由甲内户长联名报告于保长,保长之推定或变更,由保内甲长联名报告于区长、县长。区长或原公推人对于推定人选,认为有更换之必要时,得依手续改推之。区长由县长遴选,呈由行政督察专员或民政厅委任之。"②

以1935年江苏省各县甲长为例:

表 5-12　1935 年江苏省各县甲长教育程度统计

项目	不识字	私塾	小学	中学	大学	其他	备注
合计	299 357	341 909	58 699	6912	254	10 655	共 717 786 名

资料来源:《江苏省保甲总报告》,镇江江南印书馆 1936 年版,第 223—225 页。

表 5-13　1935 年江苏省各县保长年龄统计

项目	20—29 岁	30—39 岁	40—49 岁	50—59 岁	60 岁以上	备注
总计	10 804	19 766	19 238	12 100	6452	共 68 360 名

资料来源:《江苏省保甲总报告》,镇江江南印书馆 1936 年版,第 80—82 页。

表 5-14　1935 年江苏省各县甲长年龄统计

项目	20—29 岁	30—39 岁	40—49 岁	50—59 岁	60 岁以上	备注
总计	97 753	196 383	209 205	134 827	79 618	共 717 786 名

资料来源:《江苏省保甲总报告》,镇江江南印书馆 1936 年版,第 84—87 页。

---

① 李巨澜、忻平:《民国时期的中国新乡绅阶层研究——对抗战前江苏区乡镇长群体的考察》,见王先明、魏本权《"近五百年来中国社会结构变迁"国际学术讨论会综述》,《史学月刊》2006 年第 3 期,第 112—113 页。
② 《各省市保甲组织及编查保甲户口办法概要》,《内政统计季刊》1936 年第 1 期,第 268 页。

表 5-15 1935 年江苏省各县保长职业统计

项目	农	工	商	学	公务	自由职业	其他	备注
总计	48 535	1395	9668	5036	849	910	1940	共 68 360 名

资料来源:《江苏省保甲总报告》,镇江江南印书馆 1936 年版,第 82—84 页。

表 5-16 1935 年江苏省各县甲长职业统计

项目	农	工	商	学	公务	自由职业	其他	备注
总计	531 560	47 738	92 769	18 560	3602	7133	16 424	共 717 786 名

资料来源:《江苏省保甲总报告》,镇江江南印书馆 1936 年版,第 87—90 页。

就江苏省整体情况来看,与县区乡镇长相比,保甲长的教育程度明显不足。在江苏 717 786 名甲长中,不识字者占总数的 41.71%,大学毕业者已经是凤毛麟角。保长之教育程度,"类多幼稚"[1],如在砀山县各区受训的 621 位保长中,不识字者有 240 人,可见保长教育程度亦十分低。[2] 从年龄分布来看,从 20 岁到 60 岁,保甲长在每个年龄段都有相当的人数。从保甲长职业上看,保长与甲长的成分都以务农者为主,其次保长为商、学、工界人物;甲长为商、工、学界人物,这表明保甲长的成分更加复杂。

再以南通县为例简单分析保甲长的成分问题。在 1936 年南通县保甲长训练中,有人对受训保长的年龄、职业进行了统计。

表 5-17 南通受训保长年龄统计

区别	受训保长数	二十岁以上者	三十岁以上者	四十岁以上者	五十岁以上者	六十岁以上者	七十岁以上者	备注(未及受训者)
第一区	310	33	77	105	65	24	6	
第二区	237	40	59	70	50	15	3	3
第三区	177	30	41	48	40	16	2	
第四区	213	46	66	57	28	14	2	1

---

[1] 《江苏省保甲总报告》,镇江江南印书馆 1936 年版,第 215 页。
[2] 庄继曾:《我国历代之户口编审及保甲制度评述》,《国衡半月刊》1935 年第 4 期,第 41 页。

续表

区别	受训保长数	二十岁以上者	三十岁以上者	四十岁以上者	五十岁以上者	六十岁以上者	七十岁以上者	备注（未及受训者）
第五区	54	20	19	11	3	1	0	
第六区	182	30	64	57	25	6	0	
第七区	268	44	66	72	53	30	3	1
第八区	171	16	47	52	36	16	4	3
第九区	156	25	60	37	23	11	0	
第十区	149	33	36	41	24	13	2	
十一区	223	24	64	73	39	20	3	
十二区	140	20	37	38	31	13	1	
十三区	53	3	16	20	10	3	1	1
合计	2333	264	652	681	427	182	27	

资料来源：1.《生力月刊》1936年第5期，119—120页。2.其中第二区一新推乡长加入受训，第九、第十区有两乡长因案免职加入受训。

表5-18 南通受训保长职业统计

区别	受训保长数	农	工	商	学	党	政	其他	备注（未及受训者）
第一区	310	199	4	62	19	1	8	17	
第二区	237	178	11	35	11	2	0	2	3
第三区	177	142	0	20	7	0	5	1	
第四区	213	186	0	21	3	2	2	1	1
第五区	54	44	0	6	4	0	0	0	
第六区	182	146	1	23	4	0	1	7	
第七区	268	198	1	35	27	0	3	4	1
第八区	171	132	2	20	12	0	0	5	3
第九区	156	123	2	18	11	1	0	1	
第十区	149	125	0	16	4	0	0	4	
十一区	223	197	0	12	10	0	0	4	

续表

区别	受训保长数	农	工	商	学	党	政	其他	备注（未及受训者）
十二区	140	119	1	8	5	0	1	6	
十三区	53	46	1	3	3	0	0	0	1
合计	2333	1833	23	279	120	6	20	52	

资料来源：1.《生力月刊》1936年第5期，120—121页。2.其中第二区一新推乡长加入受训，第九、第十区有两乡长因案免职加入受训。

通过前面两个表格，容易得出以下结论，在受训保长中，以30至50岁的人居多，共1760人，占总人数的75.44%。从年龄段可以看到保长大部分是年富力强者。并且保长以务农人员为绝大多数，占总人数的78.57%，另外依次为商、学、工、政、党等，党员所占比例已经极低，仅占总数的0.26%，这表明南京国民政府之党的系统在基层保甲组织中已呈极度衰弱之势。

对于保甲长这一群体，有人评价说："至乡镇保甲长，既为无给职，当难免枵腹从公。更加目前政治之严紧，乡镇保甲长，即置全力为公，亦有不逮。乡镇中之士绅阶级，恒薄乡镇保甲长而不为，智识分子，当因生活问题，他往谋生，乡镇保甲长，除少数能为民众景仰外，甚至为无赖所把持，借以为攫夺利权的工具。"①

综上分析，从保甲长到县长，实现真正民选的层级并不多，特别是县、市、区长，"现系任用行政官吏"②；至于乡镇长，虽由选举，但仍由行政官厅最后决定，"乡镇村长等由各乡镇村人民选举三人，由县市长择一委任"③。所以，从自治职员的产生来看，官厅控制显示出从低级到高级逐渐增强的趋势。保甲长比较特殊，并非自治职务，其产生虽然采取公推

---

① 王其用：《一年来从事区政的感想》，《江苏保甲》1936年第2卷第16期，第6页。
② 秦孝仪：《抗战前国家建设史料——内政方面》，革命文献，第七十一辑，中国国民党中央委员会党史委员会1977年版，第53页。
③ 蔡鸿源主编：《民国法规集成》，第39册，黄山书社1999年版，第141页。

(并非民选)等多种方式,但行政官厅仍然能有效控制人选,这充分表明国民政府希望通过控制基层社会管理者的任免权以加强对基层社会渗透的主观愿望。但事实上却难以达到预期目的,原因主要有二:一个在于国民党党员在各级政权中所占比例,呈现出从高层向低层迅速锐减的情形。另一个则是传统地方精英在基层政权中仍然占有一定的比例,如王维墉在提出改进吴县县政的办法中,即有防止绅士之努力支配一条,[①]这恰恰证明当时县级政权中仍存在士绅把持的现象,对于国民政府的渗透与整合,这些人往往持不合作的态度。

(二)考试、培训以及公民宣誓登记的意义

国民政府除通过控制基层行政人员的任免权来加强对基层社会的控制外,还经常通过其他程序来强化这种渗透的效果,如考试、培训、公民宣誓登记等。其中县、区长采取考试加培训的方式,乡镇保甲长则主要采取培训的方式。国民政府的考试、培训有提高行政人员素质的一面,同时也有在意识形态上强化党与国家的意图。而公民宣誓登记则把意识形态渗透的对象直接扩大到全体公民。

在县长任用的过程中,国民政府把"依法受县长考试及格者"视为最主要的县长人选,如果此类人等不敷使用,才会录用其他取得相关资格者。在县长训练章程中,把党义列为首位,即所谓"建国方略、建国大纲、三民主义、第一次全国代表大会宣言,及本党政纲决议案宣言"等。[②]

江苏省各区区长一般是先参加区长资格考试,被录取者参与培训,然后再经毕业考试,合格者分配各地。江苏省的区长培训主要进行了两期:第一期于1929年2月由民政厅着手筹备,3月3日、4日举行区长资格考试、补考,共有696人被录取,实到参与培训者693人,4月1日开学,2日开课,于6月29日、7月1日举行毕业考试,15日举行毕业典礼。

---

① 王维墉:《吴县县政》,南京图书馆藏(手抄本)。
② 蔡鸿源主编:《民国法规集成》,第39册,黄山书社1999年版,第115、126页。

第二期于9月18日至20日举行资格考试、补考,共录取162人,实到155人,10月15日开学,16日开课。对于此项培训,李懋曾认为,"训政工作,是一种建设的革命工作;这种艰巨的建设的革命工作,自然只有忠于革命的人物,才许担荷,然而并不能说忠于革命的人物,即能担荷。这因为有能者未必忠实,而忠实者未必尽能;所以要想找到一批单纯做政府的工具的区长易,兼民众的保姆的区长便难,更兼党的战士的区长尤难。这就专为健全区长的本身讲,区长必须经过锻炼的理由"。国民政府所需要的区长,"不是三头六臂全智全能的仙佛,而是一批意志统一,行动纪律化集体化的平凡的工人或士兵"①。

江苏省乡镇长之训练,依行政督察区分区施行,规定每一行政区设立乡镇长训练所一所,分两批召集各该区所属各县之乡镇长实施训练。②在该省已设行政督察专员公署应行举办之乡镇长训练中,南通、铜山二区所属各县训练业已完毕;淮阴、东海、盐城三区,在办完第一批之后,因导淮征工及其他事项关系,导致第二批训练延未举办。后在江苏民政厅的一再督促下,继续召集第二批乡镇长进行训练。至1935年8月一律办竣。③在未设督察专员区之各县所属乡镇长的训练中,由民政厅直接召集训练。9月1日,民政厅将江南及江都区共33县之第一批受训乡镇长集中省会,予以训练。共到1900余人,计受训三星期。第二批于10月3日集中,共到约2000人,亦受训三星期,于10月25日全部训练结束。④ 乡镇长训练期为三星期。训练科目,为党义、保甲须知、公民常识、新生活须知、军事训练,及其他切合地方需要事项。⑤

在乡镇长的训练中,党义教育占据重要地位。从句容县乡镇长副训

---

① 李懋曾:《区长训练的意义》,《区政导报》1929年第1期,第34—35页。
② 内政部统计处编印:《保甲统计》,1938年5月,第3页。
③ 同上。
④ 《民政厅行政工作概要》,《江苏民政》第1卷第3、4期合刊,1935年12月,第5页。
⑤ 内政部统计处编印:《保甲统计》,1938年5月,第3页。

练所的上课时间表中,我们可以看到如下情形(如表5-19)。

表5-19 句容县乡镇长副训练所上课时间(中华民国十八年十月一日订)

时间\课别	月	火	水	木	金	土
8:00—8:50	纪念周	现行地方自治制度要义	同上	同上	同上	七项运动大要
9:00—9:50	党义	同上	同上	同上	同上	统计常识
10:00—10:50	公民教育	同上	乡镇民四权行使之演习	同上	公民教育	现行地方自治制度要义
11:00—11:50	公共卫生要义	统计常识	公共卫生要义	职业教育	统计常识	职业教育
1:30—2:20	警卫须知	七项运动大要	警卫须知	七项运动大要	职业教育	警卫须知
2:30—3:30	军事训练	同上	同上	同上	同上	测量常识
3:30—4:20						测量常识

资料来源:张佐辰:《句容县第一届训练乡镇长之经过》,《苏政》半月刊第七号,1930年8月,第51—52页。

在此一课程表中,党义占据了一定的比例,这是乡镇长训练过程中加强意识形态教育的主要体现。

对保甲人员亦是以训练为主。"保甲在吾国本为古制,然制度之义,久已尽失,民间仅知有保甲之名,而不复知有保甲之实。故在今日欲以保甲筑成人民自治之基,直与创行新制无异。然政以人举,立法固不贵,而行法之人尤不可忽。则保甲制度之推行,应注意于保甲人员之训练,殆可不言而喻。"①江苏省对保长之训练，规定三种方法：（一）保甲长分区混合训练，（二）保长分区集中训练，（三）全县保长集中城区训练，由各县县长依照地方情形，择定训练方法，设所训练。训练时期及科目与乡镇长同。各县保长训练，大都采用第三种方法，分两批或三批举办。自1934年12月起，至1936年6月止，江苏全省各县保长，一律训练完毕。甲长的训练，设训练所，多以自治区为单位。"甲长之训练，较乡镇保长为难，以人数众多，需费甚巨，知识低浅，施教不易"②，因而不得不根据当地情形有所变化，训练方法，根据智识程度的高低，分甲乙两组，识字者为甲组，不识字者为乙组。甲组遵照规定科目受训，乙组除听讲外，还应受初步识字的训练。甲长之训练，在1935年举办的，有启东、海门、如皋、崇明、丰县、砀山、淮阴、武进、南通、青浦等十县，其余各县，都在1936年举办。③ 截至8月份，计有句容、武进等五十县已经举办保长训练；已举办甲长训练者计如海门、如皋、崇明、淮阴等四县。其余凡未举办训练者，民政厅则严令进行督促。④

训练完毕之后是考试，以考试合格者充任相应的行政人员。毫无疑问，考试是选拔人才的方式之一，也是强化统治者意识形态的方式之一。同时，考试又在一定意义上是对基层统治机构中传统精英的一次"清洗"，因为不适应新的知识结构，这些人难以在考场上与新式地方精英进行竞争。

在对行政人员进行考试、培训的同时，国民政府在意识形态方面也加强对一般民众的控制，其中最明显的就是宣誓登记制度的推行。

根据时人的解释，公民宣誓登记制度是推行地方自治，实现宪政国

---

① 《民政厅行政工作概要》，《江苏民政》第1卷第3、4期合刊，1935年12月，第4页。
② 《准咨报办理保甲经过情形及今后整理计划查照一案复请查照——咨江苏省政府》，《内政公报》，1937年第10卷第3期，第68页。
③ 内政部统计处编印：《保甲统计》，1938年5月，第3—4页。
④ 《民政厅行政工作概要》，《江苏民政》第1卷第3、4期合刊，1935年12月，第4页。

家的基本前提,是"为取得公民资格之唯一条件"①,"系确立公民之资格,亦自治实施之基础"②。

1929年9月,国民政府公布《乡镇自治施行法》,其中第七、八、九条是关于公民宣誓登记的内容。第七条主要为公民宣誓登记之资格限定,"中华民国人民,无论男女。在本乡镇区域内,居住一年,或有住所达两年以上,年满二十岁";而有下列情事之一者,将不能宣誓登记为公民:"一、有反革命行为,经判决确定者,二、贪官,污吏,土豪,劣绅,经判决确定者,三、褫夺公权,尚未复权者,四、禁治产者,五、吸用鸦片,或其他代用品者"。第八条则是宣誓时的誓词,如下:

> ○○○正心诚意,当众宣誓:从此去旧更新,自立为国民,尽忠竭力,拥护中华民国,实行三民主义,采用五权宪法,务使政治修明,人民安乐,措国基于永固,维世界之和平!此誓。中华民国○○年○○月○○日,○○○签字　立誓。

宣誓完毕,乡镇公所将宣誓人登记为乡镇公所公民,除将公民名册呈报区公所,并将誓词及公民名册汇请区公所转呈县政府备案。③

这是南京国民政府所颁布的第一个规定公民宣誓登记的法律文件。对于此一文件,不少学者给予积极的评价,认为具有划时代的意义。④ 同年12月20日,内政部公布《乡镇公民宣誓登记规则》,对《乡镇自治施行

---

① 《广东省政府公报》1932年第182期,第71页。
② 秦孝仪主编:《抗战前国家建设史料:首都建设(三)》,革命文献,第九十三辑,中国国民党中央委员会党史委员会1982年版,第107页。
③ 良常于定:《地方自治法规》,1931年青浦编印,第22—23页。
④ 孙同勋认为:"因为选举清末咨议局,选民资格规定要有五千元以上的不动产,或中学以上资格;民初选举国会及省议会,选民资格规定要有五百元以上的不动产,或小学以上资格。而且当是只有一定年龄以上的男子合于上述资格者有选举权,女子没有选举权。到北伐完成后实行地方自治,选举县市参议会,性别、财产、教育程度的限制都取消了,所以说国民党的民权主义为一般平民所共有。"孙同勋等编著:《中国文化史》,大中国1998版,第213页。

法》所规定之宣誓制度进行更加详细的解释,如"宣誓分下列两种:一、定期宣誓,由乡公所或镇公所于每年开乡民大会两个月前调查资格,召集举行;二、临时宣誓,由人民随时向乡公所或镇公所请求调查资格,召集举行。前项临时宣誓,乡公所或镇公所,得视人数多寡,择期举行;但人民因必要情形,须速宣誓时,应依其请求行之"。并规定宣誓仪式:"一、全体肃立,二、唱党歌,三、向国旗党旗及总理遗像三鞠躬礼,四、主席恭读总理遗嘱,五、主席领读誓词,人民均举右手且行唱名循声朗读,六、主席训词,七、监视人训词,八、礼成"。誓词内容与《乡镇自治施行法》中的相同。① 1930年9月25日,内政部又公布《市公民宣誓登记规则》,程式与《乡镇公民宣誓登记规则》基本相同,只是其中的主角由乡镇居民变为市民,宣誓地点也从乡镇公所转移到坊公所。② 可见,国民政府要把触角伸向力所能及的城市与乡村。

如此集中公布有关公民宣誓登记的法令,足见国民政府的重视程度。而国民政府之所以这样做,通过条文的分析即可窥得一斑:无论是誓词还是仪式,强化的目标只有一个——孙中山及其学说;而最终的目的也是一个——扩大国民党政权的统治基础,树立南京国民政府孙中山合法继承人的正统地位。

当然,此一制度在以后还有多次修改,如1936年6月27日,国民政府发布命令:废止《乡镇公民宣誓登记规则》《市公民宣誓登记规则》,而代之以《公民宣誓登记规则》,③即将市公民及乡镇公民宣誓规则合并为一个文件。在内政部公布的新的《公民宣誓登记规则》中,对不得进行公民宣誓登记的人做出新的规定:"一、背叛国民政府,经判决确定,或尚在通缉中者;二、曾服公务而有贪污行为经判决确定,或尚在通缉中者;三、褫夺公权者;四、禁治产者;五、有精神病者;六、吸用鸦片,或其他代用品

---

① 良常于定:《地方自治法规》,1931年青浦编印,第60—61页。
② 广州市市政府第一科编辑股:《广州市市政公报》1930年第371期。
③ 内政部公报处:《内政公报》1936年第6期。

者。"该法令包括乡镇居民及市民,其各在所在地(乡、镇公所或坊公所)举行公民宣誓登记,不再分别规定。① 这次条文的修正大概与国民政府统治基本稳固,革命势力处于低潮,而统治阶级内部却进一步分裂的现实有关。

作为南京国民政府首都所在地,江苏省的行动是迅速的,当政府颁布《乡镇公民宣誓登记规则》之后,"江苏省拟通饬各县县长从速办理公民宣誓登记"②。据当时奉贤县县长回忆说:"自遵照内政部所颁《宣誓登记规则》,奉贤在前县长任内,已开始办理。我接任后,复严加督促,积极赶办。至一九三〇年十一月,全县公民宣誓登记完成。"③再如溧阳县,"自治系统,可称完成,各区自治事务,若调查户口,公民宣誓登记,土地注册等,均已积极举办,具有相当成绩"④。南京市为了赶办公民宣誓登记,经市政府决定,酌给各区公所临时费三十元,以使雇员赶办。⑤ 但是这次效果并不明显,因为诸多限制,致使很多人未取得公民资格。⑥

1936年,国民政府宣布召开国大,选举国大代表。因为不经宣誓就不能取得公民证,不是公民也就不能拥有选举权与被选举权,公民宣誓登记再次成为必要的程序。"公民既非经宣誓不能取得公民证,享受公民权,则第一步应即为公民宣誓典礼的举行。"⑦当新的《公民宣誓登记规则》公布之后,江苏省再次掀起公民宣誓登记的热潮。南京作为首都,提出要做全国公民宣誓登记的模范。⑧ 根据《南京市公民宣誓办法》"党政

---

① 湖南省政府秘书处公报室:《湖南省政府公报》1936年第484期。
② 张玉法主编:《中国现代史论集·第八辑·十年建国》,联经出版事业公司1982年版,第35页。
③ 《江苏文史资料》编辑部:《江苏文史资料 第112辑·耆年忆往》,江苏文史资料编辑部1998年版,第100页。
④ 中国人民政治协商会议江苏省溧阳市委员会文史资料研究委员会编:《溧阳市文史资料 第10辑》,溧阳市委员会文史资料研究委员会1993年版,第173页。
⑤ 《南京市政府公报》1932年第109期,第51页。
⑥ 《南京市政府公报》1936年第168期,第92页。
⑦ 阮毅成:《公民宣誓与公民法律训练》,《时事月报》1936年第27期,第163页。
⑧ 《南京市政府公报》1936年第168期,第92页。

军警各机关工作人员,在原属机关举行宣誓典礼"之规定,①可以看到公民宣誓登记是当时一次相当广泛的政治运动。常熟县曹师柳在《伪国大代表选举的丑剧回忆》中记述道:"江苏省伪选举总监督余井塘就职之后,各县即举办公民宣誓登记。常熟县在一九三六年八月十二日,城厢十四镇同时开始,乡区于后一日全部举行。那时伪县府以筹备工作时间较紧,颇为紧张,而一般公民,对选举并不关心,很多不明真相的,不肯宣誓。伪县府责令各乡镇长,分别督促伪保甲长及镇丁等,挨户宣传,说明公民登记的意义,强调必须宣誓以后,才能取得公民资格,才能有选举权和被选举权,才能参加选举。还官样文章地规定吸食鸦片、受过刑事处分和褫夺公权者,不得宣誓。尽管大吹大擂,广大人民还是托故规避。其实当时选举人名册,早经造就,有许多根本是张三李四胡乱填写的。通过这个形式的'宣誓',次日即宣布城厢有三万多人登记。这种情况,在旧社会里,任何一届选举,都是如此,毫不奇怪的。"在此之后,无锡、吴县等地,因为公民宣誓登记只有十之六七到场,地方政府不得不补行宣誓登记,如同儿戏一般。②

抗战全面爆发,江苏很快沦陷,公民宣誓登记暂时中断。从公民宣誓登记制度的内容来看,代表的主要是国家的意志;而就具体的执行者来看,主要是县以下之市乡镇等基层单位。这些原本代表社会力量的基层单位向全民灌输国家的意志,则正是社会国家化趋势加强的表现。黄宗智认为:"晚清与民国时期近代社会整合与近代国家政权建设的双重过程虽然与西方相比可能尚属有限,但已导致国家与社会两方面的相互渗透加剧,并使第三领域的活动日渐增多。"③以此而论,公民宣誓登记制度成为国家向基层社会渗透的有力工具。但是,因为宣誓过程的形式主

---

① 《内政公报》1936年第7期,第74页。
② 中国人民政治协商会议江苏省常熟市委员会文史资料研究委员会:《文史资料辑存 第5辑》,1980年版,第2—3页。
③ 黄宗智主编:《中国研究的范式问题讨论》,社会科学文献出版社2003年版,第274页。

义、行政经费严重支绌等诸多社会因素的影响,公民宣誓登记制度未能取得理想的效果。

除此之外,国民政府还通过壮丁训练、建立国民补习学校、国民训练学校,以及在小学实施保甲训练、让学生在暑假期间宣告、演讲保甲①等方式来加强对基层社会的控制。总之,不管是培训、考试、公民宣誓登记,还是其他方式,国民政府都表现出对基层社会控制与整合的强烈欲望。

三、地方自治的党化与军事化

对于党治,人们往往带着有色眼镜去审视,国民党的党治,更是常常遭到时人及后人的诟病。时人之所以贬低之,主要是因为部分党员素质低下,损公肥私所致;后人之所以诟病之,往往是因为受当时主流意识形态的影响。对此,罗昂夫曾对党治进行正名说:"我国自国民党掌握政权以来,迄今亦已五年矣。然而国事日非,每况愈下,近且党纲失坠,国本动摇,此又何说也?曰:此无他,假党治之名而行军治之实也。年来军阀横行,违背党纪,已达极点!而平日以党治号令天下者,不特不能刻苦耐劳,躬身实践,反而贪污勒索,贿赂公行。以如此少经试验之三民主义,尽付诸彼寡廉鲜耻卖国求荣之辈,党基安得不毁,国事又安得而不坏!?然此犹仅就其已入党者言之也。至若未曾入党之官吏员司,亦皆以政府限令入党之故,相率混入党内;政府以党籍为评陟人才之标准,官吏则借党为护符,以行其万恶之私,由是公职人员,无恶不作,而民生涂炭矣!是故以党专政数年,党治之功能未著,而'天下许多罪恶,反先假汝之名以行之'矣;民治之目的未达,而人民向之自由平等不曾为前清帝国剥夺者,仅则被党国摧毁净尽矣!国人不察,遂皆归咎于党治,夫岂党治本身

---

① 《关于令各校利用暑假期内命学生宣告保甲工作并准列入假期作业为成立一科的训令》,苏州市档案馆藏,I05 - 001 - 0431 - 028。《关于令知凡学校学生在暑假期内协助讲演保甲的训令》,苏州市档案馆藏,I05 - 001 - 0431 - 030。

之过欤？"①所以说，党治不是民治的天敌，一党专制才是扼杀民主的罪恶渊薮。

刘瑞恒认为，"吾国政体，从帝制变为民主，又从民主变为党治"②。这是对我国近代政体变革的一个高度概括。在此一过程中，民主为人民所呼吁，但却不能一蹴而就，因而不得不以党治作为实现民主的中介。这与孙中山"以党建国""以党治国"的指导思想是相契合的。在江苏省地方自治推行的过程中，亦有党化不断加强的倾向。其主要表现在以下几个方面。

第一，在江苏省地方自治筹备期间，国民党是自治政策及法令的主要制订者；且在江苏省分区进行地方自治实验时，国民党又成为自治实验的主导者。这在前文已经论及，此处不再赘述。

第二，江苏省县级及县级以下行政人员的成分同样表明，党的力量在基层行政机构中不断加强。首先，就县长的成分来看，绝大多数都是党员。据江苏民政厅统计，在1935年9月的61位现任县长中，有50位是党员，仅11人为非党员，显示出国民政府县级政权中的党治精神。③于右任就非常强调县长要"明瞭党义"，认真贯彻执行党的政策，"兹先就训政时期之县长而言，第一要明瞭党的训政政策，及其实施步骤；其次要有坚决忠实的意志能深入民众，补助地方自治之实行。再就军事未了的地方之县长而言，其难更甚于进入训政时期的地方。总理说'信仰生力量'，我说县长如明于党义，任事必真，做事必勇，所有恶势力必易排除。总而言之，县政之良好，即本党政治深入民众之成功，反之，即本党基本政治工作之失败。所以全国政治的基本建设在县，而其担任重要工作之一者县长"，"我之论县长关于训政，因更联想到'三民主义下的官吏'。

---

① 罗昂夫：《以党治达到民治》，《民治评论》第1卷第3期，1932年6月，第8页。
② 《刘瑞恒先生题词》，《苏政》半月刊第7号，1930年8月。
③ 《江苏民政》第1卷第3、4期合刊，1935年12月。

三民主义的官吏,即国民政府下的官吏,而国民政府下的官吏,不尽为本党党员,但是三民主义是本党建国治国的最高原则,所以官吏要党员化,衙署要党部化,而训政始能成功"①。其次,就自治实验区的区长来看,江苏省政府曾明确规定各县自治实验区的区长,由省党部在本省党员内遴选年满二十五岁者任用之。② 另外,国民政府还强调对于区以下组织机构的党化渗透。徐幼川就明确提出:"以国家社会而言,乡村为基层组织,过去本党组织,仅偏重城市,而忽略乡村,致广大之农民群众,易为异说所乘。今后亟应以乡村为发展组织与宣传之重要对象,与乡村社会中,深植本党之势力。"③

第三,在区乡镇保甲长的训练过程中,党义皆被作为必修科目。如在区长培训课程中,就把国民党党义放在最重要的位置,所谓党义包括三民主义,建国方略,建国大纲,五权宪法,中国国民党组织及训练,中国国民党政纲及宣言,中国革命史,帝国主义侵略中国史等。④ 在《江苏省各县乡镇长副训练课程纲要》中,"党义纲要"同样被摆在首要的位置。⑤ 保甲长的训练也同样反映了这个问题,江苏各县保甲编组完成后,民政厅即以训练保甲人员相督促。训练课程除党义、公民常识、保甲须知、新生活须知外,又增加了不少的其他科目。⑥ 也就是说,区乡镇保甲长即使不是党员,也要明白党义,并进而强化、遵循、贯彻。

另外,自治成绩亦受各级党部的监督与考核,部分自治经费需要各级党部来筹拨。在江苏各县创办自治实验区时,明确规定,"实验区自治成绩,由省党部分别考核"。"实验区之经费,除以本省原有之自治经费

---

① 于右任:《县长与主义》,《苏政》半月刊第10号,1931年3月,第5页。
② 《江苏省鉴》,成文出版社1983年版,第60页。
③ 徐幼川:《党员怎样协助推进地方自治》,正中书局1944年版,第44页。
④ 吴笠夫:《江苏地方自治之进行》,《区政导报》1930年第7期,论著,第2—3页。
⑤ 《江苏省各县乡镇长副训练课程纲要》,《区政导报》1929年第2期,政令,第2页。
⑥ 陆占亚:《江苏省保甲推行之实况》,《时事月报》1936年10月号,第298页。

外,另由省政府及该县党部县政府每月各拨助三百元。"① 这些都表明,地方自治与党治发生密切的关系。

1931年,正在与南京国民政府闹分裂的汪精卫曾对训政时期的自治与党治有所论及,他主张中央政府、省政府仍然在党的指导之下从事政治的活动,主张党的决议交由政府执行,反对由党直接命令一切政治的活动;地方自治的推行,也应该由党指挥同志,领导人民积极从事。② 汪氏主张有两层含义:第一,反对一党专制,第二,地方自治应该在党的领导之下。除去政治上的争权夺利,其中实不乏真知灼见。进一步揭露了南京国民政府以党治渗透自治的本质。总之,以党治推行地方自治含有另外一个方面的含义,即通过党的系统来加强国民政府对基层社会的渗透。

但是国民政府推行党化自治的效果并不好,推其原因,大概有如下几点。

第一,县级行政人员与传统地方势力关系暧昧,难以消除旧势力对基层社会的影响。在国民政府建立之初,县级干部往往"依附地方巨室,暗树声援,仍不外官绅相结,苟求无事,而于民众多数之趋向,表面上虽似接近,实际上并未能交融,各县设施,亦无何项足以表视国民政府统治下之政治,其于本党主张民治之精神,实有未洽"。③ 国民政府的对策则是明令申诫,申明党义,以巩固党基,以弘扬民治精神。

第二,党员难以深入基层社会,党的主义自然停留在宣传的表层。据相关统计,从县长到保甲长,党员所占比例呈不断下降趋势,如1935年9月江苏省61位县长中,有81.97%为国民党党员;而至区长,党员的成分大为减少,曾从事党务工作的区长仅占8.69%。④ 保甲长中的党员

---

① 《江苏省鉴》,成文出版社1983年版,第58页。
② 汪精卫:《地方自治与党治》,《中央导报》1931年第7期,第2页。
③ 《省政府力图实现党的政治》,《江苏省政府公报》1927年第15期,第4页。
④ 《江苏民政》,第1卷第3、4期合刊,1935年12月。

则更少,以1936年的南通县为统计对象,党员身份的保甲长不足总数的0.26%,党的势力在基层极度微弱。① 这种党员迅速递减的情况必然严重影响国民党政府对基层社会的整合与渗透。

第三,对自治保甲人员训练及宣传的效果令人怀疑。虽然在区乡镇保甲长的训练中加强了对党义的宣传,但是在民众智识不高,训练时间短促的情况下,能否达到效果确实令人怀疑。民政厅认为,"以一二两届训练之区长,考核方法既未严密,训练时期又甚短促,以致一部分知识幼稚能力薄弱行为失当者,亦掺入其间"。因此采取重新审核、补习的方式进行弥补。② 如果这些所谓的地方自治主导力量都不能明晰党义,又怎么能寄希望于他们通过宣传明示党义于大众呢?

由此可以得出结论,国民政府对基层社会的渗透难以达到它的预期目的。根据国民政府所面临的实际情况论,以党治促进自治不失为一种路径。因为过去几千年专制主义的影响,广大民众很难在短时间内进入自治的角色,需要有组织、有主义的政党的指导。但蒋介石政府把自治视为实现党治的基础,实有本末倒置之嫌。在党政训练班第一期开学训辞中,蒋介石如是说:"我们过去十几年来,因为没有实行地方自治,所以党治没有基础,主义莫由实行,形成既非党治,又非民治的怪现象。"③因此,南京国民政府不是把党治作为实现自治的工具,反而是把自治视为通向党治的路径,这一指导思想的改变使地方自治最终沦为国民党一党专政的工具。但是因为党的势力在基层社会弱化,导致国民政府地方自治党化的力度同时下降。

党化的同时,江苏地方自治又出现了另外一个特色——军事化倾向,军事化源于江苏省保甲制与地方自治的融合。以军事色彩强烈的保甲制融入地方自治,必然导致地方自治团体变成以自卫为主的军事化组

---

① 金宗华:《一年来之南通保甲(续)》,《生力月刊》1936年第5期,120—121页。
② 《江苏省保甲总报告》,镇江江南印书馆1936年版,第24页。
③ 徐幼川:《党员怎样协助推进地方自治》,正中书局1944年版,第38页。

织。对于自治与保甲融合之后的弊端,国民政府是有深刻认识的,在《调整地方自治与自卫制度案》中,其认为:

> 近自剿匪以还,鉴于自治之流于形式,更颁行地方自卫制度,施行保甲以强固地方基础。三年以来,各地政治下层结构日形巩固,目前清剿匪共,固有绝对把握,即本党主义政策可运用,地方组织,逐步推行。顾本党办理地方自治,其主要目的,盖在树立民治基础。其所以强固地方组织,仅属地方自治之初步工作。而目前各地施政,狃于现行自卫组织之成效,有专办自卫之趋势。对于急须完成之自治工作,及所运行之制度,反疲弱而无统绪。驯至地方组织重叠,闾邻与保甲,存废不定,权责不清:有以自治制度兼办保甲,或以保甲组织办理自治;意义不明,或以保甲之举办夸自治之成功,或目自治为地方政府之胥役。地方势力离散而归于无力,政令重叠而多浪费,人民纷纭无所适从,自治流于官治,民治无从扶植。①

地方自治与保甲制融合的结果导致保甲制的喧宾夺主,地方自治的军事化倾向更加浓厚。而地方自治的军事化本身则是对地方自治的一个反动。因为地方自治最大的特点是地方团体之独立人格的体现,而保甲制则完全消灭此种独立人格,使保甲长成为政府渗透基层社会的工具。

总之,南京国民政府所推行的地方自治出现严重的党化与军事化倾向。在党政并行的政治双轨体制之下,②自治党化本身就是自治官治化的一种表现;而以保甲代替闾邻的做法虽然是自治组织末梢的军事化,却将导致整个基层自治组织的质变。理论上讲,地方自治的党化与军事化会在一定阶段内促进党国体制的稳固,但在诸多因素影响下,国民政

---

① 《调整地方自治与自卫制度案》,《地方自治》1935 年第 3 期,第 437—438 页。
② 王奇生:《战前中国的区乡行政:以江苏省为中心》,《民国档案》2006 年第 1 期。

府并未实现对基层社会的有效控制。国民政府监察委员高一涵对江苏省各县的自治机关如此评价:"仅到县为止。区以下之乡镇公所,多未设立完备,即呈报设立,亦不过为纸上空文。"①保甲制在安定社会秩序的同时,又产生了严重的负面效应,效果适得其反。地方自治党化与军事化在事实上削弱了国民政府的统治基础,也伤害了党国体制赖以存在的根基。

综上所述,南京国民政府成立之初,摆出秉承国父遗教、力行地方自治的姿态。接续大革命时期的思维,沿用党政双轨的国家治理模式,力图通过国民党的"保育"来完成新式民族国家的建设大业。服务于此一目标,地方自治始终被置于行政官厅的严格控制之下,使其成为国民政府渗透与整合基层社会的有力工具,正如王维墉所言,训政时期与宪政时期地方自治有很大的不同,"训政时期之地方政府及其他下级自治团体之组织,不能由下而上,由人民选举负责之人员组织机关,必须由上而下组织之"②。与南京国民政府步调一致,江苏省积极制订各项自治法规,并制订在五年内完成县自治的日程表,显示出一定的决心。但在自治人才缺乏、自治经费支绌、县级政权权限重叠、社会秩序动荡不安等各种因素的影响下,江苏地方自治推行得并不理想。与江苏省县区自治实验、推行保甲制同时进行的是国民政府对县级政权的改革:裁局改科、分区设署、厉行保甲等,这些措施的赓续推出,使地方上逐渐形成"县长专制"、区级自治官治化、地方自治军事化等现象。江苏虽然保留了乡镇自治组织,但在"上不着天,下不着地"的情况下,其不免成为名副其实的幌子。从理论上讲,地方自治的质变导致地方精英进一步倾向于国家,第三领域的国家化倾向更加明显,从而形成国家对民间社会的直接渗透与控制的趋势。以党治代替政治、以官治代替自治成为国民政府执政的基本取向,一党专政国家的形成有其必然性。

---

① 戴建彪:《改进地方自治之根本问题》,《地方自治》创刊号,1936年3月版。
② 王维墉:《吴县县政》,南京图书馆藏(手抄本)。

第六章 地方自治与近代中国政制转型关系之检讨

20世纪的前30年是近代中国重要的政制转型期,王朝体制在内忧外患中陷入重重危机,建设民主宪政成为国人热烈追求的政治理想之一。地方自治作为宪政之始基,必然被国人奉为圭臬。清末之地方自治的试办,以及清政府对地方自治主导权的争取,表明国家与地方精英对地方自治都产生了极其浓厚的兴趣。随着清王朝的覆灭,"数千年相传之政治制度也顿然随之俱废,全社会乃骤失其维系作用"[1],时代的过渡性更加明显。如何建立新的社会秩序成为当务之急!但此后之中国很快便被卷入军阀割据、社会动荡不安的旋涡,对社会秩序的整理亦进入一个挑战与机遇并存的时代,中央政府、地方军阀、地方精英,都想在此一过渡时期抓住历史的机遇,但又往往经受不住严峻的考验而纷纷成为历史的陈迹。中国国民党以革命的精神摧毁旧式地方精英势力,并以新式党员干部取而代之,导致基层社会的党化倾向。这种倾向在南京国民政府成立之后进一步加强,并最终形成国民党一党专政的局面。近代国

---

[1] 梁漱溟:《乡村建设理论》,上海世纪出版集团2006年版,第15页。

家的转型从一种专制走向另一种专制,其转型并不成功![①] 一党专政的建立是否有其必然性?通过国家对基层社会的占领而建立起来的社会结构是否稳定?应如何促进国家与社会的良性互动?这一系列的问题都值得人们深刻反思!

第一节 近代中国政制转型的动力因素分析

一、国家的干预与渗透

在近代地方自治推行的过程中,国家作为控制主体,地位逐渐被强化。此论可以从以下三个方面来看。

首先,从自治法规制订的主体来看,地方自治法令过于强调整齐划一。最初江苏各地试办地方自治时,自治章程基本是由各地自行制订,交由行政官厅审议,然后公布施行,这一过程尚能顾及各地的实际情况。至清政府公布《城镇乡地方自治章程》与《府厅州县地方自治章程》,则对各省之自治法规的制订有了严格的限制。中央统一之法令犹如地方自治法规之"宪法",不得违背,此本为自治监督应有之义。但是,因为该法令过于细密,导致在此基础之上所制定的地方自治法规陷入僵化的囹圄。民初江苏省自行公布《暂行县市乡制》,无论从制订主体,还是从实质内容来看,都具有时代的进步意义。但好景不长,两年之后,即遭袁世凯政府废弃。不久,袁氏地方自治法令又以中央名义统一颁布,其官治味道浓厚,自治精神基本消失殆尽,结果遭到江苏地方精英的极力反对。

---

① 这种不同类型专制的转变类似于学术界所讨论的"自治型治理"与"控制型治理"的问题。"自治型治理,是以一定社区或群体为对象而相对独立地组织起来的公共权力管理方式。""控制型治理,是一种自上而下的单向度的政治统治方式。就其权力关系而言,是一种科层制。"(王圣育:《近代乡村自治研究》,中国政法大学 2005 年博士毕业论文,第 80 页。)这两种方式的分别非常具有启发意义,但就中国的实际情况看,古代传统的绅治能否称得上"自治型治理"尚值得商榷。

袁世凯之后,北京政府又相继公布《县自治法》《市自治制》《乡自治制》等法令,仍是以中央政府名义统一公布,结果亦不为江苏地方精英所承认,人们热衷的是恢复江苏旧有之县市乡制。经过江苏地方精英的不懈努力,江苏自行恢复县市乡制。南京国民政府时期,中央政府仍然先统一制订颁布自治法令,然后再由各地根据此法令制订地方自治法规。南京国民政府这种由中央政府统一公布自治法的做法,仍然难逃自治法规僵化之讥。吕复曾言:"鄙见以为关于吾国之地方自治制度,国家为之立法未可过于详密,似宜持其荦荦大端为原则之立法,而以其详让之于各省,因地制宜,求其至当。"①

其次,从国家对地方自治的实际干预来看,地方自治推行的过程,亦是国家对民间社会控制不断加强的过程。清末地方自治先由民间试办,但不久即为清政府所主导之地方自治取代,地方自治推行主体的转变,显示出国家力图通过制度性机制加强对民间社会整合与控制的目的。王先明认为,"清代乡村社会的教化体系乃是一个二元同构性的组织系统,即以保甲制为代表的官方教化组织和形式与以宗族、乡约为代表的非官方教化组织与形式同构而成"②。但诸多因素的影响,使这种教化体系在晚清社会逐渐解体,清政府不得不求助于制度性机制来加强对基层社会的控制与整合。北京政府时期,袁世凯对地方自治并无好感,他容忍对清末地方自治的继承与发展,有打着自治旗号以强化政权合法性的意图,而实际态度却是取消地方自治,加强中央集权。此一目的主要体现在袁氏自治制上,这种以官治代替自治的行为进一步反映了中央政府加强控制基层社会的意图。袁世凯之后,全国各地陷入军阀割据的旋涡,北京中央政府亦陷入"政令不出京畿"的尴尬,其不能有效控制地方,更不愿通过地方自治进一步分权,虽偶尔颁布自治法令,却也看不出多

---

① 吕复:《比较地方自治论》,商务印书馆1943年版,第9页。
② 王先明、尤永斌:《略论晚清乡村社会教化体系的历史变迁》,《史学月刊》1999年第3期,第105页。

少诚意。至南京国民政府,先把自治层级延伸到闾邻,后以保甲代替闾邻,国家渗透基层社会的态势进一步增强。有人如此评论:"数千年来的专制,仅仅使一般人认识政府的任务是收取粮税,处理诉讼的两件事,此外和政府不发生关系。……到了国民政府奠都南京之后,才把政府职务逐渐的扩大。……从前对于修桥补路认为是一种慈善事业,现在政府要求来代庖或予以指导;从前对于仓储,都是由地方士伸(绅)支配,现在政府要来干涉;从前各个人的不讲卫生,悉能自由,现在政府要来干涉;从前各人的子弟,读书不读书,悉能自便,现在又要强迫;从前各个人是各个家庭的私人,现在要对地方或国家,服相当的义务劳役。总之,一切的一切,政府都有法规来指导或限制民众。"①这反映了南京国民政府时期国家对民间社会加强渗透的基本事实。

再次,从地方自治与行政官厅的关系来看,地方自治始终未获得"独立"的地位。清末之地方自治为官治之补充,这是清政府预设的原则性问题,在清廷诏发宪政编查馆的上谕中,明确指出,"地方自治乃辅官治之所不及,仍统于官治之内,并非离官治而独立之词"②。北京政府时期,地方自治的法律地位有所提升,不再被看作官治之补充,而成为与官治行政同时存在的基层行政制度,但在实际推行过程中往往名不副实。南京国民政府时期,因为国家的主观意图与社会的客观环境,地方自治逐渐内化为官僚体制的一个低级部门。根据自治法规,其拥有广泛职权,但实际生活中,这些职权又同时为其他行政官厅所拥有,以致出现地方自治事务被行政官厅瓜分的情况。以吴县为例,根据区自治施行法,区长的职务多至21项,在这21项中,基本是由区民大会决议交办,但是因为区民大会尚未成立,所以吴县将法令所规定之职务,凡属于事务之性质者,如农田水利、森林培植等可归建设局办理;财政收支及公款公产之

---

① 金半欧:《自治与自卫的一种观察》,《地方自治》1935年第3期,第3页。
② 《上谕》,《申报》,1909年1月25日。

管理等可由财政局办理。结果,区长执行的职务,仅仅包括户口调查、人事登记,保卫,粮食储存及调节,合作组织及指导,风俗改良,育幼养老、济贫救灾等设备,区自治公约制定等七项。[①] 当区成为行政官厅的正式层级之后,更毋庸论自治的问题。因此,所谓的自治事业往往是由行政官厅来执行,地方自治虚有其表而已。

总之,在近代地方自治推行的过程中,国家对基层社会的控制呈现不断加强的趋势,这种国家的强势渗透,决定了中央与地方之间难以适度分权,而只能是集权的事实。

二、士绅阶层的分化与绅权功能的异化

在古代中国,士绅阶层是国家与民间社会之间的缓冲力量,在《牧令书》中如此说:"为政不得罪于巨室,交以道,接以礼,固不可权势相加。即士为齐民之首,朝廷法纪尽喻民,唯士与民亲,易于取信。如有读书敦品之士,正赖其转相劝戒,俾官之教化得行,自当爱之重之。"[②] 这种力量的存在润滑了官方与民间社会的关系,使整个国家秩序处于一种长期稳定状态。但是,随着近代士绅阶层的急剧分化,中国传统社会结构亦遭受严重冲击。近代以来,士绅阶层的变化主要体现在以下几个方面。

第一,地方士绅身份的多元化。在近代社会发展的过程中,因应社会转型中的各种新生因素,相继出现了所谓军绅、商绅(或绅商)、学绅、权绅等新的士绅成分。在江苏地方自治推行的过程中,不同成分因不同的历史机遇而产生,其在地方自治推行过程中的作用亦不同。清政府自治章程颁布之前,绅商是士绅阶层中最具有时代精神的一部分,这部分人或由绅而商,或由商而绅,或亦绅亦商,但较为一致的是,他们的社会威望与地位的取得多与平日关注大众福祉、社会福利等有关,且与传统

---

① 胡瀚、何子竞编述:《吴县县政》,1932年1月,南京市图书馆藏(手抄本)。
② 王凤生:《绅士》,载《牧令书》,第16卷,第26页。转引自张仲礼《中国绅士——关于其在19世纪中国社会中的作用的研究》,上海社会科学院出版社1991年版,第29页。

正绅有着较为密切的联系。随着清末官厅主导之地方自治的出台，地方自治组织被逐渐纳入国家体制内，结果出现了一批依靠体制强制力量的"权绅"，他们往往依靠体制强制力量，在地方上狐假虎威。权绅的出现，加快了整个士绅队伍劣化的进程，因为他们所依赖的权威资源是国家的体制强制力量，所以很容易丧失独立性。这部分人最为正绅所看不起，但却是官办地方自治推行的主体，是与行政官厅利益一体化的产物。学绅则主要是因为新学兴起而出现的一个比较特殊的群体，其组成队伍相对年轻，有新式学堂学生，有留学生，但是这部分人并不是地方自治推行的主体，其主要分布于政界与教育界，且大部分居于城市。如留学生，张朋园先生指出："留学生归国之后，按理应该回到他们的家乡服务，但实际上并不如此。留学生回国，不入政界则从事教育，两者的机会都以大城市为方便。"①这实际表明，新式知识分子对于地方自治的贡献主要不在行动，而是自治思想的宣传。但新式知识分子的流向加剧了近代知识分子城市化，乡村社会知识荒漠化的趋势。

第二，地方士绅功能的异化。与传统正绅在国家与民间社会之间的缓冲功能不同，近代地方士绅身份的多元化导致士绅阶层功能的异化。在清末江苏试办地方自治之时，正绅、绅商尚能积极参与其间，这大概是因为此时试办的地方自治有更多的自主性，与传统绅治更加相似。当由行政官厅来主导地方自治时，相当一部分正绅采取了退避的态度，正绅的退避给地方上地痞无赖的渗入提供了机会，这些人钻营求取的结果，加剧了士绅队伍的劣化。掌握权威资源的豪劣往往因私害公，或者纯粹成为国家执行政令的工具，其在国家与民间社会之间的缓冲功能逐渐削弱。北京政府初期，自治选举中层出不穷的不法与诉讼，表明士绅队伍的劣化并未因共和制度的创设而有所改善，这也是袁世凯政府废止地方自治时，并未引起人们普遍反感的原因。此后出现的恢复地方自治的呼

---

① 张朋园：《知识分子与近代中国的现代化》，百花洲文艺出版社2004年版，第13页。

吁和运动,应该分两种情形:一是因为民气上升,地方精英对北京政府的不法行为表示不满,从而开始了与国家博弈的过程;二是因为地方自治的废除导致部分权绅丧失了在基层社会获取权威资源的资本,他们力图通过恢复地方自治而重新进入体制内。大革命时期打倒土豪劣绅的扩大化,更加彻底地把传统士绅从基层社会管理者的职位上踢开,国民政府以自己所派出的党员干部填补基层社会的权力真空,显示出国家通过控制第三领域进一步渗透基层社会的意图。但是,随着国民党的右转,对"土豪劣绅"的打击程度大打折扣,也决定其整合基层社会的失败命运。南京国民政府成立之后,限制并不绝对避免地方士绅参与对基层社会的管理,但总体上加快了基层社会管理者官僚化的进程。

第三,地方士绅地位的变化。清末民初,地方士绅在民间社会的地位一落千丈,从"四民之首"变成"无绅不劣"。王先明对此一天翻地覆的变化进行了很好的诠释,在强调乡村社会——权力结构变动的同时,亦指出不同集体对传统士绅迥异的"历史记忆"不容忽视。[①] 当以宗族、伦理为遮盖物的绅权被扯掉面纱后,剩下的多是在国家支撑下,绅权迅速扩张的事实。绅权的扩张导致一般民众的利益受到直接的侵害,这必然导致绅民之间矛盾的不断激化。同时,国家对士绅阶层往往采取"用之则捧,不用则弃"的态度,因此又形成地方精英和国家之间若即若离的情形。这种与国家、民间社会关系的双重紧张,导致士绅阶层的缓冲作用被不断削弱。当国家直接派遣的行政干部进入基层社会后,地方士绅在基层社会的权威更是岌岌可危,要么按照国家的意志行事以跻身于新一代的地方精英,要么抗衡国家的渗透成为国家整合民间社会的"绊脚石"。事实证明,士绅功能的异化导致地方士绅地位的逐渐下降和总体力量的不断衰退。

---

① 王先明:《历史记忆与社会重构——以清末民初"绅权"变异为中心的考察》,《历史研究》2010年第3期。

总而言之,在近代国家转型的过程中,士绅阶层的成分及其功能都发生了重大变化,这一变化的结果导致第三领域发生质变,国家与民间社会直面的机会增多,社会矛盾不断激化。

三、民众对地方自治的态度以及民智未开的现实

在近代地方自治推行的过程中,基层民众的社会参与并不明显,但其基本态度却不容忽视,徐勇认为,"没有由一个个处于政治孤立封闭状态的村社构成的基础性政治社会,高度集权的君主专制主义政体就无从立足并凌驾社会之上进行自我更迭循环。而且,往往正是基础性政治社会的状况和特点才是影响社会发展的深层原因"①。从国家、社会、第三领域的分层中,民间社会对近代国家的转型无疑有着极为重要的影响和意义。

在清末地方自治推行过程中,民众的基本态度是抵制,集中表现则是此伏彼起的反自治民变。这种态度的产生,有诸多直接诱因,如老百姓认为所谓的地方自治仅仅是摧毁神祇、增加捐税而已,结果引起广泛的不满。但根源却在于民智未开,人们对地方自治缺乏基本的认知。至民初北京政府时期,基层民众对于地方自治基本持漠不关心的态度,之所以如此,在于民初地方自治的推行往往止于精英阶层的行为,与清末行政官厅、地方精英对自治的大肆宣传相比,民初唤醒基层民众的努力明显不足。南京国民政府时期,民众的反应多是敷衍了事。如吴县在户口调查时,虽然没有发生民变,但仍然出现"因缺乏宣传,人民不明调查登记为何,往往怕被调查登记,加之乡镇长等,知识欠缺,不认真办理,故于所填之表,多不确实"②的情况。这一方面说明民众智识的缺乏,另一方面说明基层自治职员对地方自治的敷衍态度。

---

① 徐勇:《非均衡的中国政治:城市与乡村比较》,中国广播电视出版社1992年版,第3页。
② 王维塽:《吴县县政》,南京图书馆藏(手抄本)。

总体上来讲,广大基层民众对地方自治采取的是抵制或者漠不关心的态度。虽然在一定时期有行政官厅与地方精英的宣传与动员,但是,就基层民众受教育的程度来看,仍然缺乏必要的接受机制。清末民初勿论,即使在南京国民政府时期,"我国不识字者,占全人口百分之八十,约为三万万余人,这是最近的调查,如果真是实行地方自治起来,还不是让这几千所谓士的一阶级的人来治理这三万万余盲目的农工商人?在乡间,亦不过受少数土豪劣绅的把持操纵?那能够谈到自己管理自己,适合地方人民的公意?!"①亦有人对1935年江苏省人口的识字情况进行调查,结果表明,江苏省识字者不及总人口的15.21%,文盲则超过84.79%(如表6-1),即使识文断字,亦未必见得对地方自治有基本的认知,由此可以推知地方自治所遭遇的人文环境是极其糟糕的。

表6-1 1935年江苏省各县识字人口统计

项目	识字		不识字		备注
性别	男	女	男	女	
人数	4 722 495	573 308	13 507 041	16 025 219	共34 828 063人

资料来源:《江苏省保甲总报告》,镇江江南印书馆1936年版,第114—116页。

梦涛感慨道:"诚以中国之大,四万万人民之众,类皆无能之阿斗。即千分之一之知识分子之中,除去思想腐化,与行动恶化者之外,能切实为人民办理自治者,实不多见,即有少数热心之人士,恐亦于自治之精义,知之不深。"②在谈到南京国民政府推行地方自治的困难时,甘乃光认为,"民众教育尚未普及,对于自治运动,向无深切认识,加以革命政府几经挫折,虽经极力宣传提倡自治,人民仍未感觉兴趣"③。最终结果,自治往往被绅治或者官治代替,"我国民政府成立后,令行各省县市所办之地方自治,或被地方土豪劣绅操纵把持,致人民欲实行民权而不能。或地

---

① 钟鼎铭:《地方自治与识字运动》,《中央导报》1931年第7期,第202页。
② 梦涛:《地方自治实行法之解剖》,《村治月刊》1929年第1卷第10期,第4页。
③ 甘乃光:《中国地方自治事业进行近况》,《大陆》1932年第1卷第5期,第5页。

方多为目不识丁之愚民,无能力行使民权"①。如江宁实验县,"不识字之人,占大多数,而妇女几全数不识字,实行选举,为一大困难事,故乡镇长副之产生,由指导员操持之,村里长副,由乡镇长及少数村民决定之"②。所以说,民智未开是造成地方自治不能推行的根本原因,同时也增加了国民政府对基层社会渗透与整合的困难。

总之,从国家、地方精英、民间社会三个层面进行分析,可以看到国家的强势渗透、地方士绅队伍的劣化与功能的异化、基层民众对地方自治抵制或漠不关心的态度,最终导致近代地方自治沦为国家渗透第三领域及基层社会的工具。而地方自治在基层社会推行的失败,则是民主宪政国家理想破产的深层原因。

第二节 国家与社会关系良性互动的条件

历史的车轮一旦启动,便会产生巨大的惯性。以国家渗透基层社会的努力贯穿国民政府统治的始终,但其最终亦未完成对基层社会的有效统治。与国民党对基层社会的渗透相比,共产党的整合取得了巨大的成功,其以农村包围城市的中国式革命道路,成功地在中国大地上建立起一个崭新的政权。但是,那种国家对基层社会强势整合的态势并未因新国家的建立而有所减弱,相反却呈愈演愈烈之势,并在新中国成立后的前三十年达到了登峰造极的地步:民众个人的私生活横遭国家干涉,民间社会在国家的强势进攻下几无容身之地。"整个社会组织的范围急剧缩小,但正式国家机构的规模却成倍增大,其结果是传统第三领域大幅度的(借用哈贝马斯的话来说)'国家化'。"③改革开放之后,随着经济的

---

① 戴建标:《地方自治与三流弊》,《地方自治》1935年第3期,第550页。
② 张德善:《江宁自治实验县地方自治调查摘要》,中国地方自治学会1935年版,第17页。
③ 邓正来、J.亚历山大编:《国家与社会:一种社会理论的研究路径》,中央编译出版社1999年版,第421—443页。

发展,政治民主化改革也在不断取得新的成果,回顾过去的历史,也许能够对今天有所启示。

一、合理的分权制衡

从近代地方自治推行的过程来看,中央加强集权的过程与中国近代政制转型的过程几乎是同步的,无论结果如何,这种趋势和意图都非常明显。有人从国费与地方费的分割上来论证民初实行集权而非分权的问题,很有启发意义。

表6-2 清末民初国家与地方费分割比例比较

年度 项目	中国			英国		法国		德国
	1912	1914	1916	1898	1913	1901	1913	1907
国费	642	357	471	108	189	3554	5067	7815
地方费	59	32	18	91	200	761	1651	2150
地方费对于 国费之比例	9.2%	9%	4.1%	84%	105%	21%	32%	36%
附注	中国以百万元为单位,英国以百万英镑为单位,法国以百万法郎为单位,德国以百万马克为单位;表中材料来自《民国财政史》(贾士毅著)及《财政学总论》(陈启修著)。							

材料来源:吴长春《县地方经费之研究》,《财政经济汇刊》1932年第1卷第6期,第3页。

根据表格内容可以看到,民初中国之地方经费所占比例极少,财政的分割在很大程度上反映了政治权力的分割,这是中国实行中央集权的一个事实。因此,其所推行的地方自治必然成为"集权的自治"[①]。

南京国民政府时期,虽然也有国家费与地方费的划分,"但是省与县,县与乡镇的分配的标准,尚未确定,以致组成的乡镇无款维持,未成的乡镇,借端延迟。现在仅不过从县政府拨少许的款项,作为区长的生活费,借以苟延残喘。"[②] 经费无着落,地方事业势必不能发达,事事仰赖

---

① 吴长春:《县地方经费之研究》,《财政经济汇刊》1932年第1卷第6期,第4页。
② 赵如衍:《地方自治之实施的研究(续)》,《复兴月刊》1933年第1卷第12期,第14页。

于行政官厅,必然加重地方对国家的依赖心理,以这种弱势的地位来抗衡国家的强势干预,无异于痴人说梦!

因此,欲实现国家与民间社会的良性互动,很重要的一项原则就是分权制衡。所谓分权,从纵向上来讲,是将集中于国家的权力适当分诸于地方;从横向上来讲,是各级组织外部与内部的分权,如地方自治,首先强调自治机关与地方行政官厅之间的分权,其次必须强调自治机关之议事与执行部门之间的分权。所谓制衡,则是分权各部分对于自身权利的维护,并能对于相关之部分的不法行为做出有效的反应与制止。只有分权才能制衡,只有制衡才能将国家与社会置于对等的地位。

当前,我国部分地实现了国家行政机关内部的分权制衡,但是,因为民间社会的弱势地位,难以形成对国家行政机关的有效监督。以当前最基层的村自治来看,议决与执行基本是同一套班子,村两委作为国家在基层社会的代理人,最大的功能是执行国家的意志,而不是寻求区域内的自治。于建嵘认为,在近代乡村现代化的过程中,"只有将乡村社会纳入到国家的体制之中实现全社会的有机整合,才能获得国家现代化的经济和政治资源"[①]。笔者认为,这种过度强调国家主导地位的观点不是来自对历史事实的反思,而是无条件的全盘认同。其合理性在于历史的必然性,其解释不通的地方在于为什么经过半个多世纪之后,中国的政治民主化改革仍然处于比较落后的状态!

因此,在对历史反思的过程中,人们应该进一步认识到分权制衡的实际价值。当然,分权制衡并不是国家与社会的绝对对立,与矛盾无处不在的道理一样,回避只能导致矛盾激化,只有直面矛盾才能解决问题,实现矛盾双方的良性转化,并达到真正的统一,而这种统一才是实现国家与社会和谐共处的有效路径。

---

① 于建嵘:《转型期中国乡村政治结构的变迁:以岳村为表述对象的实证研究》,华中师范大学 2001 年博士毕业论文,第 223 页。

二、培养新的中间阶层

毋庸置疑,绅治有自身难以克服的缺陷,如为少数人之治,是专制社会的衍生物等。不可否认的是,古代中国因有士绅阶层的缓冲作用而进一步保障了传统社会结构的稳定性。但随着近代士绅阶层功能的异化,且最终被国家所派出的科层干部逐步取代之后,国家与民间社会之间便形成一种直接的控制与被控制的关系。国家愈强势,则民间社会愈衰弱。这在新中国成立之后的前三十年最为明显。在一定时期,国家与民间社会的这种控制与被控制的关系,对大规模地建设事业起到了积极的作用,但最终趋势却是不断走向僵化。如何改善国家与民间社会的关系,防止其由僵化走向恶化,构建一个新的中间阶层成为必要之举。

改革开放之后,随着社会经济的发展,出现了一个新的中间阶层,此一阶层不同于传统意义上国家与社会之间的缓冲力量,而是要逐渐成长为社会发展过程中的主力,并进而打造一个橄榄型社会的中间阶层。有学者对该阶层进行更加细致的分类:"(1)1978年以后新生的私营企业家和乡镇企业家。(2)1978年以后与私营企业家和乡镇企业家有连带关系的党政干部和知识分子,以及国有企业的领导人。(3)与党和国家机构有连带关系的党政干部和知识分子,以及国有企业的领导人。(4)因外资引进而产生的'外企白领',包括在外资企业工作中的中方管理阶层和高级员工。(5)大批企业和社会组织的管理者。随着社会需求的高涨,高等学校MBA和MPA的培养规模也越来越大,这是中国中产阶级成长最快的一个部分。(6)因高技术的产生和新行业的出现而产生的高收入群体,如留学回国的创业者、建筑师、律师、会计师、房地产评估师、营销人员、影视制作人、股票经营者以及其他类型的自由职业者。"[①]非常明

---

① 何玲璐:《中间阶层还是中产阶级?——对中国中间阶层的一些思考》,《天府新论》2007年6月,第33页。

显,人们对中间阶层的界定主要是以经济实力为衡量标准,另外兼及职业及教育水平等。至于这部分人的道德自律意识、政治参与热情,以及对公平公正、社会公益事业的关心程度,则很少给予关注。这种所谓的中间阶层是有缺憾的,最多也只能称之为残缺不全的中间阶层,并且以上中间阶层多存在于城市。

在乡村社会,人们开始关注另外一个群体——"新乡贤",这一群体与传统士绅阶层有相同之处,如都是对那些热爱家乡、乐于奉献故土的一部分人的特有称呼;但更有新的时代特征,即他们存在的意义是服务而不是管理,其权威源于奉献精神而不是体制强制力量。张颐武认为,"乡贤在农村社会治理中的地位依然重要,他们协调冲突、以身作则提供正能量的作用不可或缺。他将乡贤分为两类:现代社会存在两种乡贤,一种是'在场'的乡贤,另一种是'不在场'的乡贤。在场的乡贤扎根本土,把现代价值观传递给村民。不在场的乡贤出去奋斗,有了成就再回馈乡里,他们的思想观念、知识和财富都能影响家乡"①。黄海则指出,"建构新乡贤文化应摒弃传统乡贤文化中等级森严、尊卑有别等糟粕,倡导民主法治理念等现代文明因子。新乡贤文化应是对传统乡贤文化的批判性继承、创造性转化与创新性发展"。"新乡贤文化作为一种'软约束''软治理',有利于健全乡村居民利益表达机制,是乡村治理现代化的有效推手。"②对于新乡贤,舆论界有两种代表性观点:一是大力倡导,认为可以发挥新乡贤的积极作用,使基层社会治理出现一个良性循环的局面;一是比较排斥,认为新乡贤与过去士绅并无本质区别,其是强化基层社会阶层分化的重要因素。笔者认为,在当代中国乡村自治并不太理想的情况下,培育有别于体制内村委会之外的第三种力量,有助于弱势群体的发声,有利于提升基层民众的权利意识与参与精神。但是,对这样

---

① 张颐武:《重视现代乡贤》,《人民日报》,2015 年 9 月 30 日。
② 黄海:《用新乡贤文推动乡村治理现代化》,《人民日报》,2015 年 9 月 30 日。

一种力量,国家又要加强引导,明确其为民服务的宗旨,使其逐渐成长为乡村社会治理的一支特殊的生力军。

总体来说,我们所需要的中间阶层应该是这样的一个阶层:首先,它是一个有社会责任感的阶层。传统士人因"治国平天下"的崇高理想与人生信条,形成一个有较高社会责任感的阶层。当前,在理想淡化、道德失范的情况下,中间阶层的社会责任感亦呈江河日下之势。虽然大部分学者赞同中产阶层是社会的稳定器,①但是,如果仅仅靠通过增加收入来扩大中产阶层的队伍,也只能建立一个貌似"橄榄型"的社会。就目前实际情况看,中间阶层大部分人的政治参与以自身利益的最大化为出发点,仍然缺乏对公平公正、社会公益事业的关心,这些特点决定其对社会结构发生作用时往往是有限的、被动的。

其次,它是一个能够道德自律的阶层。传统绅士因有着严格的道德自律而在民间社会形成崇高的威望,而至近代,士绅队伍的分化与功能的异化导致其从"四民之首"转向"无绅不劣"。当前中国所谓的中间阶层亦面临着同样的问题,因为过于强调经济因素,结果把那些投机倒把的"暴发户"、以党和国家权力组织为获取资源的"权贵"一并划入,这部分人与基层民众之间的关系基本是对立的,他们的掺入,使整个中产阶层的形象遭到破坏。因此,纯洁中间阶层的队伍,强化中间阶层的道德自律意识与共同的荣誉感、认同感是非常重要的。

再次,它是一个有实力的阶层。这种实力不但包括经济实力,也应包括政治实力。中间阶层必须是一个有经济实力的阶层,在任何时代,没有经济实力就难以维系较高的社会威望,难以发出强有力的声音。特

---

① 他们的理由是:"第一、中产阶层是我国改革开放的受益者,对于自己所处的社会地位、经济状况具有强烈的认同感和归属感,他们渴望稳定,反对激进,希望通过温和保守的方式来实现社会的发展和更替。第二,中产阶层的壮大能够有效缓解社会各阶层之间的矛盾,由于中产阶层是社会上层和下层间联系的中间通道,从而可以起到缓冲调适矛盾的作用。"赵洁:《近年来我国学者关于中产阶层的研究综述》,《福州党校学报》2009年第6期,第59页。

别是在市场经济日新月异的今天,衡量一个成功人士的主要标准仍然是以经济实力为主。同时,其还必须拥有政治实力,政治实力的取得需要国家适当分权给社会,放宽对民间组织设立的限制,允许第三种声音的存在,在体制之外形成一种有力的监督机制。陈方南主张培育并推动乡村社会非政府组织的发展,不乏有此种意味。①

所以,从我国当前的实际出发,欲把中间阶层打造成社会发展的主力,首先要把中间阶层打造成一个有社会责任心、能道德自律、有实力的精英阶层。王圣育不赞成"中国传统社会转型一味依靠法律移植或立法、精英推进的观点"②。此亦为笔者所赞同,但中国自古以来就是一个精英社会,基层社会特别是广大乡村地方精英的缺乏,势必导致另外一种缺失。在基层民众维权意识不强的情况下,其自身权益得不到有力的维护。在强势的行政官厅面前,基层民众往往只能成为被牺牲的弱势群体,难以找到一个为自己辩护的真正的代理人,即使部分有责任心的律师为弱势群体提供免费咨询与服务,但与强势的行政官厅相比,这种力量实在太渺小,不足以抵制来自行政官厅的强制力量。③ 总之,积极培养中间阶层的力量,建设橄榄型的社会是我们的长远目标,但阶段性的目标却是先培养一个有社会责任感、能道德自律、有实力的地方精英阶层,促进国家与民间社会的良性互动。

三、以民主教育开启民智

中间阶层主要存在于中国的城镇,④对于广大农村来讲,很少有人被

---

① 陈方南:《中国乡村治理问题研究的方法论考察——"国家—社会"理论是否适用》,《江海学刊》2011年第1期,第123页。
② 王圣育:《近代乡村自治研究》,中国政法大学2005年博士毕业论文,第19页。
③ 互联网为中间阶层提供了一个有力的舆论和监督工具,但是这种政治参与往往是事后诸葛亮,难以起到防患于未然的效果。
④ 李路路、王宇:《当代中国中间阶层的社会存在:阶层认知与政治意识》,《社会科学战线》2008年第10期。

划入到此一领域。从理论上讲,随着市场经济的发展,基层社会民众的政治参与热情会逐步提高,但我国广大乡村的实际情况却是,对经济利益的热切追求与对政治参与的冷淡并存。

金太军从经济、制度和心理等方面分析了当前我国村民政治参与热情不高的原因:在计划经济体制下,国家利益至上导致村民唯国家利益是从;在市场经济体制下,因片面追求经济利益、乡镇政府以国家利益至上,村委会利益目标迷失等,导致其政治参与不是高涨而是陷入低谷。再加上农村村民经济地位不独立、农村基层民主不完善、传统政治文化的深刻影响等诸多因素,决定了基层民众对自身政治权利的态度。因为村民政治参与热情不高而产生的负面效应是非常明显的:影响了村内决策的科学性,成为村委会成员腐败的诱因,迟滞了村民自治的进程,阻碍了村民向参与型公民的转化,对国家的治理政策与和谐社会的形成也起到反面效应。鉴于利益在村民政治参与中的重要角色,金认为,要改变农民对政治参与的态度,"就需要加大宣传村民自治对实现农民自身利益的意义,增强其对政治的认知,树立正确的政治判断力"[①]。这种通过利益宣传加以诱导的方式不失为一个好的方法,但如果要从根本上解决问题,仍应该通过教育加强广大民众对民主政治的基本认知。

新中国成立之后,在强大的国家政权之下,扫盲与识字运动产生了极为明显的效果。改革开放之后,电视、互联网等现代传媒不断涌入大众生活,极大地丰富着民众的精神世界,人们开始关注自身之外的国家与社会等问题。可以说,广大民众并不缺乏一般知识,最缺乏的是对民主政治的认知。因此,有必要通过各种形式的教育来强化民众的民主意识,激发其社会参与的热情。只有广大民众都有了维护自身权利的自觉性,才能够在法律的范围内正确维护其正当权益,而不是通过非制度化

[①] 参考金太军、张劲松:《乡村改革与发展》,广东人民出版社2008年版,第309—329页。

政治参与①来表达自己的声音。于建嵘认为,"随着国家对乡村经济依赖性的减弱,城市政治对乡村的掠夺也会相应地减少,并在不断地改变着方式。……国家的行政权力也就逐渐会退出乡村政治社会"②。如果这种预测是未来发展大势,那么加强对基层民众的政治民主教育,更是当务之急!

---

① 金太军、张劲松:《乡村改革与发展》,广东人民出版社2008年版。
② 于建嵘:《转型期中国乡村政治结构的变迁:以岳村为表述对象的实证研究》,华中师范大学2001年博士毕业论文,第225页。

参考文献

一、未刊、已刊档案

（一）未刊档案：

1. 中国第二历史档案馆藏：内政部档案。

2. 江苏省档案馆藏：江苏省政府秘书处档案，江苏省民政厅档案、财政厅档案、建设厅档案、社会处档案。

3. 苏州市档案馆藏：苏州市商会（民国）档案。

（二）已刊档案：

1. 故宫博物院明清档案部编：《清末筹备立宪档案史料》，中华书局1979年版。

2. 故宫博物院明清档案部编：《义和团档案史料》，中华书局1959年版。

3. 苏州市档案局编：《苏州市民公社档案资料选编》，内部资料。

4. 中国第二历史档案馆编：《中华民国档案资料汇编》，第二辑政治（一）、（二），江苏古籍出版社1991年版。

二、资料汇编、文集

1. 蔡鸿源主编:《民国法规集成》,黄山书社1992年版。

2.《地方自治全书(区)》,1930年由国民政府公布,上海公民书局印行。

3.《地方自治全书(乡)》,1930年由国民政府公布,上海公民书局印行。

4.《地方自治全书(镇)》,1930年由国民政府公布,上海公民书局印行。

5.《地方自治全书(县)》,1930年由国民政府公布,上海公民书局印行。

6. 复旦大学历史系研究所、中国社科院上海历史研究所筹备委员会编:《(民国)大事史料长编》,北京图书馆出版社1960年版。

7. 广东省社会科学院历史研究室等编:《孙中山全集》,中华书局1981年版。

8. 河北省县政建设研究院:《定县地方自治概况调查报告书》,出版信息不详。

9. 胡次威:《地方自治实施方案法规汇编》,大东书局1947年版。

10. 江苏省属地方自治筹办处编:《江苏自治公报类编》(宣统三年)卷一至卷三,近代中国史料丛刊三编,第五十三辑,文海出版社1989年版。

11. 江宁自治实验县县政府秘书室编印:《江宁县政概况》,1934年版。

12. 中国国民党中央委员会党史委员会:《抗战前国建建设史料(内政部分)》,第十一辑,1977年版。

13. 李宗黄:《考察青岛江宁定县邹平纪实》,正中书局1935年版。

14. 刘锦藻撰、王云五主编:《清朝续文献通考(第四册)》,商务印书馆民国 1936 年版。

15. 岭南文库编辑委员会，广东中华民族文化促进会合编：《孙中山文萃》（上、下卷），广东人民出版社 1996 年版。

16. 内政部编纂，柯琴辑：《总理对地方自治遗教辑要》，商务印书馆 1944 年版。

17. 内政部第一期民政会议秘书处编：《内政部第一期民政会议纪要》，近代中国史料丛刊三编，第五十三辑，文海出版社 1989 年版。

18. 张品兴主编：《梁启超全集》，北京出版社 1999 年版。

19. 上海法学编译社：《地方自治法规汇编》，会文堂新记书局 1936 年版。

20. 商务印馆编译所：《中华民国现行地方自治法令》，商务印书馆 1923 年版。

21. 沈云龙主编：《光绪政要》，近代中国史料丛刊第三十五辑，文海出版社 1989 年版。

22. 沈云龙主编：《张文襄公（之洞）全集（奏议）》，近代中国史料丛刊第四十六辑，文海出版社 1979 年版。

23. 台湾省行政长官公署秘书处编辑室编印：《国父遗教辑要》，1946 年版。

24. 吴椿：《江宁自治县政实验》，燕京大学政治学丛刊第 29 号，1936 年版。

25. 行政院农村复兴委员会编：《江苏省农村调查》，近代中国史料丛刊三编第 88 辑，文海出版社 1999 年版。

26. 徐秀丽：《中国近代乡村自治法规选编》，中华书局 2004 年版。

27. 行政院县政计划委员会：《总裁地方自治言论》，正中书局 1942 年版。

28. 杨立强等编：《张謇存稿》，上海人民出版社 1987 年版。

29. 张謇研究中心等编：《张謇全集》，江苏古籍出版社 1994 年版。

30. 张怡祖编:《张季子(謇)九录,教育录慈善录自治录》,近代中国史料丛刊续编第九十七辑,文海出版社1983年版。

31. 张妍、孙燕京主编:《民国史料丛刊》,大象出版社2009年版。

32. 孙燕京、张妍主编:《民国史料丛刊》(续编),大象出版社2012版。

33.《二十世纪三十年代国情调查报告》,凤凰出版社2012年版。

三、报纸与期刊

1.《江苏保甲》,1935年第1卷第1—22期,1936年第1卷第23—24期、第2卷第1—22期,1937年第2卷第23—24期、第3卷第1—8期。

2.《江苏月报》,1933年第1卷第2期,1934年第1卷第4—5期,1935年第4卷第3期。

3.《吴江》,1922年第1—32期,1923年第33—72期,1924年第73—122期,1925年第123—143期,第1926年第210—221期,1927年第222—225期。

4.《苏声月刊》,1933年第1—4期,1934年第1卷第5—6期,1935年第2卷第1—3期。

5.《江苏》,1928年第1—11期,1929年第14—39期,1930年第46—64期。

6.《江苏时事月刊》,1936年第1—2期,1937年第3—8期。

7.《吴江县政》,1929年第1—7期。

8.《江苏民政》,1935年第1—4期。

9.《无锡县政府公报》,1930年第24期。

10.《苏社特刊》,1922年第2期。

11.《苏州市政月刊》,1929年第1卷第7—9期。

12.《新苏政》,1934年第1卷第1—6期。

13.《苏衡》,1935年第1—6期。

14.《申报》(上海),上海书店1983年影印版,1909—1927年。

15.《村治月刊》,1929年第1卷1—10期,1930年第1卷第11—12期、第2卷第1—2期。

16.《大公报》(天津),人民出版社1983年影印版,1905年、1909年、1920年。

17.《民治周刊》,1947年第1卷第1—12期、第2卷第1—9期,1948年第2卷第10—12期、第3卷第1—12期、第4卷第1—8期。

18.《民治评论》,1933年第1卷第50期。

19.《民声周报》,1933年第1卷第1—6期,1934年第2卷第1—7期。

20.《东方杂志》,1904年第1卷第9期,1907年第4卷第5期,1908年第5卷第3期、第5期,1922年第19卷第6期。

21.《自治》,1929年第10—58期,1930年第59—74期。

22.《自治月刊》,1931年第1卷第1—4期、第2卷第1—3期。

23.《南京市政府公报》,1931年第91期,1933年第129—130期。

24.《地方自治专刊》,1937年第1—2期,1945年1—2期,1946年第3期。

25.《地方自治(上海)》,1947年第1卷1—10期,1948年第2卷1—10期。

26.《地方自治月报》,1946年第1—2期。

27.《地方自治(南京)》,1935年第1—4期,1936年第1—2期。

28.《地方自治(成都)》,1940年第1卷第1—14期,1941年第2卷第17—24期。

29.《自治季刊》,1929年第1期,1930年第2期。

30.《新村半月刊》,1933年第1—5期,1934年第6—29期,1935年第30—53期,1936年第54—65期。

31.《县政研究》,1938年第1卷第1期,1939年第1卷第2—12期。

32.《农行月刊》,1934 年第 1 卷第 1—8 期,1935 年第 2 卷 1—12 期。

33.《内政消息》,1934 年第 1—6 期,1935 年第 7—10 期。

34.《农村经济》,1933 年第 1 卷第 1 期,1934 年第 1 卷第 2—12 期、第 2 卷第 1—2 期,1935 年第 2 卷第 3—12 期。

35.《市政评论》,1934 年第 1 卷第 1 期,1935 年第 3 卷第 7 期。

36.《三民主义半月刊》,1943 年第 3 卷第 1 期,1944 年第 4 卷第 1 期。

37.《三民半月刊》,1931 年第 6 卷第 7—8 期。

38.《再生》,1939 年第 22—23 期。

39.《区政导报》,1929 年第 1—5 期,1930 年第 6—10 期。

40.《庸言》,1914 年第 2 卷第 3 期。

41.《北辰杂志》,1934 年第 6 卷第 17—19 期。

42.《播音教育月刊》,1937 年第 1 卷第 3 期、第 6 期、第 9 期。

43.《南洋官报》,1911 年第 168 期。

44.《大陆杂志》,1932 年第 1 卷第 5 期。

45.《法令周刊》,1932 年第 120 期,第 122 期。

46.《法律周刊》,1923 年第 12 期、第 16 期,第 20 期。

47.《立法专刊》,1934 年第 10 期,1935 年第 11 期。

48.《复兴月刊》,1937 年第 5 卷第 8 期。

49.《工作月刊》,1936 年第 1 卷第 4 期。

50.《国风报》,1910 年第 1 卷第 17 期。

51.《国立中央大学半月刊》,1930 年第 1 卷第 16 期。

52.《国闻周报》,1926 年第 3 卷第 35 期。

53.《警高月刊》,1936 年第 4 卷第 1—2 期。

54.《中报周刊》,1940 年第 29 期。

55.《内务公报》,1915 年第 16 期、第 20 期。

56.《人人周报》,1947年第1—12期。

57.《民立周刊》,1934年第1期。

58.《预备立宪官话报》,1907年第4期。

59.《社会科学杂志》,1930年第2卷第3期、第4期。

60.《时事月报》,1929年第1卷第1—2期,1930年第2卷第1—6期,第3卷第1—6期。

61.《中国评论》,1925年第1—17期。

62.《平等杂志》,1931年第1卷第3期。

63.《是非公论》,1937年第40期、第47期。

64.《政府公报》,1914年第954期。

65.《首都市政公报》,1929年第41期、1930年第68期、1931年第83期。

66.《新亚细亚》,1932年第4卷第3期,1934年第7卷第5期、第8卷第2期。

67.《新中国》,1939年第2卷第3期。

68.《行政院公报》,1931年第231期。

69.《政论》,1907年第1卷第2期,1908年第1卷第3期。

70.《中华法学杂志》,1931年第2卷第3期,1932年,1934年第5卷第1—2期。

71.《中央党务月刊》,1936年第91—92期、第98期。

72.《中央导报(广州)》,1931年第7期。

73.《中央民众训练部公报》,1936年第7—11期,1937年第12期。

74.《独立周报》,1912年第1卷第8期,1913年第2卷第9期。

75.《民大月刊》,1925年第5期。

76.《太平洋杂志》,1922年第3卷第7期,1923年第3卷第9期,1924年第4卷第5期。

77.《前导(广州)》,1931年第21期。

78.《民意》,1941年第2卷第2期。

79.《自觉》,1932年第1期。

80.《内政统计季刊》,1936年第1期,1937年第3—4期。

81.《团务月刊》,1933年第1卷第8期。

四、地方志与文史资料

1. 曹余濂编著:《民国江苏权力机关史略》,江苏文史资料第67辑,《江苏文史资料》编辑部1994年版。

2. 曹幸穗等编著:《民国时期的农业》,江苏文史资料第51辑,《江苏文史资料》编辑部1993年版。

3. 黄蕴深编:《吴县城区附刊》,成文出版社有限公司1983年版。

4. 江苏省政协文史资料委员会编:《江苏省文史资料:江苏文史资料集萃》,第85辑,政治卷,南京《文史资料》编辑部1995年版。

5. 江苏省地方志编纂委员会:《江苏省志·议会 人民代表大会志》,江苏人民出版社1999年版。

6. 南京师范学院地理系江苏地理研究室编:《江苏城市历史地理》,江苏科学技术出版社1982年版。

7. 缪荃孙等编:《江苏省通志稿(3)》,江苏古籍出版社2001年版。

8.《铜山县志》,据民国十五年刊本影印,成文出版社有限公司1970年版。

9. 吴秀之等修,曹允源等纂:《吴县志》,成文出版社有限公司1970年版。

10. 中国人民政治协商会议江苏省委员会文史资料委员会编:《民国江苏的督军和省长(1911年—1949年)》,江苏文史资料第四十九辑,1993年版。

11. 中国人民政治协商会议江苏省昆山市委员会文史征集委员会编:《昆山文史》(第六辑),中国人民政治协商会议江苏省昆山市委员会文史征集委员会1984年版。

12. 政协苏州市委员会文史资料研究委员会编著：《苏州文史资料选辑》（十五），江苏省苏州市委员会文史资料研究委员会1981年版。

13. 政协江苏省铜山县委员会编：《铜山文史资料》（第七辑），政协江苏省铜山县委员会1983年版。

五、专著

1. 〔法〕卢梭：《社会契约论》，何兆武译，商务印书馆1980年版。

2. 〔奥〕凯尔森：《法与国家的一般理论》，沈宗灵译，中国大百科全书出版社1996年版。

3. 〔法〕孟德斯鸠：《论法的精神》，张雁深译，商务印书馆1963年版。

4. 〔英〕约翰·洛克：《政府论》，丰俊功译，光明日报出版社2009年版。

5. 〔美〕杜赞奇：《文化、权力与国家：1900—1942年的华北农村》，王福明译，江苏人民出版社2003年版。

6. 〔英〕詹姆斯·布赖斯：《现代民治政体》，张慰慈等译，吉林人民出版社2001年版。

7. 〔美〕塞缪尔·P.亨廷顿：《变化社会中的政治秩序》，王冠华等译，上海世纪出版集团2008年版。

8. 〔德〕哈贝马斯：《公共领域的结构转型》，曹卫东等译，学林出版社1999年版。

9. 〔美〕斯塔夫里阿诺斯：《全球通史第七版（下）》，董书慧等译，北京大学出版社2005年版。

10. 〔美〕马库金·拉斯金：《民主与文化的反思》，周丕启等译，新华出版社2000年版。

11. 〔法〕G.Montagu Harris：《各国地方自治大纲》，王检译，上海大东书局1930年版。

12. 〔美〕孔飞力:《民国时期的地方自治政府:关于控制、自治和动员问题》,加州大学出版社 1975 年版。

13. 〔美〕孔飞力:《中华帝国晚期的叛乱及其敌人(1796—1864)》,谢亮生等译,中国社会科学出版社 1990 版。

14. 邓正来、J.亚历山大编:《国家与社会:一种社会理论的研究路径》,中央编译出版社 1999 版。

15. 〔日〕和田清:《中国地方自治发展史》,东京汲古书院 1975 年版。

16. 〔法〕马克斯·韦伯:《经济与社会》,林荣远译,商务印书馆 1997 年版。

17. John H. Fincher: *Chinese Democracy, the Self-government Movement in Local Provincial and National Political, 1905—1914*, John H. Fincher, ST. Martin's Press, New York, 1995.

18. Roger R. Thompson: *China's Local Council in the Age of Constitutional Reform, 1898—1911*, Published by the Council on East Studies, Harvard University, and distributed by Harvard University Press, Cambridge and London, 1995.

19. 黄宗智:《华北小农经济与社会变迁》,中华书局 2000 年版。

20. 黄宗智:《长江三角洲的小农家庭与乡村发展》,中华书局 1991 年版。

21. 黄宗智主编:《中国乡村研究》,商务印书馆出版 2003 年版。

22. 黄宗智主编:《中国研究的范式问题讨论》,社会科学文献出版社 2003 年版。

23. 〔美〕费正清主编:《剑桥中国晚清史 1800—1911 年》,中国社会科学出版社 1985 年版。

24. 〔美〕费正清主编:《剑桥中华民国史》第一部,上海人民出版社 1991 年版。

25. 〔美〕费正清主编:《剑桥中华民国史》第二部,上海人民出版社

1992 年版。

26.〔美〕张信:《二十世纪初期中国社会之演变——国家与河南地方精英 1900—1937》,岳谦厚、张玮译,中华书局 2004 年版。

27.〔美〕吉伯特·罗兹曼主编:《中国的现代化》,国家社会科学基金"比较现代化"课题组译,江苏人民出版社 1998 年版。

28.〔美〕韩起澜:《苏北人在上海,1850—1980》,卢明华译,上海古籍出版社、上海远东出版社 2004 年版。

29.〔美〕任达:《新政革命与日本:中国,1898—1912》,李仲贤译,江苏人民出版社 2006 年版。

30.〔清〕李圭:《环游地球新录》,岳麓书社 1985 年版。

31.〔清〕王锡棋辑:《小方壶斋舆地丛钞续编》第十一帙,光绪十七、二十、二十三年上海著易堂印本,杭州古籍店 1985 影印本。

32.〔清〕郑观应:《盛世危言》,北方妇女儿童出版社 2001 年版。

33. 晏阳初:《平民教育与乡村建设运动》,商务印书馆 2014 年版。

34. 梁漱溟:《乡村建设理论》,商务印书馆 2015 年版。

35. 王长俊主编:《江苏文化史论》,南京师范大学出版社 1999 年版。

36. 柳肇嘉:《江苏人文地理》,大东书局 1930 年版。

37. 张森才、马砾:《江苏区域文化研究》,江苏古籍出版社 2002 年版。

38. 金煦主编:《江苏民俗》,甘肃人民出版社 2003 年版。

39. 周信华:《江北人》,保禄印书馆 1941 年版。

40. 张乃格:《江苏民性研究》,江苏人民出版社 2004 年版。

41. 段本洛:《苏南近代社会经济史》,中国商业出版社 1997 年版。

42. 张华、杨休、季士家:《清代江苏史概》,南京大学出版社 1990 年版。

43. 吴晗、费孝通:《皇权与绅权》,天津人民出版社 1988 年版。

44. 费孝通:《中国绅士》,中国社会科学出版社 2006 年版。

45. 余英时:《士与中国文化》,上海人民出版社 1988 年版。

46. 陈旭麓:《陈旭麓文集》第 4 卷,华东师范大学出版社 1997 年版。

47. 徐茂明:《江南士绅与江南社会(1368—1911 年)》,商务印书馆 2004 年版。

48. 张宪文主编:《中华民国史》,南京大学出版社 2005 年版。

49. 陈旭麓:《近代中国社会的新陈代谢》,上海人民出版社 1992 年版。

50. 王树槐:《中国现代化的区域研究:江苏省,1860—1916》,"中央研究院"近代史研究所 1984 年版。

51. 胡春惠:《民初的地方主义与联省自治》,中国科学出版社 2001 年版。

52. 李剑农:《中国近百年政治史》,复旦大学出版社 2002 年版。

53. 陈志让:《军绅政权——近代中国的军阀时期》,广西师范大学出版社 2008 年版。

54. 梁漱溟:《中国之地方自治问题》,山东乡村建设研究院出版,日期不详。

55. 王云五主编,黎文辉编著:《中国地方自治之实际与理论》,商务印书馆 1936 年版。

56. 陈顾远:《地方自治通论》,上海泰东图书局 1929 年版。

57. 王均安:《现行地方自治施行法释义》,世界书局 1930 年版。

58. 董修甲编著:《中国地方自治问题》,商务印书馆 1937 年版。

59. 孙倬章:《地方自治》,成都民力日报社 1938 年版。

60. (伪)行政院新闻局:《地方自治》,出版及日期皆不详。

61. 梁行泰:《地方自治》,国防部新闻局 1946 年版。

62. 行政院新闻局编:《地方自治》,行政院新闻局 1947 年版。

63. 黄永伟:《地方自治之理论与实施》,南京拔提书店 1934 年版。

64. 李宗黄:《地方自治工作人员手册》,青年出版社 1946 年版。

65.《训练教程之八:地方自治》,中国国民党中央执行委员会训练委员会,日期不详。

66. 吕复:《增订比较地方自治论》,商务印书馆 1947 年版。

67. 徐幼川:《党员怎样协助推进地方自治》,正中书局 1944 年版。

68. 薛伯康、竺允迪:《地方自治与自卫》,独立出版社出版,日期不详。

69. 洪先之:《村制须知地方自治合编》,上海书局 1929 年版。

70. 文公直:《区乡镇自治丛书(自治组织、财政警卫、农村教育)》,时远书局 1933 年版。

71. 文公直:《区乡镇自治丛书(长副须知)》,时远书局民国 1933 年版。

72. 文公直:《区乡镇自治丛书(自治法规区自治施行法释义)》,时远书局民国 1933 年版。

73. 文公值:《区乡镇自治丛书(行政浅说)》,东南新书局民国 1933 年版。

74. 闻均天:《保甲制度》,商务印书馆 1935 年版。

75. 章伯锋、李宗一主编:《北洋军阀》,武汉出版社 1990 年版。

76. "教育部"主编:《中华民国建国史》,"国立编译馆"1987 年版。

77. 李达嘉:《民国初年的联省自治运动》,弘文馆出版社 1986 年版。

78. 崔之清:《国民党政治与社会结构之演变(1905—1949)(全三册)》,社会科学文献出版社 2007 年版。

79. 魏光奇:《官治与自治——20 世纪上半期的中国县制》,商务印书馆 2004 年版。

80. 李泽厚:《中国近代思想史论》,人民出版社 1979 年 7 月版。

81. 田芳:《地方自治:法律制度研究》,法律出版社 2008 年版。

82. 侯宜杰:《二十世纪中国政治改革风潮》,人民出版社 1993 年版。

83. 卞修全:《清末思潮与清末法制改革》,中国社会科学出版社 2003

年版。

84. 杜恂诚:《民族资本主义与旧中国政府(1840—1937)》,上海社会科学院出版社 1991 年版。

85. 马敏:《官商之间——社会剧变中的近代绅商》,天津人民出版社 1995 年版。

86. 王先明:《近代绅士:一个封建阶层的历史命运》,天津人民出版社 1997 年版。

87. 苏力:《元代地方精英与基层社会——以江南地区为中心》,天津古籍出版社 2009 年版。

88. 商衍鎏:《清代科举考试述录》,生活·读书·新知三联书店 1958 年版。

89. 蔡尚思等:《论清末民初中国社会》,复旦大学出版社 1983 年版。

90. 陈明明主编:《权利、责任与国家》,上海人民出版社 2006 年版。

91. 王建勋编:《自治二十讲》,天津人民出版社 2008 年版。

92. 刘军宁编:《民主二十讲》,中国青年出版社 2008 年版。

93. 萧功秦:《萧功秦集》,黑龙江教育出版社 1995 年版。

94. 吴琦:《明清地方力量与地方社会》,中国社会科学出版社 2009 年版。

95. 黄基泉:《西方宪政思想史略》,山东人民出版社 2004 年版。

96. 小田:《江南乡镇社会的近代转型》,中国商业出版社 1997 年版。

97. 单树模等编:《江苏地理》,江苏人民出版社 1980 年版。

98. 江苏省气象局《江苏气候》编写组:《江苏气候》,气象出版社 1991 年版。

六、学位论文

1. 崔道峰:《清末江苏地方自治述论》,扬州大学 2005 年硕士学位论文。

2. 冯向晖:《浙江清末地方自治运动研究》,浙江大学 2009 年硕士学位论文。

3. 丰箫:《1945—1949 年浙江省嘉兴乡镇自治研究》,复旦大学 2006 年博士学位论文。

4. 冯小红:《乡村治理转型期的县财政研究(1928—1937)——以河北省为中心》,复旦大学 2005 年博士学位论文。

5. 李跃:《苏民市民公社研究》,苏州大学 2008 年的硕士学位论文。

6. 李奇:《清末江苏地方自治中的县乡选举(1909—1911)》,华中师范大学 2003 年硕士学位论文。

7. 李浩贤:《地方自治的主张与实践——晚清上海和天津的比较研究》,复旦大学 2003 年博士学位论文。

8. 隆奕:《试论南京国民政府地方自治立法》,西南政法大学 2004 年硕士学位论文。

9. 李树芬:《南京国民政府时期省县行政制度与权力研究(1927—1937)》,四川大学 2007 年硕士学位论文。

10. 孟富国:《重构中的乡村政权——20 世纪二三十年代山西村政的转型》,山西大学 2003 年硕士学位论文。

11. 田治勇:《民国初期议会制度探析》,山东大学 2006 年硕士学位论文。

12. 汪太贤:《晚清地方自治思想的萌生与演变——从鸦片战争至预备立宪前夕》,武汉大学 2004 年博士学位论文。

13. 王圣育:《近代乡村自治研究——户政法文化诠释》,中国政法大学 2005 年博士学位论文。

14. 王科:《控制与发展:南京国民政府建立初期的乡村治理变革——以江宁自治实验县为中心(1933—1937)》,南京大学 2008 年博士学位论文。

15. 王飞:《国民政府"新县制"下的乡镇体制》,首都师范大学 2007

年硕士学位论文。

16. 杨焕鹏:《国家视野中的江南基层政治(1927—1949)——以杭、嘉、湖地区为中心》,复旦大学2005年博士学位论文。

17. 于建嵘:《转型期中国乡村政治结构的变迁——以岳村为表述对象的实证研究》,华中师范大学2001年博士学位论文。

18. 闫婷婷:《论民国的地方自治》,西北大学2007年硕士学位论文。

19. 程郁华:《二十世纪三四十年代乡保行政人员贪污与暴力现象研究——以桐乡、新昌两县30件案件为例》,华东师范大学2004年硕士学位论文。

20. 杨文娟:《清末地方自治中自治区域的划分问题——以苏州地区为例》,复旦大学2008年硕士论文。

21. 叶利军:《民国北京政府时期选举制度研究》,湖南师范大学2004年博士学位论文。

22. 祖秋红:《"山西村治":国家行政与乡村自治的整合(1917—1928)》,首都师范大学2007年博士学位论文。

23. 张钦朋:《试论孙中山地方自治思想》,吉林大学2007年硕士学位论文。

24. 周玉玲:《新县制下县各级民意机关研究》,苏州大学2002年硕士学位论文。

25. 张晶:《民国初期省宪思想研究》,山东大学2006年硕士学位论文。

26. 张翠萍:《晚清地方自治研究》,安徽师范大学2007年硕士学位论文。

后　记

于我而言,乡村是一个特殊的存在,是梦开始的地方,也是梦的归宿。初春铺满柔嫩细芽的田野、盛夏池塘里嬉水的孩童、深秋满地寻蚂蚱的背影、严冬枯枝上绽放的银花……这一切都恒久地定格在我的记忆里。仿佛它们几百年、几千年就在那里,让人难以割舍。当然,记忆中的片段更侧重于乡村社会的表象,在表象之下则存在一个更为严肃的学术话题:乡村社会的治理结构。如果不对这一结构演变的历史进行理性分析,我们就无法真正体认乡村发展的动力。在求学期间、工作之后,我始终把乡村社会治理作为自己的研究对象,也许正是基于这一认知与追寻。

几千年的文明古国,乡村到底发生了什么?恰恰因为有了现代的体验,才会有回溯既往的冲动,以及展望它未来的期盼。在初步探究之后,我大致形成这样一个认知:在传统中国,基层社会形成政治、绅治、族治的三维治理结构。政治主要体现为国家的制度设计,包括井田制、乡遂制度、什伍制度、乡亭制度、保甲制度等;相比政治,绅治却更具有实践价值,乡约、社仓、社学等发挥着重要的教化、救济的功能,对乡村社会的稳定具有关键性意义;族治同样在教化、救济等方面发挥着不可或缺的作用,其与绅治的最大区别在于它是以血缘为纽带,而绅治是地缘性的,由此而导致它们所普及的群体不同。三者各自区别又相互联系，构成传统中国颇具特色的乡村治理模式。这一模式所赋予的浓厚的伦理色彩，催生传统中国乡村社会鸡犬相闻、其乐融融的想象。

时至近代，中国乡村同样面临三千年未有之大变局的考验，在历史的天平上，变与不变的指针左右摇摆，进一步彰显时代的过渡性。其中最显性的因素是西方近代地方自治嵌入，对传统中国乡村治理的三维结构造成冲击。地方自治与传统绅治形似而实质上却是异质的，自由、民主的启迪使其很难融入旧式乡村治理的格局。在强大传统力量的威压下，地方自治的实践屡屡受挫；另外，近代政局动荡的现实、国家力量的强势渗透、士绅阶层的质变、民众智识的低劣等，都不可避免地成为推行地方自治的阻碍性因素。在传统中国和现代中国之间，近代中国扮演承继转折的角色，因此，研究近代中国地方自治是梳理中国乡村治理史的必经阶段。

求学期间，我选择近代江苏地方自治作为研究对象，首先是导师申晓云教授对该选题的首肯。老师学养深厚，达观睿智，生活中对学生如慈母，学问上对己对人几近严苛，水与火的锤炼，顽铁亦能成钢。其次是自己情感上的一种自觉。个人籍贯山东，但长期求学生活于江苏，对这片热土的感情与对家乡的热爱已经浑然一体，他乡亦故乡，确乎如此。师友、家人的帮助与鼓励则是我坚持不懈的动力。那种帮助，在温暖如春的宿舍中，在结伴查档的小路上，在忙中偷闲的酒馆里；那种鼓励，是家人每一次毫无保留的信任，是每一个毫无怨言的眼神。我深知，近代江苏地方自治的研究仅仅是中国乡村治理史中很小的一个片段，但窥豹一斑之后而欲图其全貌的好奇心却因此而变得更加强烈。

感谢南京大学中华民国史研究中心的大力支持，虽然我已毕业，但母校师长的关爱却始终未曾稍减，2015 年中心主办的一次学术会议，促成一大批学术著作问世，也促成本书的出版。感谢江苏人民出版社各位老师的辛勤付出，他们提出各种宝贵的建议，使本书得以顺利付梓。张晓薇老师在百忙之中给予亲切指导，从文字勘误、注释规范到文献补充、整体设计，不厌其烦、认真负责的态度让我感动，同时也让我惴惴不安，这种精益求精的精神足以让人在躁动中冷静下来，在不断反思中进步。

陈明胜

2020 年 11 月 6 日于教工新村